GOLDMANN

*Zu diesem Buch*

«Irina wurde am 17. September 1982 morgens in dem Dorf Lyschnja, unweit von Kiew, verhaftet, wo wir bei der Apfelernte arbeiteten. Sie wurde in Handschellen abgeführt zum Untersuchungsgefängnis des KGB. Am Abend des gleichen Tages wurde bekannt, daß man sie eines besonders schweren Staatsverbrechens angklagte: des Schreibens von Gedichten. Wenn literarische Werke im Untergrund zirkulieren und im Ausland veröffentlicht werden, steht ihr Autor schon mit einem Bein im Gefängnis. Außerdem war Irina schon ein Jahr zuvor ins Hauptquartier des KGB bestellt worden, wo man ihr sagte, ihre Gedichte bedrohten die Sicherheit der Sowjetunion.

Natürlich hatte Irina nie zum Sturz des Sowjetregimes aufgerufen. Ihre Lyrik ist ein Ausdruck ihrer Einstellung zu Gott und zu der Welt, in der sie lebt; ihre Gedichte haben mit Politik nichts zu tun. Um zu einem Sturz des Regimes aufzufordern, muß man eine Vorstellung davon haben, was man an seine Stelle setzen will. Für Irina wäre die angemessenste Gesellschaftsstruktur die Demokratie nach westlichem Muster – aber ihr war immer klar, daß eine solche Struktur für die überwältigende Mehrheit der Menschen in der Sowjetunion nicht das Richtige wäre.

Und was die Frage der Veröffentlichung betrifft, zeigt die Erfahrung der letzten Jahre, daß die Gefängismauern in der UdSSR von Lyrik wie von Prosa durchdrungen werden können.»

*Igor Geraschtschenko, Irinas Mann,*
*in einem Interview*

Irina Ratuschinskaja

# Grau ist die Farbe der Hoffnung

## Bericht aus einem Frauenlager

Aus dem Russischen von
Marlene Milack-Verheyden

Übersetzung der Gedichte
von Eva Rönnau

GOLDMANN VERLAG

Titel des russischen Originals: «Seryi – Zwet Nadeshdy»
Unter dem Titel «Grey Is The Colour Of Hope» erstmals erschienen
bei Hodder & Stoughton, London, 1988.

*Umwelthinweis*
Alle bedruckten Materialien dieses Taschenbuches
sind chlorfrei und umweltschonend.

Der Goldmann Verlag
ist ein Unternehmen der Verlagsgruppe Bertelsmann

Vollständige Taschenbuchausgabe 12/94

Umschlaggestaltung: Design Team München
Umschlagfoto: TIB/Wilkes, München
Druck: Presse-Druck Augsburg
Verlagsnummer: 12363
SK · Herstellung: Sebastian Strohmaier
Made in Germany
ISBN 3-442-12363-1

3 5 7 9 10 8 6 4 2

WAS ist in diesem Buch Wahrheit, was künstlerische Erfindung? Eine legitime Frage, hier meine Antwort: Erfundenes hat in diesem Buch keinen Platz. Dazu hätte meine Phantasie nicht ausgereicht. Ich habe nur einige Namen geändert, nicht die meiner Kameradinnen und die unserer Unterdrücker und Peiniger, sondern der Menschen, die mit uns sympathisierten und uns insgeheim halfen: Kriminelle, Aufseherinnen, einige Offiziere. Das mußte sein, um sie vor Vergeltungsmaßnahmen des KGB zu schützen. Aus demselben Grund veränderte ich an einigen Stellen die Chronologie der Ereignisse, es durfte nicht preisgegeben werden, wie wir es im Lager schafften, Verbindung zur Außenwelt zu halten. Diese Veränderungen wurden jedoch behutsam vorgenommen und verfälschen nicht das wahre Bild unseres Daseins. Alle im Buch geschilderten Episoden sind authentisch. Mir bleibt nur, jene vielen tausend Opfer der Frauenlager um Verzeihung zu bitten, deren Geschichte in meinem Buch keine Erwähnung findet, weil ich sie nicht kenne, weil sie mir entfallen ist, oder weil der Umfang des Buches begrenzt ist. Mein Dank gilt jenen ungenannt Gebliebenen, die mir halfen zu überleben, die Freiheit wiederzuerlangen und mein Zeugnis abzulegen.

IRINA RATUSCHINSKAJA

# Prolog

Ich werde in einem schwarzen Wolga gefahren. Nach Hause, sagten sie. Für immer, sagten sie. Endgültig frei! Sogar meinen Paß gaben sie mir zurück, ohne Vorstrafeneintrag. Und jetzt erboten sie sich auch noch, mich nach Hause zu bringen – in einem KGB-Dienstwagen. Was bedeutet das alles? Ich versuche, meine Gedanken zu sammeln: Ich weiß, ich werde beobachtet. Bloß keine Verwirrung, keine Emotionen zeigen. Die Schule vierjähriger Gefangenschaft lehrt: nicht vertrauen! Keine Schwäche zeigen! Der KGB-Mitarbeiter, der neben mir sitzt, macht höfliche Konversation. Er weiß, was mich erwartet: die wirkliche Freiheit oder eine wieder mal fällige psychologische Schikane. Ich weiß es nicht. Ich werde es eine halbe Stunde lang noch nicht wissen. Aber Grund zum Zweifeln habe ich mehr als genug. Sie hatten mir vor drei Monaten, als sie mich aus dem mordwinischen Lager holten, gesagt, es ginge heim. Dabei brachten sie mich unter Begleitschutz ins Kiewer KGB-Gefängnis. «Wie kommen Sie darauf, Sie würden freigelassen, Irina Borissowna? Sie haben doch noch drei Jahre Lager und fünf Jahre Verbannung... Schreiben Sie ein Gnadengesuch, dann vielleicht...» Nie werde ich vergessen, wie zornig ich in diesem Augenblick war – nicht auf sie, auf mich! Von ihnen war nichts anderes zu erwarten gewesen, aber ich, ich hatte ihnen geglaubt! Zwei Tage war ich vom Lager ins Gefängnis unterwegs gewesen im Glauben, es gehe heim, heim zu Igor, zu Mama, zu Laduschka, unserem Hund... Was für eine Närrin war ich gewesen! Bloß gut, daß ich den KGB-Leuten nicht zeigte, daß ich ihnen glaubte. Kein Zucken in meinem Gesicht, kein Beben in meiner Stimme verriet mich (Stanislawski-Methode). Die psychologische Schikane war gescheitert, ich schrieb das Gnadengesuch nicht. Auch diesmal würden sie scheitern, falls sie mich wieder hereinlegen wollten. Aber vielleicht war es diesmal kein Trick? Es wäre auch zu plump und absurd, den Streich zu wiederholen. Andererseits richteten sie nicht gerade wenig Unsinniges an.

Am besten, nicht darüber nachdenken. Da, die Blätter fallen von den Bäumen: gelbe, rote ... Oktober. Mein fünfter Oktober in Gefangenschaft – ob es wirklich der letzte ist? Nicht denken! Der KGB-Mann redet mit dir ... über die Umgestaltung des Bildungssystems. Auch gut. Reagiere gefälligst entsprechend: Fremdsprachen, Physik, Mathematik. Erfreulich, wenn sich tatsächlich etwas änderte, das bisherige System taugte nichts. Veränderungen – aber in welche Richtung, das ist die Frage. Nun geht's ums Wetter: grünes Gras, blauer Himmel. Schwarzer Wolga. Wo ist meine gewohnte graue Gefangenenfarbe? Ah, da ist sie ja: meine Häftlingskleidung. Sie haben sie mir, wie sonst vor Entlassungen üblich, nicht abgenommen ... Ich komme nicht dazu, darüber nachzugrübeln. Wir plaudern jetzt über Literatur. Nicht wahr, Bulgakow war ein großer Schriftsteller? Aber natürlich, er lebte in Kiew, am Andrejewski-Hang ... Eine schöne Ecke, Kiew ist überhaupt eine schöne Stadt. Nein, von den modernen Raffinessen des Bildhauers Borodai bin ich nicht begeistert, ein überdimensionales Standbild zeugt noch lange nicht von Talent. Ach, Sie sind auch nicht begeistert? Erstaunlich, diese Ähnlichkeit der Ansichten – und zwischen wem? Wir müssen lachen.

Ein Wagenfenster ist ein wenig offen – diese Gerüche, diese Düfte ... Die bedrängenden, vergessenen Düfte der Freiheit – nach moderndem Gras, nein, eher nach Pilzen oder nur einfach nach feuchter Erde ... Jetzt ein gewohnter Geruch – der von Benzin. Komm zu dir! Du kommst gerade aus dem Gefängnis, bist vielleicht auf der letzten Etappe der Reise nach Hause. Vorn der Fahrer – woran mag er denken? Die Konversation belebt sich wieder: Gorbatschows Kampf gegen den Alkohol und damit gegen die Schwarzbrennerei.

Selbstgebrannter, Selbstgebrannter
Wem nicht durch die Kehle rannte?

Der Fahrer präzisiert: Keine Folklore von heute, das Liedchen stammt aus Chruschtschows Zeiten. Jaja, die Geschichte wiederholt sich... Wir lachen wieder. Eine fröhliche Fahrt, nicht wahr? Und was ist das für ein Gebäude dort? «Es wurde kürzlich gebaut, Irina Borissowna, während Sie weg waren.» Schweigen. Ein junges, sich umarmendes Liebespaar. Wir huschen vorbei, ihre Gesichter sind nicht zu erkennen. Der Wagen nimmt den direkten Weg, wir befinden uns auf dem Wernadski-Prospekt. Nur noch ein paar Häuserblöcke, dann bin ich zu Hause. Wenn mir bloß die Hände nicht anfangen zu zittern! Mein Puls am Hals schlägt wie wild. Ich bin abgemagert, jedes pulsierende Äderchen ist sichtbar. Ich zwinge mich, an den Anfang von Tschaikowskis Konzert Nr. 1 zu denken. Das beruhigt mich, ich habe mich wieder im Griff.

Die Wagentür wird geöffnet: «Erlauben Sie, Irina Borissowna, den Rucksack trage ich. In welcher Etage wohnen Sie?»

Welche Etage? Die Adresse weiß ich, auch die Telephonnummer – ich habe sie unzähligen Leuten gegeben. Aber die Etage...

«Fünfte», höre ich mich sagen. Eine unbewußte, automatische Reaktion. Aber es stimmt. Dort ist die Wohnungstür, die Klingel, und Laduschka bellt. Hoffentlich ist jemand zu Hause, ich habe keinen Schlüssel. Haben KGB-Leute nicht immer etwas bei sich, womit sie Türen öffnen?

«Wer ist da?» Mamas Stimme. Es ist Igors Mutter, aber ich sage Mama zu ihr, seit ich sitze. Seit ich, als ich bei der Verhandlung allein im Gerichtssaal saß, vom Gang draußen ihr Schreien hörte: «Lassen Sie mich hinein, meine Tochter ist da drin!» Sie verweigerten es ihr. Niemand wurde zu meiner Verhandlung zugelassen.

«Wer ist da?»

Was antworten? Ira? Oder vielleicht: Hausdurchsuchung? Ich weiß ja immer noch nicht, aus welchem Grund sie mich hergebracht haben.

«Ira.»

Der Flur. Dieselben Tonschüsseln an den Wänden. Heimischer Geruch. Laduschka springt und bellt. Entweder, weil er mich nicht mehr kennt – nach über vier Jahren Fortsein –, oder wegen des fremden Mannes.

Mama, wie erstarrt: «Für immer?»

Darauf ich: «Für immer.»

Erst da fängt sie an zu weinen. Die Mädchen stecken die Köpfe aus dem Wohnzimmer. Wie groß, wie erwachsen sie geworden sind, meine Nichten. Als man mich abholen kam, waren sie noch ganz winzig, konnte die Jüngste noch nicht einmal sprechen. Jetzt sind sie übrigens auch sprachlos, schauen mit vor Erstaunen runden Augen. Gut so, das Durcheinander ist schon aufregend genug: Mama kann ihre Tränen nicht stillen und drückt mich an sich, und ich stammele etwas... Höchste Zeit, daß der Fremde sich verabschiedet, wenn er wahrhaftig vorhat, mich hierzulassen. Es muß einfach stimmen, er kann mich nicht wieder mitnehmen, immerhin ist der Fahrer unten geblieben, und zum Begleitschutz gehören mindestens zwei. Außerdem, ein Mann von seinem Rang, ein General des KGB, schleppt mich nicht mir nichts dir nichts aus dem Haus. Lassen wir die Dinge also an uns herankommen.

«Danke, daß Sie mich hergebracht haben», sage ich höflich, «wie wär's mit einem Kaffee?»

«Nein, danke», sagt er ebenso höflich, «Sie haben jetzt etwas Besseres zu tun.»

Und er geht tatsächlich. Für diese nichtgetrunkene Tasse Kaffee werden ihm, so hoffe ich, im Jenseits bestimmt einige Sünden verziehen.

Ein wahnwitziges Telephongespräch mit Igor. Er will Arbeit Arbeit sein lassen und sofort vom anderen Ende der Stadt heimkommen. Ich sitze wie in Trance und halte den Telephonhörer an meine Wange, obwohl er längst aufgelegt hat. Jetzt kann ich mir erlauben, die Selbstbeherrschung zu verlieren. Mama rumort in der Küche. Ich müßte eigentlich zu ihr gehen, ihr behilflich sein. Aber wie denn – ich weiß gar nicht mehr, wie man so was macht, wie der Haushalt organisiert ist. Ich würde ihr bloß im Weg stehen. Statt dessen trete ich vor den Spiegel. Schau mal an, dieses gnädige Fräulein! Im Gefängnis steht einem kein Spiegel zu, und in den letzten drei Monaten sah ich mich nur ein einziges Mal – in der geöffneten Spiegeltür irgendeines Amtsraumes. Ein magerer Knabe mit kurzgeschnittenen Haaren. Und sehr dunklen Augen.

Daß ich dem KGB-Mann Kaffee angeboten habe, wundert mich nicht: Ich bin der Sieger, nicht er. Gleich wird Igor hier sein, Freunde werden kommen, und mir wird wohl ums Herz sein, wenn ich ihnen in die Augen sehe: Alles in Ordnung, für die vier Jahre und etwas darüber brauche ich mich nicht zu schämen. Ich werde ihnen alles, alles erzählen (noch weiß ich nicht, wie schwer mir das fallen wird, weil ich gegen den Wunsch ankämpfen muß, nur Komisches zu berichten und das Schreckliche zu verschweigen). Und nun, über ein halbes Jahr später, da ich die Arbeit an diesem Buch beginne, höre ich im Winkel meiner Seele ein Wimmern: Laß es, rühre nicht an deine Erinnerungen, du hast genug gelitten. Aber ich werde mich erinnern. Ich weiß, was ich zu tun habe.

# I

Seit sieben Monaten lebe ich wie eine Königin: Man eilt mir voran und reißt mir die Türen auf von Zellen, von Räumen der Untersuchungsbehörde, vom Gerichtssaal. Sie hinter mir zu schließen, verlangt ebenfalls niemand von mir. Zu Fuß brauche ich jetzt auch nicht zu gehen, es sei denn den Gang entlang, in entsprechender Haltung. Ansonsten werde ich gefahren. Auf mich allein entfallen eine Menge Dienstleistungen, ich rufe sogar nach dem Wächter, wenn mein Bleistift gespitzt werden muß. Wenn der Königin aus den eigenen Sachen ein Paar Socken ausgegeben werden, ist eine Menge Volk zugegen, einschließlich des Gefängnisdirektors, der alle Papiere unterschreiben muß (und die Ausgabe von Socken erfordert natürlich ein Papier). Mein Gefängnis heißt «Untersuchungsgefängnis des KGB», während des Krieges war es das Gestapogefängnis. Hier habe ich zum erstenmal in meinem Leben ein Zimmer für mich allein, es ist sogar möbliert: eiserne Bettstelle, Schemel, Latrine. Die königlichen Papiere werden, in Anbetracht ihrer besonderen staatlichen Wichtigkeit, regelmäßig von «kompetenten Personen» durchgesehen. Deshalb auch ist mein erster Gefängnisgedichtband nicht auf Papier fixiert, sondern in meinen Kopf eingehämmert. Köpfe unterliegen in dieser Einrichtung im Prinzip ebenfalls der Untersuchung, aber diese Prinzipien scheitern an meinem Veto. Ein Privileg, das teuer zu stehen kommt, aber das Recht auf Haltung gibt. Damit müßt ihr euch schon abfinden, Herrschaften: Ich will es so.

Heute nun wechsele ich die Kiewer mit der Moskauer Residenz: In einer Stunde wird der Wagen kommen und mich zum Bahnhof fahren. Meine Papiere fahren, wie sie mir mitteilten, getrennt von mir: «Damit Sie sich nicht damit abzuschleppen brauchen.» Es sind dies die Kopie meines Urteils, meine Berufungsklage, eine offizielle Erklärung an das Gericht, Anmerkungen zum Gerichtsprotokoll und aus Büchern der Gefängnisbibliothek abgeschriebene Gedichte von Tjutschew, Puschkin, Schewtschenko, Lermontow, Shukowski. Schön, unterwegs werde ich sowieso nicht lesen.

Vor Aufregung habe ich Schüttelfrost, wie stets, wenn ich eine Reise antrete. Natürlich weiß ich, es wird keine gewöhnliche Reise sein: Wachhunde, Wachsoldaten mit Maschinenpistolen, stickige, drangvolle Enge im Stolypin-Wagen[1*], der Gestank überbelegter Gefängnisse... Trotzdem bin ich heiter gelaunt, ich habe die ersten sieben Monate nicht schlecht überstanden. Kein Wort haben sie während der Untersuchung aus mir herausgeholt, keine Bitten an die Gefängniswärter, sondern lediglich eine Erklärung zur Ungesetzlichkeit des Prozesses und meine Weigerung, an ihm teilzunehmen. Ein hochanständiger Beginn für eine Gefangene, so kann man sich guten Gewissens auf die Reise begeben. Meine Verdienste für die Heimat wurden hoch bewertet: sieben Jahre Lager, strenges Regime, und fünf Jahre Verbannung. Dieses Urteil verpfuschte meinen Geburtstag, den neunundzwanzigsten. Doch ich bekam an diesem Tag noch ein Geschenk: Igor erschien vor Gericht als Zeuge in meiner Sache. Und gleich von der Schwelle rief er mir zu: «Nicht aufgeben, Liebling, ich liebe dich!»

Und dann sagte er den Richtern, was er von ihnen und ihrer Prozeßführung hielt. Und daß ich Mitglied des Internationalen PEN-Clubs sei (eine wichtige Information für mich). Und ehe sie sich besannen und ihn des Saales verwiesen – noch ein Blick in meine Richtung, ein letzter. Sind Sie, verehrte Genossen Richter, schon einmal so angesehen worden? Oder Sie, Filzerin im Fähnrichsrang? Oder Sie, Chef des Petrunja-Gefängnisses? Eben drum, arme Teufel. Daher könnt ihr nicht begreifen, warum ich mit einem Lächeln die Reise ins Lager antrete.

---

* Die im Text mit Ziffern versehenen Begriffe sind auf S. 351 in «Anmerkungen» zusammengefaßt.

Die Reiseverpflegung wird ausgegeben: ein halbes Schwarzbrot und ein Hering. Aus der Samisdatliteratur weiß ich, was das bedeutet – achtundvierzig Stunden Fahrt bis zur nächsten Verladung. Den Hering darf man unterwegs nicht essen, sie geben einem dann nichts zu trinken. Danke, Alexander Issajewitsch, daß Sie uns vorgewarnt haben! Wer weiß, ob wir ohne Ihre Bücher so gescheit gewesen wären, rechtzeitig vor Hausdurchsuchungen alle Briefe und Adressen zu verbrennen. Oder ob ich es fertiggebracht hätte, mit keiner Wimper zu zucken, als man mich im Gefängnis splitternackt auszog. Und ob ich allein hinter diese wichtige Gefangenenregel gekommen wäre: nicht blindlings vertrauen, sich nicht fürchten, um nichts bitten. Selbst auf eine Kleinigkeit wie die Sache mit dem Hering bin ich durch Sie vorbereitet. Leicht soll der Körper eines Gefangenen sein, leicht sein Gepäck... Der Wagen ist vorgefahren. Ein «Schwarzer Rabe»[2]. Na und – es ist April! Die Reise geht los.

Der Wagen wird so an den Zug herangefahren, daß man aus ihm direkt in den Waggon umsteigen kann. Irgendwo unten ein wildgewordener Schäferhund: alles wie beschrieben. Da sind sie, die vollgestopften Stolypin-Abteile – hinter Gittern ein wildes Durcheinander von Frauenkörpern und Gesichtern. Wie viele mögen da auf drei Quadratmetern in zwei Etagen zusammengepfercht sein? Fünfzehn?

Im nächsten vergitterten Abteil – Männer. Sie sehen mich an und reden laut durcheinander:

«Guck mal, eine ganz junge!»

«Wohin geht die Reise, Täubchen?»

«He, Mädchen, schau mal her zu mir!»

Jemand steckt mir durchs Gitter einen Bonbon zu. Der Wachsoldat haut auf die ausgestreckte Hand. Der Bonbon fliegt auf den Boden, die Hand zieht sich hinters Gitter zurück. Zwei Finger fehlen an ihr, auf dem Handrücken eine Tätowierung: «Die Sonne versinkt hinter den Bergen». Blickwechsel, ein Lächeln.

«Nicht reden!»

Wir lächeln. Sie sind Gefangene, ich gehöre zu ihnen. Später, als der Zug sich in Bewegung setzt und ein anderer Posten Wache schiebt, nicht mehr dieser Satan, lassen sie mir durch ihn noch ein paar Bonbons «rüberschieben», und ich revanchiere mich mit einem Päckchen Zigaretten (vor der Fahrt mußt du welche kaufen, ob du selber rauchst oder nicht). Und das erste Knastwort, das ich lerne, heißt: «Erwärmung». So nennt man diese unzulässige Übergabe von Bonbons oder ähnlichem. Die erste Bedeutung des Wortes erfasse ich auf Anhieb: das Herz erwärmen. Die zweite wird mir ein halbes Jahr später klar: Wenn du ißt, frierst du nicht so, wie wenn du hungerst. Also, Erwärmung im wahrsten Sinne des Wortes, Kalorien ...

Ich habe ein Abteil für mich: Besonders gefährliche Staatsverbrecher isoliert man von anderen. Etwa damit sie keinen schlechten Einfluß ausüben und gewöhnliche Kriminelle plötzlich aufhören zu morden und zu stehlen und statt dessen anfangen, Gedichte zu schreiben? Oder, noch schlimmer, sich für den Dissidenten Sacharow einsetzen? Schöne Isolation: Jede vierte Käfigwand ist ein Gitter. Bekanntlich wird da mit Leichtigkeit die Hand durchgesteckt und ein Kassiber von Abteil zu Abteil weitergereicht. Außerdem ist jedes Wort zu hören.

«He, Eins, wieso fährst du allein?»

Damit bin ich gemeint, es ist die Nummer meines Käfigs am Anfang des Waggons.

«Ich bin eine Politische.»

«Was denn – hast du etwa auf Andropow geschossen?»

«Wieso, wurde denn auf ihn geschossen?»

Ich weiß nichts davon. Im KGB-Gefängnis bekommt man keine Zeitungen, und es hätte darüber wohl auch kaum etwas drin gestanden. Ich wurde noch unter Breshnew inhaftiert und erfuhr erst aus der Rede des Staatsanwalts von Andropows Amtsantritt.

«Von wegen, danebengeschossen haben sie.»

«Ach was, am Knie haben sie ihn erwischt» (mischt sich jemand aus dem nächsten Käfig ins Gespräch).

«Nein, nein, ich sitze für meine Gedichte.»
«Für Gedichte – wieso? Gegen die Macht?»
«Unabhängig von der Macht, und das wurmt sie.»
«Über Gott etwa?»
«Auch über Gott.»
«Stimmt, das mögen sie nicht. Sag uns welche auf. Oder kannst du sie nicht auswendig?»
Natürlich weiß ich sie auswendig. Und ich beginne:

> Weg die herrschende Hand
> Wenn dein Sohn schon zum Manne gereift ist!
> Trag es ein als Verlust, du vorzügliche Mutter,
> mein Land.
> Wie so schnell du verlerntest zu segnen den Sohn
> wenn er fortging,
> Wie so hart zu verfluchen erhobst du statt dessen
> die Hand!

Sie verstummen, hören mir zu. Großer Gott, wieviel werden sie verstehen – Kriminelle, von denen jeder zweite nie im Leben ein Buch gelesen hat. Aber es sind nicht alles Kriminelle, unsere Gefängnisse sind heute voll von den unterschiedlichsten Menschen.
«Keine Unterhaltung!»
Ich will nichts riskieren und lieber warten, bis die Wachsamkeit des Postens wieder erlahmt. Nach ungefähr zehn Minuten eine Stimme:
«He, Eins, schreib's auf und schieb's rüber in die Sechs, ja? Wie heißt du eigentlich?»
«Ira.»
«Na los, Irinka.»
Schreiben ist erst recht riskant. Nach sowjetischen Gesetzen wird es qualifiziert als «Verbreitung verleumderischer Dokumente in Gedichtform». Schnappen sie mich dabei, können sie mir eine neue Sache anhängen. Aber ich kann unmöglich sieben Jahre im Lager sitzen wie eine Maus unterm Kehrbesen! Gerade das will das KGB ja erreichen: Daß ich Angst habe, den Menschen

meine Gedichte weiterzugeben. Und die hier sind auch Menschen – ob Verbrecher oder nicht. Ich bin nicht Gott, das zu entscheiden und über sie zu richten. Egal, ob sie gut oder schlecht sind – sie gehören zu meinem Volk, ebenso wie der junge, uniformierte Posten. Nein, Selbstzensur kommt für mich nicht in Frage. Mit dem Schreiben wird's allerdings schwierig, der Waggon rüttelt. Ich schiebe es auf bis zum nächsten Halt. Überlege, was ich ihnen aufschreiben soll, damit sie alles verstehen. Vielleicht das vom Gefängniskobold. Und etwas Fröhliches, von der fliegenden Katze. Und das von der wartenden alten Frau. Wir halten lange, ich schreibe eine Doppelseite aus einem Schulheft voll.

«He, Mädchen, schiebt das bitte in die Sechs rüber.»

«Und wir?»

«Lest es euch vorher durch, ich kann es nicht zehnmal schreiben.»

«Und wenn wir es nun abschreiben?»

«Wie ihr wollt. Aber wenn sie es finden, werden sie euch nicht den Kopf streicheln.»

«Einen Scheißdreck werden sie finden!»

«Ein Wort noch, und ich lasse bis morgen keinen mehr zum Klo!»

Das war der Posten. Eine ernstzunehmende Drohung: Was sollst du in deinem Käfig machen, wenn sie dich nicht zur Toilette lassen? Der «Toilettengang» ist für die Wachmannschaft eine mühselige Angelegenheit. Ein Posten steht direkt vor der Toilette, der andere im Gang und der dritte öffnet nacheinander die Boxen und führt jeden einzeln hin und zurück. Klar, je seltener das geschieht, desto weniger Scherereien, und deshalb wird die Prozedur selten durchgeführt, was die Gefangenen bis an den Rand der Erschöpfung bringt. Männer, die es gar nicht mehr aushalten können, pinkeln in einen Plastikbeutel, und wenn sie keinen haben, in den eigenen Stiefel. Die Frauen jammern entsetzlich, halten aber durch. Der rotblonde Posten ist übrigens keiner von den Bösartigen, er hat nur der Ordnung halber gedroht. Die Frauen von Nr. 3 haben das schon mitgekriegt und necken ihn: «Oh, du mein kleiner Soldat, du mein Blondköpfchen! Warum denn so ärgerlich, hm? Komm her, kriegst 'n Kuß!»

«Laß gefälligst den Quatsch!»

«Was heißt Quatsch? Ein Küßchen von mir, und du sollst mal sehen, wie dein Schnurrbärtchen sprießt. Wie hätten wir's denn gern – weißblond oder rotblond?»

«Quatschköpfe!»

«Singen wir dir eben ein Liedchen. Los, Kinder, stimmt an!»

Valentina in der Frühe
Wollte Milch hol'n, so um vier.
Landete nicht unter Kühen
Sondern unter einem Stier.

«Och, Mädchen, ihr schafft mich noch!»

«Genau. Wenn wir'n Kind kriegen, werden wir nämlich amnestiert!»

«Oh, du mein blonder Liebling!»

«Ruhe jetzt! Der Konvoichef macht gleich seinen Kontrollgang!»

Dieses menschliche Argument zieht. Sie werden ihm den Kopf waschen, wenn sie merken, daß er mit den Gefangenen schwatzt. Die Frauen verstummen. Vermutlich ist jetzt Schlafenszeit. Gegen Abend wurden wir verladen, seitdem ist eine Menge passiert. Wie spät mag es sein? Ein rein abstraktes Interesse natürlich, Gefangenen sind Uhren nicht gestattet. Sie werden geweckt, wenn sie geweckt werden sollen, sie werden dorthin gebracht, wohin sie gebracht werden sollen. Wie merkwürdig die Realität im Gefängnis zusammenschrumpft! Ich weiß absolut gar nichts: nicht, wo ich morgen sein werde, nichts von dem, was in der Freiheit geschieht. Auch von Igor weiß ich nichts. Ob sie ihn verhaftet haben? Seit dem Prozeß ist ein Monat vergangen, und jeder Kontakt ist uns verboten. Wo bist du jetzt, Igor? Vermutlich versuchst du auch gerade einzuschlafen – zu Hause auf unserer Klappcouch oder auf einer Gefängnispritsche? Schlaf, mein Liebling. Gott gebe dir Kraft.

## 2

MORGEN. Der Zug steht seit einigen Stunden. Wir werden nach Moskau gebracht und bestenfalls gegen Abend dort ankommen. Ein normaler Zug braucht für die Strecke Kiew–Moskau zwölf Stunden, aber Waggons mit Gefangenen werden an Güterzüge angekoppelt, und deshalb dauert unsere Fahrt mindestens vierundzwanzig Stunden. Fast die ganze Zeit verbringe ich im Halbschlaf, so vergeht die Zeit schneller, und man kriegt die Quälerei ringsum nicht so mit. Der Tumult im Waggon wird jedoch immer lauter.

«Natschalnik, laß uns zur Toilette!»

«Nicht, solange der Zug steht!»

«Und wann geht's weiter?»

«Wenn's soweit ist!»

Darauf folgt ein unsägliches allgemeines Fluchen. Weiß der Teufel, wann es soweit ist! Es vergeht noch eine geraume Weile, bis der Zug endlich anfährt.

«Natschalnik!»

Der «Natschalnik» schweigt. Es ist nicht mehr der nette Junge von gestern, die Wachablösung hat stattgefunden. Der jetzige ist offensichtlich ein Berufssoldat, der diesen Dienst freiwillig tut. Was einen Menschen veranlassen kann, freiwillig Konvoisoldat zu werden, ist mir ein Rätsel. Seine Augen kann ich nicht sehen, er kehrt mir den Rücken zu. Ich sehe nur seinen feisten rötlichen Nacken. Ich bin gespannt, ob er das Klagen und Stöhnen der Gefangenen erhört, oder ob er auf stur schaltet. Eine Frau in Nr. 3 weint: Sie kann es nicht mehr aushalten.

«Natschalnik! Laß wenigstens die Schwangere raus!»

Aber dem sind Schwangere piepegal, das ist seinem Nacken

abzulesen. Wer weiß, wieviel Zeit noch hingeht – eine halbe Stunde, eine ganze?

«Los, Leute! Schaukeln!»

«Wer war das?» Unser taubstummer Peiniger reagiert sofort. Doch wer soll bei dem Lärm erkennen, wer was sagt? Eine junge Männerstimme war's, aber Männer haben wir an die siebzig in unserem Waggon. Was es mit der Aufforderung »schaukeln!» auf sich hat, wird mir gleich darauf klar. Die Gefangenen beginnen, den Waggon zum Schaukeln zu bringen, indem sie alle zusammen im Takt von einer Seite der Box auf die andere taumeln. Durch die Überfüllung des Waggons kann das gewünschte Resultat sehr schnell eintreten: Der Waggon kippt aus den Gleisen und reißt den Zug die Böschung hinunter. Der Konvoichef kommt angerannt:

«Wer ist der Anstifter?»

Nach dem kann er lange suchen: Der ganze Waggon schaukelt. Auch ich schaukele – allein in meinem Käfig. Möchtest wohl nicht mit uns zusammen ins Jenseits, du mit deiner vollgefressenen Visage? Nein, das möchte er ganz eindeutig nicht – es erscheinen zwei Begleitsoldaten mit Schlüsseln. Der erste öffnet die Tür, hinter der die Schwangere ist, und führt sie an mir vorbei. Ein verweintes Gesichtchen, unter dem verwaschenen Kopftuch schaut eine Haarsträhne hervor. Der Aufruhr legt sich. Schlüssel und Gitter rasseln, und jeder geht dicht an mir vorbei – hin und zurück.

Mein Gott, wie viele sind es bloß? Ich hätte mitzählen sollen, schließlich habe ich mir, als ich meine allererste Zelle betrat, geschworen, mir nichts entgehen zu lassen. Beobachten, in mein Gedächtnis einprägen – alles, aber auch alles! Eines Tages würde es von Nutzen sein, nicht nur Emotionen, auch Fakten und Zahlen. Doch mir ist jetzt nicht nach Zahlen zumute: graue Gesichter, graue Wattejacken. Nur die Augen haben noch andere Farben. Zu mir schauen alle herein: eine Politische!

«Wie geht's, Irina?»

Ich lächele. Blick in Blick. Auf dem Rückweg – Blick in Blick.

Ich stehe ganz dicht am Gitter. Wie viele Jahre hat man euch aufgebrummt, Kinder? Wer von euch wird mit dem Leben davonkommen, wer von euch das Lager als Krüppel verlassen, wer als psychisch Kranker? Wen habt ihr zu Hause zurückgelassen, wird jemand auf euch warten? Wer von euch hat überhaupt ein Zuhause? Was wird die Schwangere für ein Kind zur Welt bringen? Und was für Wörter wird es zuerst sprechen lernen – es wird doch im Lager aufwachsen. Zu diesem Zeitpunkt ist mir noch nicht bekannt, daß jedes achte dieser Kinder im Lager stirbt. So vieles weiß ich noch nicht, obwohl ich Bücher gelesen habe. Das also seid ihr – Gefangene, meine Zeitgenossen. Wir schauen einander an und lächeln. Auch eine »Erwärmung«.

Mir wird durchs Gitter auf geschickte Weise etwas in die Tasche gesteckt, ich kriege es kaum mit. Der Begleitsoldat bemerkt nichts. Dann wieder. Und wieder. Auf den Fußboden fällt ein weißliches Quadrat, mehrfach gefaltet. Ein Briefchen! Schnell trete ich mit dem Stiefel drauf. Ich trage wie alle Gefangenen Soldatenstiefel aus Segeltuch. Bloß sind meine kleiner – Igor trieb sie in meiner Größe auf und schickte sie mir ins Gefängnis. Alles in Ordnung, keiner scheint es gesehen zu haben. Ich lasse mein Tuch fallen und hebe es zusammen mit dem Briefchen wieder auf. Oje, noch fehlt meiner Hand die richtige Knastologengeschicklichkeit! Macht nichts, ich lerne es noch.

Als allmählich alles wieder still wird und der gutgenährte Fähnrich uns wieder seinen Specknacken zuwendet, entziffere ich meine Beute.

«Guten Tag, Irischa! Mein Name ist Wolodja. In drei Jahren komme ich raus. Ich liebe Gedichte, mein Lieblingsdichter ist Omar Chajjam. Ich habe Dir Verse von ihm, die ich im Kopf habe, aufgeschrieben. Sie werden Dir auch gefallen.»

Auf einem Extrazettel die Gedichte. In klitzekleinen Buchstaben, offenbar in den Pausen geschrieben, während der Zug hielt. So gut wie kein orthographischer Fehler. Schau einer an! Alles hätte ich auf dem Transport erwartet, nur das nicht. Sie werden mir die Gedichte wegnehmen, wenn sie mich im Lefortowo-

Gefängnis filzen. Auch die von Puschkin und Tjutschew, die ich mir abgeschrieben habe und die angeblich «getrennt von mir reisen», werde ich nicht wiederbekommen. Statt ihrer wird man mir im Lager einen Schrieb geben, daß sie konfisziert worden sind. Die Gedichte, wird es heißen, wurden als verleumderisch und ideologisch schädlich erachtet und durch Verbrennen vernichtet. Ich weiß schon, wie die Sache gelaufen ist: Die Mitarbeiter des Kiewer KGB, die nicht verpflichtet sind, sich in Literatur auszukennen, handelten in dem Glauben, alle diese Gedichte seien von mir – nun ja, schließlich habe ich nicht darüber geschrieben, welches von Tjutschew und welches von Puschkin ist, weil ich das von klein auf weiß. Was kann ich dafür, wenn das KGB mich für den genialen Kenner von Georgiens Hügeln, Sibiriens tiefliegenden Erzadern und Maigewittern hält... Müssen sie eben noch höllischer aufpassen. Nur zu, ihr Superschlauen. Was kommen soll, das kommt. Und jetzt fix das nächste Briefchen entfaltet:

«Irinka, wir heißen Vera und Ljuba. Man bringt uns vom Lager für Minderjährige in ein Erwachsenenlager. Wir haben beide noch ein Jahr, sie werden uns aber bestimmt nicht zusammen lassen. Teile uns mit, wie lange Du noch vor Dir hast, wir haben es nicht mitgekriegt. Vera sagt, sieben, aber das kann nicht stimmen. Ist es wahr, daß sie politische Gefangene mit Amerika gegen unsere Spione austauschen? Schreib mehr von Deiner Politik und schieb's rüber in die Fünf. Die anderen bitten auch darum.»

«Ira, Du sagst, es gibt ein Lager für Politische. Meinst Du das, wo Solshenizyn war? Ich habe sein Buch ‹Ein Tag im Leben des Iwan Denissowitsch› gelesen, als ich noch in Freiheit war. Unsere Leute sagen, Solshenizyn ist Jude, und sie würden ihn bald wieder einsperren. Stimmt das, oder nicht? Schieb die Antwort rüber in die Sieben, schreib oben drüber ‹an Lippe›, das ist mein Spitzname.»

In meiner Tasche findet sich ein Karamelbonbon. Das klebrige Einwickelpapier ist mit himbeerfarbenen und violetten Rhomben bedruckt, lauter Anilinfarben. «Pures Azeton» nennt man diese Bonbons scherzhaft in Odessa. Ganz, ganz langsam zergeht er in meiner Backentasche. Nie werde ich erfahren, wer ihn mir zusteckte – jener junge blauäugige Bursche mit der Flechte auf dem geschorenen Kopf, die ältere, irgendwie gemütlich wirkende kleine Frau, die übers ganze runzlige Gesicht lächelte, oder der schlanke, sehnige «Gestreifte» (so werden nach ihrer Häftlingskluft jene genannt, die einem «besonderen Regime» mit verschärften Haftbedingungen unterliegen und so gut wie zum Tode verurteilt sind). Wer es auch gewesen sein mag – danke. Nicht einmal in meiner Kindheit hat mir je ein Bonbon süßer geschmeckt. Nachdem ich die Briefe so verständlich wie möglich beantwortet habe, zerreiße ich sie in kleine Stücke, denn bald sind wir in Moskau und haben die nächste Durchsuchung vor uns. Die Schnipsel lasse ich liegen – falls sie sie zusammensetzen, können sie unter den Häftlingen lange nach einem Omar Chajjam suchen.

Und dann werde ich durch Moskau gefahren – in einem großen, mit einer Plane überdachten Wagen. Meine Bewacher, zwei blutjunge Soldaten, sollen natürlich wissen, mit wem sie es zu tun haben. Ich erzähle ihnen von mir. Sie können es nicht glauben:

«Sieben plus fünf – wirklich?!»

Sie öffnen das Türfenster ein wenig, damit ich was von Moskau sehen kann. Der Nachtwind bläst mir das Haar aus der Stirn. Lichter. Wo wir uns befinden, erkenne ich nicht. Die Jungs machen mir einen überraschenden Vorschlag: Du bist jung, und wir sind jung. Unsere Fahrt dauert lange. Willst du nicht mit einem von uns bumsen? Mit dem, der dir mehr gefällt? Der andere dreht sich solange um. Wenn du schwanger wirst, entlassen sie dich bestimmt vorzeitig, Schwangere und Frauen, die Kinder im Gefängnis oder im Lager kriegen, werden meistens amnestiert. Amnestien sind in nächster Zeit zwei zu erwarten, in Zusammenhang mit den Revolutionsfeiertagen.

Ich bin vernünftig genug, ob soviel Einfalt nicht gekränkt zu sein. Die Jungs meinen es auf ihre Art gut mit mir. Behutsam mache ich ihnen klar: Ihr seid beide ganz lieb, aber ich bin verheiratet und meinem Mann treu.

«Bist gläubig, stimmt's?»

«Stimmt.»

Diese Erklärung leuchtet ihnen ein, das Thema ist erledigt. Sie beweisen damit viel mehr Takt als jeder KGB-Mann. Von denen hätte ich gewiß zu hören bekommen: Aber welcher Mann wird denn sieben Jahre warten! Wie oft habe ich mir das in den Monaten der Untersuchungshaft sagen lassen müssen! Lukjanenko, mein Untersuchungsrichter, versuchte immer wieder, mich aus der Fassung zu bringen. Er schaffte es nicht, gab schließlich auf und schrieb hinter jede seiner Fragen automatisch ins Protokoll: «Antwort erfolgte nicht». Den beiden Jungs aber erzähle ich alles, was sie wissen wollen, ich rezitiere sogar Gedichte und kläre sie über Sacharow auf. Schließlich kommen wir in Lefortowo an. Die Jungs schenkten mir ein Päckchen Zigaretten. Ich rauche zwar nicht, aber andere werden sich freuen. Ich bin doch jetzt nicht mehr allein. Mit wem wohl werde ich demnächst meine Balanda[3] löffeln?

Leibesvisitation. Dann unter die Dusche – höchstes Glück der Gefangenen! Gewöhnlich ist Duschen nur einmal wöchentlich angesagt, und ich wäre erst in fünf Tagen wieder dran gewesen. Aber im Lefortowo-Gefängnis wird jeder Neuzugang unter die Dusche gesteckt. Ich habe also Glück. Wie lange sie mich hier wohl festhalten werden? Fragen ist sinnlos. In der Zelle bin ich allein. Gott sei Dank. Vor meinen Augen tanzen Gesichter, kahlrasierte Köpfe, graue Wattejacken... Ich bin in den sieben Monaten Einzelhaft arg menschenscheu geworden. Die Leute vom KGB kann man doch nicht im Ernst als menschlichen Umgang ansehen! All diese Gefangenen hingegen sind Menschen, auch wenn Ganoven und Mörder darunter sind. Für unser Volk waren zur «Katorga»[4] Verurteilte schon immer «Unglückliche». Unglückliche Menschen, ich bedaure sie, und sie bedauern wahrscheinlich mich. Nein, ich weiß sehr wohl Bescheid über die grausamen Lagergesetze der Kriminellen und wie erbarmungslos sie mit denen abrechnen, die dagegen verstoßen, wie brutal sie die Schwachen verhöhnen und ausnutzen. Aber sie haben auch eine andere Seite, und die werde ich nie vergessen. An diese andere Seite in ihnen wie auch in den Begleitsoldaten, ja sogar in dem, der gerade durchs Guckloch schaut, ob ich schlafe oder nicht, appelliere ich. Herr im Himmel, rette mein unglückseliges Volk und erbarme dich seiner.

## 3

Zwei Tage Einzelhaft im Lefortowo – und dann geht die Reise weiter. Diesmal steckt man mich zu meinem Erstaunen in eine Box mit zehn anderen Frauen. Entweder aus mangelnder Wachsamkeit oder aus Platzmangel. Ich protestiere selbstverständlich nicht: neue Menschen, neue Begegnungen und Schicksale. Wir schließen sofort Bekanntschaft und kommen ins Erzählen. Manche erzählen gern ihre Geschichte, manche ziehen es vor, über andere Themen zu sprechen. Die Greisin hinten in der äußersten Ecke ist Baba[5] Tonja. Sie weint vor sich hin. Als wir dann auf der Strecke sind, taut sie auf und erzählt uns, daß sie fünfundsechzig ist und wegen Schwarzbrennerei zu vier Jahren verurteilt wurde.

«Ach was, Oma», funkt die bewanderte Lida, grelle Schminke im ungewaschenen Gesicht, dazwischen: «Wer zum erstenmal beim Schwarzbrennen erwischt wird, den verdonnern sie nicht gleich zu vier Jahren.»

«Hast ja recht», sagt die Alte und schneuzt sich in einen weißen, ungesäumten Lappen. «Unser Leben lang haben wir im Dorf Schnaps gebrannt, und nie haben sie einen verdonnert. Der Mischa, unser Abschnittsbevollmächtigter, kriegte zu jedem Feiertag seinen Roten und ließ jeden in Ruhe. Aber dann ist er im Suff samt seinem Motorrad im Teich ertrunken, und sie schickten uns so einen scharfen Teufel, der Herr möge mir verzeihen!

Überall steckte der seine Nase rein. Zu mir kam er vor dem Oktoberfeiertag, weil er wußte, der Verfluchte, daß ich allein lebe und mich niemand in Schutz nimmt. Natürlich fand er jede Menge. Ich bat und bettelte, aber er ließ sich nicht erweichen, sagte, er muß es melden. Die Nachbarn meinten, gib ihm fünfundzwanzig Rubel, dann tut er's nicht. Ich verkaufte Kartoffeln, die ich hatte, und gab ihm das Geld. Der verdammte Kerl nahm es und schrieb eine neue Anzeige. Diesmal wegen Bestechung. Und so war ich gleich wegen zwei Paragraphen dran, da half kein Bitten und Betteln. Und wie ich sitze, das war noch vor der Verurteilung, gab's auf Schwarzbrennerei plötzlich Amnestie, aber nicht für Bestechung. Für Schwarzbrennerei, sagten die Richter, kriegst du ein Jahr, Bürgerin, und könntest jetzt aufgrund der Amnestie nach Hause gehen. Aber für Bestechung gibt's vier, und so fährst du nun ab ins Lager mit allgemeinem Regime ...» Baba Tonja verstummt und weint wieder. Sie denkt an ihr zurückgelassenes Häuschen, an ihr Gemüsegärtchen. Ob sie die vier Jahre Lager überleben wird, ist fraglich. Ebensogut hätten sie sie in ihrer Kate sterben lassen können.

«Nicht weinen, Baba Tonja», wird sie im Chor getröstet. «Das ‹allgemeine Regime› läßt sich überstehen. Menschen leben überall. Du bist alt, niemand wird dir was zuleide tun. Und ganz bestimmt kommst du nicht in die Näherei, dort brauchen sie junge, gesunde Leute.»

Und nun erfahre ich, was es mit den Nähwerkstätten auf sich hat. Wer dorthin kommt, trifft es am schlimmsten. Produziert werden Wattejacken, Wattehosen und Uniformmäntel. Der Stoff flust, die Härchen von der Watte fliegen herum, und das alles atmet man ein. Dazu kommt, daß das Gewebe imprägniert ist und diese Chemikalien Geschwüre an den Händen und anderswo verursachen. Gehst du deswegen zum Arzt, kriegst du zur Antwort: «Das kommt von der Homosexualität.» Und wenn du sagst, du bist keine Lesbierin, dann heißt es, die Ursache sei sexuelle Enthaltsamkeit.

Ganze zwei Ursachen für alle Fälle des Lebens, und natürlich sind in beiden Fällen die Gefangenen selbst schuld und haben den Arzt nicht zu belästigen. Der Traum aller ist es, im Versorgungs- oder Dienstleistungssektor unterzukommen: in der Küche, im Putzgeschwader oder sonstwo. Wer dort arbeitet, hat Einzelunterkunft, muß nicht in solcher Enge leben und hat größere Chancen, vorzeitig entlassen zu werden. Mir würde das gar nichts nutzen: Politische Gefangene fallen nicht unter Amnestie und haben auch nicht die Chance vorzeitiger Entlassung.

Tante Ljuba hat ihren Mann mit dem Beil erschlagen. Sie redet gern darüber, irgendwie sogar herausfordernd: «Zwölf Jahre lang hat dieser Säufer alles versoffen, was wir hatten, und mich grün und blau geschlagen. Aber einmal war Schluß, da hab ich das Beil gepackt und gedroht: Bleib mir ja vom Leib! Na, er ging trotzdem auf mich los, und da hab ich mit der stumpfen Seite zugeschlagen. Er sackte zusammen. Erst dachte ich, das ist bloß der Suff, der kommt schon wieder zu sich. Ich hatte ja gar nicht so toll zugeschlagen. Aber dann wurde mir doch mulmig, und ich holte den Doktor. Er ist tot, sagte er, du bist eine Mörderin, Ljubow Jakowlewna. Mir tut's nicht leid, überhaupt kein bißchen. Drei Monate saß ich im Knast, und nur zweimal hat mich der Wächter geschlagen. Aber von meinem Alten hab ich beinahe jeden Tag Prügel gekriegt. Auch der Untersuchungsrichter hat nicht geschlagen. Ich hab ihm ja auch gleich erzählt, wie alles war, dadurch konnte er die Untersuchung schnell abschließen. Er hat mich sogar bedauert, mir einen Tee angeboten.»

Sie hat fleischige Hände, kurze Finger. Ein Finger hat eine tiefe Einkerbung. Der Ehering, sagt sie, sei so eingewachsen, daß man ihn ihr im Gefängnis habe durchsägen müssen. Ringe, auch Verlobungs- oder Eheringe, dürfen Gefangene nicht tragen. Was soll's, sie braucht ihn ja jetzt auch nicht mehr.

Zum Essen legen wir zusammen, was jeder so hat. Ich habe mich vor der Reise gut eingedeckt: Während der Untersuchungshaft kann man monatlich für zehn Rubel Lebensmittel kaufen. Vorräte habe ich mir angeschafft, um nicht mit leeren

Händen ins Lager zu kommen. Aber bis auf ein paar Knollen Knoblauch verteilte ich dann doch alles auf dem Transport: Die Frauen waren alle so abgehärmt, so ausgemergelt! Die Hälfte von ihnen hatte draußen niemanden, der ihnen gelegentlich ein Lebensmittelpaket ins Gefängnis geschickt hätte. Einige waren sogar darunter, die nicht erst aus einem Gefängnis kamen, sondern von einem Lager zum anderen unterwegs waren, also schon ein paar Jahre saßen. Graue, gedunsene Gesichter, blaue Lippen. Oder umgekehrt – mit billigem Zeug grellrot geschminkt. Ich gab alles her, was ich hatte; es zerriß mich vor Mitleid. Später zeigte sich, daß meine Freigebigkeit ein Fehler war: Sie alle waren Gefangene eines Lagers mit allgemeinem Regime, ich dagegen fuhr in eins mit strengem Regime. Dort kann man im Monat nur für fünf Rubel Lebensmittel kaufen, und Päckchen sind fast gar nicht erlaubt (erst nachdem man die Hälfte der Strafe abgesessen hat, einmal im Jahr fünf Kilogramm), wobei die Administration bei der Kontrolle noch dieses oder jenes beschlagnahmen kann, was in der Regel auch geschieht. So fand ich dann, als ich eintraf, die Gefangenen in unserem Lager noch viel ausgehungerter und abgezehrter vor. Allerdings auch menschenähnlicher nach meinem Empfinden: ein ganz anderer Blick, eine ganz andere Haltung. Daß ich meine Lebensmittel dummerweise verschenkt hatte, was ich nun aufrichtig bereute, verziehen sie mir sofort. Diese Dummheit begehen fast alle auf der Reise ins Lager, erklärten sie mir lachend. Eine normale menschliche Reaktion, wenn man mit all dem zum erstenmal konfrontiert wird. Von dem zum Glück nicht verschenkten Knoblauch zehrten wir zwei Monate, und die ganze Zeit bohrte in mir noch die Scham, obwohl die anderen nicht einmal mehr an meinen Leichtsinn dachten.

Daß ich eine politische Gefangene bin, erregt in allen Boxen Interesse, und ich muß meine ganze Geschichte von Anfang an erzählen: Vom Kampf um die Menschenrechte, von Gedichten, und ich muß rezitieren – der ganze Waggon will es so. Selbst der

Wachtposten ist interessiert, er stört das Gespräch nicht. Heute wundern sich meine europäischen und amerikanischen Zuhörer, was für ein gutes Gedächtnis ich habe und wie flüssig ich auf Fragen antworte. Weil meine ersten großen Auditorien, Ladies und Gentlemen, eben diese Stolypin-Wagen mit an die hundert Menschen waren, von denen die meisten mich nicht einmal sehen, sondern nur meine Stimme hören konnten. Ich mußte die Gedichte so einfach wie möglich sprechen und auf Fragen mit einfachen, verständlichen Worten antworten, so wie ich es jetzt auf Englisch tue. Denn mein augenblicklicher englischer Wortschatz entspricht etwa dem Durchschnittsrussisch jener Gefangenen, die zwar Omar Chajjam rezitieren konnten, aber trotzdem überwiegend halbe Analphabeten waren. Und doch habe ich ihnen meine Gedichte vorgetragen:

Die Schwermut ist mein sanftes Haustier.
Sie ist ganz still und folgt dem Zuruf: «Aus!»
Sie braucht nicht viel: Ein Kraulen hinterm Ohre,
Mal einen Keks und leise ein «Halt aus!»
Sie kratzt mich nicht am Halse und vor Fremden
Springt sie mir niemals bettelnd auf den Schoß
Und des Minutenzeigers schlichte Weise
Genügt ihr als Verzauberung und Trost.
Liegt sie auf meinen Knien, stupst sie kindlich
Mich mit der Nase und dann schläft sie ein.
Und nur des Fenstergitters Eisenschatten
Fällt sinnlos auf das Heft zu mir herein.
Nur manchmal nachts, so, wie im Stroh die Mäuse,
Hat sie im Halbschlaf sich zu weit verirrt.
Dann maunzt sie leise von dem warmen Hause,
Das du mir eines Tages bauen wirst.

Meine Gedichte wären keinen Pfifferling wert, wenn diese Menschen sie nicht verstehen würden – viele von uns haben sich schon schrecklich weit entfernt von unserem Volk. Ohne eine Auswahl zu treffen, trage ich vor: vom unerschwinglichen Samtkleid, von der beispielhaften Mutter Heimat, die ihre besten Kinder straft, von der Katze, die fliegen kann …

Baba Tonja bricht wieder in Tränen aus, kramt, sich schneuzend, einen verschrumpelten Apfel aus ihrem Bündel:

«Iß, Töchterchen, bist jung. Ich muß sowieso im Lager sterben, aber du sollst am Leben bleiben, sollst schreiben!»

Ich nehme mein erstes Honorar entgegen, noch warm von ihrer Hand. Ich werde schreiben, Baba Tonja. Ganz bestimmt, Hauptsache, ich komme mit dem Leben davon...

Sentimentalitäten sind im übrigen gerechterweise sträflich, desgleichen alle Tendenzen der Schönfärberei. Die Lagerverwaltung ist darauf erpicht, Gefangene in graue Farbe zu tauchen, da wäre es kein guter Einfall, alles rosarot zu malen. Während Baba Tonja und ich Gefühlsduselei treiben, stiehlt mir jemand aus meinem Rucksack die Zahnbürste; das Dümmste, was ich hätte tun können, wäre gewesen, mich zu wundern, als ich es entdeckte. Der Zug klappert in allen Gelenken, und die forsche Warjucha weiht mich in die Regeln des Lagerlebens ein: «Sei bloß keine Transuse! Gleich wenn du ankommst und in Quarantäne gesteckt wirst, mußt du verlangen, daß sie dir alles geben, was dir zusteht. Schließ es im Spind ein, sonst wird's dir geklaut. Und wenn du Wäsche trocknest, dann rühr dich nicht von der Leine weg! Unterhosen sind nicht unbedingt gefragt, höchstens ausländische, aber deine Bettlaken bist du sonst mit Sicherheit los.»

«Warum ausgerechnet die?»

«Überleg mal selbst: Drei stehen dir für die ganze Zeit zu. Wenn du Glück hast, geben sie dir zwei. Die Kojen müssen ‹schlohweiß› bezogen sein, also kommt das Laken obendrauf. Wenn du auf Arbeit bist, machen sie Stichproben, ob auch alles schön sauber und glatt ist. Drum heißt das Laken auch ‹Stichprobe›, keiner schläft drauf, das ist nur für die Obrigkeit. In der Regel hast du ein einziges Laken: für untendrunter, für obendrauf, für die Wäsche, die andern geben sie dir erst nach zwei Jahren. Wundert's dich da, daß geklaut wird?»

«Aber wenn jeder jeden beklaut, bleiben da am Ende nicht trotzdem für jeden zwei?»

«Nur in der ersten Zeit. Es gibt doch Langfristige, die kriegen einige Male welche und haben dann so Stücker fünf oder sechs. Geht eine weg, dann überläßt sie sie irgendwem, kapito? Na, wirst dich schon durchboxen, bist ja gebildet. Schreibst für andere Gnaden, und dafür schleppen sie dir alles ran.»

«Was ist das – Gnaden?»

«Na, Gnadengesuche: an Valentina Tereschkowa oder die Regierung. Soundso, ich bereue, ich sehe mein Verbrechen ein, ich bitte um Haftverkürzung. Alle schreiben so.»

«Und? Nutzt es was?»

«Einen Scheißdreck nutzt es, schon gar nicht, wenn du an die Tereschkowa schreibst. Die ist überhaupt ein Miststück, die hat doch die Einheitskleidung für die Gefangenen eingeführt und die Erkennungsmarken.»

Das ganze Abteil schreit plötzlich durcheinander, meine Nachbarinnen bekommen regelrechte Zornesausbrüche. Später konnte ich mich noch oft vom Haß der Gefangenen auf die Vorsitzende des Komitees sowjetischer Frauen, Valentina Tereschkowa, überzeugen. Nicht ein einziges Mal in den über vier Jahren meiner Haftzeit hörte ich etwas Gutes über sie.

Überstürzt versuchen zehn, zwölf Menschen (alle aus verschiedenen Gefängnissen und Lagern, weswegen Absprache ausgeschlossen ist) mir zu erklären, warum sie so verhaßt ist. Aus dem Gehörten ergibt sich folgende Geschichte:

Früher trugen alle Gefangenen ihre Privatsachen, sowohl unter Stalin als auch unter Chruschtschow. Chruschtschow wollte sogar die Erkennungsmarken abschaffen. Da die Frauen außerdem nicht mehr kahlgeschoren waren, sahen sie daher zu Chruschtschows Zeiten einigermaßen menschlich aus. Man konnte in der Zone sogar Stoff kaufen und sich nähen, was man wollte. Bis eines Tages Valentina Tereschkowa der Charkower Zone einen Besuch abstattete. Natürlich hatte die Lagerverwaltung die Häftlinge in möglichst devoter Haltung antreten lassen. Und hier nun zeigte unsere Valja ihr wahres Gesicht.

«Wie ist das möglich», sagte sie, «die sind ja teilweise besser angezogen als ich?!»

Da hatte sie die Richtigen gefunden, die sie beneiden konnte! Und dann kam alles ins Rollen: Man nahm den Gefangenen ihre eigenen Sachen weg und führte eine Einheitskleidung ein. Was der Staat seinen Gefangenen diesbezüglich zu bieten hat, ist klar. Auch die Marken wurden wieder Pflicht. Nichttragen wird als Verstoß gegen die Disziplin geahndet. Dann kam der Befehl, Kopftücher zu tragen: beim Appell, bei der Arbeit, immer und überall, nur nachts darfst du es abnehmen. Natürlich schadet das den Haaren, aber was kannst du schon dagegen tun? Nichttragen wird als Verstoß gegen die Disziplin geahndet. Und dann diese idiotischen Stiefel. In der Ukraine ist den Frauen wenigstens im Sommer erlaubt, in leichten Sandalen zu gehen, in der RSFSR nicht. An warmen Kleidungsstücken sind nur Socken und Wattejacken zugelassen. Und so stehst du im Winter beim Appell im «vorschriftsmäßig» kurzen, dünnen Baumwollröckchen und frierst wie ein Hund. Die Männer haben es besser, sie dürfen Hosen und lange Unterhosen tragen. Nun, dafür sind jetzt Valentina Tereschkowas ästhetische Ansprüche zufriedengestellt. Sie kann jetzt die Charkower Zone besuchen (aus ihr hat man vor lauter Schreck ein «Vorzeigelager» gemacht, wo die Frauen mit disziplinarischen Kniffen in Schach gehalten werden) sowie jedes beliebige andere Lager der UdSSR, ohne Gefahr zu laufen, daß jemand besser gekleidet ist als sie. Alle sind jetzt gleichermaßen schlecht gekleidet. Es lebe die kommunistische Gesetzlichkeit! Diese Geschichte hörte ich später noch etwa dreißigmal, von verschiedenen Häftlingen, an verschiedenen Orten. Die Gefangenen drücken der Tereschkowa ihre Dankbarkeit durch Spottliedchen aus, von denen nur das anfangs von mir zitierte einigermaßen salonfähig ist, die übrigen behalte ich für mich, um die Moral der Leser nicht zu gefährden.

«Warum werden dann trotzdem Gnadengesuche an sie gerichtet?»

«Ach, was weiß ich, sie tun's eben, diese dummen Gänse», gibt mir Warjucha, die das Leben kennt, zur Antwort. «Alle hoffen auf etwas: auf eine Amnestie, auf eine Begnadigung. Es kommt ja vor, daß sie anläßlich irgendeines Feiertags begnadigen, aber die Chance steht eins zu hunderttausend. Ich hab solche Gnaden nicht geschrieben, aber es gibt ja genug andere Dumme.»

Solshenizyn hat darüber geschrieben. Ich zitiere ihn, bleibe möglichst nahe am Text. Meine Zuhörer brennen vor Interesse: Was hat er noch geschrieben? Den ganzen «Archipel GULAG» kann ich natürlich nicht wiedergeben, aber einiges weiß ich schon aus dem Kopf. Der Posten (es war schon wieder Wachablösung) sagt: «Ruhe jetzt. Der Natschalnik macht gleich seinen Rundgang.» Und als dieser durch ist: «Na los, erzähle, wie ging's weiter?»

Ich lasse mich nicht lange bitten, wem würde ich lieber erzählen als euch, ob ihr nun die Uniform von Gefangenen oder Soldaten tragt. Ihr seid doch keine Diebe und Banditen auf Lebenszeit, euer Leben wurde verkrüppelt, eure Seele aber blieb. Aber wie mag es jetzt um diese Seele stehen, die von Kindheit an zwischen die Mühlräder von Lüge und Gewalt geriet? Wie gut, wenn sie trotz alledem durchhalten könnte! Ob es eine Chance gibt?

Ich hoffe es so sehr.

## 4

DURCHGANGSGEFÄNGNIS Potma – ein elender Ort, aber wo auf dieser Reise wäre es besser? Ich werde wieder einzeln untergebracht, sie haben sich anscheinend besonnen. Die Zelle ist ein großes, widerhallendes Gewölbe. Statt Bettstellen kompakte, zweistöckige Holzpritschen. In der Höhe ein vergittertes Fensterchen mit zerbrochener Scheibe. Die Heizperiode endete Anfang April, jetzt haben wir Mitte des Monats. Streckenweise liegt noch Schnee. Oh, wie ich in dieser Zelle frieren werde! Wie sehr ich frieren werde, davon habe ich noch keine Vorstellung. Der vorhandene Wasserhahn ist an sich schon ein Luxus, aber leider tropft das Rohr, und auf dem Zementboden steht eine

Dauerpfütze. Umgehen kann ich sie nicht, nur überspringen. Die Pfütze garantiert hundertprozentige Feuchtigkeit in der Zelle, und das Taschentuch, das ich gleich auswusch, wird so bis zum Weitertransport kaum trocknen. Alle Sachen, die ich auf dem Leib habe, sind binnen weniger Stunden von Feuchtigkeit durchtränkt. Tapfer klappere ich mit den Zähnen, reime Kanalisation auf Zivilisation. Ich vernehme aber auch ein anderes Klappern, es kommt vom Heizungsrohr. Vermutlich will jemand Kontakt mit mir aufnehmen. Im Zug brachten sie mir bei, wie es gemacht wird: Du drückst den Boden eines leeren Bechers ans Rohr, hältst das Ohr an die Öffnung und hörst alles. Wenn du etwas sagen willst, brüllst du in den leeren, ans Heizungsrohr gehaltenen Becher hinein.

«Sechzehn, sechzehn, komm ans Rohr!»

Ja, das gilt mir.

«Sprich!»

«Schreib einen Brief an zu Hause, er kann von hier weitergeleitet werden. Halt ihn bereit, wir werden morgen alle zusammen in einen Zug verladen, dann steckst du ihn uns zu. Mach dir keine Sorgen, das geht schon in Ordnung. Noch was: Schreib die Gedichte auf getrennte Zettel, die Mädchen bitten darum. Keine Angst, nach Gedichten filzt man uns hier nicht. Ich hab schon zwei Jahre ein ganzes vollbeschriebenes Heft, und noch keiner hat es gelesen. Also los, schreib. Umschläge hast du?»

«Hab ich, danke.»

«Versteh nicht...»

«Danke!»

«Aha. Du mußt ganz langsam sprechen, sonst kann man dich nicht verstehen. Mach's gut. Ende.»

Schreiben oder nicht schreiben? Gedichte – meinetwegen, aber einen Brief? Inwieweit kann ich meinen zufälligen Reisegefährtinnen trauen? Die Menschen sind verschieden: Die eine wird aus Solidarität Wege finden, den Brief weiterzuleiten, eine andere wird ihn um irgendwelcher Vorteile willen an entsprechender Stelle abliefern. Wir unterhielten uns über das Rohr, in die Augen konnte ich ihr nicht sehen. Mal angenommen, der Brief wird weitergeleitet – an wen soll ich ihn adressieren? Direkt nach Hause, das geht nicht – das KGB überwacht die Post. Ich müßte ihn an absolut unauffällige Bekannte schicken, die ihn Igor geben. Eine brauchbare Adresse hätte ich, die habe ich mir seinerzeit vorsorglich eingeprägt. Und schreiben müßte ich folgendes: Mein Prozeß war selbst für sowjetische Begriffe unerhört, es wurden alle denkbaren juristischen Normen verletzt. Man verweigerte mir das Recht auf einen Verteidiger ebenso wie das letzte Wort. Niemand, außer «Lückenfüller» des KGB, hatte Zutritt zum Saal, so konnten sie ungeniert verfahren ... Komme, was da will, ich riskiere den Brief! Vor Aufregung vergesse ich sogar die Kälte. Ich schreibe, schreibe alles, woran ich mich erinnere: die Namen der Untersuchungsrichter, des Richters, der Beisitzer, der Mitglieder der Berufungskommission ... Wie schade, daß ich keine Kopie des Urteils habe, es gibt darin einige umwerfende Stellen.

Mein Brief ist fertig, der Umschlag zugeklebt und adressiert. Sein Inhalt: der Verlauf der Untersuchung und des Prozesses und die Bitte, ihn Igor zukommen zu lassen. Alles weitere, wie er diese Informationen publik macht, ist sein Risikoanteil. Vorausgesetzt, er befindet sich überhaupt noch in Freiheit.

Der Brief erreichte tatsächlich seinen Adressaten. Igor war in Freiheit und erfuhr durch gemeinsame Bekannte von seiner Existenz, doch den Brief selbst erhielt er nicht. Der Empfänger des Briefes händigte ihn auch mir nach meiner Entlassung nicht aus. Entweder liegt er bis heute zu Hause bei diesem Menschen – er hat höhere Bildung, war nie verurteilt, hat nie gesessen –, oder er ist beim KGB deponiert, wo er ihn abgegeben hat. Ein Vergleich des Niveaus seiner Moral mit dem «unkultivierter Ganoven», die den Brief einer ihnen nur flüchtig bekannten und schwer begreiflichen «Politischen» trotz alledem überbracht haben, ergibt ein trauriges Fazit. Aber auch ein sehr typisches. Ich verschweige den Namen dieses Menschen – nicht, weil er Gast unseres Hauses war und von unserem Brot aß, auch nicht, weil er zwei Kinder hat, die seinen Namen tragen, sondern weil ich finde, daß ein Buch nicht der rechte Ort ist, um mit jemandem abzurechnen. Und lohnt es überhaupt, sich einen einzelnen herauszugreifen? Gibt es bei uns nicht zu viele solcher Typen?

Und jetzt zu den Gedichten. Sie für die Mädchen dutzendmal in winziger Schrift zu Papier zu bringen, ist kein Problem, schwierig ist etwas anderes: In jedem Durchsuchungsgefängnis schreibe ich zu meiner Orientierung die Inhaltsverzeichnisse wieder neu, und wenn es weiter geht, verbrenne ich sie, um dann wieder von vorn anzufangen. Ich habe es geschafft, einhundertzwanzig Gedichte, vor der Verhaftung geschriebene, in meinem Kopf zu behalten. In Untersuchungshaft schrieb ich vierundvierzig neue. Das im Lefortowo-Gefängnis begonnene müßte ich jetzt eigentlich fertigstellen. Aber jedesmal bei der Wiederherstellung beider Listen will mir ein Gedicht nicht einfallen, jedesmal ein anderes. Das ist qualvoller als ein schmerzender Zahn. Manchmal plage ich mich einen halben Tag, bis ich mich endlich erinnere. Und jetzt haben wir Mitternacht. Aber was sollte ich sonst diese Nacht tun? Ein Bett haben sie mir nicht gegeben, die Kleider sind feucht, und die Pfütze auf dem Boden gefriert an den Rändern zu Eis. Alle zwanzig Minuten springe ich ein paarmal über diese Pfütze, um mir Bewegung zu verschaffen und mich aufzuwärmen. Ihre Konturen gleichen denen des Mittelmeeres, und auch die Bodengestaltung ringsherum, geschaffen durch die Unebenheiten im Beton, ist mehr oder minder mediterran. Nur das Klima läßt zu wünschen übrig.

Trübselig tropft das Wasser aus dem Rohr. Pritschen, Eisentür, Wände. Was meinen Sie, welche Farbe die Wände einer Zelle im Potmaer Durchgangsgefängnis haben? Weiß? Grau? Oder das Grün staatlicher Amtsstuben? Sie werden nicht draufkommen: Silber! Vom Boden bis zur Decke – aluminiumfarben ... Zuerst frappiert das: Du sitzt in einer silbernen Zelle! Warum silbern? Warum nicht gleich golden? Gewöhnlich tüncht man die Wände gedankenlos weiß oder widerlich erbsengrün – die einzigen

Farben öffentlicher sowjetischer Einrichtungen, von der Schule bis zum Gefängnis. Dagegen ist das hier eine unfaßbare Eingebung. Ich zerbrach mir lange den Kopf, fand jedoch keine Erklärung für diese ungewöhnliche Gefängnisgestaltung. Erst anderthalb Jahre später wurde ich zufällig darüber aufgeklärt: Die Aluminiumfarbe soll wanzenabweisend sein. Die Potmaer Wanzen allerdings ignorieren diesen Kunstgriff, sie führen ein munteres, aktives, sattes Leben. Da fällt mir die Vorstellung leichter, daß man eher alle Gefangenen und alle Bewacher dieses Gefängnisses ausrotten kann als die Wanzen. Dennoch empfand ich Erleichterung, als ich diese, wenn auch idiotische Erklärung erhielt. Wahrhaftig, wir leben in einer Zeit der Rätsel. An den Wänden Inschriften gewöhnlicher Art:

«Tanjuscha, ich erwarte dich in Zone 14.»

«Fahren ab in Zone 2, Katja Ljuba, 14.03.83.»

Auch unverständliche Einritzungen entdecke ich:

«Mascha smeja» und «Pion».

Was bedeutet Pion? Und warum smeja (zu deutsch: Schlange) – eigentlich kein typisches Schimpfwort unter Gefangenen. Stünde da was Gröberes, Deftigeres, wäre meine Neugierde nicht geweckt worden. Aber so blieben mir die Ausdrücke im Gedächtnis haften, und im Sommer dann, gleichsam als Belohnung für mich, kam des Rätsels Lösung. Es gibt ungefähr an die hundert Standardabkürzungen, die den Gefangenen geläufig, den Lesern unverständlich sind. Mascha wird also nicht «smeja» (Schlange) geschimpft, denn smeja ist in diesem Falle eine Abkürzung und steht für: Swjosdotschka Moja Edinstwennaja Jasnaja (mein einziges klares Sternchen). Und die Inschrift «Pion» ist ein Aufschrei der Seele und bedeutet: Prosnisj, Iljitsch, Oni Naglejut ... und so weiter. (Wach auf, Iljitsch, sie verkrüppeln jene naive Seele, der sie einst in der Schule eingebleut haben, daß Iljitsch der menschlichste aller Menschen ist ...)

Nicht immer setzen sich echte Wörter aus den Abkürzungen zusammen. Und wenn Sie, lieber Leser (was Gott natürlich verhüten möge), irgendwann an der Gefängniswand neben meinem Namen LTBS lesen sollten, dann heißt das ganz schlicht und einfach: Ich liebe dich mehr als das Leben. Das prägt sich nicht viel schwerer ein als KGB.

## 5

LETZTE Filzung während des Transports – endlich! Meine Zivilsachen, außer Strumpfhose und Wolltuch, werden einkassiert. Der weibliche Fähnrich, der mich filzt, ist ganz umgänglich und heißt Ljuba. Das Tuch, erklärt sie, sei prinzipiell nicht gestattet, weil es kariert sei. Sie lasse es mir, weil ich es später aufribbeln und mir Socken daraus häkeln könnte. Bunte Socken nehme man nicht weg. Ich bekomme zwei Kattunkleidchen – meine ganze Habe. Wattejacke und Stiefel kann ich behalten, die sind vorschriftsmäßig. Dann, nach einigem Schwanken, steckt sie die Turnhosen wieder zu meinen Sachen, die sie fünf Minuten vorher konfisziert hatte.

«Behalt sie, aber laß sie keinen sehen.»

Sie ist klein und füllig, ihr Uniformrock schlägt Cherubimfältchen über dem Bauch. Mit all ihren Stahlkronen lächelnd, sagt sie:

«Und nun ab mit dir, Ihre Leutchen erwarten Sie schon sehnsüchtig. Ohne Sie wird nicht gegessen.»

Merkwürdiger Wechsel von «du» und «Sie»: Politische Gefangene müssen gesiezt werden, eine strenge Vorschrift, an die sich offiziell jeder hält. Aber es gibt in der Zone auch kleine Privatgespräche mit «Aufseherinnen», und da wird schon mal geduzt, wenn es nicht zu Konflikten führt. Aber das erfahre ich alles später, vorläufig mache ich mir nur einen Vermerk im Gedächtnis und trabe hinter Ljuba her. Vor uns steht ein Holzzaun mit Tor. Da ist sie, die Zone für politische Gefangene. Wen werde ich hier wohl treffen?

Ljuba verflucht leise die vielen Schlüssel an ihrem Bund und das große Schloß, schließlich öffnet sich das Tor quietschend und rasselnd. Stacheldraht. Ein Weg, der zu einem Holzhäuschen führt. Das Häuschen macht überhaupt keinen offiziellen Eindruck, es gleicht eher einer verfallenen Datscha. Dafür aber steht jenseits des Stacheldrahts eine absolut offizielle Wachbude mit MP-Schützen. Ein paar Birken säumen das Häuschen, hier und dort sprießt Gras. Das wär's. Hier wird für sechs Jahre und fünf Monate mein Aufenthaltsort sein – auf dieser Seite des Tores, auf diesem begrenzten Fleckchen Erde. Eine schmächtige Frau mit grauen Haaren kommt mir auf dem Weg entgegen. Ihr Gesicht hat etwas, das gleich und auf Dauer für sie einnimmt. Wie konnten sie sie verurteilen und ihr dabei in die Augen sehen? Was empfanden sie dabei?

«Guten Tag. Geben Sie mir Ihre Sachen.»

Wir schauen uns an, kritisch, mit verhaltenem Lächeln, doch allmählich tauen wir auf – komplizierte Sache, der erste Blick zwischen zwei Gefangenen.

Sie trägt mein kümmerliches Bündel zum Haus, obgleich sie doppelt so alt ist wie ich. Das ist hier so üblich, wenn Gäste kommen, und heute bin ich Gast. Ljuba betritt nicht mit uns das Haus, sie geht zurück. Das muß man mal gefühlt haben: keine Bewachung! Die Wachen befinden sich hinter dem Stacheldrahtzaun, hier sind nur wir – in unserem Haus. Es kostet mich Anstrengung, bewußt hinter mir die Tür zu schließen: Ich habe es verlernt.

Ein dunkelhaariges, schrecklich mageres Mädchen mit brennenden Augen: Tanja Ossipowa. Sie ist gerade erst zurück von einem viermonatigen Hungerstreik.

Die kleine, lächelnde Raja Rudenko. Ein Gesicht wie das ihre trifft man in jedem ukrainischen Dorf: Man hat unwillkürlich den Wunsch, ihr ein Tuch um den Kopf zu binden, mit oben zusammengeschlungenen Enden.

Die bis zur Durchsichtigkeit dünne Natascha Lasarewa, der das Haar dicht in die Stirn fällt.

Die Frau mit dem erstaunlichen Gesicht, die mich ins Haus

begleitete, ist Tatjana Welikanowa. Sie sind es! Wie oft habe ich im Radio von Ihnen gehört! Mein Name sagt Ihnen nichts: Sie sitzen nicht das erste Jahr, und im Radio wurde ich nicht gerade oft erwähnt. Die Höhe meiner Strafe dagegen sagt ihnen etwas: Wer soviel bekommt, wurde bestimmt in der Ukraine verurteilt. Das bestätige ich. Kurz berichte ich von meinem Prozeß. Nur zur Information. Und dann Schluß mit diesen Informationen. Alles zu seiner Zeit. Wir werden Jahre zusammen sitzen und in diesen Jahren alles voneinander erfahren, sogar mehr als nötig. Ich beschränke mich daher darauf, ihnen zu erzählen, was sich draußen, in der «Freiheit», so tut, obwohl meine wichtigsten Neuigkeiten schon sieben Monate alt sind. Und dann erzählen sie mir die Geschichte der Zone, die von nun an auch meine Geschichte sein wird. Ich werde mit der Katze Njurka, einer historischen Persönlichkeit, bekannt gemacht. Njurka ist Mitglied der Familie, lebt fast genauso lange hier und zehrt mit von unserer Ration. Die Haltung von Katzen und anderen Tieren ist den Gefangenen prinzipiell verboten. Andere Tiere, speziell Ratten, scheren sich nicht darum, sie haben die Kleine Zone zu ihrer Residenz erklärt und sind so dreist, daß sie nicht nur für die Frauen, auch für die Wachmannschaften eine qualvolle Belästigung sind. Versuche mal jemand einen Nachttisch zu durchsuchen, wenn eine Ratte drin hockt! Wenn sie auf dein Gekreisch hin herausspringt und dir durch die Beine entwischt, geht es ja noch, aber wenn sie bei Dunkelheit nach deinem Finger schnappt? Daher drückte die Verwaltung ein Auge zu, als die Frauen das Kätzchen aus dem Kriminellenkrankenhaus mitbrachten. Das Kätzchen wuchs zur Katze Njurka heran, einer soliden, respektierlichen Dame, die gegenüber Ratten und ganz besonders Mäusen kein Pardon kennt: Die Unterwelt der Zone kuscht momentan. Njurkas Jungkätzchen wurden alle liebend gern von den Aufseherinnen genommen, ihre guten Erbanlagen und Njurkas Erziehung machte auch aus ihnen perfekte Rattenfänger. Ich drücke höflich Njurkas Pfote. Sie hat gelbe, rätselhafte Augen.

Wir versuchen ihre Rasse zu bestimmen, obwohl sich eine reinrassigere Katze kaum vorstellen läßt. «Mordwinische Wachkatze» – schlägt Natascha vor, was allgemein akzeptiert wird. Und wieder Gespräche, Lachen, glückliches Durcheinander. Ich bin wirklich glücklich: Das ist mein Heim. Das sind meine Freunde. Ausgemergelt, schlecht gekleidet, aber welche Haltung! Wir sind alle per «Sie», obwohl wir uns längst kennen. Diese Distanz ist notwendig, wenn man auf engstem Raum lebt. Betonte Höflichkeit verpflichtet, sich nicht wegen Kleinigkeiten aufzuregen, die Innenwelt des anderen zu respektieren, kurzum, all die Fehler zu vermeiden, die die Lager der Kriminellen zu wahren Höllen machen.

«Das Gefängnis an sich ist nicht so schlimm, schlimm sind die Menschen», hatte Tante Vera, eine ältere Frau, während des Transports zu mir gesagt.

Auf die Menschen in unserer Zone trifft das nicht zu, gerade weil sie Menschen sind. Auch wenn wir in einer Baracke zusammengepfercht leben, wie Bettler gekleidet sind und Durchsuchungen und gewaltsame Ausschreitungen über uns ergehen lassen müssen – wir sind Menschen. Uns werden sie nicht kleinkriegen. Bei uns ist es nicht üblich, verhöhnende oder sinnlose Forderungen der Verwaltung zu erfüllen, weil wir uns nicht von unserer inneren Freiheit lossagen werden. Wir leben zwar hinter Stacheldraht, und man hat uns alles genommen, uns von Freunden und Verwandten isoliert, aber solange wir uns verweigern, werden wir frei sein. Drum wird jede Lagervorschrift von uns auf ihren Sinn hin geprüft. Um sechs Uhr früh aufstehen? Warum nicht. Arbeiten? Jawohl, vorausgesetzt, wir sind nicht krank oder streiken. Handschuhe für Arbeiter nähen ist eine saubere und anständige Sache. Die Norm erfüllen? Das hängt davon ab, in welchen körperlichen Zustand ihr uns bringt. Reicht die Kraft – bitte schön, wenn nicht, findet euch mit weniger ab. Gefangenenkleidung tragen? Andere haben wir nicht, und irgend etwas müssen wir anziehen. Aber für euch die verbotene Zone säubern – nein, das lehnen wir ab: Für uns ist weder der direkte noch der indirekte Bau von Gefängnissen und Lagern annehmbar. Fürs Gefängnis arbeiten wir nicht, das ist eure Angelegenheit. Das Verbot, sich untereinander etwas zu leihen oder zu schenken? Das geht euch Aufseher und KGBler nichts an. Wir schenken und verleihen, ohne euch zu fragen, und wenn es sein muß, sogar das letzte Hemd. Aufstehen und strammstehen beim Erscheinen von «Vorgesetzten»? Nein. Ihr seid, erstens, nicht unsere Vorgesetzten, und eure Gefängnishierarchie interessiert uns nicht: Wir sind nicht eure Mitarbeiter. Und, zweitens, gehört es sich nach den Regeln des guten Benehmens, daß Männer sich vor Frauen erheben, nicht umgekehrt. Ihr habt andere Verhaltensnormen? Ja, das ist nicht schwer zu bemerken. Aber wir halten an unseren fest, mit oder ohne eure Erlaubnis. Natürlich wird das bestraft, wir wissen es. Aber so verlieren wir unsere menschliche Würde nicht und verwandeln uns nicht in dressierte Tiere.

Wenn der Hund über einen Stock springt, hält man ihn höher und höher – allmählich. Wenn der Hund die Hand leckt, zwingt man ihn, auch die Stiefel zu lecken. Aber wir sind keine Hunde, und ihr seid für uns keine Autorität. Nehmt das gefälligst zur Kenntnis. Und redet uns gefälligst höflich mit «Sie» an, sonst antworten wir nicht, und ihr könnt euch unseretwegen heiser schreien. Mit euren politischen Schulungen, Vorträgen und sonstiger Propaganda verschont uns, sonst verlassen wir einfach das Haus, ignorieren euer Gerede. Wie sagt der junge Offizier Schischokin resignierend: «Lieber mit zweihundert Kriminellen umgehen als mit eurem kleinen Haufen ...»

Wieso eigentlich? Wir sind immer höflich – ihnen gegenüber und untereinander. Keine Prügeleien, kein Diebstahl, keine Fluchtversuche. Auch die Handschuhe nähen wir ordentlich, null Prozent Ausschuß. Kurz, wir benehmen uns wie Menschen, die Aufseher haben keinerlei Scherereien mit uns.

«Wenn du die Kriminellenzone betrittst», erklärt derselbe Schischokin offenherzig, «spürst du, daß du Macht hast.»

Das ist wahr, goldene Worte. Die Macht ist für sie das Wichtigste. Mögen sie sich prügeln, unflätig schimpfen und fluchen, vergewaltigen, insgeheim die Maschinen zerstören, sich gehenlassen und herunterkommen bis zum Gehtnichtmehr – Hauptsache, er, Schischokin, kann sich als Natschalnik aufspielen und sie stehen stramm auf Kommando. Aber uns hat er nicht in der Hand, obwohl er uns den monatlichen Einkauf im Lagerladen streichen und uns in den Karzer oder, wie man hier sagt, den SCHISO (Strafisolator) sperren kann. Er hat deshalb einen Minderwertigkeitskomplex, und nicht nur er. Wir können ihm aber nicht helfen. Wir sind keine Psychiater, und außerdem scheint dieser Komplex gar nicht so neu zu sein. Was sonst könnte einen Menschen veranlassen, freiwillig Gefängniswärter zu werden, außer dem Wunsch, auf Kosten rechtloser Gefangener sich selbst zu bestätigen? Nein, ihr Besten, hier werdet ihr keine Selbstbestätigung finden! Ihr seid ja nicht einmal fähig, unserem Blick standzuhalten.

Diese Prinzipien der Zone nehme ich als legitimes Erbe an: Sie entsprechen genau meiner Auffassung. Ich habe sie alle auch früher befolgt, in meiner schrecklichen Einsamkeit im KGB-Gefängnis – teils instinktiv, teils aus gesunden Überlegungen heraus. Nicht darum sitze ich, damit es jemandem gelingt, mir die Freiheit auszutreiben, mich wie ein Mensch aufzuführen. Große Worte? Jawohl, und sie wären wertlos, wenn sie nicht durch Taten bestätigt würden. Wäre uns unsere eigene Haut das Teuerste auf der Welt, dann säßen wir nicht als politische Gefangene hier: Wir leckten statt dessen daheim in unserem Wohnort den entsprechenden Stiefel und glaubten auch noch, wir lebten «in Freiheit». Jetzt bin ich nicht mehr allein, ich bin unter Gleichgesinnten. Was für ein Glück!

Dennoch stellt mich die Zone vor ein neues Problem: die Erkennungsmarke. Auf dem Transport hatte ich sie natürlich schon gesehen – an anderen. Auf den ersten Blick ein harmloses, rechteckiges schwarzes Stück Stoff mit dem Familiennamen, den Anfangsbuchstaben des Vor- und Vaternamens und der Nummer der Abteilung. Welcher Abteilung? Ich bin weder Mitglied einer Abteilung noch irgendeiner Organisation, ich gehöre nur dem Internationalen PEN-Club an, und zwar mit meinem Wissen und meinem Einverständnis. Die Mitgliedschaft in Organisationen und Abteilungen ist eine freiwillige Sache für freie Menschen. Hier aber fragt mich niemand nach meiner Zustimmung: Die Lagerverwaltung nimmt sich heraus, alle Gefangenen in Abteilungen aufzugliedern und diesen Abteilungen Nummern zu geben. Die Marke muß vorn auf der Kleidung aufgenäht und stets getragen werden. Angeblich, um leichter zu erkennen, wer wer ist. So ein Unsinn! In der Zone leben zur Zeit vier Frauen, ich bin die fünfte. Es gab und wird Zeiten geben, da sind es mal mehr, so um die zehn, höchstens. Jeder Hund in Baraschewo (so heißt unsere Lagersiedlung) kennt uns von vorn und von hinten. Eine Abteilung stellen wir nicht dar. Also, wozu das Ganze? Weil es das Gesetz so verlangt. Eine Gewissensfrage: Nähe ich das Ding nun an oder nicht?

## 6

MEINE Kameradinnen stellen mir am zweiten Tag dieselbe Frage, nachdem wir vorsichtshalber das Haus verlassen haben. Da im Haus Abhöranlagen montiert sind, führen wir alle Gespräche, die nicht für die Ohren der Verwaltung bestimmt sind, draußen. Wenn im Haus dringend eine Mitteilung gemacht werden muß, die niemand hören soll, schreiben wir sie auf Papier und verbrennen es hinterher. Da wir schönes Wetter haben und es ein langes Gespräch werden wird, breiten wir unsere Wattejacken auf der Erde aus und lassen uns darauf nieder. Sie drängen mich nicht zu einer Entscheidung, wollen mich einfach nur vorbereiten: Morgen sei Montag, da erscheine die Chefin besagter für uns nicht existenter Abteilung, Oberleutnant Podust, und werde mir die Marke bringen. Besser, ich dächte vorher darüber nach, wie ich mich verhalten wolle und faßte einen Entschluß, damit ich hinterher nichts zu bereuen hätte. Ich weiß, die Frauen der Kleinen Zone tragen diese Marke nicht: Es ist eine der verhöhnenden und sinnlosen Forderungen, denen sie nicht nachkommen. Aber wir seien keine Abteilung, und ich sei nicht verpflichtet, mich dieser Tradition der Zone anzuschließen. Es sei allein Sache meines Gewissens. Niemand von ihnen verlange von mir, mich genauso zu verhalten wie sie: Wir seien freie Menschen. Was sagt mein Gewissen? Es ist klar, was es sagt, und ich weiß schon die Antwort, doch niemand erwartet sie sofort. Tatjana Michailowna erzählt mir gerade, daß mir, wie allen anderen unter strengem Regime, pro Jahr drei Treffen mit Angehörigen zustehen. Ein längeres, das – je nach Ermessen der Verwaltung – ein bis drei Tage dauern kann, und zwei kurze, die im halbjährlichen Intervall stattzufinden haben: zwei Stunden. Diese Begegnungen finden über einen Tisch hinweg statt (man darf sich nicht einmal küssen), dazwischen sitzt eine Aufpasserin, und wenn über «Unzulässiges» gesprochen wird, kann sie das Wiedersehen abbrechen. Der lange Besuch steht mir jetzt sofort zu. Welche Seligkeit: Einen ganzen Tag allein mit Igor im «Begegnungszimmer»! Wie nötig dieses Wiedersehen für mich ist: Ich habe einen ganzen Band neuer Gedichte im Kopf, die ich ihm mitgeben muß. Auch für die Zone ist es wichtig: Es müssen Informationen nach draußen gegeben werden. Es ist hier soviel geschehen: Tanja Ossipowas viermonatiger Hungerstreik, fast alle haben im SCHISO gesessen, es wurde gestreikt... Aber darüber schweigt sich Tatjana Michailowna vorläufig aus: Diese Gespräche sind für mich noch verfrüht. Sie klärt mich darüber auf, daß diese Besuche von der Verwaltung wegen «Verstoßes gegen das Regime» beliebig gestrichen werden können. Noch bin ich wegen keinerlei Verstöße gegen das Regime aufgefallen, und käme Igor heute, müßten sie uns nach dem Gesetz das Wiedersehen gestatten. Aber Igor kann frühestens in einer Woche hier sein, wenn er meinen Brief mit der Adresse der Zone erhalten hat, falls er ihn überhaupt erhält... Die Sache mit der Erkennungsmarke entscheidet sich morgen, und wenn ich mich weigere, sie zu tragen, ist es mit dem Wiedersehen ohnehin vorbei. Früher hat man von der Kleinen Zone nicht verlangt, die Marke zu tragen, weil alle wußten, es war sinnlos, und die Frauen empfingen ihre Besucher ohne diesen Fetzen auf der Brust, aber dann wurden die Daumenschrauben allmählich angezogen. Seit letzten Herbst ist die obenerwähnte Podust angehalten, dafür zu sorgen, daß die Marke getragen wird. Für die ist das ein gefundenes Fressen: Je sinnloser die Forderung, desto fanatischer gebärdet sie sich. Seit einem halben Jahr führt sie Krieg mit der Zone: streicht den Besuch und den Einkauf im Laden, droht mit dem SCHISO. Damit ist auch mein Wiedersehen mit Igor bedroht. Und das nächste steht dann sicher auch auf der Kippe, denn im Laufe eines Jahres sammelt sich genug an, wofür man bestraft werden kann. Ich stehe also vor der Wahl, die Marke zu tragen und damit Igor wiederzusehen – möglicherweise das einzige Mal in sieben Jahren –, oder sie nicht zu tragen und alle möglichen Folgen auf mich zu nehmen in der Gewißheit, daß der Aufenthalt im SCHISO kein Zuckerlecken ist. Was der SCHISO wirklich bedeutet, das werde ich erst später zu spüren bekommen, vorläufig weiß ich nur vom Hörensagen, was mich erwartet: Kälte, Hunger, Schmutz, keinerlei Beschäftigung. Im SCHISO ist absolut nichts zugelassen. Diese Perspektiven kümmern mich aber im Augenblick weniger als die Sorge um den Verlust des Wiedersehens. Mein Liebling, wirst du mir verzeihen, daß ich unsere Wiederbegegnung in Frage stelle? Du weißt ja, ich kann nicht anders, ich darf auch nicht ein einziges Mal über dieses Dressurstöckchen springen. Wie würdest du an meiner Stelle handeln? Wir haben uns doch einmal geschworen, uns im Falle einer Verhaftung nicht gegenseitig erpressen zu lassen! Meine Antwort, die ich den Frauen gebe, ist also: «Nein, ich werde die Marke nicht tragen.»

Und trotzdem, wie schwer ist es manchmal, so zu handeln, wie man es für richtig hält. Andererseits ist es auch leicht: Würde ich mich denn wohl fühlen, wenn ich der Podust die Freude machte, das Ding zu tragen, nur um mein Wiedersehen und den Einkauf im Laden zu retten, und zuzusehen, wie Tanja und die anderen in den SCHISO gesperrt werden? Nein, ich würde vor Scham vergehen.

Tanja und Tatjana Michailowna lächeln.

«Richtig!» sagt Tanja.

«Haben Sie es sich auch gut überlegt?» fragt Tatjana Michailowna.

Das habe ich, ihr Lieben. Und Igor wird mich verstehen. Und wenn wir im SCHISO schmoren müssen, dann alle zusammen. Was sonst bedeutet das Lager: Erprobung der Standfestigkeit. Katze Njurka kommt angeschlichen und kuschelt sich in Tanjas Schoß. Unsere Njurka trägt auch keine Marke. Sie schnurrt unter Tanjas streichelnder Hand und reckt wohlig den Bauch nach oben. Die Sonne nimmt ihre Frühjahrsarbeit ernst. Raja Rudenko gräbt ein Stück Erde um und streut Samen aus: Zugelassen sind Blumen, nicht zugelassen ist Gemüse. Wir Stadtmenschen werden mit dieser verantwortungsvollen Arbeit nicht betraut, unsere Sache ist dann später das Gießen. Aber erst einmal beauftragt Raja Natascha Lasarewa und mich, für die künftige Blumenpracht Holzpflöcke zurechtzuschneiden, von denen wir einige Dutzend benötigen werden. Das ist leicht gesagt, wenn man weder Messer noch Beil hat. Handwerkszeug, versteht sich, ist Gefangenen nicht erlaubt, nur das, was bei der Näherei gebraucht wird. In der Nähwerkstatt haben wir zwar einen Hammer – was er mit der Näherei zu tun hat, ist schleierhaft, und nutzen kann er uns jetzt auch nichts ... Beim Wühlen im Erdreich, das hier sehr steinig ist, finden wir einige keilförmige Kiesel, und im Holzschuppen entdecken wir ein paar Bretter. Mit Hilfe unserer Faustkeile hauen wir davon Pflöcke ab. Von drei Versuchen gelingt einer, der Rest sind Späne zum Anheizen. Wir müssen lachen: Es ist wie in der Steinzeit.

Natascha ist Leningraderin und sitzt, weil sie illegal die Frauenzeitschrift «Maria» herausgegeben hat. Das Problem der Doppelbelastung berufstätiger Frauen: Achtstundentag im Betrieb, anschließend noch fünf bis sechs Stunden Hausarbeit – nach Lebensmitteln Schlange stehen, das Essen in der Gemeinschaftsküche zubereiten, im Handwaschbecken Wäsche für die ganze Familie waschen. Seit 1986 erscheinen Beiträge über diese Problematik in offiziellen sowjetischen Zeitungen, aber 1982, als Natascha verhaftet wurde, galt es als antisowjetische Agitation und Propaganda. Natascha hat müde Augen, aber ein fröhliches Mundwerk. Wir ulken und scherzen herum, während wir uns an den Brettern die Hände aufreißen. Morgen muß sie ins Krankenhaus: Eine Darmsache, verursacht durch die Lagerkost. Aus dem Krankenhaus wird man sie aber bald hinauswerfen wegen Umgangs mit einer Gefangenen aus dem Wirtschaftssektor, sie wird keinerlei Behandlung erfahren und bis Anfang 1984 als angebliche Simulantin immer wieder mit SCHISO bestraft werden. Durch kollektive Hungerstreiks werden wir erreichen, daß sie in Behandlung kommt. Die Untersuchung wird ergeben, daß sie an einer Dickdarmentzündung leidet, die unter Lagerbedingungen nicht ausgeheilt werden kann. Doch bislang ist bei uns alles noch friedlich. Einer der wenigen ruhigen Tage, die uns beschieden sind. Das Abendessen wird gebracht, das heißt, es ist siebzehn Uhr. In der gesalzenen Brühe schwimmen von Innereien und Schuppen nicht gesäuberte Fischbröckchen und einige Kartoffelstückchen. Raja macht sich daran, Fisch und Kartoffeln aus dem Behälter zu angeln und zu säubern (besser spät, als überhaupt nicht). Dann würzt sie mit etwas Knoblauch, gibt, äußerst sparsam, etwas Sonnenblumenöl aus einem Fläschchen dazu (Sonnenblumenöl stehen uns pro Kopf 15 Gramm täglich zu, Sauerrahm können wir für die nächsten Jahre ganz vergessen), und fertig ist der Salat «Kleine Zone». Ein leichtes Abendessen. «Echte Ladies essen nach sechs Uhr abends nie etwas», trösten wir uns lachend.

Tanja Ossipowa schaltet den Fernseher ein, ein uraltes Schwarzweißgerät, das andauernd kaputtgeht. Kaum ist es repariert, gibt nach ein paar Tagen die nächste Röhre ihren Geist auf. Später versuchte die Verwaltung, unseren Apparat mit dem auf der Wache zu koppeln, um ihn nach ihrem Ermessen abschalten zu können. Aber Tanja und ich fummeln an den nötigen Drähten, und die Verwaltung tut, als hätte sie nichts bemerkt. Nicht alle sind so wie die Podust, und überhaupt, denen ist's doch piepegal, was und wann wir fernsehen – Hauptsache, nicht nach dem Signal zur Nachtruhe. Sie hatten Maßnahmen ergriffen, und basta, das konnten sie vor der Kommission berichten. Heute abend jedenfalls stört uns niemand, und wir sehen uns ein Stück von Edmond Rostand an: den guten alten *Cyrano de Bergerac.* Cyrano stirbt, und Tanja weint. So ist sie, unsere Tanja: Sie kann über einen Film oder über ein Buch weinen, aber sie bringt es auch fertig, vier Tage lang Wasser und Nahrung zu verweigern, allein in einer Zelle, ohne jede Unterstützung – bis sie ihr die konfiszierte Bibel zurückgeben. Und, geschockt, geben sie sie ihr zurück: Fünf Tage «trockener» Hungerstreik, das bedeutet den sicheren Tod, aber eine politische Gefangene wegen einer Bibel sterben zu lassen, das würde unnötig viel Staub in der Öffentlichkeit aufwirbeln. Tanja hatte damals sogar Unterstützung bekommen, und zwar von ganz unerwarteter Seite: In den Nachbarzellen saßen Kriminelle, die sich mit ihr solidarisierten und einen eintägigen Hungerstreik durchführten. Sie wären bereit gewesen, auch länger zu hungern, aber Tanja selbst redete es ihnen aus, weil die Abrechnung mit Kriminellen einfacher war als mit Politgefangenen, und sie sich daher in ungleicher Lage befanden.

Tatjana Michailowna und ich gehen hinaus, um die Sterne zu betrachten, und Njurka schließt sich uns an. Katzen, heißt es, können Farben nicht unterscheiden, und so werde ich nie erfahren, ob die Rote Beteigeuze und die Gelbe Capella für Njurka ein und dieselbe Farbe haben oder nicht. Darüber reden wir und über Tatjana Michailownas seltsame Abneigung gegen Trickfilme sowie über unsere Lieben, die in Freiheit sind: Sie haben es jetzt schwerer als wir. Unser Abend ist ruhig, aber sie machen sich unseretwegen Sorgen. Doch ehe ein Brief geschrieben und durch die Zensur gegangen und angekommen ist, kann sich die Situation längst geändert haben. Sie wiegen sich in dem Glauben, alles sei in Ordnung, dabei werden wir in die SCHISO-Zellen gesteckt. Einen Brief, in dem etwas über den SCHISO steht, läßt die Zensur ohnehin nicht durch: «Keinerlei Erwähnung von Bestrafungen!» Sie sind ja so schamhaft, unsere KGB-Leute: Peinigen und quälen uns bis dorthinaus, aber erfahren darf niemand etwas davon. Das habt ihr euch so gedacht, ihr Schinder, wir werden schon dafür sorgen, daß bekannt wird, was in unserer Zone vor sich geht. Streicht ihr uns nur unseren Besuch, zensiert nur unsere Korrespondenz – die Informationen gelangen trotzdem dorthin, wohin sie gelangen sollen. Wie – das ist unser Gefangenengeheimnis. Anständigen Menschen würde ich es anvertrauen, aber, wer weiß, vielleicht lesen mein Buch auch Leute vom KGB. Darum mögen mir die anständigen Menschen verzeihen: Wer weniger weiß, schläft ruhiger.

## 7

Seit dem frühen Morgen ist Raja Rudenko dabei, mich irgendwie einzukleiden. Die zwei an mich ausgegebenen Kattunkleidchen taugen nicht für die Jahreszeit. Wir haben April, und die letzten Fröste sind im Juni zu erwarten. So lange noch mit den Zähnen klappern? Mit den «Politischen», stellt sich heraus, gibt es immer Probleme: Unsere Zone ist der «Appendix» des Krankenhauses, und im Krankenhaus wird niemand eingekleidet. Folglich ist für uns keine Gefangenenkleidung vorgesehen. Ob zwei-, dreitausend Menschen oder nur fünf eingekleidet werden müssen, macht einen großen Unterschied. Sie geben einem, was im Depot herumliegt, aber immer fehlt irgend etwas. Doch alles hat zwei Seiten. Einerseits ist es von Nachteil, daß sie einem die eigenen Sachen wegnehmen und diese nicht durch staatliche ersetzen können, andrerseits ist es von Vorteil: Denn da wir unsere Blöße, wie auch immer, bedecken müssen, drücken sie gelegentlich ein Auge zu, wenn unsere Kleidung nicht «vorschriftsmäßig» ist. Improvisation wird also großgeschrieben, wir können alles, was sich in der Zone findet, gebrauchen (bis hin zum Tuch, aus dem Matratzen genäht werden). Und so profitieren wir davon, daß die Verwaltung nolens volens unsere Eigen-Produktionen tolerieren muß: Da man kaum unbequemere und unkleidsamere Sachen als die «vorschriftsmäßigen» fabrizieren kann, sind wir anständiger gekleidet als die übrigen Gefangenen.

Anderthalb Jahre vor meiner Ankunft hatte man an unsere Frauen aus irgendeinem Grunde Eisenbahneruniformen, Kostüme aus derbem Baumwolltuch, ausgegeben. Die metallenen Jakkenknöpfe hatten eine Prägung: gekreuzte Gewehre. Wie die Uniformen in die Zone gelangten, darüber kann man nur rätseln. Unsere vorsorgliche Raja verwahrte so eine Robe, als jemand in die Verbannung abreiste – «für die nächsten, die kommen werden». Da ich zweimal hineinpasse, haben wir bei der Wahl der Machart freie Hand: Der Stoff reicht allemal. Verrückt, nicht – sich in unserer Lage den Kopf über Schnittmodelle zu zerbrechen?! Wer sieht uns denn? Ich kann mich ja selber nicht sehen. Der größte Spiegel in der Zone ist ein Blechteller. Aber Frau bleibt eben überall Frau. Ich überlege also ganz ernsthaft hin und her, wie mein künftiger Rock werden soll – vierbahnig oder sechsbahnig? Nun, vielleicht nicht ganz so ernsthaft, ich muß ja selber lachen. Aber trotzdem ... Mit großer Lust gehe ich daran, auch für Raja so eine Robe umzuarbeiten. Ich hatte in Freiheit ein wenig für mich selber genäht (finde mal passende Sachen – bei meinen paar Kopeken), und jetzt gierten meine Finger förmlich nach Nadel und Faden.

Im KGB-Gefängnis war es damit kompliziert gewesen: Mal geben sie dir Nähzeug für fünfzehn Minuten, der Faden auf anderthalb Meter abgemessen, mal war es generell verboten zu nähen. Hatten die Socken Löcher (natürlich scheuern sie sich durch, wenn die Schnürsenkel konfisziert sind), so mußte man sie den Wärtern geben und im Wirtschaftssektor stopfen lassen. Wie die dort stopfen, ist klar: Wegschmeißen kannst du die Socken dann. Ein zweites Mal gab ich die Socken nicht ab, lieber lief ich mit Löchern darin herum. Hier nun stürze ich mich in die

Arbeit: Im Lager gibt es kein Nähverbot, es stehen sogar elektrische Nähmaschinen zur Verfügung, immerhin haben wir einen Nähereibetrieb.

Angesichts meiner Arbeitswut schleppt Raja mich in die «Kinobude». Früher irgendwann gab es in der Zone einmal wöchentlich eine Filmvorführung, und der Vorführraum war in einem winzigen Anbau untergebracht. Dann war es mit den Filmen vorbei, der Projektor verschwand, und die «Kinobude» wurde zur Lumpenkammer für ausgediente Wattejacken und «Großmutterplünnen». Wieso Großmutterplünnen?

Ich erfahre, daß in der Zone früher einmal Frauen an die zwanzig bis dreißig Jahre lang saßen, in anderen Lagern einige zuweilen sogar länger. Es waren Anhängerinnen der Sekte der «Wahrhaft Rechtgläubigen Christen», Nachfahren derer, die nach dem Märtyrertod des Patriarchen Tichon die sowjetische Amtskirche nicht anerkannten und sich dem neuen, von den Bolschewiken eingesetzten Patriarchen nicht unterwarfen. Sie gingen in die Katakomben wie die ersten Christen (oder die letzten?) und bewahrten ihrem ermordeten Patriarchen und ihrer verfolgten Kirche die Treue. Sie führten ein weltliches Leben (wer hätte ihnen denn auch ein Kloster erlaubt?), allerdings mit einer Reihe von Einschränkungen: Sie arbeiteten in keiner sowjetischen Einrichtung, nahmen kein sowjetisches Geld und keine sowjetischen Dokumente in die Hand – solches «Teufelswerk» lehnten sie ab. Sie verdingten sich auf privatwirtschaftlicher Basis bei guten Menschen, die ihnen als Lohn Brot und abgelegte Kleidung gaben. Für den Staat waren sie natürlich böswillige Störenfriede, die sich der Arbeitspflicht entzogen, und obendrein nichtregistrierte Gläubige. Keine Frage, daß man ihnen eine Strafverlängerung nach der anderen aufbrummte. Aber auch in den Lagern verweigerten sie an Sonntagen und religiösen Feiertagen die Arbeit und saßen deshalb ständig im Karzer. Wie viele von ihnen in den Lagern umkamen, weiß außer dem KGB niemand. Einige jedoch überlebten, und zu ihnen gehörten unsere «Großmütter». Die meisten von ihnen waren uralt und krank. Für die Gefangenen und die Wachmannschaften waren sie die «Nonnen». Sogar wir wurden später automatisch so genannt:

«Woher kommst du?»

«Aus der Drei, politische Zone.»

«Ach so, 'ne Nonne also...»

Sie haben sich in unser Gedächtnis eingegraben, diese stillen, aber hartnäckigen und auffallend höflichen Frauen. Eine normale Gefangene flucht, wenn ihr was nicht paßt, auf Teufel komm raus, eine solche Frau aber sagt: «Möge Gott dir verzeihen, Söhnchen!»

Die Entlassungsbescheinigung jedoch nimmt sie nicht in die Hand nach abgesessener Strafe, und so geht sie unweigerlich einer neuen Verurteilung entgegen. Von ihrem Standpunkt aus ist das normal: Sie leidet für Gott. Unnormal sind wir, die anderen: Wir unterwerfen uns dem Satan und seiner satanischen Macht, nur damit er von uns abläßt und uns nicht quält. Aber wo gibt es denn so was? Er wird uns nur noch ärger bedrängen, sich tiefer in unserer Seele einnisten. Das ist und bleibt ihre Logik. Manche von ihnen sind noch am Leben und fristen ihr Dasein in der Verbannung. Die Verbannungszeit einiger unserer «Großmütter» ist sogar schon abgelaufen, ins Lager aber kommen sie nicht zurück: Satan hat nachgegeben, von ihnen abgelassen. Andere sitzen noch in den Lagern – mit klaren Gesichtern, bereit, ihr Leben für Gott zu lassen: die höchste Ehre für sie.

«Wie viele sind es?» fragen wir das Rote Kreuz.

Schweigen. Sie wissen es nicht. Woher auch?

«Wie viele sind es?» fragen wir Amnesty International.

Schweigen. Auch sie wissen es nicht.

«Wie viele sind es?» fragen wir Pimen, den offiziellen sowjetischen Patriarchen.

Er schweigt. Er kann es nicht wissen, die «Wahrhaft Rechtgläubigen» gehören nicht zu seinem Verwaltungsbereich. Wozu sich beunruhigen?

«Wie viele sind es?» fragen wir das KGB.

Sie schweigen. *Sie* wissen es, sagen es aber nicht.

Von den acht Frauen in unserer Zone waren Baba Schura und Baba Manja die letzten, bis man auch sie in die Verbannung schickte. Baba Manja war den Erzählungen nach eine sanftmütige und liebevolle Frau. Sah sie ein Käferchen auf einem Blatt, soll sie vor Freude gesagt haben: Wie fein unser Herrgott das doch alles eingerichtet hat, und wie wunderschön ist jedes Gottesgeschöpf. Baba Schura soll von rauherer Gemütsart gewesen sein und andere auch gelegentlich «entlarvt», das heißt, angeschwärzt haben. Sie ging in der Zone herum und warf den Frauen vor, sie würden regelmäßig sündigen, weil sie fernsahen, rauchten, das Beten vergäßen – wie abscheulich! Sie schwärzte die Leute im übrigen nicht aus Neigung an, sondern aus Pflichtgefühl, und sie tat es auch selten, zwei-, dreimal im Monat. Sie erklärte das so:

«Der Herr fragt mich: Hast du gesündigt?»

«Ich antworte: Fast nicht.»

«Und die Menschen um dich herum, haben sie gesündigt?»

«Ja, das haben sie, antworte ich.»

«Und warum klagst du sie nicht an? fragt der Herr.»

«Und so klage ich an, ich kann nicht anders. Verzeiht mir, um Christi willen.»

Mit unendlicher Geduld nähten und stopften die Großmütter für andere in der Zone: Eine schwerere Arbeit konnten sie aus Altersschwäche nicht mehr verrichten. Man steckte sie auch nicht mehr in den SCHISO, die Kälte da drin hätte sie umgebracht. Andere aber wurden nicht verschont, die Großmütter bedauerten diese Armen, beweinten sie sogar und versuchten, so gut es ging, ihnen ihr Los zu erleichtern. Im SCHISO darf man nur die Unterwäsche anbehalten, und zum Drüberziehen bekommt man einen sackartigen Kittel mit einem Balldekolleté und weiten Dreiviertelärmeln – damit man mörderisch friert. Ohne Kälte läuft dort keine «erzieherische Arbeit», aber uns können sie auch mit Kälte nicht beikommen. Die Großmütter jedenfalls, als erfahrene Häftlinge, nahmen den Kampf gegen die Kälte auf. Sie nähten Unterwäsche aus flauschigen Fußlappen, die zur Wintersaison ausgeteilt wurden, aus allen Resten, die sich irgendwo auftreiben ließen. So ein Büstenhalter sah eher aus wie eine kurze Weste. Er war mehrschichtig und innen mit Watte gefüttert, damit er warm hielt.

Nun stehen wir also vor der «Mitgift der Großmütter». Ich betrachte die «Unterwäsche», die man als solche eigentlich nicht bezeichnen kann, und erkenne manchmal nicht gleich auf den ersten Blick, um was für ein Teil es sich handelt. Dies sind zwei Hemden, aus bunten Fetzen zusammengenäht, eins aus gewirktem Stoff, eins aus Leinen. Das eine ist mit einem Wollstoffquadrat ausgebessert. Alles ist abgetragen, viele Male gewaschen, mehrfach geflickt und gestopft. War ein Flicken hinüber, wurde ein neuer aufgenäht, aber alles sorgfältig und liebevoll, für den Nächsten wie für sich selbst. Sie gaben nicht nur ihr letztes Hemd hin, sie mußten auch sein Leben beinahe bis zur Endlosigkeit verlängern. Mir steigen plötzlich die Tränen in die Augen, zum erstenmal während meines Gefangenenlebens. Ihr Lieben, wie oft habt ihr diese Lumpen anziehen und in den SCHISO gehen müssen? Wie viele Wärmekalorien sind durch die bettelarmen, aber findigen Großmütter gespart worden? Welches Museum des zwanzigsten Jahrhunderts wird diese Denkwürdigkeiten ausstellen? Es gibt Konzentrationslager, die heute Gedenkstätten sind: Auschwitz, Treblinka. Aber jeder dieser Lumpen hat mehr Jahre auf dem Buckel, als diese Lager in Betrieb waren. Sie haben ihre Arbeit eingestellt, wurden Museen. Unsere Zone aber ist noch in Betrieb. Und die Leibchen der Großmütter liegen im Kasten und warten auf den nächsten SCHISO. Und der SCHISO wartet, und er braucht nicht lange zu warten.

Gegen Ende des folgenden Winters wurde die Verwaltung stutzig: Was für unvorschriftsmäßige Unterwäsche ist das? An Unterwäsche für Frauen ist lediglich gestattet: ein Baumwollsack mit Trägern – aus demselben Stoff wie die Laken. Alles übrige wird eingezogen und verbrannt. Wie sollen wir, die Verwaltung, erzieherische Arbeit leisten, wenn die nicht frieren? Und sie verbrannten die Sachen tatsächlich. Gut, daß die Großmütter es nicht miterlebten, sie waren zu der Zeit nicht mehr im Lager. Wahrscheinlich glauben sie bis heute, falls sie noch leben, daß sie uns wenigstens ein bißchen gewärmt haben, und das wird sie freuen.

Vielleicht hätten Sie, lieber Leser, es auch nicht erfahren sollen. Der legendäre Wäschekasten existiert nun nicht mehr und kann Sie nicht mehr zu Tränen rühren. Unsere Zone ist heute zwar geschlossen, aber zur Mahnstätte wird sie wohl nicht so bald werden.

## 8

Für unsere Zone sind die letzten ruhigen Tage angebrochen. Wir spüren es alle und genießen sie daher in vollen Zügen: Wir pflegen unsere Blumenbeete, die noch nicht verboten sind, lassen uns heimlich in der Sonne bräunen (an einer Stelle hinter unserem Haus, die der MP-Schütze vom Wachturm aus nicht einsehen kann), schreiben Briefe (zwei im Monat), die vorerst auch alle noch ankommen und nicht ausnahmslos konfisziert werden. Mein erstes zweitägiges Wiedersehen mit Igor liegt hinter mir: Sie haben es mir nicht verwehrt, obwohl ich mich weigere, die Marke zu tragen. Von diesem Besuch nahm Igor die Zonenchronik der letzten Zeit bis zu meinem ersten im Gefängnis entstandenen Gedichtband mit, und das Gefühl der Rechtfertigung meines Lebens im KGB-Gefängnis und in den ersten Lagerwochen beseligt mich, läßt mich wie auf Wolken schweben. Dennoch entgeht mir nicht, daß sich irgend etwas zusammenbraut: Abteilungschefin Podust umschwirrt uns wie eine Wespe und denkt sich täglich neue Schikanen aus.

«Warum hängt die Wäsche in der Werkstatt?»

«Draußen können wir sie nicht aufhängen, es regnet seit drei Tagen.»

«Ist mir egal, wo sie getrocknet wird, hier drin ist es verboten. Dann waschen Sie eben nicht, befolgen Sie das Regime!»

«Nach den Regeln der Hausordnung haben Gefangene stets sauber und ordentlich auszusehen.»

Dieser Einwurf kommt von unserer gesetzeskundigen Tanja Ossipowa.

«Sie, Ossipowa, und Sie, Welikanowa, können sich wegen Ihres schlechten Einflusses auf andere schon jetzt auf den PKT gefaßt machen!»

Der PKT ist ein Zellentrakt, das innere Lagergefängnis sozusagen. Nach unserer humanen Gesetzgebung kann man bis zu einem halben Jahr darin eingesperrt werden. Verpflegt wird nach «begrenzter Norm», das heißt, die Gefangenen hungern chronisch; nur einmal in zwei Monaten darf ein Brief geschrieben werden, und die Wiedersehen mit Angehörigen werden, je nachdem, wie lange man einsitzt, verschoben oder entfallen ganz. Hinzu kommen Kälte und Schmutz. Die gleichen Zellen wie im SCHISO, nur mit dem Unterschied, daß du nicht das Sackkleid anziehen mußt, sondern deine Gefangenenkleidung anbehalten kannst. Allerdings wird x-mal kontrolliert, ob du auch ja nichts Extra-Warmes unter der Bluse hast...

«Lasarewa! Ihre Socken liegen ja schon wieder im Bett!» meckert die Podust.

Sie wird es nicht müde, jedesmal, wenn sie in die Zone kommt, zielstrebig Nataschas Bett anzusteuern und auf der Jagd nach diesen unglückseligen Socken alles um und um zu wühlen. Dabei weiß sie, die Bestie, daß Natascha fortwährend fröstelt und fiebert und nur deshalb mit Wollsocken schläft (unsere Decken haben ja nur symbolischen Wert), die sie zusammen mit dem Nachthemd im Bett aufbewahrt, um sie nicht mit dem übrigen Plunder zu vermischen. Zwei Gefangenen steht immer nur ein Nachttischchen mit zwei Fächern und einer Schublade zu, in dem alles untergebracht werden muß: Briefe, Zahnpulver, Kleidungsstücke und so weiter. Und obwohl von uns im Augenblick jeder ein Nachttischchen besitzt (von den in die Verbannung abgefahrenen Großmüttern – auf den Entzug «überflüssig» gewordener Möbelstücke kommen sie frühestens nach einem Jahr), reicht der Platz trotzdem nicht. Sie selbst wägen ab: Wählen Sie aus Ihren Schränken zu Hause an Garderobe nur das Notwendigste aus, ohne das Sie in den nächsten sieben Jahren nicht auskommen können. Vergessen Sie nicht die erlaubten fünf Bücher, die Briefe und Photographien von Verwandten und Freunden, Briefmarken, Briefumschläge, die sattsam besprochene Unterwäsche, Handtücher... Ach, da ist schon viel zuviel zusammengekommen! Das Adressenbüchlein muß weg, beim ersten Filzen wird es ohnehin einkassiert. Lernen Sie die Adressen besser auswendig! Zahnpasta – weg damit! Die ist sowieso nicht gestattet. Nehmen Sie statt dessen gleich Zahnpulver. Und warum rote Socken? Da sind Sie gleich dran, es wird sofort Meldung gemacht (so erging es 1985 Lagle Parek) und Ihren nächsten Besuch können Sie abschreiben. Also, bloß nichts riskieren. Sportzeug? Wollen Sie Frühsport machen? Verboten ist das zwar nicht, aber Zeit dafür ist nicht vorgesehen. Auf keinen Fall also die Sportsachen im Nachttischchen aufbewahren: Sie werden Ihnen weggefilzt. Üben Sie Zurückhaltung bei der Wäsche: Erlaubt sind zwei Garnituren, eine auf dem Leib, eine zum Wechseln. Wenn Sie dann doch noch dies und das einpacken sollten, dann ist es Ihr eigenes Risiko: Es kann weggenommen werden. Aber jetzt Schluß mit der Krittelei! Sie sehen ja selbst, was da zusammenkommt. Nun versuchen Sie einmal, all das Zeug in einem Nachttischchen von 30 × 30 × 70 Zentimetern unterzubringen. Und zwar so ordentlich, daß die Podust keinen Grund zur Beanstandung hat. Seien Sie sicher: Nach einem Jahr schrumpft alles zusammen, und Sie werden sich mit der halben Menge begnügen. Natürlich können Sie Ihre Sachen auch zur Aufbewahrung in eine abschließbare Spindkammer geben, über den Schlüssel verfügen aber die leitenden Offiziere, die wochentags nicht in der Zone erscheinen. Außerdem wird genau aufgepaßt, was Sie entnehmen, ob Sie nicht zuviel besitzen. Und die Ratten? Die zerfressen im verschlossenen Spind trotzdem alle Ihre Sachen, weil Sie nicht gleich auf die Idee kommen, unten in der Schranktür für die Katze Njurka einen Durchschlupf auszusägen, das Schrankfenster nämlich ist sicherheitshalber mit einer Blechplatte zugenagelt.

Ich sehe schon, auch Sie werden Ihre Socken im Bett aufbewahren... Natürlich kann es sein, daß die Podust Sie nicht aufs Korn nimmt, denn das Opfer, auf das sie es abgesehen hat, ist unsere spindeldürre, nervlich zerrüttete Natascha Lasarewa. Und das hat seinen Grund. Während sie in Untersuchungshaft war (Natascha sitzt schon zum zweitenmal, und die zweite Strafe läßt sich weit schwerer ertragen), ist sie irgendwie aus dem Gleichgewicht geraten: Sie schrieb einen Reuebrief, ließ sich zur Teilnahme an einer Fernsehveranstaltung überreden. Ihre vier Jahre bekam sie aber trotzdem, allerdings ohne Verbannung. Das KGB hatte sie als Spitzel für unsere Zone vorgesehen. Doch die Rechnung ging nicht auf. Zwar trug Natascha anfangs die Erkennungsmarke auf der Brust (später riß sie sie ab und warf sie in den Ofen), aber sie lehnte es kategorisch ab, Menschen zu bespitzeln, mit denen sie gemeinsam die Balanda löffelt. Da sie im Grunde ein widerspenstiger Mensch mit feinem Gerechtigkeitsempfinden ist, lag es für sie auf der Hand, wer die Menschen, wer die Unmenschen sind und für wen sie sich zu entscheiden hatte. Sie erzählte uns alles freimütig, und wir triezten sie nicht wegen ihrer Vergangenheit, aber in der Freiheit fanden sich genug Klugscheißer, die ihr den vermeintlichen Verrat nicht verziehen. Nun ja, Christus lehrte uns zu verzeihen, aber der Moralkodex der Erbauer des Kommunismus verlangt das Gegenteil: Intoleranz und Unversöhnlichkeit. Was für ein himmelweiter Unterschied! Die zum KGB gehörenden Erbauer des Kommunismus hegen darum Natascha gegenüber keine christlichen Gefühle: Sie haben ihr tüchtig Angst eingejagt, sie weichgeklopft, und plötzlich wagt sie es, den Rückzieher zu machen! Na warte, nun werden wir dir das Leben erst recht zur Hölle machen, so daß dir Hören und Sehen vergeht! Und uns andere ignorierend, stürzt sich die Podust wie ein Jagdhund auf Natascha.

Mich ließ sie anfangs in Ruhe: Mein Urteil und meine Biographie sprachen für sich, aber in Anbetracht meines sehr kindlichen

Äußeren glaubte sie dann wohl doch, mich nach Gutdünken beeinflussen zu können, und versuchte, mich unter vier Augen über die Gespräche auszuforschen, die wir in der Zone führten. Aber selbst die Tatsache, daß ich ihr unverblümt erklärte, was ich von einer derartigen Ausfragerei hielt, und es ablehnte, mit ihr unter vier Augen zu sprechen, brachte sie, im Vergleich zu Natascha, nicht annähernd so gegen mich auf. Das änderte sich erst nach unseren ersten gemeinsamen Hungerstreiks. Vorerst kühlte sie ihr Mütchen, gelegentlich nach Tanja und Tatjana Michailowna ausschlagend, an Natascha.

Auch diese Logik der Podust ist nachvollziehbar: Tatjana Michailowna Welikanowa, Mitglied der Initiativgruppe zur Verteidigung der Menschenrechte, seit 1968 in der Menschenrechtsbewegung tätig und damit eine weltweit bekannte und angesehene Persönlichkeit, ist für sie ein gesellschaftlich schädliches Element. Daß ein Mensch selbständig denken kann und selbständig zu bestimmten Erkenntnissen und Schlüssen kommt, ist für KGB-Leute wie die Podust unvorstellbar (nach ihrem Verständnis bestimmt das Sein das Bewußtsein), und so sind sie ständig auf der Suche nach schädlichen fremden Einflüssen. In der Freiheit liegen die Dinge klar, da sind es die westlichen Radiosendungen – andere Quellen, aus denen der sowjetische Mensch seine Ideen von der eigenen Würde und seinem Recht auf Selbstbestimmung schöpfen könnte, gibt es ja nicht für sie. Aber hier, in der Zone, kann ja nur Radio Moskau empfangen werden! Woher also der verderbliche Einfluß? Natürlich geht er von der Welikanowa aus, sie ist es, die uns verdirbt! Sie ist ja auch älter als wir und damit für uns, die zweite Dissidentengeneration, zweifellos eine Autorität in strittigen Fragen.

Tanja Ossipowa, in jenem Sommer vierunddreißig, zählt zur «jungen Generation». Ihre Einkerkerung erfolgte 1980, aber was hat sie sich bis zu diesem Zeitpunkt nicht alles geleistet! Hier einige Punkte der Anklageschrift: Verteidigung der Rechte der fünfzehn Nationalitäten, Verteidigung der allgemeinen Menschenrechte, Mitarbeit an der «Chronik» und in der Helsinki-

Gruppe. Und für das Studium von Gesetzen hat sie dieselbe ungesunde Neigung wie die Welikanowa. Das ist wahrscheinlich gefährlicher als meine Gedichte. Oder die Gedichte von Mikola Rudenko, für die seine Frau Raja sitzen muß. Den Poeten verurteilte man zu sieben Jahren Lager und fünf Jahren Verbannung, auch weil er Mitglied der Helsinki-Gruppe war. Statt sich von diesem Abtrünnigen loszusagen, nahm Raja jede Gelegenheit wahr, ihn im Lager zu besuchen, und schmuggelte obendrein, unbekannt auf welchen Wegen, seine Gedichte hinaus – und nicht etwa, um sie beim KGB abzuliefern! Sie pflegte sein Werk, sorgte für dessen Verbreitung, lernte möglichst vieles auswendig und bewahrte so manches, woran sich Mikola selbst nicht erinnerte.

Ein seltener Glücksfall für die Geschichte der ukrainischen Literatur, aber Raja bekam fünf Jahre Lager und fünf Jahre Verbannung.

Sie sehen selbst, lieber Leser, was für ein Volk sich hier in der Zone angesammelt hat – ohne Strenge geht es da nicht. Und daher werden Sie auch Verständnis haben für Oberleutnant Podust, wenn sie uns mit soldatischer Offenheit erklärt: «Meine Sache ist es nicht, euch euer Unrecht nachzuweisen. Dazu reichen Bildung und Beredsamkeit bei mir nicht aus. Meine Aufgabe ist viel einfacher: Ich habe euch das Leben hier so sauer wie möglich zu machen, damit euch die Lust vergeht, noch einmal hierher zu wollen.»

Und sie tut es nach Kräften und Möglichkeiten, mit jener teuflischen Spitzfindigkeit, zu der ein sattes, machtbesessenes, unausgelastetes Weib nur fähig ist. «Die weißhäutige Bestie» nannten wir sie, eine Bezeichnung ohne Assoziation zum Faschismus fiel uns nicht ein. Später, als wir insgeheim mit der Zone für männliche Politgefangene im Briefwechsel standen, waren wir daher platt, als wir erfuhren, daß Hunderte von Männern trotz entbehrten Umgangs mit dem weiblichen Geschlecht die gutaussehende, wirklich weißhäutige und mit Geschmack gekleidete junge Frau «Ilse Koch» nannten. Für sie hatte die Podust also Ähnlichkeit mit jener Frau, die im KZ Buchenwald mit wollüstig bebenden Nüstern eigenhändig Menschen folterte und erschoß. Auch mein Igor nannte sie gleich nach der ersten Begegnung so. Schon bei seinem ersten Besuch hier hatte sie zu ihm gesagt: «Was wollen Sie? Ich zwinge sie nicht wie die kriminellen Frauen, mir die Stiefel zu lecken ...»

Genau das möchte sie aber: Daß die Kleine Zone vor ihr zu Kreuze kriecht.

## 9

Sechs Uhr morgens – das Signal zum Wecken. Die diensthabenden Aufseherinnen erscheinen, um uns zu zählen (es könnte ja jemand geflüchtet sein) und um nachzusehen, ob nicht noch jemand im Bett liegt. Die gewöhnlichen Gefangenen müssen zum Zählen, unabhängig von der Witterung, im Freien antreten. Manchmal stehen sie eine halbe oder gar eine Stunde, ehe die Prozedur der Zählung von zwei- bis dreitausend Menschen überhaupt beginnt. In der Regel werden während des Appells auch noch Leibesvisitationen vorgenommen. Als ich später im SCHISO saß, befand sich Julja N. in der Nachbarzelle. Die Aufseherin Krawtschenko hatte bei einem Appell Verdacht geschöpft, Julja könnte einen Pulli «zivilen Zuschnitts» unter die Uniformbluse gezogen haben, um sich unerlaubterweise zu wärmen – es herrschten immerhin Novemberfröste –, und ihr befohlen, die Bluse auszuziehen. Da die unverbesserliche Verbrecherin sich weigerte, sich in der Eiseskälte zu entkleiden, bekam sie neun Tage SCHISO (wo sie mit Sicherheit ausgezogen wurde – gewaltsam).

In der Kleinen Zone gibt es keinen solchen Appell, es wäre auch sinnlos (uns paar Leute kann man an einer Hand abzählen), und außerdem wäre fraglich, ob wir überhaupt antreten würden. Jede Weigerung unsererseits aber, einen sinnlosen Befehl der Verwaltung auszuführen, wird ihrerseits als persönliche Demütigung aufgefaßt – daher wird an diesen Punkt nicht gerührt. Es gibt genug andere Vorwände für Repressalien.

Und so beginnt unser Morgen einigermaßen zahm. Die Aufseherinnen trampeln durch die Stube (sie lernen es nie, sich vor der Tür die Schuhe abzuputzen) und ziehen dann wieder ab. Das nächste Mal tauchen sie um acht Uhr auf, wenn sie das Frühstück bringen. In der Regel gibt es Kascha im Kessel, das ist ein Brei aus Weizen- oder Hafermehl, oder «Stiefmütterchen», ein Graupenpamps, der blau anläuft, sobald er erkaltet. Diese Bezeichnung ist nur in Gefängnissen üblich. Die Soldaten, die Graupen ebenso hassen wie wir, sagen «Schrapnell» dazu. Hafer heißt unter Gefangenen: «I-go-go», Weizen – «Scheckiges Hühnchen». Vom Frühstück hängt vieles ab: Ob wir bis zum Mittagessen hungrig bleiben oder nicht. An sich dürfte an einer Speise nicht viel zu verderben sein, die nur aus den drei Zutaten: Wasser, Getreide und Salz besteht. Irrtum, man braucht nur kräftig Salz hineinzuhauen, und wir bekommen Ödeme, die übliche Reaktion halbverhungerter Menschen auf versalzenes Essen. Für Raja Rudenko ist ständig übersalzenes Essen ganz besonders schädlich, sie ist nierenkrank. Im Herbst dann, als man unsere Rationen drastisch kürzte und wir noch mehr Hunger litten, rettete es uns auch nicht mehr, daß das Salz fehlte: Wir schwollen alle auf, die eine mehr, die andere weniger. Die Lagerärztin Vera Alexandrowna Wolkowa nennt das «Ödeme aufgrund von Eiweißmangel». Uns wundert das gar nicht: Daß man vom Hungern aufschwemmt, weiß unser Volk seit Urzeiten. Aber woher Eiweiß nehmen? Uns stehen pro Tag 50 Gramm rohes Fleisch (gekocht sind das 33 Gramm) und 75 Gramm Fisch zu, was gekocht wiederum weniger wird. Aber Rohprodukte gibt man uns prinzipiell nicht, wir haben nicht das Recht, sie selber zuzubereiten. Gekocht wird im Wirtschaftstrakt, und das fertige Essen wird uns gebracht. Das bedeutet, unsere ohnehin schon kärglich bemessene Gefangenennorm ist doppeltem Diebstahl ausgesetzt: zuerst durch die Wachmannschaft, dann durch die im Wirtschaftssektor Tätigen. Was übrigbleibt, erhalten wir in gekochtem Zustand, und das sind nicht einmal mehr die oben angegebenen Mengen, sondern weit weniger. Um wieviel weniger – das können wir nicht kontrollieren. Waagen und andere Geräte sind Gefangenen nicht gestattet.

Den Salzgehalt aber können wir nachprüfen – durch einfaches Kosten. Das übernimmt «Aschenbrödel», die jede von uns eine Woche lang im Turnus spielt. Aschenbrödels Hauptaufgabe ist der Krieg mit der Küche, die Nichtabnahme ungenießbaren Essens. Die Kascha ist versalzen? Zurück damit. Werden wir eben hungrig dasitzen und Protesterklärungen an den Staatsanwalt schreiben. Und es ist auch kein Unglück, daß niemand die Erklärungen liest. Manchmal führt das zu komischen Situationen: Man beschwert sich, daß die uns zustehenden Hausschuhe nicht ausgegeben werden, und sie antworten: «Die Verurteilung erfolgte zu Recht, das Urteil ist unanfechtbar.» Wie schön, daß unsere Protestschreiben *dort* zumindest registriert werden. Sie führen ein Buch darüber.

«Wie ist das möglich, Genossen – vierzig Beschwerdeschreiben pro Monat allein von der ITK-3?[6] Ein bißchen viel, Genossen! Führt Ihr denn unter den Gefangenen keine erzieherische Arbeit durch?»

Wie sollen sie denn – mit uns? Sobald sie die Repressalien gegen uns verstärken, bombardieren wir den unglücklichen Staatsanwalt erst recht mit Protestschreiben. Und wenn das nicht hilft, rufen wir den Streik aus. Streiks werden sehr hart bestraft, aber auch der Lagerkommandant bekommt sein Fett ab: Ein Streik ist ein TschP, ein Besonderes Vorkommnis, und statt Prämien hagelt es für unsere ganze Verwaltung Verweise. Daher drücken sie bei einer Reihe von Fällen lieber mal ein Auge zu und geben nach: «In Ordnung, Sie bekommen salzloses Essen.»

Hauptmerkmal unseres Lagerdaseins ist, daß wir für jedes, auch für das kleinste Recht einen beständigen, zermürbenden Kampf führen müssen. Und was sind unsere Errungenschaften: Suppe ohne Würmer, die volle Ration Brot für die Zone (Aschenbrödel bekommt es nur gegen Quittung, weil sie uns sonst übers Ohr hauen würden), 15 Gramm Sonnenblumenöl pro Kopf, das Recht, im Sommer Sandalen zu tragen (eine Kleinigkeit, aber versuchen Sie mal, bei 35 Grad Hitze in Segeltuchstiefeln zu gehen!), das Recht auf Versand und Erhalt von Einschreibbriefen – all diese Rechte billigt man uns nur zu aufgrund der permanenten Kampfbereitschaft der ganzen Zone. Und wenn wir in diesem Kampf etwas verlieren, dann haben wir es für immer verloren. So im Frühjahr 1986 die 15 Gramm Speiseöl.

Sie hatten die Dreistigkeit, uns zu erklären, das uns zustehende Öl werde zum Kochen unseres Essens gebraucht (gehe mal einer hin und prüfe das nach!) und könne deswegen künftig nicht mehr gesondert ausgegeben werden. Was in dieser Situation zu tun war, wußten wir natürlich, schließlich hatten wir den «Salzkrieg» gewonnen, indem wir drei Wochen lang alles Gekochte in die Küche zurückgehen ließen. Wir magerten ab, hielten aber bis zum siegreichen Ende durch. Obwohl der Lagerkommandant Porschin verkündet hatte: «Befiehlt man mir, Ihnen Ananas vorzusetzen, dann tue ich es. Und lautet die Vorschrift 25 Gramm Salz pro Person, dann wird diese Menge auch eingestreut, dafür garantiere ich persönlich.»

Nun, den Befehl, uns Ananas vorzusetzen, bekam er nicht, aber das Salz durfte er uns auch nicht mehr ins Essen schütten lassen. Der Skandal drang bis zur Zentralverwaltung der Arbeitserziehungslager, es kamen Leute angereist, sie sahen sich uns an (und zu der Zeit waren wir noch in relativ guter Verfassung) und befanden, es sei besser nachzugeben und die Sache auf sich beruhen zu lassen.

Den Kampf ums Öl aber verloren wir: Nicht alle in der Zone hatten damals die Kraft, um auf unbekannte Dauer zu hungern. Wenn aber etwas erreicht werden soll, dann müssen alle mitmachen. Wir berieten uns, wägten unsere Kräfte ab und stellten fest: Nein, wir schaffen es nicht. Also schluckten wir die «Neueinführung» und saßen ohne Öl da. Aber bitter war diese nüchterne Einsicht schon: Jetzt schaffen wir es nicht, und dann ist es zu spät. Und trotzdem, es ist besser, seine Kräfte richtig einzuschätzen – das hatten wir im Lager mittlerweile gelernt.

Aber nun zurück zum Sommer 1983. Raja hat unsere Kascha in Empfang genommen (die heute eßbar ist) und Tee aufgebrüht, und nun sitzen wir am Tisch und besprechen den Plan für den heutigen Tag. Theoretisch müßten wir von sieben Uhr morgens bis vier Uhr nachmittags hinter den Nähmaschinen sitzen und Arbeiterhandschuhe nähen. Die Norm für jede Näherin – siebzig Paar. Sie werden mit einem Fuhrwerk zugeschnitten angeliefert. Den Wagen zieht die Stute Sternchen, ein zutrauliches, müdes Tier, das ständig Rißwunden vom Stacheldraht hat. Stacheldraht gibt es in Baraschewo überall, und Sternchen ritzt sich beim Manövrieren des Wagens bald hier, bald dort daran auf. Wir müssen die Lieferung abladen und in die Werkstatt schleppen (ein Zimmerchen in demselben Haus, in dem wir leben), den ganzen Packen nähen und die Innenseiten nach außen kehren, dann zu je zwanzig Paare packen und auf den Wagen laden, wenn er das nächste Mal wiederkommt. Diese Arbeit käme einer wahren Strafe gleich, wenn sie nicht drei positive Seiten hätte:

Erstens können sie nicht ständig kontrollieren, wann wir nähen und wann nicht – das ist physisch unmöglich. Niemand von der Verwaltung, weder die Aufseherinnen noch die Offiziere, kann die Zone ständig im Auge haben. Sie kommen, um uns zu zählen, um eine Durchsuchung vorzunehmen, um uns das Essen zu bringen oder einfach um zu schauen, was wir machen und ob wir alle noch am Leben sind. Ein Überraschungsbesuch ist ausgeschlossen: Wir können den Weg vom Tor zum Haus aus unseren Fenstern überblicken. So sehen wir stets im voraus, wer kommt, und können uns ungefähr ausrechnen, weshalb er kommt. Außerdem ist das charakteristische Knarren des Tores beim Öffnen nicht zu überhören. Da nicht für jede von uns eine Nähmaschine zur Verfügung steht, arbeiten wir in zwei, drei Schichten. Das erschwert eine Kontrolle noch mehr: Die zweite Schicht arbeitet bis ein Uhr nachts. Sie beschränken sich daher einfachheitshalber auf eine Endkontrolle, was uns die Möglichkeit gibt, uns die Arbeit frei einzuteilen.

Zweitens ist Wassili Petrowitsch, unser Produktionsmeister, ein durch und durch anständiger Mensch. Seine einzige Sorge ist, daß die zwei Politzonen (Männer und Frauen) den Plan erfüllen. Außerdem weiß er ganz genau, daß es zweckmäßig ist, mit uns Politischen im guten auszukommen, doch Gemeinheiten liegen ihm grundsätzlich nicht. Im Gegenteil, er ist äußerst kompromißbereit: Natascha Lasarewa schafft die Norm nicht, und er begnügt sich mit dem, was sie schafft. Den Verlust gleicht er dadurch aus, daß er dem einen oder anderen Invaliden in der Männerzone, der nicht verpflichtet ist, die Norm zu erfüllen, aber an mehr Geld für den Einkauf im Laden interessiert ist, die Möglichkeit gibt, sich etwas hinzuzuverdienen. Im Endeffekt wird so der Plan trotzdem eingehalten, und alle – von der Verwaltung (für sie hängt von der Planerfüllung die Prämie ab) bis zu den Gefangenen – sind Wassili Petrowitsch dankbar. Dafür tun wir ihm, wenn es sein muß, auch einen Gefallen. Kommt er, zum Beispiel, mit den hellen Wimpern blinzelnd, angehinkt und sagt:

«Hören Sie, Mädchen, fünfzehn meiner Männer wurden nach Saransk gebracht, und wir haben Quartalsende. Das Plansoll bleibt dasselbe, da wird nichts gekürzt. Nähen Sie mir doch dreitausend bis Monatsende, hinterher organisiere ich es, daß Sie Luft haben und sich erholen können.»

Wir nähen, und er organisiert. Hin und wieder gibt es ohnehin Produktionsstillstand: wegen Stromausfall oder Materialmangel oder weil Maschinen kaputt sind. Es sind alles veraltete, abgeschriebene Modelle, die nur durchhalten, weil Wassili Petrowitsch ständig darum betet. Daß er uns gegenüber liberal ist, weiß die Verwaltung, Sie toleriert es knurrend, kann nichts dagegen tun: Bei diesen immer wiederkehrenden Produktionsunterbrechungen ist nur er imstande, die Arbeit wieder in Fluß zu bringen und den Plan zu retten. Nur deshalb auch muckt keiner von denen oben auf, wenn er uns als Gegenleistung eine

Woche kein Material bringt und wir dem süßen Nichtstun frönen: Allein Wassili Petrowitsch bringt es fertig, uns zu überreden, in einer brenzligen Situation den Plan zu halten. Also muß er als der genommen werden, der er ist: ein herzensguter Mann, ein erfindungsreicher Improvisator – der einzige von der ganzen Baraschewoer Bande, der richtig arbeiten kann.

Drittens ist unser Verhältnis zur Arbeit ehrlich: Wenn wir streiken, dann streiken wir, da kann uns auch Wassili Petrowitsch nicht umstimmen (er bewertet unsere Streiks im übrigen fatalistisch: Politische, da kannst du nichts machen), und wenn wir arbeiten, dann arbeiten wir. Unsere Fäustlinge sind Qualitätsarbeit, Stümperei halten wir für unwürdig. Maschinen zerstören wir nicht vorsätzlich, wir sehen nichts Schlechtes in dieser Arbeit: Die Fäustlinge werden von den Arbeitern auf dem Bau getragen, nicht von unseren Unterdrückern. Was soll ein KGB-Offizier oder ein Parteibonze mit Arbeiterfäustlingen? Wir nähen, soviel wir eben können, aber Wassili Petrowitsch ist immer zufrieden mit uns und führt den Nachweis, daß wir alle Rohlinge, die er uns schickt, auch zusammennähen: Er kann unsere Leistungsfähigkeit einschätzen und verlangt nichts Unmögliches von uns. Da kann keiner kommen und an Natascha Lasarewa oder an einer anderen von uns herumkritteln. Wieviel jede von uns pro Tag näht, zählen wir nicht nach, wieviel es pro Monat ist, darüber legen wir Wassili Petrowitsch Rechenschaft ab (für die Lohnliste), aber darüber, wieviel wir jeweils für jede von uns aufschreiben, haben wir unsere eigenen Ansichten. Wenn wir sehen, daß eine von uns ihr Soll nicht geschafft hat – wer will uns daran hindern, ihr mehr anzurechnen und uns weniger? Nein, unsere Verwaltung zieht es vor, sich in unsere Arbeit nicht einzumischen, sie würde sich nur lächerlich machen und die Planerfüllung gefährden. In dem Punkt hängen sie von uns ab, nicht wir von ihnen. Aus all diesen Gründen ist die Näherei für uns keine Folter. Natürlich kommt es vor, daß wir zwölf Stunden am Tag an der Maschine sitzen (wenn wir Wassili Petrowitsch aus der Patsche helfen), aber das tun wir freiwillig und mit

Kampfeseifer. Aber wenn sich eine von uns mal nicht wohl fühlt oder nicht in der richtigen Gemütsverfassung ist, dann setzt sie sich überhaupt nicht an die Maschine. Den Rückstand holt sie auf, wenn es ihr besser geht, und wenn nicht, dann springen wir anderen ein: Wir sind eine verschworene Gemeinschaft. Nein, beim Frühstück besprechen wir keine Produktionsprobleme, da geht es um unsere ureigenen Zonenangelegenheiten: Was wir aussäen, was nicht. Gemüse und Obst zu ziehen, ist uns verboten, aber wir haben da so unsere kleinen Tricks. Ich schreibe, zum Beispiel, an meinen Mann: «Bitte, Liebster, schicke mir Samen von folgenden Blumen: Astern, Gladiolen, Onion, Cucumber...»

Welche Briefkontrolleurin ist schon so schlau und merkt, daß sich hinter den kyrillisch geschriebenen englischen Wörtern «onion» und «cucumber» Zwiebel und Gurke verstecken? Später werden sie uns alle Sämereien wegnehmen (außer das bißchen, das wir verstecken können) und das Schicken von Samen per Post untersagen. Jetzt aber sind noch goldene Zeiten: Die Samen erhalten wir in Einschreibbriefen, zur Sicherheit mit Heftpflaster festgeklebt. Schlimm allerdings sind die Kapriolen des mordwinischen Wetters. Dazu ein Zitat aus einem Brief von mir vom 26. Juni 1983 (wir fanden Wege, unsere ganze Korrespondenz ins Ausland zu bringen):

«Vielen Dank für die Sämereien, alles kam wohlbehalten und zur rechten Zeit an. Zum Glück hatten wir noch nicht ausgesät, als hier ein fürchterliches Unwetter losbrach: Frost, Regen, Hagelschauer, und dann noch einmal alles von vorn...»

Es war so gewesen: Raja hatte morgens den mordwinischen Sender gehört, der mitteilte, daß es Frost geben sollte. Daher bauen wir abends aus allen möglichen Latten und Brettern (sogar unsere Hocker kommen zum Einsatz) ein Gerüst, über das wir Decken und Plastikplanen spannen, um so unsere Anpflanzungen vor der Kälte zu schützen. An eine weitere Aussaat ist vorläufig nicht zu denken. Tatjana Michailowna setzt sich an die Maschine, näht Plastiktüte an Plastiktüte, stichelt alles zusammen, was wir nur auftreiben können. Tanja und ich kümmern uns um die Bewässerung. Wir schleppen eimerweise Wasser aus einem von uns selbst provisorisch angelegten Brunnen heran. Unter unserem Grundstück fließt eine undichte Wasserleitung hindurch. Wir hoben eine Grube aus, sicherten sie mit Balken ab und fingen darin Wasser auf. Die Verwaltung war anfangs dagegen, doch dann fand sie sich damit ab, da die Wasserleitung zum Krankenhaus gerade defekt war und unsere Zone, wäre dieser Auffangbrunnen nicht gewesen, ohne einen Tropfen Wasser dagestanden hätte. Wie uns also in einer Notsituation mit Wasser versorgen? Da war es doch einfacher, die Sache mit dem Brunnen dem Selbstlauf zu überlassen. Und diesen «Selbstlauf» haben wir nun im wahrsten Sinne des Wortes, und wir schöpfen fleißig daraus und gießen unser Gärtchen.

Natascha macht sich an unserer Abfallgrube zu schaffen, zimmert an einem Deckel für sie herum. Bei uns in der Kleinen Zone kommt nichts um. Bringen sie uns ungenießbare Suppe und Aschenbrödel versäumt es, sie in die Küche zurückgehen zu lassen, schütten wir sie in die Abfallgrube. Auch das Geschirrspülwasser kommt da hinein. Da wir keine Kanalisation haben, schleppen wir alles verbrauchte Wasser in Eimern hinaus und verteilen es auf die entsprechenden Gruben: für Seifenwasser und für biologisch verwertbaren Abfall. In letztgenannte kommen auch abgeschnittenes Gras sowie Abfälle, die beim Gemüseputzen anfallen. Mit der Komposterde, die durch den Fäulnisprozeß entsteht, düngen wir dann im Jahr darauf unsere Beete. Auf diese Weise wird der Sandboden unserer Zone im Laufe von Jahrzehnten veredelt. Anlaß genug für unsere arme Podust, sich bei uns über ihren Mann zu beklagen, der sie aufzieht: Guck dir diese Politdämchen an, was die für prächtige Gurken ziehen, dagegen sind deine ja kümmerliche Gestalten! Wer weiß, vielleicht sind diese Sticheleien der Grund, warum die weniger erfolgreiche Podust einen Pik auf unseren winzigen Gemüsegarten hat?

## 10

DER Tag nimmt seinen Gang: Raja werkelt irgendwo im Haus, Tanja liest in der Zeitschrift «Fragen der Literatur», und ich kann es mir nicht verkneifen, sie mit der boshaften Bemerkung aufzuziehen, ob es etwa auch eine Zeitschrift «Antworten der Literatur» gebe, und wenn nicht, was dann die Fragen für einen Sinn hätten. Natascha schwitzt bei dem Versuch, mit der Flachzange die durchgebrannten Drähte des Bügeleisens wieder zusammenzudrehen.

Tatjana Michailowna und ich gehen hinaus, um Brennholz zu sägen. Wir hatten uns Pfähle von einem abgerissenen Zaun in die Zone holen dürfen, die wir nun zu Brennholz für den Herbst zerkleinern. Selbst jetzt zu dieser Jahreszeit muß man mit kalten Tagen rechnen.

Unser Ofen ist ein uraltes Ding, aus dem die Ziegel herausfallen, aber immer noch besser als nichts. Vor einer Stunde etwa verwandelte Tanja den Ofen in einen offenen Kamin, weil sie mit einer selbstgebastelten Fliegenklatsche auf eine dort sitzende Fliege losdrosch. Durch diesen Schlag flogen zwei seit langem locker sitzende Ziegel heraus und mit ihnen die daran befestigte Ofentür, die sich ohnehin nur noch wie durch ein Wunder gehalten hatte. Ein schwarzes Loch gähnt uns jetzt an, und wir müssen lachen: Die Fliege hatte sie nicht einmal getroffen.

Holzsägen ist eine notwendige und langwierige Sache: Die Pfähle sind dick und haben hier vermutlich seit Gründung der mordwinischen Siedlung den Zaun gehalten. Aber wir stellen uns gar nicht dumm an (obwohl wir beide Stadtmenschen sind), und die Arbeit geht uns flott von der Hand, zumal wir uns dabei über Gott und die Welt unterhalten. Tatjana Michailowna wird im Herbst in die Verbannung gehen, unsere gemeinsame Zeit ist bald abgelaufen.

Säge, schwer in meiner Hand
Späne, flockig leichte
Herbstlich liegt es überm Land
Verbannung, bald erreichte!
Bald schon, bald schon geht es fort
Bald in warmer Wolle
Und die Freiheit kommt herbei
Schön durchsetzt mit Fluchgeschrei
Spitzeln und Kontrolle!
Das Jahr neunzehnhundertachtzig-drei
Gab nur Salz zu fressen
Mahlt die Knochen kräftig durch
Fast bis zum kompletten Bruch
Ist nicht ausgegessen.
In die Freiheit, vor das Tor,
Ton für Ton nach oben!
Stiller Engel flog davon.
Schicksal gibt uns an den Ton.
Laßt uns überleben!
Wiedersehen irgendwo
Glück von den Kumpanen!
Gute Fahrt! Hab Mut! Sei froh!
... Kann nicht Abschied sagen.

Das ist das einzige, was ich für Tatjana Michailowna schrieb, solange wir zusammen lebten. Auch später widmete ich ihr nicht so viele Gedichte, wie sie es verdient hätte, schließlich war sie in der Zone der Mensch, der mir am nächsten stand, meine weiseste Ratgeberin, mein Vorbild; ihre Geduld gegenüber den Schwächen und Fehlern anderer Menschen war grenzenlos. Außerdem war sie eine wandelnde Enzyklopädie in Fragen der Menschenrechtsbewegung und deren Traditionen. Oft, sehr oft dachte ich nach ihrer Abreise voller Dankbarkeit an diese hochherzige, selbstlose Frau, die durch die edle Tradition von Würde und Sorge Maßstäbe in der Zone setzte.

Raja ruft zum Mittagessen. Sie hat feingehackte Kümmelblätter und Dill an die aus der Küche gebrachte Balanda getan, und so können wir die gleichsam von ihr verzauberte Suppe ohne Widerwillen essen. Auch einen Salat hat sie angerichtet: aus feingeschnittenen jungen Brennesseln, Schnittlauch und ein paar Tropfen Öl. Den Brennesselsamen hat sie sich eigens aus der Ukraine schicken lassen; Brennesseln wuchsen früher nicht in der Zone, und auch jetzt entwickeln sie sich nur spärlich, so daß wir sehr sparsamen Gebrauch davon machen und nur gelegentlich junge Blättchen mit der Schere von den Stauden schneiden. Den Schnittlauch ziehen wir getarnt zwischen Gras (wegen der Ähnlichkeit) und schneiden ihn ebenfalls mit der Schere. Als wir die Balanda ausgelöffelt haben, serviert Raja mit verschmitztem Blick ein Aluminiumschüsselchen voll – oho! – Erdbeeren! Ja, auch ein Erdbeerbeet haben wir, auf beiden Seiten getarnt von hochwachsenden Blumen. Und diese Handvoll ist unsere erste Ernte. Mit konzentrierter Hingabe teilt Tatjana Michailowna das Häuflein in fünf gleiche Teile: Für jede von uns vier herrliche Erdbeerchen. Wir nennen dieses Ritual der feierlichen Verteilung: das Schätzen. Und Tatjana Michailowna: die Schätzerin. Nach ihrer Abreise fällt das Amt an mich (ich habe ebenfalls ein gutes Augenmaß), und als man mich dann auf lange Zeit in den SCHISO und in den PKT sperrt, löst mich Lagle Parek ab.

Aber noch ist der Schätzungsprozeß nicht abgeschlossen, noch muß entschieden werden, wer welches Häuflein bekommt.

«Natascha, sieh mal, dort fliegt ein Vöglein!»

Natascha dreht uns, wie es unsere Spielregeln verlangen, den Rücken zu und hält nach dem Vöglein Ausschau. Und Tatjana Michailowna zeigt auf eines der Häufchen und fragt sie: «Wer soll es bekommen?»

«Raja.»

«Und dieses?»

«Ira.»

«Und dieses?»

«Naja, ob ich das der Ossipowa gebe, muß ich mir noch überlegen.»

Gelächter. Die Verteilung geht weiter, und die vier kleinen Erdbeeren verschaffen uns allen den Eindruck eines üppigen Feiertagsessens. Niemand, außer der diensthabenden Aufseherin, hat uns heute in der Zone behelligt. Die Podust hat Urlaub, und den anderen Offizieren sind wir vergleichsweise schnuppe. Allmählich wird es spürbar kühler, aber wir versuchen, auch darin ein Plus zu sehen: Frost tötet die Mücken ab. Die mordwinischen Mücken sind ekelhafte Viecher, von den Stechfliegen ganz zu schweigen. Tanja schwört, daß sie sogar durch die Schuhsohlen stechen, und beneidet unsere Katze Njurka: Die stechen sie nicht, und Frost macht Njurka auch nichts aus. Ihr Fell müßte man haben!

«Nicht einmal Njurkas Rendezvous sind reglementiert», mischt sich Natascha in die Erörterungen der Vorzüge eines Katzenlebens.

«Antoschka streicht schon wieder unter den Fenstern herum.»

Antoschka ist ein typischer Katzenkrimineller, der allem Anschein nach als vagabundierender Geselle auf dem Krankenhausgelände lebt. Sein Schlaflager ist vermutlich ein Schlackehaufen neben dem Heizraum, weil sein von Natur aus weißes Fell unter Kohlenstaub verdeckt ist. Wir füttern ihn manchmal, schließlich ist er Njurkas offizieller Verehrer und läßt andere Kater nicht in unsere Zone. Wenn dieser zerzauste Schmutzfink auf dem Holzstoß unserer sauberen, gepflegten Njurka den Hof macht, kringeln wir uns vor Lachen, sie sind ein zu komisches Pärchen. Da ist ja Njurka, sie gleitet würdevoll aus dem Haus in Richtung Holzstoß.

Ich habe mir vorgenommen, heute abend Post zu beantworten, und breite die letzten Briefe von zu Hause und meine eigenen angefangenen auf dem Tisch aus, doch noch ehe ich damit beginne, werde ich meinem Vorsatz untreu und schreibe in ameisenkleiner Schrift meine neuesten Verse auf einen winzigen Streifen Zigarettenpapier. Das ist eine unserer Methoden, Informationen nach draußen zu bringen. Die kleinen Streifen wickeln wir zu einem kompakten Päckchen zusammen, nicht mal so groß wie ein kleiner Finger, und geben die hermetisch gegen Feuchtigkeit gesicherte Kostbarkeit (wir haben da unser eigenes Verfahren) bei günstiger Gelegenheit auf die Reise. Ich erwähne diese

Methode, weil sie dem KGB inzwischen bekannt ist. Einer dieser Kleinstcontainer war abgefangen worden, und später dann zeigte mir der Offizier Nowikow, auf die Möglichkeit einer Strafverlängerung anspielend, die beschriebenen Papierchen. Aber jetzt, im Sommer 1983, ist diese Methode noch brauchbar. Ich bin so in meine Juweliersarbeit vertieft, daß ich die Stiefelschritte im Korridor nicht höre und, als die Aufseherin Kisseljowa eintritt, in letzter Sekunde mein Geschreibsel gerade noch eben mit einem meiner Briefbogen zudecken kann. Die Kisseljowa (der Teufel hat sie zu dieser unpassenden Stunde hergeführt!) beugt sich über mich.

«Sie sind beim Briefeschreiben?»

Schon grapscht sie nach meinem unvollendeten Brief, und die schutzlosen Papierchen liegen nun ganz offen da. Ich muß ihre Aufmerksamkeit auf diesen Brief konzentrieren, denke ich blitzartig, das ist meine einzige Chance.

«Geben Sie her, Sie sind kein Zensor!» sage ich.

Das Vögelchen pickt zu, sie zieht die Hand mit dem Brief zu sich heran.

«Ob das ein Brief ist, muß ich erst prüfen.»

«Aber Sie sehen doch, was in der ersten Zeile steht: Liebe Eltern ... Ist das nicht klar, daß es ein Brief ist?»

«Das ist nicht klar», sagt die Kisseljowa stur, und unter ihren dicken Stirnfalten arbeitet es: Sie ist tatsächlich kein Zensor, wie aber soll sie, ohne es zu lesen, feststellen, ob es ein Brief ist oder nicht? Eine schwierige Aufgabe, die ich ihr da gestellt habe.

In diesem Moment betritt Tatjana Michailowna das Zimmer; sie erfaßt die Situation sofort und schaltet sich in die Auseinandersetzung ein: «Aber, aber, wer wird denn fremde Briefe lesen?! Schämen Sie sich nicht? Haben Sie nicht genug mit Ihren eigenen Familienangelegenheiten zu tun, daß Sie sich in die Angelegenheiten anderer Leute mischen?»

«Ihre Angelegenheiten interessieren mich nicht», gibt die Kisseljowa zurück, «mich interessiert nur, ob es sich um einen Brief handelt oder nicht.»

«Für diese Arbeit gibt es genug Offiziere. Sehen Sie hier – die in einem Brief übliche Anrede. Das dürfte doch reichen. Warum machen Sie fremde Arbeit?»

An einem Krach ist der Kisseljowa nicht gelegen, und sie ist ja auch nur beiläufig hereingekommen. Hinter ihrem Diensteifer steckt nichts als Neugier: Mal sehen, was die Politischen ihren Ehemännern so schreiben. Sie rückt den Brief heraus und watschelt von dannen.

Du meine Güte, da stauchte mich Tatjana Michailowna hinterher vielleicht zusammen! Das sei gerade noch mal gutgegangen, was für eine Unvorsichtigkeit! Beinahe wäre unser Informationssystem aufgeflogen! Eine Hausdurchsuchung hätte die andere gejagt! Hätte ich denn nicht jemanden bitten können, Schmiere zu stehen? Es gibt keine Rechtfertigung für mich, demütig lasse ich Donner und Blitze über mich ergehen. Natürlich werden mir die Leviten draußen im Hof gelesen, wo man uns nicht abhören kann. Schließlich beruhigt sich Tatjana Michailowna wieder und meint milde: Immerhin hätte ich nicht die Nerven verloren und die Kisseljowa von dem gefährlichen Objekt abgelenkt.

Der Rüffel war, wie die späteren Ereignisse zeigten, zu meinem Vorteil gewesen. An jenem Tag verlor ich vermutlich die letzten Reste einer noch freiheitlich angehauchten Verhaltensweise nach der Devise: Es wird schon gutgehen. Nie wieder kam es vor, daß durch meine Schuld unsere geheimen Arbeiten gefährdet wurden. Die komplizierte Kette unseres Informationssystems riß ohne mein Zutun, wir hatten auch Mißerfolge zu verzeichnen, aber wir fanden neue Wege, die Wahrheit über unser Leben im Lager draußen in der Freiheit bekanntzumachen. Unsere KGB-Leute tobten vor Wut. Für uns ein Zeichen ihrer ohnmächtigen Schwäche.

Heute abend verbietet es sich weiterzuschreiben: Das langsam arbeitende Hirn der Kisseljowa könnte vielleicht doch noch Verdacht schöpfen, und dann käme sie nicht allein zurück. Nein, besser das Glück nicht herausfordern und dem lieben Gott danken, daß es noch einmal gutging. Ich gehe rüber in die

Werkstatt und mache mich ans Nähen meiner Fäustlinge. Natascha hockt auf dem «Bock», eine Art Bank mit einem glatten Bolzen am Ende, auf dem die fertigen Handschuhe umgestülpt werden. Diese Arbeit liegt Natascha, das Nähen dagegen kann sie nicht ausstehen. Deshalb nähen wir für sie mit, und sie übernimmt für uns das Umstülpen. Njurka ist bei uns, schaut mit ihren Bernsteinaugen auf Nataschas huschende Hände.

Tanja hat vor sich auf der Maschine eine Liste französischer Vokabeln nebst Übersetzung und büffelt im Takt der Arbeit. Nähen erfordert keine geistige Anstrengung (solange die Maschine nicht streikt). Wenn man die ersten tausend Paar genäht hat, sitzt jeder Griff und man fällt nicht so leicht aus dem Takt. Als Neuling aber beginnt man meist damit, daß man sich durch die Fingerkuppe näht.

Mein Finger ist längst abgeheilt, und ich lege gleich mit vollem Tempo los. Die Maschinen rattern wie Maschinengewehre, und gewöhnlich stopfen wir uns die Ohren zu, wenn wir vorhaben, lange zu arbeiten. Ich büffele keine fremdsprachigen Vokabeln, sondern feile im Kopf an meinen Gedichten. Sobald ich fünf, sechs Zeilen in die endgültige Form gebracht habe, notiere ich sie auf einem Fetzen Papier (er liegt gleich hier unter einem Packen Rohlingen), allerdings halte ich sie auch schriftlich fest, wenn sie noch nicht den letzten Schliff haben. Anschließend präge ich sie mir ein und verbrenne das Blatt, nachdem ich sie vorher meinen Kameradinnen gezeigt habe. Sie freuen sich über meine Verse, und in der mit Material vollgestapelten Werkstatt ist mein Notizzettel relativ sicher: Daß sie diese Haufen durchstöbern, ist kaum anzunehmen. Ich darf nur nicht zu lange auf einmal schreiben, damit die Aufseherin, die in der Sperrzone, einen halben Schritt von unserem Werkstattfenster entfernt, ihren Kontrollgang macht, nicht Verdacht schöpft: Sie sind daran gewöhnt, daß wir darüber Buch führen, wieviel pro Stunde genäht wird, und wieviel Stunden nötig sind, um die ganze Wagenladung fertigzustellen.

Die Sperrzone ist ein speziell angelegter Weg rund um unsere

Wohn- und Arbeitszone, den die diensthabende Aufseherin stündlich abschreitet. Sie kann dabei zu unserem Fenster hereinsehen, ohne unsere Zone zu betreten. Der von beiden Seiten mit Stacheldraht gesicherte Weg ist für uns eine «verbotene Zone»: Hier endet unsere Zone und ihre beginnt.

Mit dem Nähen ist es im übrigen bald vorbei: Raja, klatschnaß, stürmt herein und schreit: «Es hagelt!»

Ach, du heiliger Strohsack! Bei dem Geratter und unseren zugestöpselten Ohren hören wir nicht mal, wenn's donnert. Wir rennen hinaus, um unser Pflanzenreich zu retten, können aber kaum etwas ausrichten. Wie Nüsse aus einem Sack schüttet es riesige Hagelkörner, und der Wind reißt uns die Plane aus den Händen. Während wir um das Erdbeerbeet und den Phlox kämpfen und einen Teil davon zudecken können, zerschlägt der Hagel unsere kostbaren Brennesselbüsche. Erst nach zwei Jahren gelingt es uns durch List, neuen Samen zu beschaffen.

Bis auf die Knochen durchnäßt, kehren wir ins Haus zurück, und Raja genehmigt uns nach einigem Schwanken eine Teestunde außer der Reihe. Tee ist pro Kopf pro Tag auf 1 Gramm begrenzt. Und da können wir noch dankeschön sagen, daß wir es erkämpft haben, ihn selber verwalten und zubereiten zu dürfen. Eine Zeitlang waren sie nämlich auf eine Neuregelung erpicht: Der Tee sollte in der Großküche gebrüht und uns im Teekessel gebracht werden. Nachtigall, ich hör dir trapsen! Wer weiß, wieviel Tee sie uns dabei noch abgeknapst hätten. Einmal im Monat kann jeder 50 Gramm Tee im Lädchen dazukaufen, aber oft genug werden wir mit Einkaufsverbot bestraft, «damit uns die Lust aufs Wiederkommen vergeht». Kaffee ist für Häftlinge absolut verboten. Jede Handvoll Tee wird daher von uns dreimal aufgebrüht. Das erste Mal morgens, mittags kochen wir den nassen Teesatz in einem Topf zum zweitenmal auf, und diesen «Zweitguß», wie wir ihn nennen, trinken wir nach dem Mittagessen. Der dritte Aufguß, «Blümchentee» genannt, hat rein symbolischen Charakter, aber manchmal geben wir noch einige Erdbeerblätter oder ein paar Stengel wildwachsender Himbeeren daran (die Himbeeren wachsen direkt hinterm Stachelzaun und sind mit der Hand zu erreichen).

In welchen Gewissenskonflikten unsere Raja steckt, ist also klar: Sie ist diese Woche Aschenbrödel vom Dienst und muß unsere Teeration so strecken, daß sie die ganze Woche reicht. Aber uns allen klappern die Zähne vor Kälte nach dieser Rettungsaktion. Ach, komme was wolle, wir leisten uns was! Auf dem Tisch summt der elektrische Teekessel, in dem sich langgezogen unsere Gesichter spiegeln. Noch wissen wir nicht, daß wir bald keinen Teekessel mehr haben und wirklich lange Gesichter machen werden. Aber selbst in den schwärzesten Tagen wird den verblüfften KGB-Leuten über die Abhöranlage unser Lachen in den Ohren klingen – das Lachen der Kleinen Zone!

Es schnurrt der Teekessel, und es schnurrt Njurka, die gern in unserer Nähe ist. Draußen vor den Fenstern ist es stockdunkel, nur die Umzäunung ist beleuchtet, und die Scheinwerfer tasten sich durchs Gelände. In Mordwinien schleichen sich allmählich, Streifen für Streifen, die Junifröste ein. Vor dem Einschlafen ergänze ich meinen Brief noch um ein paar Zeilen:

«Mein Liebster! Ich fühle Dich ganz nah bei mir. Warum daran denken, was morgen sein wird, wenn mir jetzt so wohl ist und Du bei mir bist. Ich küsse Dich. Gott möge Dich schützen.

*Deine I.*»

## 11

KAUM ist die Podust aus dem Urlaub zurück, geht die Schikaniererei wieder los. Warum wir sie Lidija Nikolajewna und nicht «Bürgerin Vorgesetzte» nennen, will sie wissen. Wir erklären ihr, daß sie für uns keine Vorgesetzte ist und wir sie gern mit ihrem Familiennamen anreden wollen, wenn ihr ihr Vor- und Vatersname nicht gefällt. Und warum tragen Sie Ihre

Kopftücher nicht? Wir erinnern sie daran, daß Tücher, wie überhaupt die Hälfte der Uniformkleidung, an uns nicht ausgegeben wurden.

«Wenn Sie gewollt hätten, hätten Sie die Sachen auch bekommen!» sagt sie kategorisch.

Fragt sich nur wo. Im Geschäft vielleicht? Oder hätten wir unsere Laken zu Kopftüchern verarbeiten sollen? Und seit wann eigentlich haben wir zu «wollen» und zu «bekommen»? Andersherum wird ein Schuh draus: erst ausgeben, dann beanstanden.

Warum wir nicht die vorgeschriebenen Stunden an der Nähmaschine sitzen? meckert sie weiter. Aha, das sind neue Töne! Wir erfüllen doch die Norm – was also noch? Natürlich fragt sie nicht aus Interesse an der Produktion, sie will uns einfach ins Zwangsarbeiterjoch pressen, uns die Arbeit vermiesen. Der arme Wassili Petrowitsch schlägt die Hände über dem Kopf zusammen, als er unsere Kommentare dazu hört: Er begreift, daß sie den Bogen überspannen, daß es bis zum Streik nicht weit ist. Und was wird dann aus seiner Planerfüllung?

Nun, die Drohungen unserer «geliebten Vorgesetzten» nehmen eine «unerträgliche Häufigkeit» an: «Höchste Zeit, daß andere Saiten bei Ihnen aufgezogen werden. Sie trinken aus emaillierten Tassen, haben eine Kasserolle, eine Elektrokochplatte. Auch ein Teil der Wäsche muß weg, mehr als zwei Garnituren sind nicht gestattet.»

Und immer, immer wieder die alte Leier: Wenn Sie die Erkennungsmarken nicht tragen, kommen Sie in den SCHISO! Wir tragen sie natürlich nicht, und sie sind, wie wir wissen, auch nicht der springende Punkt. Natascha Lasarewa hat dieses Ding anfangs getragen und mußte doch in den SCHISO – unter einem anderen Vorwand. Gorkuschow, der Chef der Operativabteilung, erscheint bei uns und schürt unsere Angst vor dem SCHISO: Kalt ist es dort, elend in jeder Beziehung, die Gesundheit wird ruiniert. Und dann schlägt er auf die empfindlichste Stelle einer Frauenseele: «Glauben Sie, Sie können noch Kinder bekommen, wenn Sie im SCHISO gesessen haben?»

Heute, gut vier Jahre später, nachdem ich insgesamt 120 Tage im SCHISO verbracht habe, weiß ich: Gorkuschow wußte, wovon er sprach. Die Ärzte versuchen mir zu helfen – doch ob sie es können, liegt allein in Gottes Hand. Die uns damals drohten, uns zu Krüppeln zu machen, werden jetzt mit blanken Augen behaupten, niemand habe uns gequält, der «Strafvollzug» gefährde nicht die Gesundheit, und die Bedingungen im SCHISO seien, abgesehen von der Eintönigkeit, ganz normal. Aber wir, die wir in diesen Folterkammern gesessen haben, lassen ihre Ausrede, sie wüßten nicht, was sie anrichten, nicht gelten. Denn wer, wenn nicht sie, weiß es?

Bald geht es auch um unseren Gemüsegarten: Nicht zugelassen! Bisher hat die Verwaltung ihn geduldet, weil sie nämlich die gesetzlich vorgesehene tägliche Norm von 200 Gramm Gemüse und 400 Gramm Kartoffeln nicht sichern konnte. Es war einfach nichts da, und daran hat sich auch nichts geändert. Und doch können sie uns trotzdem den Garten ganz einfach wegnehmen, ohne uns einen Ersatz dafür zu geben. Dann werden wir aufheulen vor Hunger. All diese Dinge kommen natürlich nicht von ungefähr: Es geht ja um Psychoterror. Einen politischen Gefangenen kann man nur brechen, wenn man ihn das Fürchten lehrt. Damit er keine Ruhe findet, nicht weiß, was morgen, heute, in einer halben Stunde mit ihm geschieht. Vielleicht ist er dann, wenn er zermürbt ist, allmählich den Kopf verliert, zu Kompromissen mit dem KGB bereit. Kann sein, kann nicht sein.

Es kommen Neue: Jadwiga Beliauskene und Tatjana Wladimirowa. Jadwiga stammt aus Litauen und ist etwa im gleichen Alter wie meine Mutter. Es ist ihre zweite Strafe, zur ersten war sie schon als Schülerin verurteilt worden, als die sowjetischen Truppen Litauen «befreiten». Damals fanden im ganzen Baltikum Massenverhaftungen statt. Inhaftiert wurde nicht nur, wer Widerstand leistete (und sei es nur moralischen), sondern auch, wer ihn im Prinzip hätte leisten *können*. Nun, Jadwiga hatte das Pech gehabt, bei Schulsportwettkämpfen im Schießen den vorletzten Platz zu belegen. Das ist, wenn man so will, verdächtig: Weshalb lernt sie schießen? Sportunterricht? Diesen Sport kennen wir! Und Jadwiga bekam – fünfundzwanzig Jahre! Manchmal muß ich daran denken, was wohl mit dem ersten Sieger oder der ersten Siegerin geschah. Nach der Logik jener Zeit mußte für ihn oder sie das Urteil ja weit höher ausgefallen sein. Eine längere Frist aber sieht der Kodex nicht vor, die nächsthöhere Strafe ist Tod durch Erschießen.

Von den fünfundzwanzig Jahren hat unsere Jadwiga allerdings nur acht absitzen müssen. Sie hat viel durchgemacht: Prügel im Gefängnis, Sibirien, Tuberkulose. Draußen hat man ihr Antibiotika gegeben und ihr die Leber kaputtgemacht. Zu uns kam sie nach frisch überstandener Gallenblasenoperation. Du lieber Himmel! Was sollen wir ihr zu essen geben? Sie braucht Diät, aber woher die entsprechenden Lebensmittel nehmen? Der Lagerfraß haut ja selbst einen Gesunden um! Raja muß auch Diät essen, daher lebt sie fast ausschließlich von dem Gemüse, das wir ziehen. Auch diesmal hat Jadwiga wieder eine ansehnliche Strafe: vier plus drei. Wofür? Nun, wie sich zeigt, waren die acht Jahre für sie noch nicht genug, und daß Stalin sie durch seinen Tod befreite, führte sie noch lange nicht auf die Bahn eines Erbauers des Kommunismus. Sie glaubt an Gott! Und als überzeugte, eifrige Katholikin half sie den aufrührerischen litauischen Priestern, Kinder und Jugendliche im Glauben an Gott zu erziehen. Auch ein Laientheater hatten sie, gemeinsame Lesungen. Aber dann gelangte der alte Tschekist Andropow an die Macht, und es hagelte Verteilerschlüssel für neue Verhaftungen. Das Baltikum wurde nicht ausgeklammert, und darum ist unsere Pani Jadwiga hier.

Sie ist groß und schlank und hält sich sehr gerade. Russisch spricht sie, obwohl sie anfangs nach Worten suchen muß. Sie ist nicht die erste Litauerin in der Zone, vor ihr saß Niiole Sadunaite, aber die ist inzwischen wieder frei. Jadwiga hat ein schönes Lächeln und, wie wir später feststellen, goldene Hände. Den größten Schmerz bereitet ihr der Gedanke an jene sechzehn- und siebzehnjährigen Schüler, die, eingeschüchtert durch das KGB, gegen sie ausgesagt haben. Wie sie uns erzählt, haben einige beim Prozeß geweint und sie um Verzeihung gebeten. Wie mag es ihnen ergehen mit so einem Knacks in der Seele? Werden diese Kinder (sie nennt sie Kinder) den sowjetischen Fleischwolf überstehen oder für immer alles verlieren, was ihnen ihr jugendlicher Glaube gab? In ihren Gebeten fleht sie, daß Gott diesen jungen Menschen ihren Fehler verzeihen und ihnen helfen möge, wieder Mut zu fassen und sich zu erheben. Auch um ihren Sohn, der Student ist, macht sie sich Sorgen und fragt sich, welche Auswirkungen ihre Haft auf sein Leben haben wird.

Sie schaltet sich gleich ins Leben der Zone ein: Sie versteht was vom Gemüseanbau, sie bastelt uns allen Ärmelschoner, damit wir uns die Ellbogen an der Maschine nicht durchscheuern, und nähen kann sie auch, und überhaupt – sie scheut vor keiner Arbeit zurück. Die Frage des Glaubens ist für sie wichtig, aber unterschiedliche Auffassungen hinsichtlich der Religion irritieren sie nicht. Religionen gibt es viele, meint sie, aber es gibt nur einen Gott, und wir alle gehen ein in sein Reich. Wer nicht glaubt, wird es eines Tages doch tun: Gott wird es ihn lehren. Sie hat einen harten, unbeugsamen Charakter und ist doch um uns alle besorgt, manchmal sogar ein bißchen zu sehr – wie eine Mutter.

Es ist angenehm, über gute Menschen zu schreiben, aber wir konnten uns unsere Kameradinnen nicht aussuchen – wer zu uns in die Zone kam, das lag im Ermessen des KGB. Nicht über alle kann ich so ausführlich berichten wie über die, die ich für immer liebgewann. Unsere Fehler hatten wir alle, aber es gab auch Schlimmeres als Fehler. Doch dies jetzt unbarmherzig aufzurechnen, zumal es um lebende Menschen geht, um Frauen, von denen manche zufällig unter die «Politischen» gerieten und in Gefängnissen und Lagern gequält wurden – verzeihen Sie, lieber Leser –, das kann ich nicht. Ich werde also einiges mit Schweigen übergehen, bei weitem nicht alle unsere internen Probleme darlegen. Ich sage nur soviel: Wir hatten welche, obwohl sich die meisten von uns um ein friedliches Miteinander bemühten.

Trotzdem war es eine sehr, sehr harte Prüfung für uns, vor allem, als wir dann statt zu fünft zu elft zusammenleben mußten. Kosmonauten, die man für ein halbes Jahr in das Weltall schießt, werden nach psychologischer Verträglichkeit ausgewählt, nicht so bei uns, und die kürzeste Frist hatte Natascha – vier Jahre! Kosmonauten werden nicht ständig von irgend jemandem aus dem All überfallen und immer wieder aufs neue schikaniert und gepeinigt. Kosmonauten haben freie Verbindung zur Erde, Kontakt zu ihren Angehörigen, und niemand nimmt ihnen dieses Recht auf Kommunikation wegen eines «dem Inhalt nach verdächtigen» Wortes! Kosmonauten sind satt, gekleidet und außerdem – Helden! Nur ein halbes Jahr von der Erde getrennt...

Ich habe in der Haft die Tagebücher des Kosmonauten Lebedew gelesen (veröffentlicht in der Zeitschrift «Wissenschaft und Leben»). Auch unter ihnen gab es demnach gruppeninterne Mißhelligkeiten und Reibereien – einfach aus Müdigkeit und wegen der Enge, und nicht etwa weil sie schlechte Menschen waren. Wenn ich bedenke, wieviel wir im Lager zusammen durchgemacht haben, Gutes und Schlechtes, dann fühle ich mich mit allen verwandt, außer mit denen, die auf der Seite des KGB standen. Aber Verwandte kann man sich nicht aussuchen, man kann sie nur bedauern und lieben, mit all ihren Schwächen und Fehlern. Unsere Kleine Zone hat standgehalten und den Wellen getrotzt, die die sowjetischen «Organe» gegen uns schickten mit dem Ziel, uns zu zerbrechen. Wir haben durchgehalten bis zum Ende, kein einziges «Gnadengesuch» geschrieben. Es gelang ihnen nicht, uns in die Knie oder gar auf alle viere zu zwingen. Wir wollten uns nicht zu Tieren herabwürdigen lassen. Wir wollten bleiben, was wir sind – Menschen.

Unseren Lebensgrundsätzen, von denen ich schon sprach, sind wir bis zum letzten Tag treu geblieben. Über Dinge, die unser Leben in der Zone nicht maßgeblich bestimmten, werde ich daher nicht schreiben. Das bedeutet nicht, daß ich versuche, unser Leben konfliktlos und schöngefärbt darzustellen. Es gab sogar Konflikte, die, zur Freude des KGB, unsere Lebensgrundsätze berührten, und davon werde ich wahrheitsgetreu berichten.

Unsere zweite Neue, Tatjana Wladimirowa, frappiert uns sofort durch ein eindeutig kriminell geprägtes Verhalten.

«Was kostet hier Teophedrin?» ist ihre erste Frage.

In dieser Frage steckt eine ganze Enzyklopädie kriminellen Lagerlebens. Es ist Gefangenen nämlich grundsätzlich verboten, Geld bei sich zu haben. Einkäufe im Lädchen (wenn überhaupt gestattet) sind nur anhand der Lohnliste über die Buchhaltung möglich. Was also bedeutet ihre Frage? Nun, die Sache ist die, daß in den Lagern der Kriminellen Spekulation und Bestechung an der Tagesordnung sind, schließlich sitzen dort auch echte Verbrecher und nicht nur zufällig Eingesperrte. Und die echten Verbrecher haben draußen ihre gewitzten Freunde. Oft genug habe ich auf dem Transport sagenhafte Geschichten von in Kugelschreibern versteckten Hundertrubelscheinen gehört. Warum braucht ein Krimineller im Lager Geld, wenn er sich nichts dafür kaufen kann? Zum Schmieren der Wachmannschaften, des Abteilungschefs und des Operativniks natürlich. Deshalb ist Geld in den Lagern sehr gefragt, und da es nun einmal im Umlauf ist, basiert auch die Spekulation unter Gefangenen auf Geld. Teophedrintabletten, eigentlich zu Heilzwecken bestimmt, haben, wenn man sie in größeren Mengen schluckt, eine narkotisierende Wirkung. Die Rauschsucht mit Hilfe von Tabletten ist in den Lagern weit verbreitet. Aber wie kommt man an die Tabletten heran? Nun, irgendeine Diebin ist in Besitz von Geld, sie steckt die erforderliche Summe der Chefin der Medizinischen Abteilung oder einer Krankenschwester zu und bekommt den entsprechenden Gegenwert. Oft will sie die Tabletten gar nicht für sich haben und verkauft sie an andere Interessenten weiter. Eine Packung Teophedrin hat in jedem Lager ihren festgesetzten Kurswert, daher ist die Frage nach dem Preis legitim – in der Kriminellenzone. Aber in der Politischen? Was will unsere Neue also – sie selber schlucken oder uns verkaufen? Aber warten wir ab, wie sich die Dinge weiterentwickeln.

Lange ließen die Ereignisse nicht auf sich warten. Als erstes tischte uns die Wladimirowa ihre bemerkenswerte Geschichte auf, wie sie hierher zu uns gekommen war. Nach ihrer Version hatte sie sich 1981 Zugang zur Britischen Botschaft in Moskau verschafft und um politisches Asyl gebeten, das ihr die korrekten englischen Diplomaten auch sogleich gewährten. Von der Botschaft aus trat sie im BBC-Fernsehen auf und putzte bei dieser Gelegenheit die Sowjetmacht nach Strich und Faden herunter. (Dieses Detail ist besonders pikant, weil unser Neuling absolut nicht unterscheiden kann, was man sagen darf und was nicht, und einfach drauflos redet.) Daraufhin wurde sie – vor den Augen des Botschafters – von Mitarbeitern des KGB entführt, die eigens zu diesem Zwecke in das Botschaftsterritorium einbrachen! Ein halbes Jahr hielt man sie fest, erstellte ein psychologisches Gutachten. Sie wurde für zurechnungsfähig erklärt, bekam sechs Jahre und wurde hierher zu uns geschickt. Von ihrem schriftlichen Urteil hat sie ausgerechnet nur den Teil bei sich, in dem diese wilden Unternehmungen mit keinem Wort erwähnt sind. Sie kämpfe seit eh und je mit der Sowjetmacht, erzählt sie uns, habe mehrmals im Gefängnis gesessen und sei eine leidenschaftliche Verfechterin der Menschenrechte. Ihre Organisation zur Verteidigung der Menschenrechte kaufe japanische Waffen (was selbstverständlich ein Geheimnis zwischen ihnen und den Japanern sei) mit dem Ziel, in den Kreml einzudringen, alle dort niederzumetzeln, die Macht an sich zu reißen und Sacharow als Diktator einzusetzen.

Ich schaue in die Runde und sehe, daß unsere Mitglieder der Menschenrechtsbewegung vor Staunen große Augen bekommen, als sie hören, daß Andrej Sacharow an der Verschwörung beteiligt sei. Durch eine Suggestivfrage stellt sich jedoch heraus, daß er vorläufig noch keine Ahnung hat, welche Rolle ihm da zugedacht wurde.

«Er wird das für uns sein, was Lenin für die Bolschewiken war!»

Dieser Satz gibt uns den Rest. Am liebsten hätten wir uns ins Gras gehauen und uns vor Lachen gewälzt. Aber Gelächter wäre hier fehl am Platze. Eines ist klar: Was sie uns da erzählt, ist von A bis Z erlogen. Zu der Zeit, in der ihr ominöser BBC-Auftritt und ihre dreiste Entführung stattgefunden haben sollen, war ich noch in Freiheit und hätte mit Sicherheit davon gehört, wenn an der Geschichte auch nur ein Quentchen Wahres wäre. 1980 will die Wladimirowa eine Demonstration von zweitausend Menschen organisiert haben, die über den Roten Platz zum Kreml gezogen seien, direkt in den Audienzsaal des Präsidiums des Obersten Sowjets (der sich, wie wir damals schon wußten, ganz woanders befindet), wo sie die Erfüllung ihrer Forderungen erzwungen hätten. Zweitausend Demonstranten? Auch diese Geschichte ist erlogen. Nicht einer wäre überhaupt bis zum Roten Platz gekommen, man hätte alle schon auf dem Weg dahin aufgegriffen, denn von solchen Massenprotesten bekommt das KGB rechtzeitig Wind.

Drei Jahre will die Wladimirowa am Moskauer Institut für Internationale Beziehungen studiert haben. Welche Meinung wir auch immer über dieses Institut haben mögen, so ist uns doch eines klar – sie mit ihrem intellektuellen Niveau wäre nicht einmal über den zweiten Bildungsweg dort zum Studium angenommen worden.

Was also hat das alles zu bedeuten? Wäre ich jemandem wie der Wladimirowa während der Fahrt ins Lager begegnet, dann hätte ich mich über derlei fadenscheinige Lügenmärchen nicht sonderlich gewundert. Kriminelle geben sich mitunter gern als «Politische» aus, weil sie meinen, dies verleihe ihnen eine heldenhafte Aureole. Man erzählt sich darüber sogar schon einen Witz:

Hase, Wolf und Fuchs sitzen in einer Zelle. Der Hase wegen Wehrdienstverweigerung, der Fuchs wegen Diebstahls und der Wolf, weil er ein Rind geraubt hat. Da geht die Tür auf und ein Hahn wird hereingestoßen.

«Ich bin ein Politischer!» tut sich der Hahn gleich groß.

Verwundert sperren die Tiere das Maul auf. Und sagen: «Du kleiner Wicht, willst dich doch nicht etwa mit uns grauen Verbrechern vergleichen. Was hast du gemacht, erzähle!» Der Hahn wirft sich in die Brust und antwortet: «Einen Jungpionier in den Podex gehackt!»

Lachen hin, Lachen her – solche romantisch angehauchten Lügner geraten keinesfalls unter die «Politischen», denn unsere Frauenzone für besonders gefährliche Staatsverbrecher ist die einzige im Lande. Natürlich sitzen weibliche politische Häftlinge auch in anderen Lagern, hierher jedoch kommt keiner allein wegen Prahlerei. Beim KGB gibt's schließlich nicht nur Dummköpfe, es wird schon seinen Grund haben, warum sie die Wladimirowa zu uns gesteckt haben. Aber welchen?

Aha, allmählich erhellen sich die Dinge: Die Wladimirowa hat die Absicht, in Gefangenschaft den Kampf fortzusetzen! Sie hat den konkreten Plan, zuallererst einmal Verbindung zur Zone der männlichen politischen Gefangenen herzustellen, die sich unweit von hier hinter der Chaussee befindet. Alles, was man tun muß, ist, vor den Augen der MP-Schützen die verbotene Zone zu überwinden, über den Zaun zu klettern, die Chaussee zu überqueren und dann dort dasselbe alles noch einmal von vorn zu tun. Daß überall Stacheldrahtsperren stehen, spielt überhaupt keine Rolle. Und natürlich muß es im Winter geschehen, wenn Schnee liegt, zur Maskierung sollen wir uns Laken umhängen (daß man Fußspuren hinterläßt, fällt überhaupt nicht ins Gewicht). Mitten in der Nacht stehen wir dann vor unseren Verbündeten: Seid gegrüßt, da sind wir!

Die Männerzone ist nicht mit unserer Kleinen Zone zu vergleichen, dort gibt es jede Menge Spitzel. Was also erwartet unsere unternehmungslustige Heldin von uns? Daß wir Feuer und Flamme sind für ihre verrückte Idee, die unser sicherer Untergang wäre? Natürlich hält sie uns für Schwächlinge.

«Wenn ihr Schiß habt, mache ich es eben allein. Mir ist mein Leben für unsere Sache nicht zu schade!»

Wir hätten sie jetzt bedauern und sagen können: «Nicht doch, Tatjana! Das alles ist gar nicht nötig, wir haben ja Verbindung zur Männerzone.» Und wir hätten ihr erzählen können, wie diese Verbindung funktioniert, aber wir tun es nicht. Unsere verhärteten Herzen neigen nicht zu voreiliger Offenheit. Wir halten uns aus der Sache heraus, zucken nur die Schultern: Ihre Sache.

Wir rücken von ihr ab, überdenken alles noch einmal. Vielleicht ist es eine Provokation? Glaubt das KGB wirklich, wir fallen auf diesen billigen Trick herein? Auf die Hirngespinste einer übergeschnappten, süchtigen Kriminellen? Trotzdem, warum haben sie sie zu uns gesteckt? Vielleicht hat sie eine hohe Strafe bekommen und hofft jetzt, früher entlassen zu werden, wenn sie unter uns Schnüfflerdienste leistet? Gerade diese Leute sind potentielle Schnüffler. Aber wir sind hier nicht im Untersuchungsgefängnis, sondern im Lager.

Nun aber erst mal weiter. Nach einiger Zeit, als wir uns einmal draußen ohne Beisein der Wladimirowa unterhalten, stellt sich heraus, daß sie uns alle einzeln beiseite genommen und zugeflüstert hatte, Pani Jadwiga (mit der sie von Potma zusammen herkam) sei eine «schwarze Seele» und hasse die Russen. Aber die Balten seien ja bekanntlich durchweg Abschaum und hätten nur Gemeinheiten im Sinn. Wir alle hatten versucht, ihr den Kopf zurechtzusetzen. Aber das ist noch nicht alles. Sie hatte es auch geschafft, jede von uns bei jeder anzuschwärzen. Sie nicht mitgezählt, sind wir sechs in der Zone, das bedeutet, sie hat dreißigmal versucht zu intrigieren. Daß sie dabei auf der ganzen Linie eine Schlappe erlitt, beweist unser Gespräch, aber auch jetzt stellen wir noch keine Diagnose (beachten Sie unsere Geduld!), was Sie, lieber Leser, vielleicht längst getan haben. Wir beschließen abzuwarten, ihr nicht im mindesten zu vertrauen, keine offene Unterhaltung mit ihr zu führen, ihre Gemeinheiten zu überhören, will heißen, sie abblitzen zu lassen, wenn sie versucht, welche anzubringen, und im übrigen alles zu tun, um keinen Anlaß für Konflikte zu liefern.

## 12

Konflikte bleiben dennoch nicht aus. Was die Wladimirowa auch anstellt, sie begreift schließlich, daß wir ihr mißtrauen. Ihr Versuch, bei uns das Kommando zu übernehmen, wie das bei Kriminellen üblich ist, schlägt fehl. Kommandeure gibt es bei uns nicht, alle wichtigen Entscheidungen werden gemeinsam getroffen. Wer dabei für wen die größere Autorität ist, ist eine andere Frage und zudem eine persönliche Angelegenheit, aber wenn es Meinungsverschiedenheiten gibt, dann suchen wir nach einer Variante, die allen gerecht wird (im äußersten Falle allen, außer einer). Doch herumkommandiert wird nicht.

Die Leiden der armen Wladimirowa nehmen zu und erreichen den kritischen Punkt des komischen Mißverständnisses. Da wir keine Mülltonne haben, wandern Speisereste, wie schon erwähnt, getrennt in unsere Kompostgrube; Glasscherben, Konservenbüchsen und ähnliches kommt einmal die Woche auf den zentralen Müllabladeplatz, und was verbrennbar ist, stecken wir in den Ofen. Es kommt ein ganz schöner Berg zusammen an dem, was da so verbrannt wird: mißlungene, nicht abgeschickte Briefe, Entwürfe von Protestschreiben oder Erklärungen an den Staatsanwalt, meine endlosen Varianten von Gedichten, alte Kuverts bei uns eingegangener Briefe. Die Wladimirowa nun, die sich in unserem komplizierten Lebenszyklus nicht zurechtfindet, schöpft den trüben Verdacht, daß alles Papierzeug, was wir da verbrennen, mit Geheimnissen vollgeschrieben ist – über das KGB und über sie. Oho! Diese Version führt sie natürlich zu der kühnen Schlußfolgerung, daß uns diese geheimnisvolle Tätigkeit rund um die Uhr beschäftigen muß: Jedesmal, wenn sie den Aufenthaltsraum betritt, sieht sie, wie sich irgendwelche Papiere in den Flammen krümmen, die Anwesenden aber mit Unschuldsmienen über ganz andere Dinge reden.

Die Explosion erfolgt unerwartet: Wir sitzen friedlich an unseren Maschinen, nähen Fäustlinge und quasseln nicht mal, weil wir keine Lust haben, das Maschinengeratter zu überbrüllen, da springt die Wladimirowa plötzlich von ihrer Maschine auf, schreit, sie könne keine Minute länger in dieser ekelhaften Zone bleiben (sie gebraucht noch einige Epitheta, die wir sogar durch den Lärm hören), stürzt aus der Werkstatt und rennt in Richtung der MP-Schützenbude. Bis dicht an die Bude heran kommt man nicht, weil sie jenseits der verbotenen Zone hinter dem Kontrollgangstreifen steht. Wenn man dringend etwas braucht (den Arzt zum Beispiel), muß man bis zur verbotenen Zone laufen und dann laut schreien, damit der Posten einen hört (in der Regel lassen sie dort Soldaten aus Asien Wache schieben, die kaum russisch sprechen). Wenn er endlich begriffen hat, um welches Problem es geht, und er es für wichtig genug hält, ruft er bei der Obrigkeit an, und die schicken jemanden.

Unsere Wladimirowa ruft aber nicht nach dem Arzt, sie verlangt nach dem Chef der Operativabteilung. Diese Abteilung befaßt sich mit der Briefzensur, der Bespitzelung, dem Abhören und der Anwerbung von Spitzeln. Daß unser «Oper» (Operativbevollmächtigter) Schljopanow unverzüglich erscheint, erübrigt sich beinahe zu erwähnen: Es ist das erste Mal, daß die Kleine Zone nach ihm verlangt.

Worüber sie sprechen, bleibt kein Geheimnis. Die Wladimirowa brüllt so laut, daß sie, gewollt oder ungewollt, von jeder beliebigen Stelle unseres Fleckchens zu hören ist.

«Ich hab die Schnauze voll von dieser Zone, aus, Schluß, Punkt! Ich will nicht mehr! Was hier für Leute sitzen, ist mir klar. Die mit ihrem Sacharow an der Spitze, die ziehen anständige Sowjetmenschen in ihre dunklen Machenschaften, und hinterher trinken sie Blut! Meinetwegen, aber ohne mich! Bei mir ist der Groschen gefallen! Ich werde im Fernsehen auftreten und im Radio, ich werde erzählen, was hier so läuft! Aber holen Sie mich hier raus!»

Was Schljopanow ihr antwortet, verstehen wir nicht (er brüllt nicht), aber ihre Bitte, sie hier herauszuholen, wird nicht erfüllt – zu unserem großen Bedauern. Die Falle ist zugeklappt: Die

Bereitschaft, Provokateur zu werden, ist eine Sache, aber aus dem Lager herauszukommen – eine ganz andere. Schljopanow geht wieder, und der Unglückswurm bleibt in unserer Zone – unter absolutem Boykott, versteht sich. Wir brechen ab sofort jeden Umgang mit ihr ab. Aus ist es mit ihrer Hoffnung, nur erklären zu müssen, sie wolle im Fernsehen auftreten, und schon schenke ihr das KGB die Freiheit. An wem wohl wird sie jetzt ihre Enttäuschung, ihre Wut auslassen? An uns, natürlich.

Ungerührt gehen wir wieder an die Arbeit, während sie durch die Zone fegt, von einer zur andern, und den ganzen Wust herausschreit, den ihr krankes Hirn fabriziert. Sie ist puterrot, zittert am ganzen Körper, rollt mit den Augen... Ist sie eigentlich noch normal? Tränen fließen, Speichel spritzt... Eine Hysterikerin! Oder hat man uns gar eine Verrückte untergeschoben? Zum Glück hält sich ihre Gewalttätigkeit in Grenzen: Sie holt zwar mit den Fäusten aus, läßt dann die Arme aber wieder sinken. Das Maximum, das sie sich erlaubt, ist, daß sie die Türen mit solcher Wucht zuknallt, daß der Putz von den Wänden fliegt. Soll sie getrost brüllen und die Türen malträtieren, wir werden sie einfach nicht beachten.

Das ist übrigens leichter gesagt als getan. Versuchen Sie einmal, gelassen am Tisch zu sitzen und sich liebevolle Worte durch den Kopf gehen zu lassen, die Sie einem geliebten Menschen schreiben wollen, wenn dabei Speichelspritzer auf ihren Bogen fallen, weil die Wladimirowa hinter Ihnen steht und alle Flüche und Schimpfwörter rausläßt, die sie kennt! Aufstehen und weggehen bringt nichts, Sie finden nirgendwo ein stilles Plätzchen, denn sie folgt Ihnen auf Schritt und Tritt. Nein, da ist es schon besser, Sie schreiben weiter, stören sich nicht daran und trösten sich mit dem Gedanken, daß die anderen jetzt wenigstens ihre Ruhe haben. Nur keine Aufregung: Bald geht ihr die Puste aus, in spätestens anderthalb Stunden.

Nach einer Woche wiederholter hysterischer Auftritte nahmen sie sie ins Krankenhaus mit, und wir atmeten erleichtert auf. Wir hofften sogar, sie käme vielleicht nicht wieder. Möglicherweise war tatsächlich eine Fernsehsendung unter ihrer Teilnahme geplant und ihre Funktion in unserer Zone damit erfüllt. Aber nein, das KGB schien andere Absichten und Vorstellungen zu haben, und ließ sie bei uns. Jedesmal wenn sie in totale Raserei verfiel (sie hatte Asthma und bekam manchmal Erstickungsanfälle), kam sie zur Behandlung ins Krankenhaus und dann zu uns zurück. Mit unserer Idylle war es vorbei. Nun, da ihr klar geworden war, daß sie hier nicht so einfach wieder herauskam, daß sie ihr Schicksal nicht selbst entscheiden konnte, was immer sie auch tun würde, nun, da sie zu spüren bekam, was es bedeutet, einsam unter Menschen zu sein, mit denen man notgedrungen unter einem Dach leben muß – was für eine schwarze Hölle mußte sich da in ihrer schwachen, halbtoten Seele aufgetan haben? Nicht einmal draußen in der Freiheit hatte sie einen ihr nahestehenden Menschen (der Generalsvater und der Hauptmannssohn, von denen sie uns in den ersten Tagen erzählt hatte, entpuppten sich als Fabelwesen). Niemand schrieb ihr einen Brief oder schickte ihr Zeitungen, niemand besuchte sie. Es gab nicht einen einzigen Menschen auf der Welt, der ihr wenigstens so etwas wie Sympathie entgegengebracht hätte. Sogar der höchst gutmütige Wassili Petrowitsch fuhr aus der Haut, als sie ihm dreihundert Paar Ausschußfäustlinge ablieferte (unsere Devise: nicht pfuschen! hatte für sie als Kriminelle keine Geltung). Aber auch die Tatsache, daß sie nicht bestraft wurde, verschaffte ihr keine Genugtuung. Wassili Petrowitsch wagte es nicht, ihr die Kosten der verpfuschten Handschuhe vom Lohn abzuziehen, die Aufseherinnen, mit denen sie umsprang, wie es ihr paßte, begriffen sehr bald, daß die Verwaltung hier nicht einzuschreiten gedachte: Niemand warf sie morgens beim Wecken aus dem Bett oder jagte sie um zehn Uhr abends hinein – sie konnte tun und lassen, was sie wollte, blieb aber trotzdem eine Gefangene. Die wegen ihrer Aufsässigkeit verärgerten Aufseherinnen stöhnten nur: «Wie halten Sie die bloß aus? In der Kriminellenzone wäre die schon längst fertiggemacht worden!»

Wahre Worte: Einer Type wie der schneiden sie dort die Kehle durch oder sie treiben sie in den Selbstmord. Ist ja klar, wenn die ganze Zone auf dir herumhackt, dann siehst du keinen anderen Ausweg. Aber für uns kommen solche Methoden nicht in Frage. Das macht uns das Leben zwar sauer, aber wir behalten unser menschliches Gesicht. Nein, die Wladimirowa hat sich ihre Strafe selbst ausgesucht, nun muß sie zusehen, wie sie damit fertig wird. Unsere Sache ist es, ihre Ausfälle zu ignorieren und weiterzuleben, als wäre sie nicht vorhanden. Natürlich müssen wir alles vor ihr verbergen, wovon sie nichts wissen darf. Von Vorteil ist dabei, daß wir in drei Schichten arbeiten dürfen und sie unmöglich vierundzwanzig Stunden auf den Beinen sein kann, um uns zu bespitzeln.

## 13

Die Andropowsche Verhaftungswelle rollte über das ganze Land und warf ihre Opfer auch in unsere Zone. Galja Baraz traf ein. Sie und ihr Mann stammten aus dem Transkarpatengebiet und waren eigentlich in Österreich-Ungarn geboren. Als dann später dieses Gebiet an die Ukraine fiel, wurden sie Ukrainer und damit Untertanen der UdSSR. Beide waren Kommunisten, lebten in den letzten Jahren in Moskau, hatten einen Wagen und waren überhaupt gutgestellt. Plötzlich aber fingen sie an, an Gott zu glauben, und traten obendrein der am meisten verfolgten Sekte bei, den sogenannten Pjatidesjatniki[7]. Sie gaben ihr Parteibuch ab (können Sie sich diesen Skandal vorstellen?) und schrieben einen Brief an Kommunisten im Westen etwa folgenden Inhalts: Wir wollen weder den Kommunismus aufbauen noch die Verantwortung für ihn übernehmen. Ihr aber wollt es. Sollten wir daher nicht unsere Plätze tauschen? Ihr kommt freiwillig in unsere Wohnung, und wir ziehen in den Westen, weg aus der UdSSR.

Allein diese Erklärung reichte natürlich, um sie einzusperren. Hinzu kamen ihre religiösen Aktivitäten und ihre Kontakte zu ausländischen Korrespondenten. Im Frühjahr 1983 wurden beide festgenommen, Wassja etwas früher, Galja etwas später. Ihr Prozeß fand nicht in Moskau statt, sondern in Rostow am Don, damit er weniger Aufsehen errege. Galja bekam sechs plus drei. Sie ist eine großgewachsene stattliche Frau mit graumeliertem Haar. Das Sportkostüm, in dem sie ankam, mußte sie sofort ausziehen, aber die Gefängnissachen, die man ihr gebracht hatte, paßten nicht. Ihr passende zu holen oder ihr die eigenen Sachen wiederzugeben, daran war nicht zu denken. Man ließ sie einfach in Schlüpfer und Büstenhalter stehen.

Und die übereilige Podust sagte: «Die Marke müssen Sie tragen!»

«Und wo soll ich sie anheften – am Büstenhalter etwa? Geben Sie mir zuerst was anzuziehen, dann können wir über diesen Fetzen reden.»

«Mir egal, wo Sie sie anheften. Hauptsache, Sie haben sie dran!»

Galja konterte mit einem Zitat aus der Bibel: «Ihr seid teuer erkauft, werdet nicht der Menschen Knechte!»

«Sie tragen sie also nicht?»

«So ist es!»

«Dann schreiben Sie sich die Folgen selber zu!»

Welch ein Glück, daß wir unseren «Fonds für Neuzugänge» hatten. Wir kleideten Galja aus unseren Reserven ein (und dabei lernte ich von Pani Jadwiga, wie man Ärmel einsetzt und elegant Knopflöcher säumt).

Galja hatte sich bei uns noch nicht eingelebt, als Edita Abrutene eintraf, eine Litauerin. Sie und ihr Mann (ebenfalls Litauer) wollten einfach nur emigrieren, waren also, streng genommen, keine Bürgerrechtskämpfer. Warum aber sollte man Litauern die Emigration erlauben? Natürlich bekamen sie eine Ablehnung, sie gaben jedoch nicht auf, sondern verstärkten ihre Aktivitäten. Editas Mann wurde zuerst verhaftet und nach Artikel 190 (verleumderische Hetze gegen die sowjetische Gesellschaft) zu drei Jahren verurteilt. Edita brachte sich und ihren kleinen Sohn mit Gelegenheitsarbeiten und Schiebergeschäften durch und bemühte sich weiter um die Ausreise. Vitas Abrutis saß seine Frist ab und kehrte zurück. Drei Wochen später wurde Edita verhaftet und bekam vier plus zwei. In der Zone setzte sie den Hungerstreik fort, den sie im KGB-Gefängnis begonnen hatte: Sie erzwang eine Revision ihres Verfahrens. Da ihr schon die Stimme versagte, konnte sie uns ihre Geschichte nur im Flüsterton erzählen (später stellten wir fest, daß sie eine herrliche, volle Stimme besaß). Am nächsten Tag wurde sie weggebracht: Wer im Hungerstreik ist, wird isoliert. Nach einer Woche kam sie wieder, sie hatte den Hungerstreik aufgegeben. Man hatte ihr Versprechungen gemacht (und sie natürlich nicht eingehalten). Aber das ist ihre Taktik: Gib den Hungerstreik auf, und wir tun alles, was du verlangst. Daß man diesem Gerede nicht glauben darf, wußte Edita nicht, darum fiel sie darauf herein, und zu einer Wiederaufnahme des Hungerstreiks reichte ihre Kraft nicht mehr. Sie brauchte Bettruhe, konnte sich kaum auf den Beinen halten und war anfangs von der Arbeit befreit (das war noch zu der Zeit, als die Lagerärztin Wolkowa nach einem langen Hungerstreik eine Woche «Arbeitsbefreiung» verschrieb). Später bekamen wir mit Edita allerdings Probleme: Sie wollte generell nicht arbeiten.

«Ich habe in meinem ganzen Leben noch nicht einen Tag für sie gearbeitet», erklärte sie uns.

Wir waren, ehrlich gesagt, entsetzt, denn sie würden unsere Edita durch die Karzer schleifen, und das würde sie nicht überleben. Da könnten wir noch so sehr für sie eintreten, sie würden nicht von ihr ablassen. Reichte nicht schon, was sie gemeinsam mit uns an Strafen zu erwarten hatte (sie weigerte sich ebenfalls, die Marke zu tragen)? Und doch – jeder Mensch hat seine Grundsätze, da kann man ihm nicht reinreden. Wir überlegten hin und her und fanden schließlich einen Kompromiß: Sie sollte unsere Stubenälteste werden. Die Stubenälteste arbeitet nicht für die Verwaltung, sondern für uns, ihre Kameradinnen. Raja war dieses Dienstes ohnehin müde, ihre Gelenke schmerzten vom vielen Hantieren mit Wasser, und die Ärztin Wolkowa hatte ständig etwas zu beanstanden: Mal entdeckte sie eine Spinnwebe, mal waren ihr die Vorhänge nicht weiß genug, mal fand sie den sanitären Zustand der Zone unbefriedigend. Alle Versuche der Podust, uns die Wladimirowa als Stubenälteste aufzudrängen, hatten wir kategorisch zurückgewiesen: Sie droht sogar in Ihrem Beisein, uns alle zu vergiften, und da sollen wir ihr unsere Rationen und unsere Medikamente anvertrauen? Außerdem ist sie eine Schlampe, der man selber dauernd hinterherräumen muß. Kurzum, das Amt der Stubenältesten war vakant, und am Ende trat Edita die Stelle auch an. Überraschenderweise kam die Idee dazu von der Podust selbst, aber auf eine Art, die das Ende ihrer Karriere einleitete.

An einem friedlichen Augustabend saßen wir alle zusammen draußen im Gras. Das Abendbrot war gerade gebracht worden, die Wladimirowa hatte sich ins Haus zurückgezogen (sie aß allein), wir anderen aber wollten das schöne Wetter nutzen, hatten den Tisch herausgeholt und unsere Aluminiumschüsseln mit der Balanda darauf verteilt. In der Tischmitte stand zur Verschönerung eine Konservenbüchse mit Blumen, über uns rauschten sanft die Blätter unserer bislang noch nicht abgehackten Pappel und Eberesche. Hinter dem Zaun ging langsam die Sonne unter.

Welch schwer zu ertragender Anblick mußte diese Idylle für die plötzlich auftauchende Podust sein, zumal sie in Begleitung eines Majors von der Verwaltung aufkreuzte? So stellte sie sich unsere Zone nicht vor, und deshalb gab sie auf Tanjas direkte Frage, was sie von uns wolle, auch eine direkte Antwort: «Daß Sie sich, wenn ich erscheine, von der Erde hochraffen und die Stubenälteste meldet: ‹Vorgesetzte, bei uns ist alles in Ordnung.›»

Selbstverständlich dachte keiner von uns daran, sich «hochzuraffen», geschweige denn Meldung zu erstatten. Höflich sagten wir: «Guten Abend», boten von unserer Balanda an und interessierten uns nicht dafür, warum die zwei gekommen waren. Natascha erzählte ihren Witz weiter, bei dem sie unterbrochen worden war, und übernahm dabei die Rollen eines ganzen Theaterensembles. Die Podust schnitt eine ihrer gehässigsten Grimassen und stampfte mit ihrer Begleitung über die Vortreppe ins Haus. Mochte sie sich unseretwegen getrost mit der Wladimirowa abgeben. Nach ein paar Minuten jedoch steckte sie den Kopf zum Fenster heraus und bat Tatjana Michailowna auffallend höflich hereinzukommen. Es dauerte nicht lange, da kam Tatjana Michailowna zurück, sie war blaß vor unterdrücktem Zorn und sagte kein Wort. Die Besucher waren schon längst wieder gegangen, ohne uns noch weiter zu behelligen, doch Tatjana Michailowna rückte noch immer nicht mit der Sprache heraus. Gewöhnlich erzählten wir uns gegenseitig unsere Gespräche mit Vertretern der Verwaltung, aber es war kein Muß, niemand verlangte darüber Rechenschaft. Erst als wir mit dem Abendbrot fertig waren und den Tisch abgeräumt hatten, rief sie mich zu einem Spaziergang auf unseren Weg, hier konnte man unbelauscht reden und seinen Emotionen freien Lauf lassen. Wenn zwei den Weg auf und ab gingen, dann wußten die anderen: Die zwei haben was unter sich zu bereden, und störten nicht – das war ein ungeschriebenes Gesetz. Folgendes hatte die Podust zu Tatjana Michailowna gesagt: «Ich muß mich sehr wundern, Welikanowa, daß Sie zusammen mit Edita Abrutene an einem Tisch sitzen und aus einer Schüssel mit ihr essen. Sie ist doch Syphilitikerin – wissen Sie das nicht? Es steht in ihrem Krankenblatt.»

Nun war mir der Grund für Tatjana Michailownas Zorn klar, denn mich packte auch sofort die Wut. Es war nicht der erste Versuch der Podust, Zwietracht und Mißtrauen zwischen uns zu säen. Sie nimmt jede Gelegenheit wahr, spitze Bemerkungen fallen zu lassen: «Ossipowa, wissen Sie, daß Ihre Mithäftlinge eine sehr schlechte Meinung von Ihnen haben?»

«Das sind ja schlimme Sachen, Baraz, die mir da über Ihre Verwandten erzählt werden ...»

Und wenn wir dann Galja rufen und von unserer «weißhäutigen Bestie» verlangen, sie solle Farbe bekennen, wer ihr was gesagt habe, um sie der vorsätzlichen Lüge zu überführen, dann kriegt sie rote Flecken im Gesicht und schreit: «Wagen Sie ja nicht, mir eine Gegenüberstellung aufzunötigen! Ich bin Ihre Vorgesetzte!»

Aber was sie da jetzt über Edita verbreitet, die erst ein paar Tage in der Zone ist, das geht nun doch zu weit. Liegt es etwa an uns, daß sie sich zunehmend mehr und mehr herausnimmt? Daß das KGB Dissidenten gern Geschlechtskrankheiten andichtet, ist eine bekannte Tatsache: Wie könnte man einen Menschen leichter in Verruf bringen? Natürlich wird keiner dieses Lügengeschwätz glauben, aber dürfen wir es diesem Lästermaul durchgehen lassen, einen Menschen derart zu verunglimpfen? Ich spreche mich sofort dafür aus, alle zusammenzurufen und bekanntzugeben, was die Podust sich da geleistet hat. Doch Tatjana Michailowna hat Bedenken: «Aber dann erfährt doch jeder diese Schauermärchen! Vielleicht liegt gerade das im Interesse der Podust?»

«Sie will vor allem Unfrieden und Argwohn zwischen uns stiften! Sie will, daß wir von Edita abrücken, ohne daß sie weiß, was los ist. Erzählen wir die Sache ruhig, niemand von uns wird es glauben. Entlarven wir die Intrigen der Podust!»

«Aber Edita ist neu in der Zone, wer weiß, ob sie diese Gemeinheit verkraftet.»

«Ich denke schon. Dann sieht sie doch gleich, daß wir alle hinter ihr stehen.»

Argument hin, Argument her, es ist schwer, einen richtigen Entschluß zu fassen: Ein voreiliges Wort läßt sich nicht wieder einfangen, und wenn wir uns irren, läßt sich nichts wieder reparieren. Wir rufen Tanja und weihen sie in das Problem ein. Für sie liegen die Dinge klar, überzeugt sagt sie: «Gegen die Podust muß gerichtlich vorgegangen werden, das ist eindeutig Verleumdung!»

Tatjana Michailowna ruft die ganze Gesellschaft in den Hof und unterrichtet sie über den Vorfall. Alle sind erschüttert und aufgebracht. Edita braucht nur in unsere Gesichter zu schauen, um zu begreifen: Die Intrige hat keine Chance auf Erfolg. Daß die Podust gelogen hat, zieht niemand in Zweifel, die Frage ist nur, wie wir gegen sie vorgehen sollen. Wir treffen folgende Vereinbarung: Vom heutigen Tage an erkennen wir der Podust das Recht ab, sich, in welcher Eigenschaft auch immer, in unserer Zone aufzuhalten. In einem Kollektivschreiben an den Staatsanwalt begründen wir diesen Beschluß. Solange sie noch nicht vom Dienst suspendiert ist, brechen wir jeglichen Verkehr mit ihr ab, sie existiert künftig nicht mehr für uns. Edita verklagt die Podust wegen Verleumdung, Tatjana Michailowna wird gegen sie aussagen.

Als Beweis für die Verleumdung brauchen wir allerdings Editas Krankenblatt, und das wird uns niemand geben.

Doch Tanja hat eine glorreiche Idee: «Wir beantragen einfach, daß Edita als Stubenälteste eingesetzt wird! Die Kandidatur muß von der medizinischen Abteilung abgesegnet werden, und zwar nach Überprüfung des Krankenblattes: Infizierte bekommen diesen Posten nicht. Wenn sie Editas Kandidatur bestätigen, ist das der beste Gegenbeweis.»

Phantastisch! Natürlich werden die Ärzte ihr Einverständnis geben, sie haben gar keine andere Wahl: Die Arbeit der Stubenältesten ist freiwillig, die betreffende Gefangene muß ihre schriftliche Einwilligung dazu geben. Sollte sich die Situation zuspitzen, wird außer Edita keine von uns bereit sein, den Posten zu übernehmen, besetzt werden aber muß er, das ist Vorschrift. Dr. Wolkowa wird es nicht riskieren, die Version der Podust zu unterstützen, denn damit würde sie sich der Dokumentenfälschung und der Verletzung der medizinischen Schweigepflicht schuldig machen. Warum sollte sie sich eines dämlichen Weibes wegen so in die Nesseln setzen?

Es läuft alles genauso wie geplant: Edita wird Stubenälteste, die Ärztin Wolkowa schwört hoch und heilig, in Editas Krankenblatt stehe kein Wort von Syphilis, wir schicken unsere Anklageschrift ab, und die Podust wird fortan von uns wie Luft behandelt. Ein langwieriger Krieg beginnt: Niemand von der

Verwaltung denkt daran, die gerichtliche Untersuchung zu eröffnen, sie werden wohl auch kaum Editas Anklageschrift weitergeleitet haben. Ihnen liegt daran, die Sache unter den Teppich zu kehren. Vertreter der Verwaltung beehren uns einzeln und in Schwärmen und versuchen, uns umzustimmen. Die Podust werde keinesfalls ihres Postens enthoben, erklären sie uns, ob wir unter diesen Umständen nicht lieber mit ihnen «Frieden schließen wollten»? Aber wir beharren auf unserem Standpunkt: Wenn Sie ihr für nichts das Gehalt weiterzahlen wollen – bitteschön, Ihre Sache. Aber die Verwaltung vertritt sie in unserer Zone nicht mehr.

Von nun an müssen die Offiziere die Arbeit der Podust mit übernehmen. Selbst die Verfügung über eine Disziplinarstrafe nehmen wir aus ihrer Hand nicht mehr entgegen. Wer uns etwas zu erklären oder auch bloß eine Frage zu stellen hat, der muß sich schon selber herbemühen, und zwar ohne sie. Die Podust wütet natürlich, fegt wie aufgescheucht durch die Zone, rückt uns einzeln oder allen zusammen auf die Pelle, mal mit Drohungen, mal mit honigsüßen Reden. Sie unterläßt es sogar, ewig an Natascha herumzunörgeln, und erwähnt mit keinem Wort mehr die Erkennungsmarke. Wir aber sind unbeugsam, sie hat uns bis aufs Blut gepeinigt – damit ist ein für allemal Schluß!

Bald wird sie aufgeben, sie hat nicht die Nerven, täglich aufs neue diese Erniedrigungen zu erdulden. Es ist ja auch wahrlich nicht leicht, sich immer wieder Leuten aufdrängen zu müssen, von denen man stur ignoriert wird. Sie erscheint jetzt kaum öfter als einmal die Woche, bald noch seltener. Ohne es wahrscheinlich selbst zu wollen, kommt Hauptmann Schalin ihr auf die Schliche; er ist aus irgendeinem Grunde zu uns in die Zone gekommen und fragt beiläufig nach der Podust: «Das kann nicht sein, sie war heute bei Ihnen!»

«Nein, das letzte Mal haben wir sie vor zehn Tagen gesehen.»

«Vielleicht haben Sie sie nur nicht bemerkt?»

«Ausgeschlossen, wir haben seit dem frühen Morgen an unseren Beeten am Tor gearbeitet.»

«Verstehe ich nicht, ich war dabei, als sie den Schlüssel zur Zone an sich nahm, und ich habe gesehen, wie sie das Tor der verbotenen Zone öffnete und eine halbe Stunde später zurückkam...»

Wir fangen an zu kichern: Da hat die Podust also, unentdeckt von uns und der Verwaltung, klammheimlich eine geschlagene halbe Stunde zwischen zwei Zäunen gestanden, weil ihr der Mut fehlte, das zweite Tor zu öffnen und zu uns hereinzukommen. Und hinterher hat sie so getan, als sei sie in der Zone gewesen, dabei hat sie zwischen zwei Feuern gestanden und mit den Sandalen im Sand gescharrt, die Ärmste! Schalin, der sich das wohl bildlich vorstellt, wird rot, weil er sich das Lachen verkneifen will, aber dann platzt er doch heraus.

Dieser Krieg dauerte von August 1983 bis Juni 1984, bis man die Podust endlich versetzte. Gerüchten zufolge soll sie in einem Kindergarten der Miliz arbeiten und minderjährige Delinquenten erziehen. Die armen Kinder!

## 14

Die Ereignisse jenes Augusts kamen aber gerade erst ins Rollen. Noch ehe wir uns zum Boykott gegen die Podust entschlossen hatten, tauchte diese eines Tages in der Zone auf und schlug uns ein unerwartetes Ultimatum vor: Entweder Sie tragen ab sofort die Erkennungsmarken oder die Verwaltung macht Ihren Gemüsegarten dem Erdboden gleich!

«Überlegen Sie selbst, ob es sich lohnt, den Garten aufs Spiel zu setzen», schloß sie hämisch.

Tatjana Michailowna wollte vor Empörung schon beinahe von ihrem Stuhl aufstehen, die Podust aber drängte: «Na, was ist, wäre es von Vorteil, das Gärtchen zu verlieren?»

«Das wäre es nicht!» entgegnete die sonst beherrschte Tatjana Michailowna zornig. «Glauben Sie etwa, wir sind auf unseren

Vorteil aus, wenn wir uns für die Menschenrechte einsetzen? Daß wir hier sitzen, ist für uns auch nicht von Vorteil!»

«Dann hätten Sie sich eben weniger um Rechte kümmern sollen», versetzte die Podust.

Wir lachten und staunten zugleich über diesen Zynismus: Sie waren bereit, offen gegen das Gesetz zu verstoßen (ein Gemüsegarten war ja gesetzlich tatsächlich nicht erlaubt), nur damit wir diese Stoffetzen auf der Brust trugen. Im Klartext hieß das: Eßt, was ihr wollt, aber erniedrigt euch!

Nun, die Vergeltung folgte auf dem Fuße: Triumphierend rückte die Podust an der Spitze einer kleinen Schar von Aufseherinnen und kriminellen Frauen aus der Krankenhauszone an, letztgenannte bewaffnet mit Hackmessern, Säcken, Schaufeln. Wir begriffen: Mit unserem Gärtchen war es aus und vorbei. Wie wir uns verhalten wollten, hatten wir schon vorher abgesprochen: nicht bitten, nicht schreien, kein physischer Widerstand. Wir würden alle hinausgehen, einfach schweigend dastehen und es ihnen moralisch so schwer wie möglich machen. Nur Raja sollte im Haus bleiben, sie würde dieses Schauspiel am meisten quälen, denn der Garten war ihr Ziehkindchen, wir anderen hatten nur beim Umgraben und Gießen geholfen und längst nicht so viel Gefühl wie sie in jedes Gräschen, in jedes Mohrrübchen investiert.

Schon hören wir die Podust mit erhobener Stimme sagen: «Na, was ist, Frauen, zum letztenmal: Werden Sie die Marken tragen oder nicht?»

Wir gehen hinaus und stehen ruhig da und geben keine Antwort.

«Los!» kommandiert sie.

Die Kriminellen machen sich an die Arbeit, sie sammeln das Gemüse in die Säcke, köpfen die Pflanzen mit dem Hackmesser (das Grün spritzt nur so), wühlen die Beete um, so daß kein Würzelchen unversehrt bleibt. Die Podust indes wetzt kommandierend hin und her. Alle übrigen schweigen. Den Kriminellen ist die Aktion peinlich, aber sie gehorchen der Podust, denn die ist im Krankenhaus eine allmächtige Persönlichkeit. Die Aufseherinnen beteiligen sich nicht an der Verwüstung, sie schauen wie versteinert zu und schütteln die Köpfe. Ihnen tut unser Gärtchen auch leid, sie sind selbst passionierte Hobbygärtner und wissen, was es heißt, Gemüse auf Sandboden zu ziehen. Sie hatten unser Bemühen mit großer Achtung verfolgt und sich so manches Mal an Raja gewandt, mal, um sich einen Rat zu holen, mal, um sich ein bißchen Samen von einer in Mordwinien unbekannten Pflanze zu erbitten, wofür sie uns dann heimlich Sämereien aus ihren eigenen Gärten schenkten. Besonders begeistert waren sie von unserem Kürbis, der so prächtig gedieh, daß seine Ranken und Blätter durch den Stacheldraht in die verbotene Zone krochen. Mit welcher Liebe und Sorgfalt sie die Kürbisranken immer wieder durch den Zaun zurückgesteckt hatten, wenn sie durch die verbotene Zone gingen! Sie hätten das aufrührerische Kürbisblattwerk ja auch einfach niedertreten können, aber nein – sie lachten und riefen uns zu: «Ein sagenhafter Kürbis, der hat's aber eilig, in die Freiheit zu kommen! Seht mal, wohin er kriecht!»

Jetzt reißen sie unseren Kürbis mit allen Wurzeln heraus und stecken ihn in einen Sack, und die Podust kommandiert obendrein frech: «Lasarewa, fassen Sie mit an!»

Natascha schäumt vor Wut, könnte leicht die Beherrschung verlieren, aber sie reißt sich zusammen und schweigt und reckt nur das Kinn trotzig vor. Bewundernd tauschen die Kriminellen untereinander Blicke: Die «Politischen», die machen sich nichts aus dieser Podust!

Die Aufseherin Sonja ist dem Weinen nahe – dieses Bild der Vernichtung geht ihr an die Nieren. Sie tut uns ebenso leid wie unsere Pflanzen. Wo eben alles noch grünte und blühte – nichts als Verwüstung. Und dennoch, es läuft nicht alles so, wie die Podust es will. Die schweigende Mißbilligung auf seiten der von ihr hergebrachten Schar wächst, und da wirft plötzlich eine der Kriminellen ihr Hackmesser hin: «Und wenn Sie mich in den SCHISO sperren, ich kann nicht mehr!» Auch die Erwartung, sich an unseren Leiden weiden zu können, geht nicht in Erfüllung: Wir stehen ostentativ unbeteiligt da und versengen sie nur mit den Blicken. Schließlich ziehen sie ab, ein zerstörtes Stück Land hinter sich zurücklassend. Unberührt geblieben sind nur die Beete der Wladimirowa (wir hatten ihr etwas abseits welche zugeteilt).

Raja läuft weinend in den Holzschuppen: Ein Herz ist kein Stein. Wir leiden nicht so sehr um den Garten wie um sie. Doch jeder von uns hat früher oder später in der Zone seine Sternstunde, Raja hat die ihre noch an diesem Tag. Nachdem sie sich ausgeweint hat, holt sie, noch mit roten Flecken auf den Wangen, ihren versteckten Vorrat an Samen hervor und legt die neue Saat in den verstümmelten, verheerten Boden. Sie sät natürlich nicht alles aus, nur das, was vor dem Frost noch aufgeht: Schnittlauch, Dill... Wir schauen ihr in stummer Bewunderung zu. Ein tolles Mädchen! Und dann stürzen auch wir uns in die Arbeit. Gegen Abend hat sich die nackte, häßliche Grube in frische, gleichmäßig gezogene Beete mit neugesetzten Reihen heilgebliebener Sprößlinge verwandelt. Sonja, die mitleidsvoll nach uns schauen kommt, kann nur staunen: «Mensch, Rudenko, der zeigst du es aber!»

Na klar! In der Kleinen Zone wird es keine kahle Erde geben. Wir trösten Rajetschka um die Wette, weil sie es nicht verwinden kann, daß sie uns gestern abend verboten hatte, Mohrrübchen rauszuziehen – sie wollte, daß sie noch wachsen. Die Mohrrübchen in allen Ehren, wir gehen auch so nicht unter.

Die Wladimirowa scheint sich übrigens in ihrer Haut auch nicht wohl zu fühlen. Gegen Abend erklärt sie uns, sie habe allen Samen und all ihre Setzlinge von uns bekommen, und nun seien wir, unabhängig davon, wie wir uns ihr gegenüber verhielten, verpflichtet, Samen und Setzlinge von ihr anzunehmen – sie sei nicht schuld, daß man ihre Beete nicht zerstört habe. Schweigend erkennen wir ihre Schuldlosigkeit an und machen von ihrem Angebot Gebrauch. Was ist geschehen? Sollte sich in unserem «Vögelchen» (so nennen wir sie unter uns) etwas Menschliches rühren? Kann es wirklich einen Menschen auf der Welt geben, dessen Seele hoffnungslos verdorben ist und absolut nichts Menschliches mehr hat? Nun, die Zeit wird es zeigen.

Aber vergessen wir unsere «Erzieher» nicht. Sollte sich die Podust etwa umsonst soviel Mühe gegeben haben, als sie eigenhändig unser Grünzeug ausriß? Wir mußten später noch oft daran denken, wie sie in ihrem wütenden Eifer, den Kriminellen als leuchtendes Beispiel voranzugehen, unsere dekorative Paprikapflanze aus dem Blumentopf zerrte. Mußte die erzieherische Arbeit mit uns nicht irgendwelche Resultate zeitigen? Aber was soll's: Die Podust ist schließlich doch nur ein kleiner Fisch, und die Erkennungsmarken sind nicht ihre Erfindung. Wir müssen uns schon an die richtige Adresse wenden, wenn wir unsere Meinung zu dieser Erfindung zum Ausdruck bringen wollen, damit die Herrschaften nicht denken, sie hätten mit der Sache nichts zu tun! Hinterher läßt sich alles leicht auf die niederen Offiziersränge abwälzen. Und so richten wir unser kollektives Schreiben

An das Präsidium
des Obersten Sowjets der UdSSR

Erklärung

*Wir Frauen, politische Häftlinge der Kleinen Zone des Lagers SHCH-385/3-4, Mordowskoje, lehnten und lehnen es weiterhin ab, Erkennungsmarken auf der Brust zu tragen. Am 10. August wurde uns von einer Person der Lagerverwaltung mitgeteilt, man werde uns bis zum Ende unserer Haft das Recht zum Einkaufen von Lebensmitteln sowie das Recht auf Besuch entziehen, wenn wir diese Marken nicht ab sofort tragen.*

*Der Zwang, Erkennungsmarken zu tragen, erniedrigt den Menschen in seiner Würde, die von der Weltöffentlichkeit, insbesondere bei den Nürnberger Prozessen, für unantastbar erklärt wurde. Die sowjetische Gesetzgebung garantiert, daß «der Strafvollzug nicht das Ziel hat, Menschen in ihrer Würde zu erniedrigen oder ihnen physische Leiden zuzufügen» (Art. 1, ITK, UdSSR).*

*In Berufung darauf halten wir es für notwendig, die sowjetischen Behörden davon in Kenntnis zu setzen, daß wir nicht gewillt sind, Forderungen des Regimes nachzukommen, von denen wir meinen, daß sie unmoralisch sind und damit die Menschenwürde verhöhnen.*

*Wir verteidigen unser ureigenes menschliches Recht auf Zusammenschluß, unser Recht, füreinander und für andere Gefangene einzutreten.*

*Wir rufen die sowjetischen gesetzgebenden Organe auf, die Erkennungsmarken in allen Lagern der Sowjetunion abzuschaffen. Wir Frauen der Kleinen Zone haben dies für uns schon getan und sind bereit, die Konsequenzen zu tragen.*

EDITA ABRUTENE, GALINA BARAZ, JADWIGA BELIAUSKENE, TATJANA WELIKANOWA, NATALJA LASAREWA, TATJANA OSSIPOWA, IRINA RATUSCHINSKAJA, RAISSA RUDENKO

Natürlich bekamen wir keine Antwort auf diese Erklärung. Hat es unsere Regierung denn nötig, sich für bestehende Gesetze zu verantworten? Dazu ist man doch viel zu schamhaft.

Die Dinge nehmen ihren Lauf. Igor schreibt mir, er habe vor, mich zu besuchen (ein kurzes Wiedersehen von zwei bis vier Stunden über den Tisch). Da der Brief durch die Zensur gegangen ist, weiß die Verwaltung natürlich früher Bescheid als ich. Das ist sehr ärgerlich, denn käme er unverhofft, könnten sie nicht rechtzeitig reagieren und das Wiedersehen streichen. Aber welche Chancen haben wir jetzt? Vorläufig geschieht nichts, und ich bereite mich auf unsere Begegnung vor: Ich überlege mir sehr genau, wie ich ihm Informationen geben kann, ohne daß es auffällt und unser Gespräch abgebrochen wird, aber so, daß er alles versteht. Und dann die Sorge: Was ziehe ich an? Wenn man seinen Mann bestenfalls dreimal im Jahr sieht, möchte man schön sein! Meine Leutchen unterstützen mich in dieser Sache mit Feuereifer. Pani Jadwiga fischt aus der Lumpenkiste der «Großmütter» einen Gott weiß wie alten Rock aus Matratzenstoff, der voller Maschinenölflecken ist. Mit der ihr eigenen Geduld bearbeitet sie die Stellen mit Seife und weicht den Rock dann in Chlor ein. Hinterher hat der Rock eine gleichmäßig hellgraue Farbe. Tatjana Michailowna fördert ein Stück gestreiften Stoffs zutage, der seit fünf Jahren in einem Versteck liegt. Der Stoff war einmal zur Anfertigung von Uniformkleidung ausgegeben worden, aber dann änderte sich die offizielle Sommeruniform (weiße Rhomben auf blauem Grund), und der Streifenstoff lag bis heute auf Vorrat. Ich nähe mir daraus eine Bluse nach ukrainischem Zuschnitt. Galja verspricht, mir die Haare einzudrehen und mir eine tolle Frisur zu zaubern.

Mein Gott! So ein Wiedersehen ist jedesmal ein Ereignis für die Zone. Wer zum Wiedersehen geht, wird wie eine Braut herausgeputzt und kriegt sogar einen Blumenstrauß für seinen Besuch mit. Wir begleiten sie bis zum Tor und winken ihr nach.

Immer vorausgesetzt, sie streichen es nicht, dieses Wiedersehen.

Am nächsten Tag tritt ein, was ich befürchtet hatte: Man bringt mir die Streichungsverfügung. Begründung: Ich sei am Abend vorher nicht vorschriftsmäßig gekleidet (ohne Kopftuch) zum Einkaufen im Laden gewesen. Trotz der Tragik dieser Nachricht ist unsere erste Reaktion Gelächter. Die Sache ist nämlich die, daß ich ausgerechnet an diesem Abend die einzige von uns war, die *mit* Kopftuch einkaufen ging. Nicht etwa, weil ich die Kleidervorschrift beachten wollte, sondern weil ich Lockenwickler im Haar hatte. Galja war gerade fertig mit dem Eindrehen, als die Aufseherinnen auftauchten und befahlen: «Ab, Frauen, in den Laden!»

Da der Weg zum Laden durchs Krankenhausgelände führt, setzte ich also das Kopftuch (das wir prinzipiell nicht tragen) nur auf, um die blöden Lockenwickler zu verdecken.

Das Lachen vergeht mir natürlich gleich wieder. Die Verweigerung des Wiedersehens beruht auf einer Lüge und ist ungesetzlich, denn ich habe nicht gegen die Kleiderordnung verstoßen. Wir überlegen, was zu tun ist, und beschließen: Streik. Die

Arbeit niederlegen! Sie hätten mir x-mal auf gesetzlichem Wege das Wiedersehen streichen können (wegen der Erkennungsmarke) und wären dabei von ihrem Standpunkt aus formal sogar im Recht gewesen, aber nun haben wir sie beim Lügen ertappt, und das werden wir ihnen nicht durchgehen lassen. Sofort schreiben wir eine entsprechende Erklärung an den Lagerkommandanten (damals noch Pawlow), der bald darauf in heller Aufregung bei uns erscheint. Die Aufseherin Tatjana Lobaschkina, die in ihrem Rapport gelogen hat, versucht, sich aus der Patsche zu ziehen, und dabei kommt heraus, daß man sie zum Lügen gezwungen hat. Wer hat sie gezwungen? Pawlow behauptet, er sei es nicht gewesen. Also war's die Podust oder das KGB. Pawlow schlägt zwar Krach und stößt Drohungen aus, dann nimmt er die Verfügung unerwartet zurück und sagt: «Blast den Streik ab, das Wiedersehen wird stattfinden.»

Dies ist Beweis genug, daß die ganze Geschichte auf die Initiative der Podust zurückgeht und nicht auf einen Befehl des KGB, denn in dem Falle hätte sich Pawlow nicht den Luxus leisten können, den «Konflikt zu schlichten». Alle sind zufrieden, sowohl wir als auch Pawlow. Jetzt kann er unsere Streikerklärung beruhigt in den Papierkorb werfen, und niemand in der Leitung wird von dem TschP («Besonderes Vorkommnis») erfahren.

«Schade», meint Natascha, «jetzt müssen wir statt zu streiken wieder Fäustlinge nähen, zum Kuckuck mit ihnen!»

Natürlich ist das nicht ernst gemeint, wir alle sind heilfroh: Ein zurückerobertes Wiedersehen ist ein nicht gerade kleiner Sieg für die Zone.

Und dann kommt die Podust mit der Aufseherin Mascha, und sie sagt: «Ratuschinskaja, zum Wiedersehen! Ihr Mann ist gekommen.»

Och, wie das Herz im Leibe hüpft! Aber ich zucke mit keiner Wimper: Wir hören nicht auf die Podust – das ist beschlossene Sache in der Zone. Auch die anderen wenden nicht den Kopf, bangen aber um mich. «Ratuschinskaja, lehnen Sie etwa ab?»

Ich schweige.

«Schweigen ist ein Zeichen für Zustimmung!»

Ich schweige. Um diesen Preis werde ich mein Wiedersehen nicht erkaufen, niemand von uns würde das tun. Die Aufseherin Mascha kommt mir unerwartet zu Hilfe: «Ratuschinskaja, kommen Sie mit. Ich muß Sie vorher noch durchsuchen.»

Jetzt höre ich! Wahnwitzig, nicht wahr, sich auf eine Leibesvisitation zu freuen?! Aber in dieser Situation frohlocken wir: Die Podust hat ihre Pflichten, Mascha die ihren. Unsere Aufseherinnen können die Podust ebenfalls nicht ausstehen, und Mascha hat jetzt eine gute Gelegenheit, ihr mit vollem Recht ein Bein zu stellen. Meine Leutchen laufen raus und schneiden Blumen ab, Mascha kehrt in der Medizinischen Abteilung meine Sachen von innen nach außen – und schon stehe ich in dem kleinen Zimmer auf der Wache und höre Igors Stimme: «Wo ist sie?»

Er tritt ein: abgemagert, eingefallene Wangen... Es ist nicht leicht für ihn, in der «Freiheit» Tag und Nacht in Sorge um mich zu leben. Alka, meine jüngere Schwester, ist mitgekommen, sie ist gerade siebzehn geworden. Küssen und umarmen dürfen wir uns nicht: Es ist ein Wiedersehen über den Tisch. Zwei Stunden. Mascha sitzt zwischen uns und wacht darüber, ob wir nicht ein unerwünschtes Wort sagen. Sie hat vollstes Mitgefühl mit uns, aber Pflicht ist Pflicht. Das Gespräch ist hektisch, abgerissen, alles will auf einmal gesagt sein. Alka sitzt stumm da und schaut aus weit geöffneten Augen. Schon der Weg hat sie erschüttert (ganz Mordwinien ist ein Lager, man sieht's vom Zug aus), es hat ihr förmlich die Sprache verschlagen. Und hinzu kommt mein unsäglich veränderter Anblick.

Igor versucht, mir etwas über den PEN-Club mitzuteilen, über meine literarischen Erfolge.

Mascha unterbricht uns: «Unzulässig! Noch ein Wort davon, und ich breche das Wiedersehen ab!»

Wir fügen uns und reden über etwas anderes.

Ich: «Und was macht unser Leschek?»

Igor: «Der soll eine Prämie bekommen, ist ein Arbeitstier.»

Das bedeutet, der Führer der polnischen Solidarność, Lech Waleşa, ist für den Nobelpreis nominiert worden.

Ungefähr in dieser Sprache tauschen wir gegenseitig rasch Informationen aus. Ich erfahre von Igor Neuigkeiten über unsere Freunde in der Freiheit und in anderen Lagern, und ich erzähle ihm mit allergrößter Vorsicht das Wichtigste aus der Zone. Nur über die Wladimirowa lasse ich mich im Klartext aus, und Mascha hat nichts dagegen einzuwenden (auch sie kann die Frau nicht ausstehen). Alle anderen Ereignisse versuche ich ihm in vorher ausgedachten Formulierungen anzudeuten. An seinen Augen erkenne ich, daß er versteht.

«Du, mein Liebling ...»

«So nicht, sonst muß ich Sie gleich unterbrechen!»

Wir schweigen. Flechten auf dem Tisch unsere Hände ineinander, obwohl Berührungen verboten sind. Mascha tut, als ob sie es nicht sieht, sie hat Tränen in den Augen. Ich streichle die mir bis zum letzten Äderchen vertrauten Hände. Sie sind rissig, haben Kratzer: Er arbeitet jetzt als Schlosser.

Zwischen uns auf dem Tisch steht eine Uhr, wie gnadenlos sie tickt! Sind die zwei Stunden wirklich schon vorbei?

«Verabschieden Sie sich.»

Wir stehen auf. Wird sie uns daran hindern, uns zu küssen? Nein, sie sagt nichts. Für einen kurzen Augenblick pressen wir uns aneinander. Keine Umarmung, ein Krampf. Wir müssen uns beherrschen. Ein rascher Schritt zurück. Wir lächeln. Im Hals ein Klumpen. Wir bekreuzigen uns gegenseitig. Aus. Das nächste Mal sehen wir uns erst nach drei Jahren wieder.

Mascha auf dem Rückweg zu mir: «Ihr seid mir schon welche, ihr Politischen – ihr weint ja gar nicht. Die bei uns aus dem Krankenhaus heulen alle herzzerreißend, wenn sie vom Wiedersehen kommen.»

Und an zwei Toren den Schlüssel umdrehend, entläßt sie mich zurück in die Zone.

«Na, wie war's?»

«Gleich, ihr Lieben, gleich ...»

Und dann erzähle ich ihnen alle Neuigkeiten. Wir teilen Freuden und Leiden gemeinsam.

Abends – feierliches Teetrinken. Ein Wiedersehen, das Wirklichkeit geworden ist, ist ein seltenes Ereignis, und wir feiern es mit allem Enthusiasmus. Was für ein milder Abend. Die Auguststerne picken sich schon durch. Was wird uns der morgige Tag bringen?

## 15

DAS bringt er: «Ossipowa und Lasarewa in den SCHISO! Wegen Nichttragens der Erkennungsmarken – jeweils zehn und dreizehn Tage!»

Im Grunde ist das zu erwarten gewesen. Wir suchen alle nur möglichen warmen Sachen zusammen. Jetzt kommen uns die Büstenhalter der «Großmütter» zugute. Und welch Glück, daß wir mein Wolltuch, das mich die weichherzige Ljuba mit in die Zone nehmen ließ, aufgetrennt haben! Edita hat aus der Wolle «SCHISO-Strumpfhosen» gestrickt – lang genug, daß sie jeder von uns passen. An der kleinen Tanja hängen sie zwar in Harmonikafalten herunter, aber das macht nichts, um so wärmer halten sie. Wir kleiden unsere Freundinnen tadellos ein – der mordwinische August ist ein hinterlistiger Monat. Wie wird es ihnen in der feuchten Zelle ergehen?

Ein letztes Mal füttern wir sie richtig an, sie werden dreizehn Tage hungern müssen. Warmes Essen gibt es im SCHISO nur jeden zweiten Tag, und die Balanda besteht fast nur aus Wasser. Die Podust ist ungeduldig und treibt uns zur Eile an, aber wir beachten sie nicht. Schließlich platzt einer der Aufseherinnen die Geduld: «Schluß, Frauen! Wir verpassen den ‹Kuckuck›!»

Der «Kuckuck» ist eine kleine Eisenbahn, die zwischen den Lagern ITK-3 und ITK-2 verkehrt, das heißt, zwischen unserem und dem Nachbarlager, wo sich der SCHISO befindet.

«Meinetwegen haben KGB-Leute schon mal ein Flugzeug zwei

Stunden lang aufgehalten, da wird euer ‹Kuckuck› wohl auch warten können!» sagt Tanja in königlicher Haltung.

Und was tun wir, die wir zurückbleiben? Wir halten uns an unsere längst getroffene Abmachung: SCHISO für eine von uns – und wir legen die Arbeit nieder. Eine Kranke in den SCHISO – und wir führen einen Hungerstreik durch. Da Natascha zweifellos krank ist, werden wir so lange hungern, wie sie im SCHISO sitzt. Das wissen Tanja und Natascha. Wir begleiten sie bis zum Tor und küssen uns zum Abschied.

Es ist der 17. August 1983. Ein Hungerstreik kommt immer «ungelegen», dieser aber kommt absolut ungelegen. Im September nämlich findet in Madrid die Internationale Menschenrechtskonferenz statt, wo geprüft werden soll, wie die in Helsinki getroffenen Vereinbarungen erfüllt werden. Wir hier wissen, daß sie in unserem Lande in keiner Weise erfüllt werden. Doch unsere Diplomaten werden einstudierte Lügen vom Stapel lassen, ihre westlichen Kollegen werden gutmütig nicken – wie also soll man beweisen, daß Verstöße gegen die Menschenrechte an der Tagesordnung sind? Wer in unserem Lande keine Furcht hat, die Wahrheit zu sagen, dem erlaubt man ja nicht, nach Madrid zu reisen. Wer kontrolliert denn in der UdSSR, ob das Abkommen von Helsinki eingehalten wird? Die selbständig arbeitenden Helsinki-Gruppen, sie müßten in Madrid Bericht erstatten. Aber die Leute, die in diesen Gruppen mitarbeiteten, hat man in die Lager und in die psychiatrischen Anstalten gesperrt.

Kurzum, wir faßten den Beschluß, zum Zeichen des Protests einen achttägigen Hungerstreik durchzuführen und einen Bericht an die Madrider Konferenz zu senden. Den Beginn des Hungerstreiks legten wir auf den 7. September fest, und der Text unseres Schreibens war über unsere Geheimkanäle schon nach Madrid unterwegs. Zu ändern war daran nichts mehr. Die Rechnung ist einfach: Der heute beginnende Hungerstreik wird im günstigsten Falle bis zum 30. August dauern (vorausgesetzt, sie verlängern Nataschas Frist im SCHISO nicht), also werden wir, kaum daß wir den ersten Hungerstreik beendet haben, mit dem zweiten anfangen. Wohin wird uns das bringen? Für alle Fälle fassen wir einen wichtigen Beschluß: Wir verbieten Pani Jadwiga mitzuhungern. Sie ist die älteste von uns und außerdem Invalidin, sie hält zwei Hungerstreiks hintereinander nicht durch. Es reicht, wenn sie die Arbeit niederlegt. Was für ein magisch klingendes Wort – auf Beschluß der Zone! Nur so gelingt es uns, Pani Jadwiga mit ihrem kieselsteinharten Charakter zu überzeugen. Sie ist von Anfang an rührend um uns Hungernde besorgt.

«Nicht doch, Pani Jadwiga, es ist doch erst der erste Tag! Wir sind noch nicht pflegebedürftig!» wehren wir lachend ab.

«Nichts da, mit seinen Kräften muß man vom ersten Tage an haushalten!» entgegnet sie unbeirrt.

Njurka ist verstört: Wo bleibt ihr Mittagsmahl? Gewöhnlich geben wir ihr alles ab, was von unserer Ration für Katzen irgendwie eßbar ist, und jetzt schicken wir alles in die Küche zurück. Das Haus ist wie leergefegt: Man hat uns für August die Einkäufe im Laden gestrichen. Zwar wurden wir alle hingeführt, einkaufen aber durfte nur die Wladimirowa. Und die hat ein kompliziertes Verhältnis zur Katze: Mal küßt sie ihr das Schnäuzchen, mal droht sie, das Tier zusammen mit uns anderen umzubringen. Wir müssen höllisch aufpassen, daß sie Njurka nicht heimlich mit Fußtritten traktiert, in unserem Beisein wagt sie das nicht.

Wir geben uns Mühe, Njurka zu erklären, was ein Hungerstreik ist, bekommen aber nur ein fragendes «Miau?» zur Antwort. Als ihr endlich ein Licht aufgegangen zu sein scheint, daß sie von uns nichts zu erwarten hat, verschwindet sie für lange Zeit. Abends dann, ich sitze im Gras und mühe mich redlich, das Ziehen in der Magengegend zu ignorieren, höre ich auf einmal hinter mir ein frohlockendes «M-r-r-r!». Njurka ist zurück und legt mir eine irgendwo erbeutete große Maus zu Füßen. Für die Erfüllung ihrer Pflicht haben wir Njurka stets gelobt, für ein Lob ist sie sehr empfänglich. Sofort bekunde ich überschwenglich meine Begeisterung: «Ei, Njurotschka, ei, du meine Gescheite!

Ach, du unsere herzallerliebste kleine Jägerin! Ohne dich hätten uns ja die Mäuse längst aufgefressen! Wo hast du sie denn her, diese schlimme graue Maus? Ei, fein hast du das gemacht, du meine Schöne, meine Einmalige, meine Allerbeste!»

Meine Begeisterungsausbrüche stellen Njurka nicht ganz zufrieden, sie scheint noch irgend etwas von mir zu wollen. Und sie gibt mir auch deutlich zu verstehen, worum es geht. Sie hat mir ihre Beute nicht nur gebracht, um Lob einzuheimsen – sie will mich füttern! Ich versuche ihr klarzumachen, daß ich mich im Hungerstreik befinde und nicht einmal eine Maus essen darf. Sie scheint das zu verstehen, packt ihr Opfer mit den Zähnen und trägt es fort. Hinterher höre ich, daß sie die Maus ins Haus geschleppt und dasselbe Spielchen auch bei allen anderen von uns versucht hat. Nach so vielen höflichen Absagen scheint sie dann doch kapiert zu haben, daß ein Hungerstreik eine ernste Sache ist, und verschlang ihre Maus irgendwo abseits, so daß wir es nicht sahen. Von unserer Njurka könnte sich die Wladimirowa eine Scheibe abschneiden! Unserem Hungerstreik hat sie sich natürlich nicht angeschlossen, sie freut sich sogar unverblümt über Tanjas und Nataschas Bestrafung. Ihr Kommentar: «Haben wir wenigstens zwei Mistbienen weniger in der Zone!»

Fortwährend quirlt sie uns mit ihrem Essen vor der Nase herum, sogar im Schlafraum knabbert sie Möhren und Süßigkeiten. Und dann ihre Selbstgespräche: Was wir doch für dämliche Puten seien, daß wir Kohldampf schieben. Anfangs lachen wir noch darüber, doch am dritten und vierten Tag sind wir hochempfindlich für den Geruch von Essen, und da fängt die Wladimirowa an, sich auf der Elektroplatte Fleisch zu brutzeln.

Woher hat sie das Fleisch? Nun, es war die erste Reaktion der Lagerleitung auf unseren Hungerstreik, daß man uns Weißbrot, Butter, Fleisch, hartgekochte Eier brachte. Ein unerhörter Luxus. Aber ihre naive Rechnung, wir würden schwach werden und uns durch die Leckereien verlocken lassen, geht nicht auf. Wir freuen uns jedoch für Pani Jadwiga – ihr kommt das auch zugute, nicht nur der Wladimirowa!

Aber da liegen wir falsch: Pani Jadwiga eröffnet uns, sie werde, solange wir im Hungerstreik sind, die Fasten halten: kein Fleisch, keine Milchprodukte (Milchprodukte gibt's sowieso kaum). Wir stöhnen auf vor Verdruß – nichts außer Brot und Balanda. Aber Fasten ist eine Sache religiöser Überzeugungen, und wir haben kein Recht, uns einzumischen. Was soll man mit ihr machen? So ist sie nun mal.

Als die Aufseherinnen durch uns von Njurkas Heldentaten erfahren, übernehmen sie es, sie zu füttern, sie mögen die Katze. Und die Tage gehen dahin, der erste, der zweite, der dritte. Am dritten Tag spürst du den Hunger nicht mehr, wirst nur allmählich schwach. Zwischen dem dritten und vierten Tag (das ist bei jedem verschieden) tritt die erste Krise ein: Der Organismus bäumt sich auf. Es wird wieder Magensaft abgesondert, Schwindelgefühle und Übelkeit setzen ein, du fühlst dich hundeelend. Bist du unerfahren, erschrickst du: Wenn der vierte Tag so schrecklich ist, wie wird es dann erst am zehnten sein! Es wird dann aber leichter, nur scheint es dir, daß dein Herz stottert wie ein Motor, der eine seine Kräfte übersteigende Höhe nehmen muß. Da heißt es Vorsicht: Bloß keine ruckartigen Bewegungen. Unsere Stimmung aber ist gut, und bei Tisch (auf dem nur Becher mit heißem Wasser stehen) erklingt dasselbe Lachen, bloß leiser: unsere Stimmen schwinden. Und außerdem fehlen die Stimmen von Natascha und Tanja. Wie mag es ihnen wohl gehen?

Die Wladimirowa wird wieder aktiv. Als die Podust wieder einmal erscheint, erklärt sie, sie werde von jetzt an die Pflichten der Stubenältesten übernehmen: «Die haben ja keine Kraft mehr zum Aufräumen!»

Die Podust hat selbstverständlich nichts dagegen. Aber uns hat das gerade noch gefehlt! Warum ist es für uns und die Podust gleichermaßen wichtig, wer diesen Posten ausübt? Weil die Pflichten und Rechte der Stubenältesten durch die Lagerhausordnung geregelt sind. So muß sie zum Beispiel das Kommando «Aufstehen!» geben, wenn jemand von den Aufseherinnen kommt, ferner muß sie die Kommandos zum Wecken und zur

Nachtruhe geben und diejenige melden, die ihre Befehle nicht befolgt. Desgleichen muß sie Meldung erstatten, wenn sie andere Verstöße gegen das Regime feststellt. Bei Eintritt eines Vertreters der Lagerleitung hat sie zu rapportieren: wer arbeitet, wer krank ist, welche Vorkommnisse es gab. Sie hat das Recht, die Nachtschränkchen und unsere persönlichen Sachen zu durchsuchen, auf «Sauberkeit und Ordnung zu prüfen». Sie hat das Recht, unsere Rationen in Empfang zu nehmen und unsere Krankenstube mit allen Medikamenten zu verwalten (eine Sonderregelung für unsere Zone seitens der Verwaltung). Können Sie sich vorstellen, welche legitimen Möglichkeiten das für die Rolle einer Halbdenunziantin bzw. Halbaufseherin wären? Nicht am Aufräumen sind die Podust und die Wladimirowa interessiert, sondern an diesen Möglichkeiten. Welche Perspektiven der Macht über uns zeichnen sich in ihren Köpfen ab! Die Aufteilung des Brotes – nicht jetzt, während des Hungerstreiks, aber dann! Tabletten verteilen oder stehlen oder gegen andere vertauschen! Spritzen für den Arzt auskochen oder auch nicht: Die werden schon nicht krepieren! In unseren Sachen herumwühlen! Oho! Die Bespitzelung der anderen ist ja geradezu Pflicht.

Unsere Stubenältesten haben so etwas nie getan, sie ignorierten diese ihre «Vollmachten» schlicht. Ihre Sache war es, das Haus und die Krankenstube in Ordnung zu halten – ein winziges Zimmerchen mit einer Liege und weißen Überzügen auf den Stühlen. Natürlich halfen wir anderen nach Kräften, sowohl Raja als später auch Edita: Die Arbeit der Stubenältesten gewissenhaft zu erfüllen, ist schwerer als nähen. Versuchen Sie mal, ein Haus sauberzuhalten – ohne Kanalisation und heißes Wasser. Um einen Eimer Wasser warm zu machen, muß man sich eine halbe Stunde mit dem Ungetüm von Ofen abplagen, der zudem am Auseinanderfallen ist. Besen sind Mangelware, wenn der alte hinüber ist, heißt das noch lange nicht, daß sie einen neuen herausrücken. Die Fenstervorhänge und die Stuhlüberzüge müssen immer hübsch weiß sein – schaffen Sie das mal mit der Hand, in einer winzigen Schüssel und bei sparsamster Verwendung von

Seife! Und immer wieder den Bretterfußboden aufwischen, sooft eine Aufseherin oder ein Offizier darüber gegangen ist. Sie tragen Lehm und Sand herein, die Wege sind ja nicht asphaltiert, und nur zwei oder drei putzen sich vorher draußen die Stiefel ab, die anderen trampeln einfach so herein: Es ist ja nicht ihr Haus, nur die Baracke von Gefangenen, da werden keine Umstände gemacht. Nein, die Arbeit einer Stubenältesten *für* die Zone ist kein Zuckerlecken. Die Arbeit *gegen* die Zone – für so eine wie unser «Vögelchen» – hingegen ist verlockend.

Aber daraus wird nichts. Dazu werden wir es nicht kommen lassen, und wenn wir unseren Hungerstreik verlängern müssen. Die Verwaltung weiß das sehr genau und wird nicht auf Biegen oder Brechen darauf bestehen. Statt dessen kreuzt die Ärztin Vera Alexandrowna auf und versucht es auf die sanfte Tour: Sie habe sich ja nicht allein um unsere Gesundheit zu kümmern, auch um den sanitären Zustand des ihr anvertrauten Bereichs. Die Stubenälteste, Abrutene, befinde sich ja nun im Hungerstreik und im Arbeitsstreik, aber selbst wenn der Arbeitsstreik nicht wäre, sei sie als Ärztin verpflichtet, uns alle von der Arbeit zu befreien. Und wer sorge für Ordnung? Sie verstehe ja, was für eine schwere Arbeit das unter unseren Bedingungen sei, allein die vielen Eimer Wasser, die Tag für Tag geschleppt werden müßten.

Aha, Täubchen, jetzt verstehst du auf einmal. Jetzt hat's bei dir «klick!» gemacht. Aber als du an Raja herumkritisiert hast, das Weiß der Vorhänge sei nicht erster Güte – wo war da dein Verständnis? Wo war es, als du beim Abtrocknen deiner Hände Schmutzspuren auf Rajas frischgewaschenem Handtuch hinterlassen hast, weil du zu faul warst, sie mit Seife zu waschen? Raja hat geweint deswegen, denn sie mußte das Handtuch noch einmal blütenweiß waschen und bügeln.

Schau mal an, der Humanitätsgedanke bei unserer Vera Alexandrowna war rechtzeitig erwacht. Behutsam führt sie uns hin zu der Schlußfolgerung: Diese Mühen übersteigen wirklich unsere Kraft, aber eine Stubenälteste wird gebraucht – wer also soll es machen?

«Überlegt selbst, Frauen!»

Kühl teilen wir ihr mit, daß Edita Stubenälteste bleiben wird und wir, solange sie wegen des Hungerstreiks von der Arbeit befreit ist, alle zusammen selbst für Ordnung im Haus sorgen werden. Das ist unser Haus, und es wird saubergehalten werden wie immer. Wir haben nicht vor, im Schmutz zu leben, ihre Besorgnis um die sanitären Verhältnisse ist daher überflüssig.

«Sie selbst, im Hungerstreik?»

«Das lassen Sie unsere Sache sein.»

«Aber ich mache Sie darauf aufmerksam: Wenn der sanitäre Zustand der Zone unbefriedigend ist, muß ich Meldung erstatten. Wir kontrollieren das.»

Sie wird also morgen antanzen und herumkritteln: Dort ist eine Spinnwebe, auf der Vortreppe liegt Sand, hinter dem Nachtschränkchen wurde nicht Staub gewischt... Der fünfte Tag des Hungerstreiks. Pani Jadwiga putzt alle staatlichen Utensilien. Sie reißt sich darum, «alles-alles-alles» allein zu machen, wir sollen uns schön hinlegen und ruhen. Aber es ist einfach zuviel, um alles auf sie abzuwälzen. Tatjana Michailowna scheuert mit einem Sackfetzen die Vortreppe. Galja wischt Staub im Eßraum. Ich wische den Boden im Schlafraum, krieche mit dem Lappen unter die Betten, hinter die Nachtschränke. Wenn ich völlig außer Atem bin, so alle drei bis vier Minuten, mache ich eine kurze Pause. Sich bloß nicht hinsetzen! Das darf man auf keinen Fall, es würde zuviel Kraft kosten, wieder aufzustehen. Jetzt den Eimer mit dem Schmutzwasser hinaustragen. Einen Eimer voll sauberes Wasser holen. Poche nur, Herz, poche – du bist das jüngste hier in unserer Zone, dir wird nichts geschehen! Ganz langsam, schön mit Pausen, na, siehst du, schon hast du es geschafft und bist auf der Schwelle. Ausgezeichnet.

Die Wladimirowa klebt mir an den Fersen und stößt monoton die Drohung aus, mich «um die Ecke zu bringen». Mit dem Eimer in der Hand könnte ich mich nicht einmal zur Wehr setzen. Ich beschränke mich daher auf Gegendrohungen. Die Podust kommt, und die Wladimirowa stürzt zu ihr.

«Vorgesetzte, ich übernehme keine Verantwortung mehr für mich! Einen Haufen Leichen werde ich aus dieser scheinheiligen Bagage machen!»

Die Podust zieht es vor, diese Bemerkung mit Schweigen zu übergehen. Weshalb die gesunde Initiative einer «sich auf dem Wege der Besserung befindlichen Verurteilten» abwürgen? Gutheißen kann sie deren Absichten natürlich offen nicht, immerhin ist sie Offizier und hat auf Ordnung zu achten. Sich raushalten ist die Devise, die Wladimirowa bedarf keiner Aufmunterung.

Wir nehmen dieses ganze Gekeife nicht ernst, doch nachdem das «Vögelchen» geschworen hat, mir mit dem Hammer den Schädel einzuschlagen, fällt mir auf, daß Pani Jadwiga und Tatjana Michailowna mich nicht mehr aus den Augen lassen. Wir müssen lachen, als ich ihnen sage, wobei ich sie entdeckt habe. Sie sind wahrhaftig überängstlich.

«Naja, bei dieser Psychopathin kann man nicht vorsichtig genug sein, die begreift doch selbst nicht, was in ihrem Kopf vorgeht», meint Pani Jadwiga. Und ich male uns in grellen Farben aus, wie die Wladimirowa, einen gellenden Kampfschrei ausstoßend, sich aus dem Hinterhalt mit dem Hammer auf mich wirft, und Pani Jadwiga sie mit dem Besen heldenhaft in die Flucht schlägt. Tatjana Michailowna fügt noch ein paar farbige Details hinzu, und diese Vorstellung ist so komisch, daß wir vor Lachen nicht mehr können und uns erschöpft ins Gras setzen. Aus der Werkstatt hören wir plötzlich Nähmaschinengeratter. Nanu, Edita näht doch nicht etwa? Doch! Einen Wischlappen aus dem einzigen vorhandenen Material: Handschuhrohlinge! Stückchen an Stückchen, jedes so groß wie eine Hand, und fertig ist das Scheuertuch. Das alte ist total zerschlissen – und woher ein neues nehmen? Galja ist dabei, einen Brief an ihren Mann zu schreiben: Morgen wird Post abgeholt. Ihr Brief wird zweimal durch die Lagerzensur gehen – in Mordwinien und in Perm. Ob der politische Gefangene Wassili Baraz diesen Brief auch wirklich erhält und daraus entnimmt, daß seine Frau im Hungerstreik steht? Galja umschreibt den Hungerstreik mit «Fasten»; nach ihren Worten erlaubt die Religion den Pjatidesjatniki den Hungerstreik nicht, nur das Fasten. Trotzdem wird Galja bis zu Nataschas Rückkehr aus dem SCHISO genauso wie wir nur von Wasser (und natürlich von Gebeten) leben.

Was für unterschiedliche Menschen wir hier doch sind. Eine Katholikin, eine Anhängerin der Pjatidesjatniki, eine Orthodoxe, eine Atheistin. Später bekommen wir noch eine Baptistin hinzu. Doch für alle von uns gilt, daß wir unsere unterschiedlichen Ansichten in Gewissensfragen respektieren. Und Gott wird unser winziges Fleckchen mordwinischer Erde schon im Auge behalten.

## 16

RUDENKO, Welikanowa, Ratuschinskaja! Sie kommen ins Krankenhaus! Sie befinden sich im Hungerstreik und müssen isoliert werden.»

Eine Schar Offiziere und Aufseherinnen ist hereingepoltert. Wir drei sollen also zwangsernährt werden. Bei dieser Prozedur werden dir die Hände gefesselt, sie stecken dir ein Stück Eisen zwischen die Zähne, egal, ob die dabei zersplittern oder nicht, schieben dir einen Schlauch durch die Kehle und gießen dir zwei Liter irgendeiner Flüssigkeit rein. Das Ganze kommt einer Vergewaltigung gleich, aber die «humane sowjetische Gesetzgebung» sieht das so vor.

Mir hat Tanja Ossipowa von dieser Maßnahme erzählt. Man hat sie jeden zweiten Tag während ihres viermonatigen Hungerstreiks auf diese Weise gefoltert. Die Behauptung, man wolle damit das Leben der Hungernden retten, ist unsinnig. Selbst bei Zwangsernährung überlebt niemand, wenn die Sache lange dauert. Sie verfolgen damit ein ganz anderes Ziel: Die Verlängerung der Leiden auf ein bis anderthalb Jahre. Wer durchhält, wird trotzdem daran sterben, wer nicht durchhält, gibt den Hungerstreik auf, das heißt, er kapituliert. Es geht ihnen nicht darum, die Kräfte des Hungernden zu erhalten, sondern ihm zusätzliche Qualen zu bereiten: Das Eintrichtern von zwei Litern Flüssigkeit in einen durch Hungern zusammengezogenen Magen verursacht wahnsinnige Schmerzen. Wir haben am siebten Tag Schwierigkeiten, zwei halbvolle Becher Wasser auf einmal auszutrinken. Das Hungergefühl, das sich vorläufig gelegt hat, erwacht mit neuer Kraft, kaum daß etwas in den Magen kommt. «Sie sollen es spüren!» Darum die Zwangsernährung jeden zweiten Tag. Eine Stunde etwa lassen sie dich dann noch in Handschellen gefesselt liegen, damit du ja nicht aufstehst und erbrichst. Ein Hungernder friert selbst bei normaler Temperatur – also wird er in besonders kalte Räume gesteckt. Eine warme Decke oder wollene Kleidung hat ein Gefangener ja nicht. «Soll er frieren!»

Und nun steht uns das alles bevor. Es handelt sich eindeutig um eine Strafmaßnahme, denn wer dreizehn Tage hungert, stirbt nicht gleich. Natürlich haben Gefangene weniger Lebensenergien als normale Menschen. Der Organismus ist ausgemergelt, und der Übergang von Unterernährung zum Hungerstreik ist nicht dasselbe, als wenn man unter normalen Bedingungen ein Heilfasten beginnt. Und trotzdem, es ist unser erster Hungerstreik, und wir sind noch nicht an jenem letzten Punkt angelangt, wo der Körper auch nicht mehr für einen einzigen weiteren Tag natürliche Reserven aufbringt. Diesen Zustand erlebte ich erstmals im Winter 1985, ich hatte ununterbrochen im Karzer gesessen, und nach dreizehn Hungertagen schwebte ich in Todesgefahr. Die Ärzte gerieten in Panik, fühlten immer wieder meinen Puls und redeten auf mich ein, mich doch wenigstens an den Tropf hängen zu lassen. Sie hatten einen tüchtigen Schreck bekommen, das sah ich: Ich lag im Sterben, und sie trugen die Verantwortung. Ich war damals schon eine Berühmtheit, obwohl ich es selbst nicht wußte. Doch sie wußten es und fürchteten den Skandal. Zur Gewaltanwendung hatten sie nicht den Mut, sie hatten ihre Lektion erhalten und hüteten sich, jemand aus unserer Zone der Zwangsernährung zu unterziehen.

Diesmal erwarten sie jedoch noch keine unangenehmen Folgen für sich. Sie sperren uns in einen kleinen Raum in der chirurgischen Abteilung und lassen uns bis zum nächsten Morgen in Ruhe. Wir beraten uns, wie wir uns verhalten sollen. Ein Abbruch des Hungerstreiks kommt für uns selbstverständlich nicht in Frage. Die Gewalttäter abzuwehren, ist ausgeschlossen – gegen eine ganze Horde von ihnen kommen wir nicht an, und obendrein werden sie uns fesseln. Aber diese Gemeinheit einfach geschehen lassen? Was können wir tun, um ihnen ein für allemal einen Denkzettel zu verpassen? Überlegen wir doch mal logisch: Wovor haben sie eigentlich am meisten Angst? Davor, daß die Öffentlichkeit von ihren Machenschaften erfährt. Richtig, das ist es. Wir müssen die Öffentlichkeit informieren, nicht erst in einem Monat, wenn unsere Freunde durch uns davon erfahren, nein, jetzt sofort, an diesem Tage, zu dieser Stunde. Die Sache ist ganz einfach: Wir befinden uns im Zentrum des Krankenhauses, hier liegen Frauen aus drei Lagern. Das Krankenhaus ist überfüllt, es sind jede Menge Leute hier, und die haben außerdem Verbindung zum Lager der männlichen Kriminellen, das ganz nahe ist, hinter dem Zaun. Bevor sie uns fesseln und das Zeug eintrichtern, müssen wir Krach schlagen und so laut wir können herausschreien, wen sie foltern und weswegen – mindestens tausend Menschen werden auf diese Weise Bescheid wissen. Viele von ihnen haben ihre Strafe gerade abgesessen und werden entlassen, durch sie kommt die Nachricht nach draußen. Vor allem eine Telephonnummer müssen wir ihnen herausschreien – bestimmt sind welche darunter, die sich die Nummer merken und anrufen. Wir werden Igors Nummer nennen, die kennt das KGB sowieso, da gehen wir kein zusätzliches Risiko ein. Wir dürfen nur den richtigen Augenblick zum Schreien nicht verpassen, der ist dann, wenn sich Ärzte und Helfer aus «humanitärer Fürsorge» auf uns stürzen. Und so laut wie möglich müssen wir schreien. Unsere Namen werden sie sich leicht merken können, das halbe Krankenhaus kennt uns mit Namen und von Angesicht. Nur eben laut und alles ganz schnell müssen wir schreien, ehe sie uns den Schlauch in die Kehle stopfen. Was die eine nicht schnell genug herausbringt, muß die nächste ergänzen.

Tatjana Michailowna äußert Bedenken: «Wie soll ich das bloß fertigbringen? Ich kann gar nicht schreien und mußte es auch noch nie. Und überhaupt – schreien, unter dieser Folter ...»

«Nein, das ist es ja, Sie müssen vorher schreien, ehe man Sie in der Mache hat. Hinterher können Sie nur noch krächzen und winseln. Nicht vor Schmerz schreien, verstehen Sie – Informationen herausschreien! So wie Sie dem letzten davonfahrenden Zug nachschreien würden.»

Rajetschka beteiligt sich nicht an unserer Diskussion, es geht ihr sehr schlecht. Schon die ganzen Tage ringt sie nach Luft; in der Zone lag sie meistens draußen im Gras, dort konnte sie leichter atmen. Hier in dem engen Raum ist die Luft schnell verbraucht, und das vergitterte Fenster ist geschlossen. Sollen wir die Scheibe einschlagen? Das würde alles nur verschlimmern, sie würden uns in kleine, fensterlose Boxen stecken, dort könnte man erst recht nicht atmen. Wir müssen uns um Raja kümmern und kommen zu keinem einmütigen Beschluß. Tatjana Michailowna hat nichts gegen die Idee an sich, sie bezweifelt nur, ob es ihr gelingt zu schreien. Das ist eine rein psychologische Barriere. Schreien ist für einen intelligenten Menschen unnatürlich, er muß sich dazu überwinden. Und das gelingt, selbst in Notsituationen, nicht immer.

Der achte Tag unseres Hungerstreiks beginnt. Wir fühlen uns nicht schlecht. Schwach sind wir, klar, aber noch sind wir nicht ganz ohne Kraft. Das Mittagessen wird gebracht, sie stellen es uns direkt vor die Nase. Oho, wunderbar, was sie uns da zubereitet haben! Sonst verschlägt uns allein der Geruch der Balanda den Appetit, aber heute ... Nun, so, wie gebracht, nehmen sie es wieder mit.

«Welikanowa zur ärztlichen Untersuchung!»

Es geht los. Ein Krachen, Glas geht zu Bruch ... Wie sich später herausstellt, hat unsere sonst so zurückhaltende Tatjana

Michailowna mit dem Ellbogen eine Glastür eingeschlagen, weswegen ich sie aufziehe und «Halbstarke» nenne. Dann ihr Schreien. Und wie sie schreit! In Streßsituationen sind wir eben doch zu Dingen fähig, die wir vorher nicht für möglich halten. Davon kann ich mich selbst wenige Minuten später überzeugen.

Rajetschka flattert. Auch mir schlägt das Herz bis zum Hals (aber um wie vieles schrecklicher waren die Minuten, als sie mich dann packten)! Ich konzentriere mich, muß mir merken, was Tatjana Michailowna herausschreien kann, was nicht. Hinter der Tür verstummt jetzt alles. Sie haben sie überwältigt.

«Ratuschinskaja!»

So, meine Teuren, jetzt werden wir unseren Spaß miteinander haben. Mich beflügelt eine nie gekannte Wut: Ihr habt es gewagt, Tatjana Michailowna anzufassen?! Euch werde ich es zeigen!

Sechs uniformierte Kerle erscheinen, die Ärztin Vera Alexandrowna Wolkowa und – natürlich – die Podust. So aufgebracht ich auch bin, der Anblick der Podust verblüfft mich und prägt sich mir für immer ein. Sie ist ungewöhnlich erregt: brennende Augen, rotgeflecktes Gesicht. Ihre Nüstern beben und blähen sich in wilder sadistischer Vorfreude. Nie zuvor habe ich so etwas gesehen, nur in Büchern darüber gelesen, wenn Faschisten geschildert wurden, aber auch da hielt ich es für eine künstlerische Metapher.

«Ratuschinskaja, nach unseren Instruktionen sind wir verpflichtet, Hungernden am siebten Tag Nahrung zuzuführen», sagt die Ärztin. «Wir sind damit schon einen Tag in Verzug. Sind Sie bereit, von sich aus zu essen?»

«Meine Einwilligung werden Sie dazu nicht bekommen. Ich bin zur Verteidigung von Natascha Lasarewa in den Hungerstreik getreten. Wie konnten Sie als Ärztin zulassen, daß sie in den SCHISO gesteckt wird?»

«Im Augenblick haben wir uns um Ihr Leben zu kümmern, Ratuschinskaja.»

«Ach, um das von Lasarewa haben Sie sich wohl schon gekümmert? Hiermit erkläre ich, daß ich ohne jede Einmischung

Ihrerseits in der Lage bin, dreizehn Tage lang zu hungern. Untersuchen Sie mich und überzeugen Sie sich davon. Sie waren doch dabei, als ich den Fußboden scheuerte – haben Sie da etwa protestiert?»

«Die Ernährungsmaßnahme wird durchgeführt!»

Aha, die Podust hat sich zu Wort gemeldet. Im selben Augenblick fallen sie von hinten über mich her. Jetzt bloß aufgepaßt, daß sie es nicht gleich schaffen, mir die Handschellen anzulegen!

«Leute, hört her! Und vergeßt es nicht!»

Ich schreie aus allen Kräften los: Namen, warum wir in den Hungerstreik getreten sind, wer im SCHISO sitzt, wieviel Tage, daß wir zwangsernährt werden sollen. Die Meute hängt sich an mich, aber ich bin in dem Zustand, in dem man Safes aus einem brennenden Gebäude schleppt und mit der Schulter Autos zum Stehen bringt. Ich schleppe sie auf meinem Buckel durchs ganze Zimmer und schreie und schreie und schreie ...

«Telephon 444-33-95! Kiew! Igor! Sofort aufschreiben! 444-33-95!»

Ich wiederhole es immer und immer wieder. Ich spüre keinen Schmerz (die Hände haben sie mir schon zusammengedreht), auch nicht das Gewicht ihrer Körper. Ich spüre nur, daß die Hand, die mich stärker als andere an der Schulter gepackt hat, zittert.

Oh, es ist eine ungewohnte Arbeit, die heute dieser Abteilung der inneren Lagerwache zugefallen ist! Darauf sind sie nicht trainiert, einen solchen Widerstand haben sie nicht erwartet, und sie sind noch schockiert von der vorangegangenen Szene. Im ersten Moment kriegen sie auch nicht mit, daß ich nicht um mich beiße, nicht um mich trete, sondern mich nur ihren Händen entwinde. Die Sache ist ihnen peinlich (denn sie sind nicht in sadistischer Rage), und sie haben es eilig, wollen es hinter sich bringen, endlich mein Schreien unterdrücken. Schließlich kommen sie auf die Idee, daß sie sich gar nicht auf mich zu werfen, sondern mich nur von den Füßen zu reißen brauchen – und schon heben sie mich hoch wie ein Federchen und knallen mich mit voller Wucht auf die Holzpritsche. Was ist mein Hungergewicht schon im Vergleich zur Kraft von sechs Männern.

In meinem Kopf platzt mit gewaltigem Krachen ein roter Feuerball. Ich verliere das Bewußtsein.

## 17

SIE hatten mich, wie sich herausstellte, in bewußtlosem Zustand in eine jener erwähnten fensterlosen Boxen von «Block 12», der psychiatrischen Abteilung, geschleppt, in die man einige Zeit später auch Tatjana Michailowna stieß. O nein! nicht weil man uns für unnormal hielt, sondern weil man uns isolieren wollte und solche Boxen in anderen Abteilungen nicht vorhanden waren. Es paßten gerade zwei Krankenpritschen hinein und ein mit Wachstuch abgedeckter Eimer – die «Toilette».

«Irotschka! Irotschka! Hören Sie mich?»

Dies sind die ersten Worte, die aus der Finsternis in mein Bewußtsein dringen. Ich höre, ich höre! Aber ich kann die Augen nicht öffnen; es ist wie im Traum, wenn du laufen willst und die Beine dir nicht gehorchen. Oder wenn du schreien willst und dir die Stimme versagt. Irgendwelche Muskeln fangen schließlich an zu arbeiten (nicht die, die ich anspanne) – und auf einmal sehe ich Tatjana Michailownas aus der Dunkelheit hervortretendes Gesicht. Richtiger zwei Gesichter, die ineinander verschwimmen. Warum ist es so dunkel? Ist etwas mit meinen Augen geschehen? Nein, das vergitterte Lämpchen in der Steinnische ist zu schwach. Tatjana Michailowna rüttelt mich, weil ihr die Hände im Rücken gefesselt sind, mit Schultern und Ellbogen: «Alles in Ordnung ...» bringe ich endlich heraus.

«Gott sei Dank! Was haben sie mit Ihnen gemacht?»

Wenn ich das wüßte! Ich erinnere mich nur noch daran, wie mein Kopf (höchstwahrscheinlich der Hinterkopf) auf diese Holzpritsche knallte. Ob sie mir dieses verfluchte Gemisch eingetrichtert haben oder nicht, weiß ich nicht. Vermutlich nicht, denn ich verspüre nicht die von Tanja Ossipowa beschriebenen Folgen: «Es ist, als hättest du den Magen voller Steine.» Vielleicht haben sie es mit der Angst bekommen und mir nicht die ganzen zwei Liter eingefüllt, sondern nur ein wenig – der Ordnung halber? Oder sie haben ganz darauf verzichtet. Diese Maßnahme ist ja im Grunde genommen als Folter gedacht, welchen Sinn hätte es da, sie bei einem Bewußtlosen anzuwenden, der nichts spürt? Gewalt haben sie schon angewendet, aber zur Zwangsernährung ist es wohl kaum gekommen, denn ich habe auch nicht dieses Hungergefühl, das danach einsetzen soll. Aber beschwören kann ich es nicht. Vielleicht erfahre ich die Wahrheit von der Ärztin, falls sie auf den Gedanken kommen sollte, nach mir zu sehen.

Nachdem sich Tatjana Michailowna davon überzeugt hat, daß ich nicht nur mit den Augenlidern blinzele, sondern geistig ganz da bin, beruhigt sie sich ein wenig. Mein Gott, woher sie nur die Kraft nimmt, sich nach allem, was sie ihr selbst angetan haben, jetzt auch noch um mich zu kümmern. Ich versuche ihr zuzulächeln, es gelingt mir halbwegs. Sie kommen und nehmen ihr die Handfesseln ab. Nehmen sie sie auch mir ab? Oder haben sie das schon früher getan, als sie merkten, daß sie übers Ziel hinausgeschossen waren? Ach, ich verlange zuviel von meinem Gedächtnis... Tatjana Michailowna, die nicht daran glaubt, daß die Ärzte heute noch nach mir schauen werden, stellt einfache Untersuchungen mit mir an: Sie legt mir die Hand über die Augen und dreht meinen Kopf zur Lampe. Dic Pupillen ziehen sich nicht zusammen, wie sie es bei Licht normalerweise tun. Auch beim zweiten Versuch funktioniert es nicht. Klarer Fall: Gehirnerschütterung. Was tut man in so einem Fall? Ruhig liegen, möglichst wenig bewegen, schon gar nicht lesen. Bewegen kann man sich hier ohnehin kaum, und nach Lesen ist mir wahrhaftig nicht zumute (nach Lektüre jammere ich erst übermorgen, aber meine unbarmherzige Bundesgenossin erlaubt sie mir nicht). Mir ist übel. Und wie mein Körper reagieren wird, wenn ich mich zwinge aufzustehen, ist auch noch nicht abzusehen. Er gehorcht mir zwar, als ich dann später doch aufstehe, aber ich taumele, verliere für kurze Zeit das Gleichgewicht, das sich aber bald stabilisiert. Von Dauer sind nur die zermürbenden Kopfschmerzen, ich leide heute noch darunter und bekomme sie jedesmal zur unpassendsten Zeit. Wie alle Naturkatastrophen gehorchen sie dem Gesetz der Niedertracht.

Es mag seltsam klingen, aber meine Gehirnerschütterung war im Endeffekt für die Zone (und damit auch für mich) ein wahrer Segen: Unsern Peinigern war der Schreck in die Glieder gefahren. Was, wenn der Stoß heftiger gewesen wäre? Oder wenn es die Schläfe getroffen hätte? Oder wenn ich nicht so widerstandsfähig wäre? Mord infolge von Zwangsernährung? Was für ein Skandal! Nicht, weil es ihnen um mein Leben leid täte, vielmehr aus Angst vor der öffentlichen Meinung: Eine politische Gefangene ermordet! Wenn es auch keine Augenzeugen gab, so hatten doch viele Menschen hören können, was da vor sich gegangen war – so etwas ließ sich nicht vertuschen. Und eine Garantie, daß es das nächste Mal ebenso glimpflich abginge, gab es nicht. Nicht ohne Grund hatten sie alle paar Minuten durch das Guckloch nach mir geschaut: Lebt sie oder lebt sie nicht? Kurzum, so etwas wiederholte sich nicht, kein Hungernder wurde je wieder angerührt. So bin ich denn diesem abscheulichen Gewaltakt entronnen und habe nicht erleben müssen, was ein Mensch durchmacht, dem gewaltsam dieses fürchterliche Gefängnisgebräu eingetrichtert wird. Gott sei Dank auch. Da ziehe ich lebenslängliche Kopfschmerzen vor.

Aber wo ist unsere Rajetschka? Sie wäre als dritte dran gewesen. Vielleicht sitzt sie in einer Box nebenan. Ihre Stimme hat Tatjana Michailowna nicht gehört. Wir machen uns ernsthafte Sorgen um sie. Wer weiß, was sie den Hungernden einflößen – irgendeine Fleischbrühe vielleicht. Aber gerade gegen alles, was mit Fleisch zu tun hat, ist Raja allergisch, ein Schluck Bouillon genügt, und sie kippt um. Später erfahren wir, wie es gewesen ist. Die sechs Männer waren zu ihr hereingestürmt und hatten sie unter Druck gesetzt, die für die Zwangsernährung vorbereitete Flüssigkeit zu trinken. Raja erklärte, sie werde den Hungerstreik fortsetzen, hatte jedoch nicht die Kraft, Widerstand zu leisten wie wir, und trank das Zeug. Natürlich nutzten sie diese Situation zu ihren Gunsten aus: Eine Stunde später kam triumphierend die Podust und teilte ihr mit, es sei protokollarisch festgehalten worden, daß sie, Raja Rudenko, die Haltlosigkeit ihres Protests eingesehen und ihren Hungerstreik freiwillig aufgegeben habe.

«Und nun werden Sie selbst eine Erklärung dazu schreiben. Im Protokoll steht es ja sowieso, niemand wird Ihnen glauben, wenn Sie etwas anderes behaupten.»

Ach ja? Raja schrieb eine Erklärung, aber darin stand, daß sie den Hungerstreik nicht abgebrochen habe und so lange hungern werde, wie Natascha Lasarewa im SCHISO sitze, und daß sie es bedaure, daß sie sich von der Ärztin und von den Drohungen der sechs Männer habe einschüchtern lassen.

Die Empörung der Natschalniks kann man sich vorstellen. So hatten sie es sich gedacht: Hat sie sich einmal überreden lassen, dann haben wir sie auf Dauer fest im Griff. Einmal schwach, immer schwach. Daß es die Schwäche einer erschöpften Frau ist, die satten, wütenden Männern keinen Widerstand leisten kann, spielt dabei keine Rolle. Und wenn du danach zu deinen früheren Positionen zurückkehrst, zerstörst du damit ihre vermeintlich gesetzlichen Rechte auf deine Seele. Und dann hast du kein Erbarmen zu erwarten. Raja sperrten sie in eine Einzelzelle und gaben ihr mehr als einen Tag lang kein Wasser – und das am neunten Hungertag. Durch die Tür bat sie die Sanitäterinnen, sie mögen ihr zu trinken geben, aber die antworteten, das sei ihnen strengstens verboten. Und wieder bedrängten sie sie: «Geben Sie den Hungerstreik auf?»

«Nein!»

Diesmal ernährten sie sie durch die Sonde. Das war die einzige Ausnahme während all unserer Hungerstreiks nach meiner Gehirnerschütterung. Sie wollten auch mit ihr kein Risiko eingehen, denn sie stand schon kurz vor dem kritischen Punkt. So mußte Raja für das bezahlen, was sie später als ihre Schwäche bezeichnete und als ernstliches Versagen empfand. Wir hatten großes Mitleid mit ihr. Ich kenne jene Sorte «glühender Kämpfer», die jedem das Schandmal aufdrücken, der irgendwann einmal schwach geworden ist. Aber diese Kompromißlosigkeit, die von unseren allgemeinen Unterdrückern auf die eigenen Leute übergreift, kostet nicht viel. Meistens handelt es sich um Leute, die selber nicht den zehnten Teil jener Prüfungen durchstehen würden, die andere ausgehalten haben. Ein Mensch aber, der diesen Weg ohne Furcht und Tadel gegangen ist, der hat soviel menschliches Leid gesehen, daß er niemals jemanden leichtfertig wegen Kleinigkeiten verurteilen würde. Wenn einem andern Menschen die Kraft versagt, dann stütze ihn, wenn du selbst genug Kraft hast! Du wirst sehen, wie auch er dann erstarkt. Er wird erschöpft, aber ehrlich aus dem Kampf hervorgehen, und er wird auch dir, seinen Möglichkeiten entsprechend, helfen. Jeder vermag nur die Bürde zu tragen, die er imstande ist zu heben, und jeder, der nicht auf der Seite der Henker steht, ist dein Bruder. Diese Regel braucht man ehemaligen Häftlingen nicht zu erklären, sie sollte aber zuweilen auch von denen beherzigt werden, die noch nicht die Balanda gelöffelt haben.

Raja hatte es viel schwerer als wir beide: Erpressung, Einzelhaft, Wasserentzug. Die restlichen Hungertage hielt man sie getrennt von uns. Zu zweit ertrug sich alles viel besser. Man läßt uns in Ruhe. Schlimm ist nur, daß sie uns dreimal am Tag Essen bringen, das sie, wie es die Vorschrift verlangt, zwei Stunden in der Zelle stehen lassen, ehe sie es wieder forträumen. In der winzigen Box steht es buchstäblich vor unserer Nase: dreimal täglich zwei Stunden. Wir decken die Schüsseln mit Plastiktüten zu, damit uns der Geruch nicht so quält (gut, daß wir daran gedacht hatten, die Tüten aus der Zone mitzunehmen). Eine Belüftungsanlage in der Box gibt es nicht. Ich leide unter Übelkeitsanfällen und denke zuerst, der Essensgeruch sei dran schuld, aber es ist wohl nur die übliche Folge der Gehirnerschütterung.

Die Anfälle gehen bald vorüber, und wir verbringen die Zeit mit Schlafen, Gesprächen und der Lektüre von Ekklesiastes. «Denn wenn einer fällt, so hilft ein anderer seinem Kameraden auf. Der aber ist bitter dran, der fallen wird, und keiner ist da, der ihn aufhebt».

Wir zählen die Tage. Nicht nur die Tage bis zum Ende des Hungerstreiks, auch die Tage bis zur Abreise Tatjana Michailownas. Anfang November läuft ihre Frist ab, aber wir wissen, daß man sie früher wegschicken wird. Das ist so üblich bei ihnen – als letztes Lagergeschenk den Menschen noch einmal zwei Monate lang auf Transport schicken und durch die Gegend schleppen, damit er nur ja nicht frische Informationen aus der Zone mitnehmen kann. Wir denken natürlich ständig darüber nach, wie wir Neuigkeiten aus der Zone weitergeben können. Mit der Ausarbeitung neuer Methoden, Informationen weiterzugeben für den Fall, daß die alten auffliegen, sind wir immer beschäftigt. Wir haben auch schon einige brauchbare Ideen. So wird Igor, zum Beispiel, sie in der Verbannung besuchen und alles über uns von ihr erfahren. Für ihn werden diese Ideen Anleitung zum Handeln sein. Ich erzähle ihr von Igor, und das Bild, das ich von ihm zeichne, fällt selbstverständlich unwahrscheinlich positiv aus. Aber wenn sie sich begegnen, werden sie sich bestimmt bei der ersten Andeutung verstehen – sie beide sind mir die liebsten Menschen auf der Welt. Wir schämen uns unserer Gefühle, besonders in jungen Jahren, und oftmals versäumen wir es, den Menschen, die wir am meisten lieben, zu sagen, was wir für sie empfinden. So ergeht es mir auch mit Tatjana Michailowna. Aber sie versteht mich auch so, sie versteht überhaupt alles. Gibt es denn Menschen, die keine Fehler haben? Ja, die gibt es. Hätten Sie mit Tatjana Michailowna im Lager gesessen, dann würden Sie das auch sagen, aber so wollen wir lieber darüber nicht streiten. Darüber kann man verschiedener Meinung sein. Aber ich bleibe dabei: Wenn ein Mensch soviel Licht ausstrahlt, dann lösen sich seine Schattenseiten in nichts auf.

Wer skeptisch ist, kann sich im übrigen trösten: Tatjana

Michailowna hat einen gravierenden Mangel – sie ist absolut unmusikalisch. Sie nimmt es von der lustigen Seite, findet es aber doch betrüblich. Mein vollstes Mitgefühl hat sie, denn mir geht es nicht anders. Zur Schadenfreude anderer schämen wir uns unser Leben lang zu singen. Aber jetzt, hier in dieser Box, singt sie mir wie einem Kind vor und streichelt dabei meinen Kopf:

Ich danke dir, du rostig Gitter,
Ich dank' des Wächters Bajonett –
Nur eines langen Lebens Dauer
Solch' Weisheit mich gelehret hätt.

Ich danke dir, du trübes Lämpchen.
Ich dank' der schmalen Pritsche hart –
Denn nur die Wiege meiner Kindheit
Umhüllte mich so sanft und zart.

So behalte ich sie in Erinnerung: dieses Lied und die magere Hand auf meinem Kopf. Nie hat jemand mir Besseres vorgesungen.

Zwölfter Tag des Hungerstreiks. Morgen müßte Natascha zurückkommen, und Tanja müßte schon da sein, sofern man ihnen die Frist nicht verlängert hat. Sollte das der Fall sein, setzen wir den Hungerstreik fort. Ihr wollt uns quälen – dann alle zusammen und nicht nur eine! Die Tür geht auf und herein kommt Hauptmann Schalin und ein uns unbekannter Leutnant. Nach dem Versuch einer Zwangsernährung sieht es nicht aus: Schalin arbeitet in der Politzone für Männer und läßt sich erst bei uns sehen, seit wir die Podust schneiden. Er behandelt uns mit Vorsicht und Höflichkeit. Die Administration schickt ihn zu diplomatischen Verhandlungen zu uns. Beide begrüßen uns, wie es sich gehört, dann rücken sie mit ihrem Anliegen heraus: «Stellen Sie Ihren Hungerstreik jetzt ein! Die Lasarewa ist wieder in der Zone.»

Was?! Einen Tag vorfristig? Er erklärt uns, daß man sie nicht wegen unseres Hungerstreiks früher herausgelassen habe, sondern aus Gründen der Zweckmäßigkeit – heute sei der Tag, an dem die Neuzugänge einträfen. Einlieferungs- und Entlassungstag sei dreimal pro Woche im Krankenhaus. Also heute, morgen nicht.

Schon gut, schon gut, eine plausible Erklärung.

«Und wo ist Raja Rudenko?»

«Ebenfalls in der Zone. Sie werden schon von allen erwartet.»

Wir verlassen also Block 12. Sie helfen uns sogar beim Tragen unserer Siebensachen. Es sind wirklich schon alle da. Oje, wie mager Tanja geworden ist! Sie hat den Hungerstreik zur Verteidigung von Natascha im SCHISO mitgemacht. Zwangsernährt wurde sie nicht, und am sechsten Hungertag gaben sie ihr sogar ein Bett, was im SCHISO eigentlich unzulässig ist – sieh an, wie human! Wir können unseren Hungerstreik nun also abbrechen, aber einfach ist das nicht. Wie Sie schon ahnen werden, lieber Leser, ist ab sofort mit den üppigen Speisen Schluß, die sie uns bis jetzt provokativ vor die Nase stellten. Schwarzbrot und Balanda sind wieder an der Tagesordnung. Aber, sich heißhungrig auf das Essen zu stürzen und alles auf einmal herunterzuschlingen, ist gefährlich. Raja, die mit ihrem Mann in der Freiheit des öfteren Heilfasten durchgeführt hat, erklärt uns, wie man aus dem Hungerstreik herauskommt: Die ersten paar Tage darf man überhaupt nichts essen, nur Fruchtsäfte trinken. Dann kann man mit geriebenen Äpfeln und Möhren beginnen, dann mit Milchprodukten. Ist schon klar: Dieses Programm ist für uns nicht realisierbar. Ausgerechnet jetzt ist unser Gärtchen futsch, es hätte uns gute Dienste leisten können. Da hilft gar nichts, wir müssen improvisieren. Rajetschka fabriziert einen dünnen Brei: Sie fischt die Kartoffelstückchen aus der Balanda, zerdrückt sie, pflückt Melde. Zum Abend werden wir ein Bröckchen Brot zu uns nehmen, es muß aber vorher im Ofen getrocknet und dann lange gekaut werden. Wir schneiden das Brot in Stücke – was ist das denn? Ein zusammengepappter Klumpen Salz, so groß wie eine Gartenerdbeere. Aus einem anderen Stückchen ziehen wir einen Bindfaden heraus. Vielen Dank auch, daß wenigstens keine Schaben mitgebacken wurden! Vor ein paar Monaten, fällt uns ein, hatten wir einen Stiefelnagel im Brot gefunden. Und morgen wird die Suppe wieder versalzen sein, und wir werden sie zurückgeben. Unser normaler Alltag unterscheidet sich, was die Ernährung betrifft, nicht allzusehr von unseren Hungerstreiktagen. Der Einkauf im Laden ist uns natürlich für September gestrichen. Na schön, aber klein kriegt ihr uns nicht! Wir sind glücklich, daß wir wieder zusammen sind. Pani Jadwiga spricht ein Gebet, und solange lassen wir unseren Löffel in der Schüssel mit Rajas Suppe stecken.

## 18

Erst jetzt, da wir alle wieder zusammen sind, erfahren wir von Tanja und Natascha das wichtigste Ereignis dieser Hungertage. Je mehr wir hören, desto weniger können wir unser begeistertes Stöhnen und dann unser Lachen zurückhalten. Die arme Podust hatte es so eilig gehabt, die ihr verhaßten Frauen Lasarewa und Ossipowa in den SCHISO zu verfrachten, daß sie kaum das Ende meines Wiedersehens mit Igor erwarten konnte. Abwarten mußte sie aber, denn wäre sie vorher aktiv geworden, hätte ich Igor ja Dinge erzählen können, die nicht für die Öffentlichkeit bestimmt sind, und die Öffentlichkeit fürchten sie ja bekanntlich wie der Teufel das Weihwasser. Unser Wiedersehen war um acht Uhr abends beendet, der letzte «Kuckuck» aber, der zwischen Baraschewo und Potma verkehrt, war schon eine Stunde früher abgefahren. Igor, Alka, meine Mutter und meine Schwiegermutter (sie waren auch mitgekommen, aber man hatte sie nicht zu mir vorgelassen) mußten also in Baraschewo übernachten und mit dem ersten «Kukkuck» am andern Morgen fahren. Dies nun war derselbe Zug, mit dem auch unsere Freundinnen weggebracht wurden. In Baraschewo herrschen schlichte Sitten: Freie und Häftlinge benutzen denselben Zug, nur verschiedene Wagen. Wozu sich genieren: Alle Freien sind hier als Lagerwärter in Diensten, und Häftlinge sind für sie ein gewohnter Anblick. Zu einem Wiedersehen mit Angehörigen kommt nur selten jemand her – soll man für die paar zufälligen Besucher etwa einen Sonderzug einsetzen? Genußvoll malen wir uns aus, wie alles weitergeht. Zwei mit MPs bewaffnete Begleitsoldaten führen Tanja und Natascha aus der Zone zum Bahnsteig, wo Igor und die Familie und eine Menge Lagermitarbeiter herumstehen, die frei haben und nach Potma oder Moskau fahren wollen. Worauf hat man sich verlassen? Daß sie einander nicht kennen? Da haben sie sich geschnitten! Natürlich sind sie sich nie im Leben begegnet, aber Igor sieht sofort, daß die Frauen keine Erkennungsmarken tragen, damit ist klar, daß sie aus der Kleinen Zone sind. Er will schon den Mund aufmachen und sie ansprechen, doch Tanja kommt ihm zuvor: «Guten Tag, Igor!»

Sie kennt Igors Gesicht, so wie ich das von ihrem Iwan kenne: Wie oft haben wir dagesessen und die Photographien unserer Männer betrachtet!

Igor stürzt zu ihnen, fragt: «Wohin bringt man Sie? Wie heißen Sie?»

Und Tanja, die schnell, aber deutlich spricht, sprudelt los: Wir sind die und die und werden in den SCHISO gebracht, aus dem und dem Grund, und in den Hunger- und Arbeitsstreik treten die und die, so und so lange ... Nichts vergißt sie. Die Begleitsoldaten können nichts tun. Sollen sie etwa schießen? Doch das ist nur bei Fluchtversuch geboten. Aber schließlich ist ja das Publikum auf dem Bahnsteig (überwiegend Frauen) aus gutem Grund im Lager beschäftigt, und es weiß, was es zu tun hat: Igor wird gepackt und von den Gefangenen weggezerrt. Vorsichtig schüttelt er die Dämchen ab (er möchte ja ihre Aufmachung nicht beschädigen) und läuft wieder zu Tanja hin. Vielleicht hat sie ihm noch etwas mitzuteilen. Aber Tanja sagt nur noch: «Ihre Irotschka lieben wir sehr!»

Und Natascha fügt hinzu: «Ja, sehr.»

Für diese zwei Wörtchen mußte Natascha ebenso bitter bezahlen wie Tanja für die empörende Preisgabe interner Lagervorgänge: Beiden wurde der Besuch gestrichen.

Sie wurden dann endgültig voneinander getrennt und fuhren in verschiedenen, doch nebeneinander liegenden Waggons: Tanja und Natascha, glücklich über ihren unerwarteten Erfolg, und meine Familie – die Mütter, die ihre Tränen herunterschluckten, die bitterlich weinende Alka, die zu jung war, um das alles zu verkraften, und Igor.

«Was hast du damals empfunden?» frage ich Igor jetzt, da wir uns gemeinsam dieser Episode erinnern. Er spricht nicht gern über seine Gefühle und sagt: «Ich war um Alka in Sorge. Das Mädchen hatte einen schweren Schock. Ich wußte ja, was auf mich zukommen konnte, aber sie erlebte so was zum ersten Mal.»

Noch am Ankunftsmorgen in Moskau hatte er die Informationen über alle Kanäle weitergegeben, und noch während wir im SCHISO saßen und hungerten, war alles bekannt geworden.

Ein großartiges Gefühl: Nun brauchen wir uns nicht wochenlang abzumühen, in winziger Schrift Papier zu bekritzeln oder nach anderen Möglichkeiten der Informationsweitergabe zu suchen. Tanja ist wirklich ein As. Was für ein Reaktionsvermögen! Nur ein Moment der Verwirrung, und alles wäre schiefgegangen. Unsere Begeisterung drücken wir auf unsere Weise aus: «Von ihrem Mann kriegt sie keinen Besuch, was soll's, schmeißt sie sich eben an fremde Männer ran!»

«Aber Irotschka, wollen Sie mir etwa eine Eifersuchtsszene machen?»

«Und ob, die Haare reiße ich Ihnen aus!»

«Und die Podust, das Herzchen, wie soll die das überleben?!»

«Und das KGB?»

Nachdem wir von Herzen gelacht haben, kommen wir auf unsere Familien zu sprechen und holen zum hundertsten Mal unsere Photographien heraus. Doch jetzt betrachten wir jedes Gesicht mit neuer Aufmerksamkeit: Wann wird Gott uns wieder zusammenführen? All diese uns unbekannten Menschen sind uns lieb und vertraut geworden, und wir wissen, wie lieb sie die haben, mit denen wir zusammen in diesem Lager sitzen.

Als Igor und ich später in Amerika Tanja trafen, wunderte er sich, wie klein sie ist. Damals, bewacht von zwei MP-Schützen, war sie ihm wegen ihrer königlichen Haltung sehr groß vorgekommen. Wie alle Königinnen übrigens.

Diese Geschichte war nicht das einzige, was in jenem für uns schweren August nach draußen in die Freiheit durchsickerte. Und wiederum dank unserer zügellosen, vergeltungssüchtigen «Weißen Bestie». Am 11. August, also noch vor allen Hauptereignissen, fiel ihr nichts Besseres ein, als Pani Jadwiga im Beisein ihrer zum Wiedersehen zugelassenen Verwandten eine Standpauke zu halten. Folgenden Dialog bekamen der Sohn und die Schwester unserer steinharten Jadwiga zu hören:

«Beliauskene, Sie sind nicht mehr die Jüngste, kaum ein Körperteil an Ihnen ist noch gesund (es folgte die Aufzählung all ihrer Krankheiten). Nehmen Sie doch wenigstens auf Ihre Angehörigen Rücksicht, Sie wissen ja, wenn Sie die Erkennungsmarke nicht tragen, wandern Sie in den SCHISO, und von dort kommt selbst ein Gesunder nicht auf seinen eigenen Beinen heraus.»

«Lieber sterbe ich, als daß ich gegen mein Gewissen handele.»

«Man wird Sie schon zwingen!»

Schilvinas fuhr nach Litauen zurück in dem Wissen, was man seiner Mutter antun werde, wenn sie nicht bereit war, gegen ihr Gewissen zu handeln. Natürlich trafen sich Igor und Schilvinas und tauschten ihre Informationen aus. Unserer Zone war der Krieg erklärt worden. Aber außer den beiden kriegführenden Seiten – wir und das KGB – gab es noch eine dritte Seite in diesem Krieg: all die Menschen, die draußen in der Freiheit für uns kämpften. In Rußland, in der Ukraine, in Litauen, in England, in der Schweiz, in den USA ... Ach, wie gern möchte ich alle Länder und alle Menschen namentlich aufzählen! Aber unmöglich: Die Namen der einen sind ein Geheimnis des KGB, die Namen der anderen werde ich nie erfahren (Tausende ihrer Briefe, die sie uns ins Lager schickten, wurden von der Zensur verbrannt, nicht ein einziger erreichte uns), und die Namen der dritten würden allein zwei, drei Bände füllen. Und was die Länder angeht, so brauchen Sie nur den Atlas aufzuschlagen – auf welcher Seite auch immer –, und Sie können sicher sein: Auch dort haben Menschen vor der sowjetischen Botschaft gestanden, Unterschriften für unsere Freilassung gesammelt und für uns gebetet. Diese dritte Seite war es auch, die den Ausgang des Krieges entschied: Vor uns, den Entkräfteten, öffnete sich, unfreiwillig zwar, das Lagertor und ließ eine nach der anderen hinaus. Noch hat die Kleine Zone nicht aufgehört zu existieren, noch bedeutet das nicht, daß alle die Freiheit erlangt hätten. Tatjana Welikanowa und Elena Sannikowa befinden sich nach wie vor in der Verbannung. Aber ich, inzwischen auf der anderen Seite der sowjetischen Grenze, werde nicht müde, den Menschen zuzurufen: Helfen wir ihnen! Kämpfen wir auch sie frei! Glaubt mir, ihr Leute der dritten Seite: Alles hängt von euch ab, und ihr könnt sehr viel mehr erreichen, als ihr denkt.

Nur ganz allmählich erholen wir uns von unserem Hungerstreik. Wir schleppen kilogrammschwere Ödeme mit uns herum, verlieren durch heftige Bewegungen das Bewußtsein, aber langsam bessert sich unser Zustand. Am 1. September kommen sie und wollen Tatjana Michailowna auf Transport schicken.

Wie die Furien gehen wir auf die Ärztin Wolkowa los, oder sagen wir besser auf den Folterknecht Swerjewa[8] (sie hat später geheiratet, und das ist ihr neuer Name). Ehrenwort, dieser Name ist kein belletristischer Einfall von mir, das würde meine Phantasie nicht hergeben. Unsere Vera Alexandrowna ist eine historische Persönlichkeit, und es besteht keine Notwendigkeit, ihren Namen vor dem KGB geheimzuhalten, denn man kennt einander bestens. Wir lassen jedenfalls nicht zu, daß man Tatjana Michailowna wegbringt, und protestieren und drohen nachhaltig: «Der Hungerstreik ist erst zwei Tage vorbei, von der Arbeit haben Sie sie befreit, aber auf Transport wollen Sie sie schicken?! Sie wissen doch, was das bedeutet, oder? Also, sollten Sie sie tauglich schreiben und ihr passiert unterwegs was, dann wissen Sie, was auf Sie zukommt – wir alle hier sind Zeugen!»

Wir erlangen einen Aufschub, sei es wegen unseres mahnenden Einspruchs oder wegen des sofort an die Staatsanwaltschaft gesandten Gesuchs, wissen aber, daß unsere gemeinsamen Tage dennoch gezählt sind. So mischt sich Freude mit Trauer. Wir staffieren sie für die Reise aus. Pani Jadwiga näht ihr aus Handschuhschnipseln ein Paar strapazierfähige, durchgesteppte Hausschuhe – eine solide Häftlingsarbeit. Anschließend stickt sie etwas kompliziertes Symbolisches darauf: uns alle, die Vergangenheit, die Zukunft, die Sterne, den Stacheldraht. Ich schreibe für sie alle Gedichte aus dem «Kinderzyklus» auf: Vielleicht haben wir Glück, vielleicht läßt die Zensur sie als Geschenk für Tatjana Michailownas Enkelkind durchgehen?

«Ich fahre weg, und euch nehmen sie hinterher bestimmt mit neuer Kraft an die Kandare», meint Tatjana Michailowna besorgt.

Sieht ganz danach aus, aber ihre Hauptüberraschungen packen sie vorläufig nicht aus, damit Tatjana Michailowna nichts weitererzählen kann. Auch gut, wir halten sowieso Verbindung, schließlich haben wir unsere Methoden und Möglichkeiten ausführlich genug besprochen. Kopf hoch! Wir lassen uns nicht unterkriegen! Tatjana Michailowna verteilt alle ihre Besitztümer an uns: Tanja bekommt das Wörterbuch, ich die Bibel und ein Bändchen Mandelstam-Gedichte, Kleidung bekommen alle zu gleichen Teilen. Verbannte reisen in ihren eigenen Sachen, und an der Wache erwartet sie eine Sendung von zu Hause – Kleidungsstücke «bürgerlichen Zuschnitts». Wir reden ihr zu, etwas Warmes zu behalten, aber sie wehrt energisch ab: «Alles, was ich brauche, werde ich haben, aber ihr habt nichts.»

Und als sie am 5. September abgeholt wird, geht sie ohne Wattejacke zum Tor, in der Hand nur einen kleinen, selbstangefertigten Beutel mit unseren Abschiedsgeschenken, darunter ein kleines Stück Lagerbrot, das ihr Rajetschka noch in letzter Sekunde zusteckte. Alles ist x-mal besprochen worden, aber wie schwer der Abschied doch fällt! Nach altem Brauch setzen wir uns einen Augenblick und schweigen. Dann begleiten wir sie zum Tor und küssen sie dreimal. Pani Jadwiga schlägt das katholische Kreuz über sie, wir das orthodoxe. Und dann schließt sich hinter der mageren kleinen Frau krachend das Tor.

Vorbei. Wir hatten ihr das Geleit gegeben. Als ich auf freiem Fuß war, rief ich sie in der Verbannung an, später auch aus London, und sprach die ihr gewidmeten Gedichte durch die Leitung. Aber wiedergesehen haben wir uns nicht: Ich war nach meiner Befreiung für die beschwerliche Reise nach Kasachstan zu schwach. Heute mache ich mir bittere Vorwürfe, ich hätte trotzdem fahren müssen. Was heißt hier krankes Herz? Was Bronchitis? Wie können solche Dinge eine Rolle spielen? Gut, ich hätte mich kaum auf den Beinen halten können – aber Igor hätte mir doch beigestanden. Werden wir uns je wieder in die Arme schließen können? Gott im Himmel, verzeih mir meine dumme Schwäche, mach, daß es uns gelingt!

Im Augenblick sehe ich ihre Briefe durch, die sie mir in die Zone schrieb und die ich immer bei mir habe.

«Irotschka, Liebes, bei Bella Achmadulina fand ich diese Zeilen in einem Gedicht an Pablo Neruda:

> Ist es denn wirklich so gewesen?
> Wenn unsres Bildes Widerschein
> In Dichters Augen steht zu lesen,
> Dann sind wir wie wir sollten sein.

Das Gedicht erinnerte mich daran, wie wir damals Ekklesiastes gelesen haben.

Sie schrieb: «Geben Sie acht auf sich und werden Sie mir ja nicht krank und versuchen Sie, Geduld und Toleranz zu lernen. Ich will nicht sagen, daß Sie die nicht hätten, aber es braucht mehr, viel mehr, um andere, die nicht so sind wie wir, zu verstehen.»

Schon wahr, die Welikanowa hatte einen schlechten Einfluß auf mich, sie stand im Widerspruch zum Moralkodex eines

Erbauers des Kommunismus. Und ich lernte und lernte und lernte Geduld. Dazu hatte ich ja noch genug Zeit im Lager.

## 19

SPÄTER erfuhren wir, daß Tatjana Michailowna nicht sofort in die Verbannung gekommen war, sondern zwei Monate im PKT, im Lagergefängnis, gesessen hatte – «wegen Nichttragens der Erkennungsmarke und böswilliger Verletzung des Lagerregimes». Sie brachte also den September und den Oktober in einer ungeheizten Einzelzelle im Kriminellenlager zu – ohne die Kleidungsstücke, die ihr geschickt worden waren, versteht sich. Und zu der Zeit gab es schon Fröste. Und dort im Gefängnis hat sie auch den Hungerstreik durchgeführt, den wir anläßlich der Madrider Konferenz zur Verteidigung unserer Mitbürger noch gemeinsam beschlossen hatten.

An die Regierungschefs der 36 Staaten,
die das Helsinki-Abkommen unterzeichneten

*Wir aus politischen Gründen inhaftierten Frauen der Sowjetunion bezeugen, daß in unserem Staat die grundlegenden Rechte des Menschen verletzt werden.*

*Die Bürger der Sowjetunion sind des Rechtes auf Redefreiheit, Pressefreiheit und Versammlungsfreiheit beraubt, sie haben außerdem weder das Recht auf die freie Wahl ihres Wohnsitzes noch auf freie Bewegung innerhalb der Grenzen ihres eigenen Staates, sie werden wegen nationaler und religiöser Merkmale diskriminiert und wegen ihrer Gesinnung verfolgt.*

*Wir bezeugen, daß in der Sowjetunion nicht nur das Leben politischer Häftlinge und Gefangener überhaupt, sondern das Leben aller Bürger durch Gesetze, vor allem aber durch Geheiminstruktionen reglementiert wird. Damit ist den sowjetischen*

*Menschen die Möglichkeit entzogen, sich zuverlässig über ihre Rechte und Pflichten zu informieren, geschweige denn sie wahrzunehmen. Sie sind gegenüber dem totalitären sowjetischen Staat rechtlos.*

*Wir sind bereit, dies durch Faktenmaterial vor einer internationalen Kommission zu belegen.*

*Nur ein Staat, der die Rechte seiner Bürger achtet, verdient, unserer Meinung nach, Vertrauen auf internationaler Ebene.*

*Wir erklären uns mit allen solidarisch, die den Mut haben, gegen Lüge, Willkür und Gewalt zu kämpfen.*

*Da wir jetzt keine andere Möglichkeit haben, im Kampf gegen die Verletzung der Menschenrechte die Interessen unserer Mitbürger zu verteidigen, treten wir am 7. September in einen achttägigen Hungerstreik.*

*6. September 1983* ABRUTENE, BARAZ, BELIAUSKENE, WELIKANOWA, LASAREWA, OSSIPOWA, RATUSCHINSKAJA, RUDENKO

Was es bedeutet, im PKT zu hungern, erfuhren wir erst später am eigenen Leibe. Der zweite Hungerstreik kurz nach dem ersten ließ sich für uns sieben verhältnismäßig gut an. Die Verwaltung machte uns ein unverhofftes Geschenk: Die Wladimirowa kam wieder einmal ins Krankenhaus. Niemand nölte uns die Ohren voll, niemand spionierte uns nach, allerdings vermißten wir einige Kugelschreiber, Mangelware im Kriminellenkrankenhaus und Gegenstand der Spekulation. Herrlich still war es in unserer Zone. Astern und späte Georginen lohten im letzten Licht. Die Früchte der Eberesche waren rot ausgegossen. Njurka strich auf leisen Sohlen herum, und die Aufseherinnen fütterten sie. Noch lange nach Sonnenuntergang leuchtete Mordwiniens Herbsthimmel. Isolation und Zwangsernährung schienen nicht geplant zu sein. Und die Podust war irgendwo weit weg. An den Abenden heizten wir unseren «Kamin» an: Erst im August 1985 erreichten wir, daß man uns die herausgefallene Ofentür wieder einsetzte.

Aber auch so gefiel es uns – lebendige Wärme durchglühte unsere ausgetrockneten Körper, und die niederbrennenden Kohlen veränderten allmählich die Färbung. Beim Hungern wird man empfindsamer für Farben und Gerüche, die Sehkraft nimmt an Schärfe zu, und man bemerkt auch die weniger augenfälligen Details des Lebens. Im dunkelbraunen Brunnenwasser schwamm ein narbiges, halbvergilbtes Pappelblatt – und ich fand es so schön, daß ich beim Wasserschöpfen innehielt, vor Staunen, nicht vor Schwäche.

In den ersten Tagen des Hungerstreiks tauchte ein KGB-Mann aus Moskau mit einem Gefolge hiesiger Administratoren auf. Die Nachricht von der aufrührerischen Zone hatte sie offenbar wie ein Blitz aus heiterem Himmel getroffen. Er versuchte gar nicht erst, mit uns ins Gespräch zu kommen, war sich gleich darüber im klaren, daß niemand von uns mit ihm sprechen würde. Im allgemeinen hielt es jede von uns so, wie sie es wollte: Die eine fand nichts dabei, mit ihnen zu sprechen, die andere weigerte sich, doch das Recht, zu uns in die Zone zu kommen, sprachen wir ihnen rundheraus ab. Schließlich gehört das Lager in die Zuständigkeit des Ministeriums für Innere Angelegenheiten, und das KGB hat seine Nase hier nicht hereinzustecken. Wir sind nicht zum Umgang mit ihnen verurteilt und haben sie nicht zu uns eingeladen. Der Moskauer war im Bilde und reiste wieder ab.

Am 14. September beehrte uns weit interessanterer Besuch – der Chef der Operativabteilung Gorkuschow, der sich besorgt gezeigt hatte, wie wir noch Kinder kriegen wollten, wenn wir im SCHISO gesessen hätten. Er fragte uns, welche Forderungen wir hätten, und versicherte uns, daß wir sowieso nichts erreichen würden, denn man werde mit uns so verfahren, wie es «von oben» angeordnet werde. Er klärte uns ferner darüber auf, daß wir mit unserem Hungerstreik böswillig gegen das Lagerregime verstießen, denn laut Gesetz hätten Gefangene nicht das Recht, für irgend jemand einzutreten – weder füreinander noch für ihre Mitbürger. Wir teilten ihm unsere Ansicht über dieses

Gesetz mit, und danach war die Visite beendet. Ach ja, an diesem Tag wurden wir alle auch erstmals ärztlich untersucht.

Der letzte Tag des Hungerstreiks brachte uns eine Überraschung: Ein Kriminellentrupp wurde in die verbotene Zone gescheucht und mußte dort mit Hackmessern das Gras stutzen. Natürlich befanden wir uns auf verschiedenen Seiten des Stacheldrahts, doch beäugten wir uns mit begreiflicher Neugier. Mit uns zu sprechen, war ihnen verboten, und auch wir sprachen sie nicht an, wollten ihnen keine Unannehmlichkeiten machen. Doch plötzlich, in einem günstigen Moment, als die Aufseherin träge zur anderen Seite des Abschnitts ging, stürzten zwei von ihnen zum Zaun.

«Mädchen!» riefen sie uns zu.

Wir gingen näher heran, und fix steckten sie uns unter der Uniformbluse hervorgeholte Päckchen zu, und liefen zurück. Das Hackmesser schon wieder in der Hand, riefen sie: «Wir im Krankenrevier wissen, daß ihr für die Rechte hungert und auch sonst die ganze Zeit Kohldampf schiebt. Das da haben wir für euch gesammelt, ihr werdet's brauchen können, wenn euer Hungerstreik vorbei ist!»

Im Haus wickelten wir die Päckchen auf. Eine Mohrrübe, Weißbrot, ein paar Würfel Butter und eine ganze Tüte Zucker! Wer sind diese Frauen, daß sie sich für uns die Brocken aus ihren Paketen vom Munde absparen? Was hat sie, die angeblich nichts Genaues wissen über die besagten «Rechte», dazu gebracht, uns zu unterstützen und dabei zu riskieren, ertappt zu werden? Was sind denn jene Theorien wert, nach denen unser Volk seine Rechtlosigkeit selbst gar nicht empfinde und die bürgerlichen Freiheiten überhaupt nicht brauche? Ich selbst, die ich mich in meiner Jugend für neunmalklug hielt, habe ja über diese Menschen, die Getreide für mein Brot anbauten und meine Sommerkleider nähten, nicht anders gedacht (ich wußte damals noch nicht, daß es die in den Lagern waren, die sie nähten). Damals wollte ich emigrieren – «abhauen aus diesem Sumpf». Jetzt, gezwungenermaßen in der Emigration, weiß ich, was ich damals nicht wußte. Ich danke dir, Gott im Himmel, daß ich durch die Gefängnisse mußte, daß ich Gedichte und Bücher vor dem KGB verstecken mußte, daß ich in Karzern schmachten und hungern mußte! Erst nach Aufnahme des offenen Kampfes erlebte ich, wie mir fast alle, denen ich auf meinem Weg begegnete, halfen. Diese stillen Helfer waren es, die meine Gedichte in die Freiheit trugen, die Igor beim Vervielfältigen behilflich waren, die Abschriften und Photokopien anfertigten und sie per Samisdat verteilten oder über die Grenze brachten. All diese verschiedenen Hände – junge und alte – waren es, die uns ein Stück Brot zusteckten, wenn wir am Verhungern waren, diese Augen waren es, die uns zulächelten – graue, braune, blaue... Und diese erstaunliche Erfahrung: Daß nämlich alle für uns und gegen unsere Henker sind, war es, die meinen dummen jugendlichen Stolz brach und den Hochmut dahinschmelzen ließ, der meine Seele hätte zerstören können. Igor wurde zur gleichen Zeit von den Kiewer Arbeitern unterstützt, mit denen er zusammen an der Werkbank stand, von Gefangenen, die von der Bewachung freigestellt waren, von Moskauer Professoren und sogar von meinen Gefängniswärtern. Die wenigsten Wärter sind überzeugte Sadisten, die meisten sind abgestumpfte Angestellte, die auch nur leben wollen und nicht jeden Befehl gern ausführen. Irgendwo tief drin in ihrer von Schulterriemen eingeschnürten Brust gibt es Ansätze von Scham, von Gewissen und Mitleid – all das, was irgendwann einmal mein Volk retten wird.

Dank euch, ihr Frauen aus dem Kriminellen-Krankenrevier! Ich weiß nicht, wofür ihr ins Lager gekommen seid. Ich weiß nicht, wie viele ihr wart, die ihr Essen für uns gespendet habt. Doch die Namen jener zwei werde ich niemals vergessen: Sie standen auf den Erkennungsmarken. Sie, lieber Leser, können sich gewiß denken, weshalb ich ihre Namen nicht nenne. Und du KGBler, der du einen Bericht über mein Buch abfaßt, rechne ruhig nach: Wie viele hundert Frauen sind denn im Herbst 1983 durchs Krankenhaus gegangen? Besondere Kennzeichen?

Bitte: Verwaschene blaue Kleider, schwarze Uniformblusen (oder heißt es Jacken?), weiße Kopftücher und Segeltuchstiefel.

Wir tun unsere Schätze ins Geheimfach: Heute wird noch gehungert. Um zwölf Uhr nachts beginnt ein neuer Tag, dann ist unser Hungerstreik zu Ende. Der letzte Abend. Wir sitzen im Eßraum bei heißem Wasser. Pani Jadwiga liest uns ihre Verse vor. Sie hat sie in litauischer Sprache geschrieben und für uns ins Russische übersetzt: Wie Gott heute abend bei uns ist, unsichtbar. Wüßten wir, daß ER hier ist – wir rückten IHM ein Bänkchen hin zum Sitzen. Aber wir sehen IHN nicht, doch ER sieht uns. Und ER sieht uns ins Herz. Einfache, naive Worte, nicht ganz im Einklang mit der russischen Grammatik. Aber sie sind ja auch nicht für Literaturkritiker geschrieben – uns jedenfalls wärmen sie die Seele. Sie gleichen den geschnitzten litauischen Kirchenskulpturen: Auf den ersten Blick findest du sie plump und unproportioniert, aber dann spürst du, daß Makellosigkeit auch nicht annähernd diesen tiefen Eindruck hinterlassen könnte. Zehn Uhr – Nachtruhe. Um Mitternacht gehe ich mit Tanja in die «Küche» – ein winziger Raum von fünf Quadratmetern. Wer von uns in jener Woche Aschenbrödel war, weiß ich nicht mehr. Unsere Idee ist, noch heute nacht etwas zu essen, unser Hungerstreik ist schließlich offiziell zu Ende. Das heißt, essen ist zuviel gesagt, jede soll nur einen kleinen Happen bekommen, das Frühstück am Morgen kann dann etwas solider ausfallen. Wir reiben die geschenkte Möhre auf einer selbstgebastelten Reibe: Natascha hatte es irgendwie geschafft, eine Konservenbüchse in zwei Hälften zu schneiden, mit einem Nagel Löcher hineinzuschlagen und Stahldrahtbügel darüber zu spannen. Och, ist das eine schwere Arbeit! Ein paarmal die Möhre energisch hin und her gerieben – schon mußt du Pause machen. Noch mal dasselbe – und wieder Pause. Haben wir vielleicht keine Kraft in den Händen? Doch, das wäre ja gelacht. Wir verteilen die geriebene Möhre auf sieben Schüsseln, das macht für jeden zwei Eßlöffel. Wundervoll! Den Tee bereiten wir aus Ebereschenbeeren zu und geben ganze drei Löffel Zucker daran. Zur Vollendung der Ausschweifung bekommt jede noch einen schwarzen Zwieback und drei Liebesperlen. Diese bunten Perlen gibt es im Lagerladen zu kaufen, sie sind ebenfalls eine Gabe aus dem Krankenrevier.

Wir gehen die anderen wecken, sie werden uns bestimmt nicht böse sein. Aber siehe da: Alle sind noch wach. Sie haben den Braten gerochen, liegen da wie artige Kinder und warten, daß wir sie zum Essen rufen. Phantastisch, dieser nächtliche Schmaus! Die Gesichter leben allmählich auf, werden rosig – vom Essen oder von unserer Fröhlichkeit. Die Stimmen gewinnen an Kraft, Lachen nach jedem Wort. Das Licht aus der Küche kann der Wachtposten von seinem Ausguck nicht sehen. Tap-tap-tap – wir hören Schritte. Wer ist das? Ach ja, die Aufseherin Anja auf ihrem nächtlichen Rundgang. Wie wird sie auf unsere verbotene nächtliche Prasserei reagieren? Mit einem Blick schätzt sie die Situation ein und droht uns lächelnd mit dem dicken Zeigefinger.

«Aber daß ihr euch ja still verhaltet, Frauen, sonst krieg ich einen Rüffel. Und wenn ihr fertig seid mit Essen, macht gleich das Licht aus: Der Chef der Wache könnte einen Gang durch die verbotene Zone machen.»

Unser «Madrider Hungerstreik» ist vorüber – was weiter? Von uns hängt das nicht ab, sondern von den Überraschungen, die das KGB uns bereiten wird. Wenn sie uns in Ruhe lassen, werden wir friedlich unsere Fäustlinge nähen und Briefe schreiben: zweimal im Monat. Sollten sie jedoch «erzieherische Maßnahmen» ergreifen, dann werden wir irgendwie reagieren müssen. Sie glauben, wir hätten nicht mehr die Kraft dazu? Doch, die haben wir! Woher wir sie nehmen, wissen wir selbst nicht. Oder doch?

Unser Schiffchen du
Kleine Zone
Was wird morgen
Was nur
Wird mit uns sein?

Und nach welchem Gesetze
Auf toten Gewässern
Treibst du dahin?
Wie nur
Bewahren wir dich
Unser Häuschen?
Nur aufs Ehrenwort einzig –
Wo ist sie
Die Hand, die dich schützt?
Wer von uns dorthin schwimmt
Dorthin treibt
Dorthin lebt
Bis zu andern,
Soll dann sagen,
Daß wir kannten
Die Berührung dieser Hand.

## 20

Los, Frauen! Fertigmachen zum Einkauf!»
Der Einkauf von Eßwaren ist uns in diesem Monat gestrichen, nach dem Gesetz haben wir aber das Recht, Seife, Zahnpulver und so weiter zu kaufen. Gemaßregelt werden wir nur durch Lebensmittelentzug, aber den Häftlingen die Seife verbieten – bewahre: Dann müßten sie uns ja hinterher von der Krätze heilen! Sie entschädigen sich für dieses Zugeständnis, indem sie Seife anbieten, die sechs- bis siebenmal so teuer ist wie gewöhnliche Seife. Draußen kauft kaum jemand diese teure Seife, aber wir haben keine Wahl – und so gehen unsere fünf Rubel im Monat notgedrungen für kostspielige Hygieneartikel drauf. Wir betreten den Laden und bleiben wie angewurzelt stehen: Gemüse, Obst, Gebäck, Marmelade und sogar irgendein Käse! Wie kommt das denn? Ist so was im Lager denn möglich? Triumphierend wird uns erklärt: «Diese Waren dürfen Sie nicht kaufen, Sie haben Einkaufsverbot.»

Na schön, nehmen wir mit Seife vorlieb. Oh, es gibt ja auch Hautcreme, sie rundet das Bild von unerhörtem Luxus ab. Aber auch sie darf nicht an uns verkauft werden, hören wir. Ein Verstoß gegen das Gesetz? Für sie gibt es doch nur ein Gesetz – das vom Lagerkommandanten befohlene. Und er hat es so angeordnet. Warum hat man uns überhaupt hierher geführt? Dafür haben sie selber keine Erklärung: Man hat ihnen befohlen, uns herzubringen und wieder zurückzubringen und uns nichts kaufen zu lassen. Psychoterror, nichts weiter. Ein Appell an den Magen. Da müßt ihr euch schon ein bißchen mehr anstrengen, Leute. Von euren Methoden ist doch eine primitiver als die andere: Ihr wollt uns einschüchtern und uns dann fettere Brokken vor die Nase hängen. Nichts als billige Verlockungen im Rahmen eures eigenen Wertsystems! Ihr selber kennt doch nichts Erstrebenswerteres, als einen dicken Brocken vom Kuchen abzubekommen. Was kann man von euch armen Würstchen also schon verlangen?

Lachend verlassen wir den Laden. Was wollen sie eigentlich erreichen? Uns umerziehen! Daß wir so werden wie sie. In diesem Bestreben merken sie gar nicht, wie sie in uns tagtäglich das Gefühl unüberwindlichen Ekels schüren: Wenn du sie in Aktion siehst, ist es einfach körperlich unmöglich, dich auf die Seite all dieser Operativniks, Staatsanwälte und KGB-Leute zu stellen. Die Seele im Leib dreht sich dir um. Dann schon lieber vor Hunger ins Gras beißen, als sich ihren Forderungen zu unterwerfen!

Und dennoch – war dieser Psychoterror nicht ein wenig zu kostspielig? Dieses umwerfende Warenangebot hatte man ja irgendwo auftreiben müssen. Nun, wenn nicht uns, dann werden sie es anderen verkaufen müssen, schlimmstenfalls den Aufseherinnen. Die Attacke auf unsere Psyche – gut, das war das eine, aber es mußte noch etwas anderes dahinterstecken. Wir sitzen da und rätseln, und unser Inneres krampft sich zusammen vor Hunger. Schon den dritten Tag nämlich haben wir kein Brot bekommen, und die Balanda haben wir zurückgegeben, weil sie wieder einmal versalzen war. Unsere Rettung ist die Melde und die Hafergrütze von vorgestern. Aber wieviel fällt für jeden von einer Lagerportion Haferbrei ab? Ach, ein Jammer, daß die Brennesseln vernichtet sind.

Und plötzlich bringen sie uns das Mittagessen. Heiliger Strohsack, was ist los?! Ungesalzener Grießbrei und Butterwürfel. Auch Zucker, zwar bloß eine symbolische Menge, aber immerhin dreimal soviel als die Norm, die sie an uns ausgeben müssen. Aber Butter? Sie gehört nur zur Sonderration für Kranke, und als krank wird bei uns niemand anerkannt. Das grenzt an ein Wunder. Brot allerdings ist wieder nicht dabei, aber angesichts dieses unverhofften Segens vergessen wir es zu monieren.

Wir setzen uns an den Tisch und greifen gerade zu den Löffeln, da hören wir Stiefeldonnern: Zehn Offiziere verschiedener Ränge, die Hälfte davon uns unbekannt. Schljopanow allerdings, den hiesigen Operativnik, kennen wir sehr gut, er führt auch als erster das Wort: «Sehen Sie, Bürger Oberst, alles da: Butter, Zucker!»

Oh, jetzt geht uns ein Licht auf, darum also dieser unerwartete Luxus! Eine Paradevorführung für die Kommission aus der Moskauer Hauptverwaltung! Den Genossen aus der Hauptstadt muß man doch beweisen, wie unbegründet unsere Beschwerdeschreiben sind.

Mich zerreißt es vor Wut. Ich springe vom Tisch auf und sage dem Obersten, um dessen Gunst diese Bande buhlt: «Ja, sehen Sie nur, sehen Sie – Butter! Wir sehen sie auch zum erstenmal. Sehen Sie, wie groß die Portion ist? Sechzig Gramm! Und dabei haben wir hier drei Kranke! Sehen Sie und halten Sie den Moment fest! Noch einmal wird niemand in unserer Zone so was zu sehen bekommen! Das ist nur Ihnen zu Ehren, nicht für uns! Sollen wir Ihnen ein Butterbrot schmieren?»

«Ira, mach diesem Mann keine unreellen Angebote! Brot haben wir doch schon drei Tage nicht gesehen!»

Dieser resolute Einwand kommt von Galja. Und mich reißt es fort: «Wenn Sie also so einflußreich sind, dann können Sie doch sicher dafür sorgen, daß wir unsere gesetzliche Brotration bekommen – oder? Und medizinische Hilfe. Und daß die Butter kein Almosen ist, weil irgendeine Kommission kommt, sondern regelmäßig an unsere Invaliden ausgegeben wird!»

Und einmal in Fahrt, halte ich ihm die Schale mit den unglückseligen Butterwürfeln unter die Nase. Der Ärmste weicht einen Schritt zurück. In meiner Wut und dünn, wie ich bin, gleiche ich jetzt offenbar einer Kobra mit aufgestelltem Nackenschild. Ich muß mich zusammenreißen, soviel ist mir klar, darum sage ich wie eine Dame von Welt: «Aber, bitte, nehmen Sie doch Platz, unterhalten wir uns.»

Natascha behauptete hinterher, ich hätte ausgesehen, als hätte ich vorgehabt, ihm die Butter auf seine Paradeuniform zu schmieren. Dies hatte ich nicht vor, ehrlich gesagt, aber wenn es so ausgesehen hat, dann war das nicht gut. Dies war übrigens mein erster und letzter Ausbruch vor Vertretern der Macht: Mit dem Gegner muß man kalt sprechen, höflich und ruhig. Oder überhaupt nicht. Man darf vor ihnen seine Gefühle nicht herauslassen. Aber damals hat es mich einfach überrumpelt, ich hätte nie gedacht, daß ich so explodieren kann.

Immerhin, mein Unmutsausbruch bewirkte, daß die Kommission die Betrügerei unserer Verwaltung nicht für bare Münze nahm. Und unser Aussehen sprach für sich. Sich unsere Beanstandungen anzuhören, hatten sie allerdings nicht vorgehabt. Nicht eine einzige Kommission aus der Hauptstadt hat je eine Unterhaltung mit uns geführt, und viele waren es ja auch nicht, die kamen. Daß eine Kommission im Lager war, merkten wir nur an den roten und weißen Armbinden der Aufseherinnen; sonst trugen sie diese nämlich nicht. Die Kontrolleure wollten überhaupt keine Informationen über Gesetzwidrigkeiten und Grausamkeiten, sie wollten von unseren Peinigern lediglich beteuert wissen, daß wir wie in einem Sanatorium lebten und Moskau nur aus Böswilligkeit mit unseren Beschwerdeschreiben beunruhigten. Diesmal aber hatten sie sich, nolens volens, was anhören müssen. Natürlich machten sie sich dann sofort aus dem Staub, doch noch am selben Abend bekamen wir unser Brot, wir konnten Seife und Hautcreme kaufen, und die Balanda war über eine geraume Weile nicht versalzen. Die Podust ließ sich lange nicht sehen, und als sie wieder auftauchte, benahm sie sich zurückhaltend und legte es nicht darauf an, uns zu provozieren. Die Ausgabe der Rationen erfolgte vergleichsweise zufriedenstellend. Angst vor Publizität spielte dabei vermutlich eine Rolle; nach den Worten des Lagerkommandanten wußten sie einfach nicht mehr, «was sie mit dieser Zone machen sollten». Wir ließen uns auf keine Kompromisse ein, und dies erwartete auch niemand mehr von uns.

Sogar die Texte der Verfügungen über die nächsten «Streichungen» änderten sich. Jetzt schrieben sie: «Das Recht auf Einkauf von Lebensmitteln für Oktober ist gestrichen wegen Nichttragens der Erkennungsmarke». Bisher hatten sie an diesen Punkt immer noch irgendwelche Lügen angehängt, damit nur ja recht viele «Verstöße» zusammenkamen. Zum Beispiel: «Ossipowa wurde dann und dann ohne Erkennungsmarke angetroffen. Außerdem wurde sie um zwölf Uhr, also während der Arbeitszeit, im Schlafraum überrascht, wo sie sich mit privaten Dingen befaßte.» Die Ossipowa war aber mitnichten im Schlafraum, sondern in der Küche, wo sie nach dem Mittagessen Geschirr spülte und die staatseigenen Behälter säuberte. Die Aufseherin, die den Bericht schrieb, wußte das ganz genau, doch man verlangte diese Lügen von ihr. Ein anderes Beispiel: Baraz wurde dann und dann ohne Erkennungsmarke und in einem unvorschriftsmäßigen Rock angetroffen.» Dabei wußten sie doch, daß sie für uns keine Uniformen hatten: Pawlow, der Lagerkommandant, hatte selbst zu uns gesagt: «Man wird Matratzenstoff an Sie ausgeben. Nähen Sie sich daraus, was Sie wollen, Hauptsache, der Anstand wird gewahrt.»

Die rebellische Baraz sagte sich: Wenn sie einen in Unterwäsche dastehen und auf die Uniform warten lassen (dies war ja wohl schon ein Verstoß gegen den Anstand, nicht wahr?), dann nähe ich mir Rock und Jacke selber. Die «vorschriftsmäßigen»

Röcke waren schwarz, der Matratzenstoff aber grau. Ei, diese boshafte Verletzerin des Regimes! Aber sind wir anderen denn besser? Unsere Klamotten waren doch aus demselben Matratzenstoff. Aber die dreisten, zynischen Lügereien in den Streichungsverfügungen nahmen kein Ende. Und wir verloren unser Einkaufsrecht, unser Recht auf Besuch und wurden mit SCHISO bestraft. Und nun plötzlich – stop! Die Lügereien wurden eingestellt, als einziges Delikt blieb das Nichttragen der Erkennungsmarken.

Aber machte das einen Unterschied, wenn die Bestrafungen dieselben blieben? Ja, denn diese Lügen waren für uns unerträglicher als die Repressalien. Nichts ist schwerer zu ertragen, als wenn einem frech ins Gesicht gelogen wird. Du empörst dich, und genau das wollen sie. Ganz zu Anfang, ich war höchstens erst eine Woche im Lager, hatte ich Tatjana Michailowna gefragt, was denn das Allerwiderwärtigste im Lager sei, und sie, die alles schon durchgemacht hatte, den SCHISO und das Krankenrevier, antwortete mir, ohne eine Sekunde zu zögern: «Das ständige Lügen.»

Wenn alle lügen, die bei deiner Inhaftierung die Hände im Spiel haben – vom Staatsanwalt über die Bewacher bis zum Zensor –, hartnäckig, stumpfsinnig lügen, tagein, tagaus, dann kommst du dir vor wie in einem großen Irrenhaus. Nur mit dem Unterschied, daß die Psychopathen eben deine Aufseher sind und sie dich in eine wahnwitzige verlogene Realität pressen wollen. Nehmen wir doch nur einmal Schalin, der hartnäckig bestreitet, daß es uns gibt: «Bei uns in den Lagern gibt es keine politischen Gefangenen.»

Aber sie sind es doch, die uns als solche bezeichnen. Auf den Behältern, in denen sie uns das Essen bringen, steht in brauner Schrift «Politzone». Und wie oft hat uns gerade Schalin bei seinen Moralpredigten unter die Nase gerieben: «In der Politzone für Männer wird die Erkennungsmarke getragen, nur Sie hier widersetzen sich!»

Die Partei aber hat verkündet: Bei uns gibt es keine politischen

Gefangenen. Und darum existieren wir für Schalin nicht. Ist diese Behauptung etwa weniger wahnwitzig als Behauptungen vom Typ «Ich bin ein Teekessel» oder «Unter uns befinden sich Marsmenschen»? Ein Mensch, der auf solche spitzfindigen, schizoiden Eskapaden nicht vorbereitet ist, kann zur Raserei, zum Verlust der Selbstbeherrschung getrieben werden. Wir hatten unsere Erfahrungen damit schon in der Freiheit gemacht: durch Zeitungen, durch KGB-Leute, durch Produktionsversammlungen – durch den gesamten Stil des offiziellen Lebens in unserem Lande. Gerade dagegen haben wir uns ja aufgelehnt. Konnte Galja, Anhängerin der Pjatidesjatniki-Sekte, denn Kommunistin bleiben und ständig behaupten, daß Gott überall dort, wo die Partei es befiehlt, nicht existiert? Konnte Tatjana Michailowna im Dienst die für alle obligatorischen «politischen Informationen» vorlesen? Konnte Pani Jadwiga, die man schon als Mädchen ins Lager steckte, weil sie Litauerin ist, «die Politik von Partei und Regierung gutheißen»? Gut, unsere Strafen haben wir bekommen. Was das Lager bedeutet, wissen wir ganz genau: nämlich Kälte, Hunger, Gewalt, Trennung von Angehörigen und Freunden. Doch statt offener, unverhohlener Bestrafung – Bestrafung unter dem Deckmäntelchen humanitärer Fürsorge! Sagten sie doch später im SCHISO zu uns: «Was wollen Sie – der Ofen ist doch glühend heiß?!»

Und legten in vollster Überzeugung die Hand auf die eiskalten Metallplatten: heiß! In unserer Zelle aber waren 8 Grad, doch wir konnten ja nicht das durch die Kontrolle geschmuggelte Thermometer vorzeigen, nur um sie zu überführen.

Und dennoch war die zeitweilige Einstellung dieser sinnlosen Lügereien ein kleiner Sieg für uns. Bald war alles wieder beim alten: Keine anreisende Kommission vermochte den einmal eingeführten Arbeitsstil einer sowjetischen Institution umzukrempeln. Ganz schlecht stand es bei uns um die medizinische Versorgung. Zu dem Zeitpunkt waren wir ausgemachte Elendsgestalten: Eine hatte Ödeme, eine fieberte ständig, eine fiel vor Schwäche öfter um. Und trotzdem drohten sie uns: Wer die Arbeitsnorm nicht schafft, wandert in den SCHISO! Natascha nahmen sie ihre Invalidenbescheinigung Stufe 3 weg, ohne daß dazu eine medizinische Kommission, eine Untersuchung nötig gewesen wäre. Auch sie sollte die volle Leistung schaffen. Natürlich war das unrealistisch, und wir rissen uns deshalb kein Bein aus. Schlimm genug, daß Natascha schon einmal bei laufender Maschine das Bewußtsein verloren hatte. Wassili Petrowitsch meinte phlegmatisch: «Näht, soviel ihr könnt, und macht euch nicht verrückt. Der Rest ist meine Sorge.»

Und wirklich, niemand von uns wurde je wegen Nichterfüllung der Norm bestraft. Sie beschränkten sich auf Drohungen. Für eine Bestrafung benötigten sie die Unterschrift des Meisters, und da wir im Prinzip arbeitswillig waren, gab sich Wassili Petrowitsch dazu nicht her. Bei Arbeitsstreiks allerdings konnte er uns nicht helfen, krächzte nur: Nichts zu machen, eure Streikerklärung liegt ja vor...

Unsere Ärzte sind ein Kapitel für sich. Wie kann man einen Menschen mit über 38 Grad Fieber zur Arbeit schicken? Kuriert ihn erst und schickt ihn dann zur Arbeit! Doch die Wolkowa hat Urlaub, die Krankenschwester kann oder will nichts unternehmen, und so haben wir am 19. September vier Schwerkranke in der Zone. Ärztliche Hilfe ist dringend erforderlich. Das Krankenhaus befindet sich in nächster Nähe, es muß doch ein diensthabender Arzt da sein. Die Wolkowa hat sowieso keine Ahnung, die versteht weniger von Medizin als die Krankenschwester Tanja – warum also warten, bis sie aus dem Urlaub zurück ist? Von sechs Uhr morgens an bis zwei Uhr nachts bemühen wir uns um einen Arzt: Wir sagen dem Posten auf dem Turm Bescheid, wir sagen es den Aufseherinnen und allen Offizieren (außer der Podust), die an diesem Tag in die Zone kommen. Nachtruhe? Von wegen, das Licht wird nicht gelöscht! Holt sofort einen Arzt, wir können nicht bis in alle Ewigkeit warten!

Um zwei Uhr nachts endlich kommt einer und poltert gleich los: «Ich kann nicht auch noch nachts Sprechstunden einführen!»

«Wo waren Sie denn vorher, wir haben den ganzen Tag nach Ihnen gerufen?»

«Davon weiß ich nichts.»

«Na schön, kommt morgen jemand?»

«Keine Ahnung, morgen habe ich dienstfrei.»

«So sehen Sie doch wenigstens nach denen, die am schlimmsten dran sind!»

Er sieht sich Rajetschka und Pani Jadwiga an (ihnen geht es am schlechtesten). Er mißt Temperatur, hört das Herz ab. Daß es um sie schlecht steht, muß er zugeben, eine Diagnose aber schreibt er nicht ins Krankenblatt. Er ist nur der Arzt vom Dienst, Diagnosen und Krankenblatteintragungen sind nicht seine Sache. Eine Spritze kann er geben, Tabletten kann er auch dalassen, aber die Therapie kann er nicht festlegen. Und wie steht es mit der Arbeitsbefreiung? Auch das fällt nicht in seine Zuständigkeit, das ist Sache der Chefärztin. Aber die ist erst in einem Monat wieder da. Nun, dann muß eben so lange gewartet werden.

«Heißt das, die Frauen sollen in dem Zustand morgen wieder an die Maschine?»

«Das habe ich nicht gesagt.»

«Schreiben Sie sie wenigstens für morgen krank!»

«Dazu habe ich nicht das Recht, so begreifen Sie doch endlich!»

Sie lügen alle, jeder auf seine Weise. Manchen von ihnen bereitet das Lügen ein eigenartiges Vergnügen, das um so süßer ist, je zynischer und dreister es dabei zugeht. Genußvoll sehen sie dir in die Augen, und ihr größter Sieg ist es, wenn du die Beherrschung verlierst. Dich mit unschuldsvollem Blick in die Enge zu treiben, ist ihr Hauptziel: Wer die Fassung verliert, ist leicht zu brechen. Zu dieser Kategorie gehören unsere KGB-Leute, Leute wie Staatsanwalt Ganitschew und die Podust. Für sie haben wir nur kalte Verachtung: Und ist es nicht schon zuviel Ehre für sie, daß wir ihnen gegenüber überhaupt Emotionen zeigen?

Andere wieder (und dazu gehört der Doktor) lügen notgedrungen, sie sehen einem nicht in die Augen und leiden selbst darunter. Ginge es nach ihnen, würde niemand von uns hier sitzen. Mitunter, wenn sie ganz verzweifelt sind, geben sie uns das auch zu verstehen, aber was können sie schon ausrichten? Wo sonst sollten sie Arbeit finden? Die Aufseherin Sweta hat uns einmal treuherzig anvertraut: «Wo soll ich denn hin? Ich bin hier in Baraschewo geboren und polizeilich gemeldet. Soll ich als Melkerin arbeiten gehen – da rackerst du von früh bis spät, schlimmer als in der Katorga, und alles für ein paar schäbige Kopeken. Oder in den Kindergarten? Um eine Stelle dort reißen sich die Baraschewer Weiber. Hier ist es gut: drei Tage Arbeit, drei Tage frei. Die Arbeit ist leicht und die Bezahlung – oho! Du unterschreibst für fünf Jahre, die Offiziere für fünfundzwanzig. Und wenn du nachher willst, bleibst du dabei. Gegen euch habe ich nichts, ich weiß doch, daß ihr keine Verbrecher seid.»

Und doch wird dieselbe nette Sweta auf Befehl einen Lügenbericht schreiben – Anlaß für den nächsten SCHISO oder die Streichung der Besuchserlaubnis. Hinterher wird sie in die Zone kommen, rot anlaufen und zu Boden starren. Aus eigener Initiative verleumdet sie uns jedoch nicht, begeht sie keine Gemeinheiten. Im Gegenteil, gelegentlich warnt sie uns sogar: «Du paß auf, Ratuschinskaja, mach, wenn Nachtruhe ist, den Fernseher nicht mehr an: Dein Wiedersehen steht auf der Kippe. Wir sollen Material gegen dich sammeln, haben sie uns gesagt.»

So sind die meisten unserer Lagerwärter, und wir bedauern sie, wenn auch mit einer gewissen Verächtlichkeit. Arme, bedauernswerte Menschen sind das – wodurch unterscheidet sich ihr Leben denn prinzipiell von dem der Gefangenen? Sie bringen ihr ganzes Leben im Lager zu und wagen nicht zu mucksen. Ihre Kleidung ist besser, sie haben reichlich zu essen – das sind auch schon alle Vorzüge. Ach ja, und sie leben mit ihren Familien zusammen, aber wer weiß, vielleicht werden ihre heranwachsenden Kinder sie eines Tages fragen: «Schämt ihr euch nicht, daß ihr euer Leben lang andere Menschen gequält habt? Meine Eltern – Lageraufseher? Wie soll ich damit fertig werden?»

Natürlich kann es auch so sein, daß der Sohn (oder die Tochter) in die Fußstapfen der Eltern tritt, in die Schule des Innenministeriums geht und selber Aufseher wird. Vielleicht hat er sogar das Zeug zum Staatsanwalt oder Lagerkommandanten. Gefängniswärter ist hier in vielen Familien ein erblicher Beruf.

Über eines sind wir uns klar: Gebe es nicht erzwungenermaßen so viele Aufseher und Lügner – dieses ungeheuerliche System von Gewalt und Unterdrückung hielte sich keinen Tag. Sie sind die eigentlichen Opfer dieses Systems, sie arbeiten ja für das System – aus Schwäche und aus Angst. Könnten sie dem entgehen, so wären sie froh und glücklich, doch sie haben keine Wahl. Inwiefern sind sie schlechter als jene «sowjetischen Werktätigen», die auf Versammlungen einstimmig «dafür» sind (probier mal, «dagegen» zu sein), die es vorziehen, von Repressalien, die sie nicht persönlich betreffen, nichts zu wissen, die mit Dulderstimme politische Schulungen durchführen, die ihnen und anderen zum Halse heraushängen, und die dann, in den Pausen, dem Lob spenden, der es trotz allem wagte, dagegen zu stimmen: «Großartig, denen hast du's aber gegeben! Wir alle stehen hinter dir!»

Das Lob wird allerdings nur geflüstert, mit ängstlichem Blick in die Runde, ob es auch ja niemand hört. Und wenn dann der Untersuchungsprozeß gegen den anläuft, der «dagegen» stimmte, verkrümeln sie sich und üben Sympathie aus sicherer Ferne. Im Freundeskreis aber brüsten sie sich: «Den habe ich persönlich gekannt, wir haben zusammen gearbeitet. Prima Kerl, wir mochten ihn alle sehr. Wann kommt er denn aus dem Lager zurück?»

O, ihr unglücklichen Bürger meines Landes! Bewahrt euch wenigstens diese Scham und dieses Flüstern! Vielleicht werden eure Kinder einmal mehr Mut haben.

Im Augenblick aber sagt unsere Aufseherin, während sie uns aus der SCHISO-Zelle ins Bad führt: «Ich verstehe das alles. Aber was bringt's mir? Man kann nicht mit dem Kopf durch die Wand. Ein Muckser, und ich sitze mit euch in einer Zelle!»

Wie soll sie begreifen, daß niemand von uns, die wir schon ein Stück Freiheit gerochen haben – und sei es nur Freiheit von Angst –, mit ihr tauschen würde.

## 21

ENDLICH, am 20. Oktober, kommt Pani Jadwiga ins Krankenhaus. Gunkin, der behandelnde Arzt, untersucht sie und verblüfft sie mit folgender Bemerkung: «Wo ist der Beweis, daß man Ihnen tatsächlich die Gallenblase herausoperiert hat? Die Operationsnarbe? Vielleicht hat man Sie einfach nur so aufgeschnitten?»

Eine Therapie verordnet er nicht; sie auf Diät zu setzen, lehnt er ab. Mitarbeiter der politischen Abteilung der Verwaltung suchen sie auf wegen ihres Gesuchs an dieselbe, man möge ihren Körper im Falle ihres Todes den Verwandten übergeben. Was ist hier los? Was hat dieses merkwürdige Ansinnen zu bedeuten? Die Ärzte hätten ihr nach der Operation strengste Diät verordnet, erklärt sie ihnen, wenn sie am Leben bleiben wolle. Doch fast alles, was es im Lager zu essen gebe, dürfe sie nicht zu sich nehmen, Diät aber verweigere man ihr. Wie also solle sie da überleben? Und als Katholikin und Litauerin möchte sie in ihrer Heimat begraben werden, und zwar unter Einhaltung des religiösen Rituals. Der mordwinische, von Stacheldraht umgebene Lagerfriedhof mit seinen numerierten, namenlosen Gräbern sage ihr in keiner Weise zu. Wenn sie schon nicht leben dürfe, möchte sie wenigstens menschlich begraben werden. Darauf bestehe sie.

«Hier sind so viele Kranke», mischt sich die Podust ein, die zusammen mit den Verwaltungsleuten gekommen ist, «wenn wir Ihnen die Diät geben, wollen andere sie auch haben!»

Pani Jadwiga schweigt. Die Podust ist für sie Luft. Die Verwaltungsleute aber kommen ins Grübeln und schicken unsere Pani Jadwiga nach kurzer Behandlung in die Zone zurück. Auf Diät setzen sie sie nicht, statt dessen geben sie ihr zur Ergänzung der Lagerkost einen Monat lang den Krankenhausverpflegungssatz: 40 Gramm Zucker pro Tag, 30 Gramm Butter, 450 Gramm Milch und 15 Gramm Trockenfrüchte. Es erübrigt sich beinahe zu erwähnen, daß unsere eigensinnige Pani ultimativ verlangt: Entweder alles wird zwischen uns geteilt oder ich nehme keinen einzigen Bissen in den Mund. Ich werde fasten und darum beten, daß Gott euch zur Vernunft bringt.

Nun, im allgemeinen teilten wir immer, wenn es uns gelang, einen Krankenhausverpflegungssatz zu ergattern. Die Wolkowa pflegte dann zu sagen: «In diesem Monat kann ich Ihnen zwei Sätze geben. Auf wen soll ich sie ausschreiben?»

Aber das war in guten stillen Zeiten, als es sich ein wenig leichter lebte und wir nicht hungerten. Jetzt ist die Lage ernst: Ohne Zusätze zum Aufpäppeln wird Pani Jadwiga nicht durchkommen. Wir anderen sind kräftiger, wir können verzichten.

«Nein, nein, Gott wird helfen.»

Und sie beharrt auf ihrem Vorsatz: Alles muß geteilt werden! So ist es bei uns nun mal, und sogar die Wladimirowa, die getrennt von uns ißt, erhält ihren Anteil sowohl von der Ration als auch von unseren Streifbandsendungen und unseren seltenen Paketen. Was das Essen betrifft, führen wir keinen Krieg mit ihr. Wenn sie eine Zusatzration bekommt, muß sie ebenfalls mit allen teilen. Das tat sie auch, als sie 1986 von Igor und Olja Matussejewitsch, die zu der Zeit schon frei waren, eine Paketsendung erhielt (Verwandte hatte sie ja nicht, aber Provokateure müssen auch essen).

Ende Oktober, nachdem der Zensor da war, verziehen wir uns in unsere Ecken, um die Post zu lesen. Plötzlich stöhnt Edita auf, dann fängt sie an zu weinen. Sie kann uns nicht erklären, was los ist: In der Aufregung fällt es ihr schwer, russisch zu sprechen, und wir verstehen kein Litauisch, obwohl wir uns schon einige Brocken angeeignet haben. Pani Jadwiga übersetzt. Wie sich herausstellt, war am 14. Oktober Editas Mann mit ihrem kleinen Sohn zu dem Drei-Tage-Besuch eingetroffen, auf den Edita so sehnsüchtig wartete. Die Verwaltung hatte ihm dann aber überraschend mitgeteilt, beide Besuche – der kurze wie der lange – seien der Verurteilten Abrutene gestrichen worden. Edita hatte nichts davon gewußt, man hatte ihr keine Streichungsverfügung vorgelegt. Sie hatte nicht einmal gewußt, daß Mann und Sohn überhaupt hier gewesen waren. Die lange Reise mit dem Kind von Vilnius nach Mordwinien und dann unverrichteter Dinge wieder zurück! Mein Gott, wie muß das Kind geweint haben...

Edita ist ein Mensch schneller Entschlüsse. Als sie sich etwas beruhigt hat, sagt sie: «Ihr könnt tun, was ihr wollt, aber ich streike, bis sie mir die Besuchserlaubnis zurückgeben!»

Der Fall ist wirklich außergewöhnlich, das geben wir zu, wir sind einigermaßen verwirrt, daß es keine Verfügung gab. Ein Mißverständnis vielleicht? Möglicherweise wurde Edita das Wiedersehen gar nicht gestrichen, möglicherweise hatte sich eine dusselige Beamtin in der Rubrik geirrt? Wir überreden sie, mit dem Streik noch zu warten, bis wir offiziell bestätigt bekommen, daß das Geschehene kein Zufall ist. Und sollten sie Edita wirklich auf diese heimtückische, infame Art und Weise um die beiden Besuche gebracht haben, werden wir alle in den Streik treten. Abgesehen natürlich von der Wladimirowa. Am Abend gehen die entsprechenden Schreiben ab: an den Staatsanwalt, an die Hauptverwaltung, an den Lagerkommandanten. Wir haben darin die Situation dargelegt und um Aufklärung und, falls ein Versehen vorliegt, um Wiedergutmachung gebeten. Es vergeht eine Woche – keine Antwort. Edita ist genervt: Wann wird endlich gestreikt? Geduld, wir müssen abwarten, bis wir genau wissen, daß Betrügerei vorliegt. Selbst die über uns hereinbrechende angenehme Botschaft, daß wir im Laden einkaufen dürfen (seltsamerweise keinerlei Streichungen im November), freut uns nicht recht. Allmählich wird uns klar: eine neue Runde von Rechtswidrigkeiten, eine neue Phase des Krieges hat begonnen. Sie ziehen die Sache nicht willkürlich hin, das hat Methode. Für unsere Entscheidung brauchen wir aber die Streichungsverfügung als juristische Grundlage. Nach außen hin leben wir in diesen Tagen wie sonst auch, ringen mit dem Lagerpersonal um Sauberkeit. Der Herbstdreck ringsum ist unsäglich, alle Wege verwandelten sich in klebrigen Brei. Da alle Gespräche nichts fruchten, versuche ich es mit Sichtwerbung und pinsele auf die Doppelseite aus einem Schulfheft folgenden Spruch:

Ob Freund, ob Feind, wer hier tritt ein
Der mache sich die Schuhe rein!

Das Plakat befestige ich an der Eingangstür. Die Aufseherinnen reißen es systematisch ab und bringen es der Obrigkeit, und genauso systematisch klebe ich ein neues an: Die da oben sollen ruhig mitkriegen, wie das funktioniert. Auf einmal – tap-tap-tap – erneutes Stiefeldonnern im Korridor. Diesmal kommen die Aufseherinnen nicht allein, sie bringen eine nicht mehr ganz junge Frau mit: große Augen, spindeldürr, gerade fallendes Haar. Keine üblichen Stiefel, sondern spezielle hochgeschnürte Lagerschuhe, wie man sie sich plumper und schwerer nicht vorstellen kann. Im Lager heißen die bei Männern wie Frauen gleichermaßen verhaßten Dinger «Quadratlatschen». In die Stiefel dringt wenigstens kein Dreck ein, solange sie heil sind, aber Stiefel statt dieser idiotischen Botten zu bekommen, will auch was heißen.

Die Frau lächelt uns entgegen, sagt: «Ihr Plakat habe ich gelesen, und ich möchte zu den Freunden gehören. Die Stiefel hab ich mir also abgeputzt.»

Gelächter. Die Neue gefällt uns auf den ersten Blick. An ihrer makellos sauberen Wattejacke hat sie die Erkennungsmarke: L. Doronina. Abteilung Nr. 2. Die haben sie ihr gleich an der Wache angedreht. Trotz des russischen Namens hat sie einen leichten Akzent. Sie ist Lettin, eine geborene Lasmane, den russischen Nachnamen hat sie von ihrem Mann, einem Geologen, den sie in Sibirien kennenlernte. Er ist inzwischen tot, und sie lebte von der Rente, in einem kleinen Dorf bei Riga. Mit dem Hündchen Schames. Gute Menschen haben ihn nach ihrer Inhaftierung zu sich genommen, und um sich selbst macht sich Lida Doronina keine Sorgen: Sie sitzt schon zum drittenmal. Geboren wurde sie 1925, im unabhängigen Lettland, und erst als sowjetische Truppen nach Lettland kamen, lernte sie die Russen kennen: Ein sowjetischer Offizier zu Pferde entdeckte Lida am Rande eines Wäldchens, er setzte ihr nach und versuchte, sie zu vergewaltigen. Aber da hatte er sich verrechnet: Die Bauerntochter Lida schwang sich auf sein Pferd und sprengte auf und davon. Nach ihr geschossen hat er nicht, aus Mitleid mit ihr oder mit dem Pferd. Das Pferd entließ sie dann in den Wald – ein gutes Pferd findet seinen Herrn. Dann geschah all das, was in jedem Land geschah, wo die Sowjetmacht errichtet wurde. Aber besser als ich das erzählen kann, hat Lida das in einer Erklärung niedergeschrieben.

An das Präsidium
des Obersten Sowjets

Erklärung

*Ich wurde 1925 in dem selbständigen unabhängigen Staat Lettland in einer religiösen Bauernfamilie geboren. Die Bildung, die ich erhielt, entsprach dem Geist und den Gesetzen meines Landes.*

*Meine Jugendjahre wurden von zwei furchtbaren Ereignissen geprägt: der von der Sowjetmacht verfügten Massendeportation meines Volkes 1941 und den Massenerschießungen hier lebender Juden 1942 durch die Gestapo. Unter den Betroffenen waren Schulkameraden von mir und nahe Verwandte. Ich begriff, daß meine Heimat zum Kampfplatz zweier kriegführender Staaten geworden war.*

*Anderthalb Jahre nach Kriegsende wurde meine Familie, darunter auch ich, wegen «Verrats an der Heimat» und wegen*

*Verbindung zu «Banditen» (nach Art. 58 – Ia, P. 17/3), wie die Beschuldigung lautete, verhaftet. Diese «Banditen» waren Bekannte meines Vaters, denen er geholfen hatte, so wie er während des Krieges russischen Flüchtlingen, Kriegsgefangenen und anderen in Not geratenen Menschen geholfen hatte, ohne dabei sein Land und sein Volk zu verraten. Auch ich habe keinen Verrat geübt. Aber das Militärtribunal des Baltischen Wehrbereichs saß über mich zu Gericht und verurteilte mich zu fünf Jahren Haft. Die Gerichtsverhandlung wurde in russischer Sprache geführt, die ich damals nicht verstand. Nach dem Prozeß wurde ich gewaltsam aus meiner Heimat in den Ural verbracht, später nach Workuta.*

*Bei meiner Entlassung 1951 war ich krank, hatte Geschwülste in der Lunge, aber da ich in der Militärverbannung der Autonomen Republik der Komi bleiben mußte, durfte ich erst 1954 in die Heimat zurückkehren, nach Stalins Tod und dem diesem Ereignis nachfolgenden positiven Wandel im Lande. Aber ich konnte mit Mann und Töchterchen keine Bleibe finden. Erst 1962 hatten wir durch unsere Arbeit im fernen Norden soviel verdient, daß wir uns in Lettland eine Kooperativwohnung leisten konnten. Endlich schien mein Leben in Ordnung zu sein.*

*Aber 1970 wurde ich nach Art. 183 – I des Strafgesetzbuches der Lettischen SSR, der 1968 neuaufgenommen worden war, erneut vor Gericht gestellt und vom Obersten Gericht der Lettischen SSR wegen Verbreitung von Samisdat-Literatur zu zwei Jahren Haft verurteilt. Nach meiner festen Überzeugung hat dieser Artikel des Strafgesetzbuches keine ethische Grundlage, da gemäß Artikel 18 der Allgemeinen Menschenrechtserklärung «jeder Mensch das Recht auf Meinungs-, Gewissens- und Religionsfreiheit hat; dieses Recht schließt die Freiheit ein, ungehindert an seinen Überzeugungen festzuhalten und – unabhängig von Staatsgrenzen – nach Informationen und Ideen zu suchen, sie zu beziehen und zu verbreiten». Nachdem ich zwei Jahre unter kriminellen Verbrechern gelebt hatte, kehrte ich zu meiner Familie zurück, arbeitete wieder, pflegte und versorgte meinen ge-*

*lähmten Mann und meine greisen Eltern (die zu zweit vom Staat zehn Rubel Rente erhielten).*

*1977 erschien in der Zeitung «Padomju Jaunatne» von Kalnaja und Lizisa der Artikel «Sag, wer dein Freund ist», in dem unsere Familie (Vater, Bruder, dessen Frau und ich) diffamiert wurde, mein Bruder – post mortem. Mein Dementi wurde nicht veröffentlicht, die Verleumdungen blieben ungesühnt.*

*1983 wurde ich zum drittenmal verhaftet. Die Anklage lautete: antisowjetische Agitation und Propaganda (Art. 65 StGB der Lettischen SSR). Die gegen mich vorgebrachten Beschuldigungen entsprachen nicht der Wahrheit und konnten nicht bewiesen werden, und trotzdem wurde ich zu fünf Jahren Lager, strenges Regime, und drei Jahren Verbannung verurteilt. Ich bin mir keiner Schuld bewußt und weiß nicht, weshalb ich wieder für so lange Zeit von meiner Familie weggerissen wurde. Da ich mich in einem Lager mit strengem Regime befinde, habe ich, eine schon ältere Frau, Invalidin Gruppe 2, keine großen Hoffnungen, je wieder nach Hause zu kommen.*

*Am 17. Januar 1984 erschien im Zentralorgan der Lettischen SSR mit der Unterschrift «Silinsch» zum zweitenmal ein verleumderischer Artikel, in dem mein Name erwähnt wurde. Mir wurde unterstellt, im Ausland «Auftraggeber» zu haben, für die ich arbeite. Ich erachte es für notwendig zu erklären, daß ich mich als freier Mensch fühle, selbst in Gefangenschaft, und keinerlei «Auftraggeber» habe. Mein ganzes Leben lang habe ich mich der Sowjetmacht gegenüber loyal verhalten. Ich habe gearbeitet, meine Tochter und meine Enkel erzogen, Steuern gezahlt, die Gesetze befolgt. Nach Privilegien habe ich nicht gestrebt und außer Lohn für meine Arbeit vom Staat nichts bekommen, daher fühle ich mich ihm in nichts verpflichtet.*

*Als Gläubige, die bemüht ist, die ethischen Prinzipien der religiösen Moral zu befolgen, untergrabe ich, wie sich herausstellt, ohne dies zu wollen, die sowjetische Gesellschaftsordnung.*

*Früher ist mir nie der Gedanke gekommen, meine Heimat zu verlassen, aber da ich weder die Möglichkeit habe, mich gegen*

*Verleumdungen zu verteidigen noch ungestört in meiner Heimat zu leben, und da mir ferner all die Rechte verweigert werden, die in Artikel 18 der Allgemeinen Menschenrechtserklärung sowie in Artikel 19 des Internationalen Vertrags über bürgerliche und politische Rechte verankert sind, sage ich mich von der sowjetischen Staatsbürgerschaft los.*

*Ich bitte die sowjetische Regierung, mir die Ausreise nach Schweden zur Familie meines verstorbenen Bruders zu gestatten – zu seiner Frau Valentina Karlowna Lasmanis und seinen drei Töchtern. Ich glaube nicht, daß es zur Festigung der Sowjetmacht nötig ist, mich statt in Schweden in Mordwinien sterben zu lassen.*

*6. März 1984*

LIDIA DORONINA

Nach zwei in der Kriminellenzone abgesessenen Strafen meint sie, sei die Erkennungsmarke für sie kein Objekt, gegen das es sich zu kämpfen lohne: Es gebe schlimmere Dinge. Unter Stalin hätten alle Nummern tragen müssen. Es habe Revolten gegeben, und nicht deswegen. Vorläufig werde sie die Marke also tragen, sollte sie jedoch irgendwann meinen, dies sei nicht sinnvoll, sei immer noch Zeit, sie abzulegen. Natürlich bestehen wir auch nicht darauf: Wir sind für die Freiheit des Gewissens. Wir machen sie lediglich mit unserer Situation bekannt (sie ist schriftlich dargelegt, wir geben ihr unsere Erklärung zu lesen), und dann mag sie ihre Entscheidung selber treffen.

Die Podust, versteht sich, hat Aufwind und tönt in unserem schweigsamen Haus: «Von der Doronina können Sie was lernen – sie ist älter und klüger. Sie werden im SCHISO landen und auf Ihren Besuch verzichten müssen – Doronina nicht!»

Wir schweigen eisern, und Pani Lida antwortet höflich und ruhig: «So wie Sie mich gegen meine Kameradinnen ausspielen, animieren Sie mich ja geradezu, die Marke abzureißen Also lassen Sie das lieber. Vorläufig tue ich es nicht, aber wenn auch nur eine der Frauen in meinem Beisein deswegen bestraft wird, reiße ich sie ab und werfe sie in den Ofen.»

Das tat sie später wirklich in so einer Situation und schrieb die entsprechende Erklärung dazu. Mit Pani Lida ist nicht zu spaßen: Sie ist unendlich gütig und äußerst geduldig, aber es gibt auch Grenzen bei ihr, und die darf man nicht überschreiten. Während sie sich über weitere Probleme unserer Zone Klarheit zu verschaffen sucht, legt sie auch ihre Meinung hinsichtlich unseres bevorstehenden Arbeitsstreiks dar: Sie habe nicht die Absicht zu arbeiten. Es sei schon mehr als genug, daß der Staat jetzt ihre 32 Rubel Rente einstreiche! Ihre Arbeitsjahre seien vorbei, Punkt. Und was den Boykott gehen die Podust angehe, so wolle sie sich vorerst nicht daran beteiligen: «Ich muß mich selbst davon überzeugen, was sie für ein Mensch ist. Ich glaube euch, aber mir wird wohler sein, wenn ich die Erfahrung selber mache. Was, wenn sie nun doch noch keine verlorene Seele ist?»

Die Podust ist in letzter Zeit nicht mehr ganz so rabiat: Der Konflikt mit unserer Zone ist ihr dienstlich nicht zum Nutzen ausgeschlagen, und jetzt steht sie auf der Kippe. Sie hütet sich daher, Pani Lida aufs Dach zu steigen – die erste Abfuhr war lehrreich. Für sie ist die Neue jetzt, was ein Strohhalm für den Ertrinkenden ist, sie möchte nicht auch noch von ihr boykottiert werden, daher ist sie auch maßvoll gegen uns.

Die Wladimirowa ist auch still geworden: Die Einsamkeit unter uns nagt schwer an ihr. Uns zu drohen, hat sie aufgegeben, statt dessen redet sie ständig davon, sie werde sich eines Nachts aufhängen. Wir nehmen sie darin nicht für voll: Wer seinen Selbstmord ankündigt, wird ihn kaum verüben. Aber mies geht es ihr, das ist nicht zu übersehen. Selbst ihre Wutausbrüche hat sie eingestellt, woraus zu schließen ist, daß sie – bestenfalls – tatsächlich nervenkrank oder – schlechtestenfalls – psychisch schwer geschädigt ist. Ihre hysterischen Auftritte, wenn auch jetzt nicht gegen uns gerichtet, wiederholen sich ohne jeden äußeren Anlaß. In diesem Zustand beschimpft sie entweder die Aufseherinnen oder bringt es fertig, in aller Seelenruhe über die Stacheldrahtumzäunung zu klettern, mit dem Spaten das Signalkabel durchzuhauen und in das Krankenhausgelände einzudringen. Täte das jemand von uns, würde man ihm das als Fluchtversuch auslegen. Aber nicht der Wladimirowa. Die wird nach zwei, drei Stunden, besänftigt und heiter, von der Podust am Ellbogen gestützt zurückgebracht und ins Bett gepackt. Vielleicht hat man ihr eine Spritze gegeben, wer weiß. Jetzt, da sie ihre Aggressivität verloren hat und tief unglücklich ist, weckt sie mehr und mehr Mitleid in uns.

So gehen die Tage dahin. Wir warten auf das, was weiter geschieht, und dann ist der 14. November gekommen.

## 22

Wladimirowa und Lasarewa – zum Transport!»

SCHISO? Aber wieso dann auch die Wladimirowa? Sie wird nie bestraft: Man streicht ihr, damit sie nicht ausflippt, nicht einmal den Einkauf im Laden.

Die Aufseherinnen beruhigen uns: «Kein SCHISO – nach Saransk zur Umerziehung!»

Das bedeutet, du sitzt in einer Zelle des KGB-Sondergefängnisses und wirst hin und wieder zur Vernehmung durch mordwinische KGB-Leute geholt. Eine absolut ungesetzliche Praxis: Ins Untersuchungsgefängnis dürfen sie dich nur in der Eigenschaft eines Angeklagten oder Zeugen in einem neuen Verfahren bringen. Aber wann hält sich das KGB schon an Gesetze? Die Wladimirowa sucht ihre Siebensachen zusammen, Natascha legt sich ins Bett. Sie hat Fieber und wieder etwas mit dem Bauch. In diesem Zustand zu fahren, lehnt sie ab. Es kommen Ärzte, der Offizier Schischokin und die Podust. Die Podust und Schischokin behaupten, Natascha sei eine Simulantin. Die Ärzte messen zweimal ihre Temperatur – nichts zu machen, sie hat Fieber. Auf Transport schicken sie sie nicht, ins Krankenhaus aber auch nicht. Wie soll sich ihr Zustand ohne Behandlung bessern? Pani Lida, von Beruf Krankenschwester, braucht nicht viel, um die

Diagnose zu stellen: Dickdarmentzündung. Aber wer hört schon auf eine Gefangene? Immerhin. Natascha bleibt vorerst in der Zone.

Am nächsten Tag endlich läßt sich Pawlow sehen, der langerwartete Lagerkommandant. Wir befragen ihn natürlich sofort nach der Sache mit Editas Wiedersehen. Er knurrt und druckst herum, dann kommt er uns mit der Drohung, wir würden dafür bestraft werden, weil wir füreinander einstehen. Am Ende rückt er doch heraus: «Die Streichung der Besuchserlaubnis für Abrutene war rechtmäßig.»

«Und der Grund für die Streichung?»

«Ist mir nicht bekannt.»

Damit ist für uns die Sache klar: Streik. Wir setzen uns sofort hin und fassen unsere Erklärung ab. Alle Maschinen, bis auf die von Pani Lida, verstummen. Es hat sich herausgestellt, daß Pani Lida eine erstklassige Schneiderin ist. In der Verbannung verdiente sie sich damit ihren Lebensunterhalt. Fäustlinge zu nähen weigert sie sich entschieden, dafür befaßt sie sich ernsthaft mit unserer Uniformierung. Steppnähte, Taschenpaspeln, aufgesteppte Schulterstücke. Wir armseligen Dilettanten können nur staunen. Die Aufseherinnen laufen ihr die Tür ein: Nähen Sie mir dies, ändern Sie mir das – vom Uniformrock bis zum Ausgehkleid. Pani Lida gibt keiner einen Korb, und die dankbaren Kunden revanchieren sich mal mit Konfekt, mal mit Zucker oder Gebäck. Unsere Schneiderin ist selig: Sie hat bisher von zu Hause kein Geld für Einkäufe geschickt bekommen und darunter gelitten, daß sie ihren Obolus für die gemeinsame Kasse nicht entrichten konnte. Wir lachen: Was für seltsame Rechnungen – unter den eigenen Leuten?

«Ach was, ihr seid einfach alle zu sehr ausgelaugt», wehrt Pani Lida ab und wechselt das Thema.

Und dann liegt ein Haufen Süßigkeiten auf dem Tisch, und wir schwelgen.

«Wieviel kriegt jede?»

«Zwei!» Unser «Zerberus», Tanja Ossipowa, ist unbeugsam.

Ihr obliegt die gleichmäßige Verteilung der Lebensmittel: In einem Monat wollen wir ja auch noch etwas haben. Sie gibt an das Aschenbrödel die jeweilige Wochenration aus: Tee, den entsprechenden Anteil aus den Ladeneinkäufen, Sonnenblumenöl. Und nun strecke alles, so gut du kannst, denn wenn wir in deiner Dienstzeit alles auffuttern – was dann? Der verbleibende Rest kommt in einen Koffer, der seit der Ankunft der Wladimirowa unter Verschluß gehalten wird.

Zwei Konfektstücke auf einmal – die reinste Schlemmerei! Aber wir verlangen Zugaben: Der neckische Krieg der Zone mit dem «geizigen Zerberus» ist eines unserer Lieblingsspiele.

«Zwei Stück – das ist ein Tropfen auf den heißen Stein. Aller guten Dinge sind drei!»

«Bevor diese Intrigantin Ratuschinskaja nicht mindestens zehn Zeilen geschrieben hat, bekommt sie kein Stück mehr!» reagiert Tanja schlagfertig.

Und das ist noch ein Spiel: Tanja preßt mir unter den fadenscheinigsten Vorwänden Verszeilen ab, unter zehn, zwölf Stück macht sie's nicht; auf diese Weise ist schon eine hübsche Sammlung Spottverse zusammengekommen. Ich beschreibe in Jamben und Trochäen die unglaublichen Abenteuer der Tanja Ossipowa und trage sie unter dem Gelächter aller vor. Tanja ist verrückt auf diese Verse, nennt sie «Pasquille» und hütet sie wie ihren Augapfel. Periodische Durchsuchungen verwehen Werke folgender Art in die Archive des KGB:

Was lobt mein Mund
All' Stund
Den Hund?
Nur meine Tugend
Tu ich kund.
Warum umsonst
Mein Gram und Müh'n?
Ganz ohne Lohn
Bedien'
Ich ihn!

«Meinetwegen, zehn Zeilen – aber sofort her mit der Zugabe!»
«Zwölf Zeilen!» feilscht Tanja.
«Zehn!»
«Vierzehn – wegen Erpressung!»
«Wer erpreßt hier wen?»
«Sechzehn!»
Meine Lage ist schlecht, ich wechsele die Taktik und schreibe, wie es sich gehört, eine Beschwerde:

*An den Zerberus von der Kleinen Zone.*
*Sofort her mit dem Konfekt!*

Lachend unterschreiben alle, und murrend, daß mich das mindestens dreißig Zeilen kosten wird, erfüllt Tanja den «Willen des Volkes». Natürlich ist sie über die Zugabe selber froh: Sie aus ihr herauszuleiern, ist ein leichtes, aber die Spielregeln müssen schon befolgt werden.

Ich gestehe dem Leser gern, daß Tanja ihre Methode, eine arme Poetin zum Schreiben zu zwingen, bis heute beibehalten hat: Als sie mit Wanja zu uns nach Chicago kam, verlangte sie, zur Erheiterung unserer Männer, sofort wegen irgendeiner Sache sieben Zeilen von mir. Aber Scherz beiseite, mit dieser einfachen Methode wollte sie mich in Form halten: Dichterische Inspiration ist unabdingbar, aber man hat sie nicht immer, und so waren diese «Pasquille»-Reimereien ein gutes Training für mich. Tanja verstand, wie schwer es ein Dichter hat, wenn er von der Literatur und seinem Milieu abgeschnitten ist, und so ließ sie nicht locker, mich anzutreiben. Kein Tag ohne wenigstens ein paar Zeilen – für die Erfüllung dieses wahrlich nicht leicht einzuhaltenden Prinzips im Lager bin ich ihr zu Dank verpflichtet.

Aber nicht immer haben wir Konfekt und Grund zum Scherzen: Wir erfahren schließlich, für welches Vergehen Edita um ihre zwei Besuche gebracht wurde – wegen Arbeitsbummelei vom 20. bis 23. August! Die Aufseherinnen hätten sie in dieser Zeit nicht an der Maschine angetroffen. Großer Gott, das waren die Tage vier bis sieben unseres Hungerstreiks zur Verteidigung

Nataschas! Danach hatte man uns noch zwei Tage von der Arbeit befreit. Und was heißt hier Nähmaschine: Edita war als Stubenälteste eingesetzt, nicht als Näherin. Noch am 23. August hatte die Ärztin Wolkowa in unserem Beisein bestätigt, daß Editas Gesundheitszustand bedrohlich sei, und wir hatten Edita auf Zureden der Ärztin den siebten Hungertag erlassen.

Wir beginnen dieses Lügenknäuel zu entwirren. Die Wolkowa, versteht sich, kann sich an nichts erinnern. «Der stellvertretende Leiter des Bereichs für politische Erziehungsarbeit» (welch ein Titel!), Schalin, erklärt, Abrutene habe überhaupt nicht gearbeitet. Und was ist mit der Lohnliste? nageln wir ihn fest. Dort ist Editas Verdienst für September und Oktober eingetragen. Er redet sich mit einer neuen Version heraus: Der Status einer Stubenältesten stehe unserer Zone nicht zu und sei abgeschafft. Seit wann? Seit 15. November. Schön, im Moment streiken wir ohnehin, aber im August gab es diese Funktion doch, oder?

Schalin, in die Enge getrieben, läuft puterrot an. Die Neigung, rot anzulaufen, verlor er allmählich nach seiner Beförderung zum Offizier. Wir verfassen daraufhin umfangreiche Erklärungen an die Staatsanwaltschaft der UdSSR und bitten um Klärung der Angelegenheit. Aber niemand ist daran interessiert: Gegen das KGB kommt keiner an.

Unseren Streik führen wir weiter.

Und dann heißt es plötzlich: «Lasarewa, zum Transport! Nach Saransk!»

Der DPNK (diensttuender Gehilfe des Leiters der Kolonie) erscheint. Wir bestürmen ihn: «Sie ist krank! Sie braucht einen Arzt!»

«Los, los, fertigmachen! Der Arzt auf der Wache wird Sie untersuchen, und wenn Sie tatsächlich Fieber haben, werden Sie nirgendwohin geschickt!»

Fieber ist das einzige Krankheitssymptom, das sie anerkennen. Von ärztlicher Untersuchung auf der Wache halten wir nicht viel, wir bestehen darauf, daß ein Arzt herkommt, man kann die

Kranke doch nicht aus dem Bett zerren! Die Wolkowa kommt, mißt, stellt fest: Fieber! Werden sie sie jetzt wohl in Ruhe lassen? Von wegen, eine ganze Brigade Männer rückt an: Major Pasisin, Oberst Schljopanow, einige Fähnriche, Major Schalin (nicht der Schalin, der rot anläuft; es gibt hier viele Namensvettern).

«Wenn Sie nicht von sich aus mitkommen, schleppen wir Sie mit Gewalt fort!»

Wir wollen es einfach nicht glauben, daß sie das wirklich tun werden. Tanja und ich stellen uns sicherheitshalber zwischen die Männer und Nataschas Bett und fassen uns bei den Händen. Einige der Männer packen uns fort, drehen uns die Hände auf den Rücken und stoßen uns in den Eßraum. Die anderen fassen Natascha an Händen und Füßen und schleppen sie, die nur mit Bluse und Slip bekleidet ist, hinaus in die Kälte. Durch den Schnee schleifen sie sie zum Wagen. Sie schreit um Hilfe. Major Schalin versetzt ihr einen Tritt mit dem Stiefel, noch einen und noch einen. Die Meute stürzt sich auf sie, und von wem sie noch Tritte bekommt, weiß sie hinterher nicht mehr: Sie verliert das Bewußtsein. Der Wagen fährt los, die Tore schließen sich. Kurz danach kommen sie zurück – um Nataschas Wattejacke zu holen. Unsere sonst ruhige Rajetschka geht wie eine Furie auf sie los, plustert sich vor ihnen auf wie eine aufgeregte Henne: «Wie können Sie es wagen?! Eine Kranke, halb nackt, hinaus in die Kälte zu jagen! Gottloses Volk!»

Und zornig wirft sie ihnen Nataschas schäbige Wattejacke in die Visagen.

Natascha wurde also doch nach Saransk verfrachtet. Den letzten Stiefeltritt verpaßte ihr Major Schalin, als man sie in den Zug hineinstopfte. Natürlich weigerte sie sich, mit den KGB-Leuten zu reden, sie wiederholte immer nur das eine: «Man hat mich geprügelt!»

Sie grinsten ihr frech ins Gesicht: «Aber nicht doch, Natalja Michailowna, man war Ihnen nur beim Herkommen behilflich!»

«Rufen Sie einen Arzt, damit er die Spuren der Prügel feststellt!»

Der Arzt kam erst nach einer Woche, und da die Hämatome und Hautabschürfungen noch immer sichtbar waren, wurde behauptet, Natascha hätte sich die Tritte in den Leib selber verpaßt.

Eine mißglücktere «Umerziehung» für das KGB war kaum denkbar. Die zornentbrannte Natascha ließ nicht mit sich reden, und dann hatte die Sache einen weiteren unerwarteten Effekt: Die Wladimirowa bezeugte schriftlich, daß Natascha in verprügeltem Zustand in die Zelle gebracht worden war.

Empört kamen beide in die Zone zurück. Unser «Vögelchen» hat ihre erste menschliche Tat vollbracht. Und obwohl sich niemand von uns der Hoffnung hingibt, sie könnte eine geistig-seelische Wiedergeburt erleben (die Zukunft wird zeigen, daß wir ihretwegen noch manches zu erleiden hatten), entschließen wir uns doch dazu, den Boykott gegen sie aufzuheben.

Sie ist sehr glücklich darüber. Aber von nun an redet sie wie ein Wasserfall, und wir zerbrechen uns den Kopf, in welch friedliche Bahnen wir ihre überschäumenden Energien lenken können. Rajetschka will ihr beibringen, wie man Paprika und andere Blumen in Töpfen zieht. Und ich nehme mir vor, sie das Sticken zu lehren, eine Kunst, die ich mir selbst im Lager angeeignet habe. Ich zeichne ihr sogar eine Vorlage, die sie im Kreuzstich ausarbeiten soll. Aber bald zeigt sich, daß sie alles nur hinschludert, nicht mit Akkuratesse arbeitet. Egal, interessiert ist sie jedenfalls. In der Zone wird es still, aber uns ist klar, daß dies nur die Ruhe vor dem nächsten Sturm ist.

Natascha setzt sich hin, verfaßt eine Anklageschrift und erreicht auch, daß sie abgeschickt wird. Natürlich bleiben ihre Bemühungen ohne Echo. Dann setzten wir – der Ordnung halber – an die Staatsanwaltschaft ein Schreiben auf sowie eine Erklärung für die Öffentlichkeit draußen: Nur Publizität kann Natascha jetzt noch helfen.

*Wir Frauen, politische Gefangene der Kleinen Zone, bezeugen hiermit, daß unsere Kameradin Natalja Lasarewa der systematischen Verhöhnung und Schikane durch die Lageradministration ausgesetzt ist.*

*Uns ist bekannt, daß das KGB mehrmals versucht hat, N. Lasarewa zur Informantin zu machen; man verlangte dies auch von ihr, als sie zu uns ins Lager kam. Als klar wurde, daß diese Versuche hoffnungslos sind und N. Lasarewa nicht gegen ihr Gewissen handeln würde, begann die Hetzjagd gegen sie. Besonderen Eifer legte dabei die Abteilungsleiterin Lidija Podust an den Tag. Sie machte sich geradezu einen Sport daraus, an N. Lasarewa herumzukritteln, Unzumutbares von ihr zu verlangen und sie mit Drohungen unter Druck zu setzen. Obwohl bekannt ist, daß N. Lasarewa an einer Eierstockentzündung leidet, die sie sich im Lager zugezogen hat, wurde die junge Frau zweimal mit SCHISO bestraft – der in sowjetischen Lagern allgemein üblichen Folter durch Hunger und Kälte. Die medizinischen Mitarbeiter beteiligten sich an dieser Kampagne, statt sie zu verhindern. N. Lasarewa ist ständig krank, dessen ungeachtet hat man ihr in gesetzwidriger Weise (ohne Wissen der Ärztekommission, die über Arbeitsfähigkeit oder -unfähigkeit zu entscheiden hat) ihr Arbeitsunfähigkeitsattest Gruppe III entzogen, die sie berechtigen würde, weniger zu arbeiten. Unter dem Vorwand, daß man bei ihr «nichts finde», verweigert man ihr praktisch jede medizinische Hilfe und erst recht eine gründliche Untersuchung im Krankenhaus.*

*Seit September 1983 fordern wir, daß N. Lasarewa zu einer gründlichen Untersuchung ins Krankenhaus kommt, doch Vera Wolkowa, die für unsere Zone zuständige Ärztin, lehnt das mit der verlogenen Behauptung ab, es gebe im Krankenhaus keine freien Betten. Eine Kameradin von uns, J. Beliauskene, die sich zwischenzeitlich im Krankenhaus befand, bezeugt jedoch das Gegenteil. Am 16. November – die Untersuchung von N. Lasare-*

*wa stand noch immer aus – erschienen Vertreter der Lagerverwaltung und erklärten, N. Lasarewa werde zwecks Umerziehung im Saransker Sondergefängnis des KGB untergebracht.*

*Wir ließen die Wolkowa holen, die in unserem Beisein feststellte, daß N. Lasarewa, wie schon die Tage zuvor, Fieber hatte – das einzige Symptom, das als Krankheit anerkannt wird –, worauf N. Lasarewa sich weigerte, die Reise ins Sondergefängnis anzutreten.*

*Sie wurde dann unter Gewaltanwendung und unter Mißachtung unserer Proteste aus dem Bett gezerrt und unangekleidet in die Kälte hinausgeschleppt. Leiter dieser Aktion waren die Majore Schalin und Pasisin. Um die um Hilfe schreiende N. Lasarewa zur Ruhe zu bringen, wurde auf sie eingeprügelt. Im KGB-Gefängnis behauptete man dann höhnisch, niemand hätte sie geschlagen, man habe ihr nur «geholfen herzukommen».*

*Mit welchen Methoden das KGB noch versuchen wird, N. Lasarewa umzuerziehen, können wir nicht voraussehen, aber in Ruhe lassen wird man sie nicht, soviel ist sicher.*

*Darum wenden wir uns an die Weltöffentlichkeit mit der Bitte, für den Schutz und die Verteidigung unserer Bundesgenossin einzutreten, deren einzige «Schuld» darin besteht, daß sie sich weigert, mit dem KGB zusammenzuarbeiten und ihre Freunde zu verraten.*

*25. November 1983* ABRUTENE, BARAZ, BELIAUSKENE, OSSIPOWA, RATUSCHINSKAJA, RUDENKO

Weltöffentlichkeit, Weltöffentlichkeit – hörst du jetzt, 1987, den Hilferuf gequälter Häftlinge? Weißt du, wie mühevoll und riskant es ist, einen Aufruf wie diesen über den Stacheldraht nach draußen zu bringen? Natascha ist noch am Leben. Sie hat ihre vier Jahre abgesessen und ist in Leningrad in medizinischer Behandlung. Aber der Bürgerrechtskämpfer Anatoli Martschenko ist tot; der ukrainische Dichter Wassil Stus erlitt ein grausames Martyrium; die 75 Jahre alte gottgläubige Tatjana Krasnowa hat die Freiheit nicht wiedergesehen: Sie starb drei Monate nach ihrer Entlassung aus dem Lager in der Verbannung. Laßt uns der Toten gedenken und die Lebenden retten! Wenn wir es nicht tun – wer dann? Ihre ganze Hoffnung sind – wir ...

## 23

RATUSCHINSKAJA und Rudenko – ins Krankenhaus!» Diese Aufforderung ergeht an uns einige Stunden nach Nataschas Verschleppung nach Saransk. Endlich! Ich habe seit April Ödeme und Fieber und undefinierbare Schmerzen in der rechten Körperhälfte. Jetzt werden sie endlich eine Diagnose stellen. Der Zeitpunkt für unsere Abwesenheit in der Zone, jetzt während des Arbeitsstreiks, ist zwar denkbar ungünstig, denn die Absicht ist klar: Sie wollen uns auseinanderreißen, aber wir haben keine Wahl.

«Halt! Was haben Sie da bei sich? Briefe? Das ist verboten – die Briefe haben in der Zone zu bleiben!»

Dieses «Verboten» gefällt uns gar nicht. Nach dem Gesetz ist es den Häftlingen gestattet, durch die Zensur gegangene Briefe von draußen bei sich zu haben. Denn läßt man sie in der Zone und es erfolgt eine Durchsuchung, dann nehmen sie sie bekanntlich weg: Als Nichteigentümer dieser Briefe haben die Mithäftlinge kein Anspruchsrecht darauf. Aus diesem Grunde vertraust du den eigenen Leuten die Briefe nicht an. Zumal das KGB in den letzten zwei Monaten unerwartetes Interesse an meiner Korrespondenz zeigt: Sie nehmen draußen Leute ins Verhör, sogar eine schwangere Frau auf der Entbindungsstation haben sie ausgefragt. Sie sind immer auf der Suche nach einem Geheimcode in meinen Briefen. Jetzt etwa auch in den an mich gerichteten Briefen? Da sucht ihr an der falschen Stelle, ihr Schwachköpfe! Aber sagen werde ich ihnen das bestimmt nicht.

«Ich habe ein Recht, die Briefe bei mir zu haben!» widersetze ich mich.

«Wenn Sie sie nicht dalassen, bringen wir Sie nicht ins Krankenhaus!»

«Ihre Entscheidung ...»

Rajetschka läßt ihre Briefe da und geht ins Krankenhaus. Mich behalten sie in der Zone. Ich mache mir nichts weiter daraus: Wenn sie mich ärztlich untersuchen wollen, tun sie es auch so. Ist es aber ein Trick, um an die Briefe heranzukommen – kann ich die Untersuchung und Behandlung in den Kamin schreiben. Weshalb klammere ich mich so an diese Briefe von draußen? Weil es für Gefangene nichts Kostbareres gibt. Wenn ihr wüßtet, ihr Lieben daheim, wie wohl uns eure Briefe tun! Aber sie wissen es ja, und darum schreiben sie, es schreiben sogar jene, die das Genre der Epistel verabscheuen. Aber die Hälfte dieser Briefe bleibt im operativen Bereich hängen – beim Zensor und beim KGB. Soll man ihnen nun vielleicht auch noch die zweite Hälfte geben?

Acht Tage lang wieseln sie um mich herum: «Wer weiß, was da drin steht, wir müssen das überprüfen!»

«Tun Sie, was Sie nicht lassen können, aber nur in meinem Beisein.»

Nein, das paßt ihnen nicht in den Kram. Die Wolkowa stichelt: «Sie weigern sich also, medizinisch behandelt zu werden?»

«Ganz und gar nicht. Ich bemühe mich schon länger als ein halbes Jahr um eine Behandlung.»

«Wären Sie wirklich krank, würden Sie auf alles eingehen, um geheilt zu werden.»

Irrtum, nicht auf alles. Einen mit seiner Krankheit zu erpressen, ist eine ihrer besonderen Vorlieben: Wenn du einmal nachgibst, dann mußt du dich wahrhaftig auf alles einlassen. Auf diese Weise haben sie in Lefortowo versucht, Tanja Ossipowa einzuwickeln. Vor ihrer Verhaftung war sie in ärztlicher Behandlung gewesen, weil sie sich ein Kind wünschte. Sie kämpfte darum, daß die unterbrochene Therapie im Gefängnis fortgesetzt wurde. Der Untersuchungsrichter Gubinski stellte sie vor die Wahl: «Wenn Sie Aussagen machen, werden wir Sie behandeln lassen. Sollten Sie uns aber nicht helfen wollen, können Sie sich die Folgen selbst zuschreiben.»

Und ganz «zufällig» schaltete er ein Tonband mit der Aufnahme einer Radiosendung ein: Was für ein Glück ist es, Mutter zu sein und sein Kind an die Brust zu drücken! Tanja war in Tränen ausgebrochen, doch eine Zusammenarbeit mit dem KGB hatte sie abgelehnt. Vielleicht können westliche Ärzte sie jetzt heilen? Aber Tanja hat mehr als hundertundsechzig Tage im SCHISO zugebracht.

Nach acht Tagen geben sie auf: «Schön, nehmen Sie Ihre Briefe mit.»

Zum erstenmal befinde ich mich im Krankenhaus SHCH-385/3. Das ist die offizielle Lagerbezeichnung. Warum die Abkürzung SHCH (Eisenbahnbetrieb)? Ach ja: In der Sowjetunion gibt es keine Konzentrationslager! 385? Nun, auch nicht vorhandene Lager müssen gezählt werden. Sicherlich werden Sie selbst darauf kommen, lieber Leser, daß die laufende Nummer unseres Lagers in Mordwinien nicht die letzte ist.

Das Therapiegebäude ist ein Holzbau mit vier Krankensälen, einer Kantine, einer Kleiderkammer und einer Toilette. Nicht zu vergessen die Ordinationsräume der Ärzte.

«Geben Sie Ihre Sachen in der Kleiderkammer ab und ziehen Sie den Krankenkittel an. Die Wattejacke hierher an den Garderobenhaken. Im Gebäude darf die nicht getragen werden.»

Och, und hier drin herrscht eine Hundekälte! Aber ich will mir jetzt keine Strafe einhandeln – ich habe schon soviel gefroren, da kommt es auf ein bißchen mehr nicht an. Im Saal liegen zwölf Menschen. Ich bin die dreizehnte. Rajetschka umarmt mich: «Ira – du? Gott sei Dank!»

Sofort wird sie rührig und trifft Anstalten, mich zu füttern. Raja hat ihre eigenen Ansichten über Dichter, schließlich ist sie nicht umsonst die Frau eines Poeten, das ist ja der Grund, weshalb sie sitzt. Ihrer Meinung nach sind Dichter wie kleine Kinder: Unfähig, für sich selbst zu sorgen. Gibst du ihnen nichts zu essen, bleiben sie hungrig, legst du sie nicht schlafen, hocken sie bis zum Morgen mit ihrer Inspiration. Solange wir zusammen saßen, hatte sie deshalb immer ein Auge auf mich und bemutterte mich, so gut sie konnte. Meine Gedichte gefielen ihr, und manchmal trugen wir uns gegenseitig aus dem Gedächtnis welche vor: sie die von ihrem Mykola, ich die meinen.

Sie bestreicht mir eine riesige Weißbrotschnitte mit Butter und Marmelade. Im Krankenhaus steht allen eine kräftige Ration zu: Die ohne Diagnose kriegen etwas weniger, die mit – etwas mehr. Raja gehört zu letzteren, sie ist nicht das erste Mal im Krankenhaus. Daß es hier Weißbrot gibt, wissen wir auch in der Zone, gelegentlich fällt davon auch für uns was ab – wenn eine Schwarzbrotlieferung ausgefallen ist. Das ist dann jedesmal ein Feiertag. In Kürze erzähle ich Raja die Neuigkeiten aus der Zone und studiere dann die Insassen des Saales. Drei Schwangere, die auf ihre Entbindung warten. Eine hat eine Lungenentzündung, drei haben Geschwüre, zwei irgendwas mit den Beinen. Unser Saal ist privilegiert: Alle sind gehfähig. Die Gelähmten sind im dritten und vierten Saal untergebracht. Sie lassen unter sich, und die Wäsche wird wochenlang nicht gewechselt. Einige entläßt man «beurkundet» zum Sterben nach Hause. Sie haben ihre Strafe abgebüßt, die Heimat kann ruhig sein. Andere sterben hier und werden auf dem Lagerfriedhof hinter Stacheldraht verscharrt. Über diesen Friedhof erfuhr ich später einiges von Igor. Er hatte versucht, ihn sich anzusehen – vergeblich.

«Was hinderte dich daran?»

Igor gab nur ein Brummen von sich, weil ich so naiv war.

«Rechter Hand der Zone, wenn du mit dem Gesicht zu ihr stehst, liegt der gewöhnliche Friedhof. Der Friedhof für Gefangene befindet sich auf dem Lagergelände, hinter Stacheldraht. Dort wagst du dich natürlich nicht hin, wenn auf den Wachttürmen MP-Schützen stehen.»

Als er zu jenem Wiedersehen angereist war, das man uns nicht gewährt hatte, verbrachte er die Nacht zusammen mit einer Familie, die zum Begräbnis einer Verwandten gekommen war. Die Verstorbene hatte, wie ihm die weinende Mutter erzählte, an der Kasse eines Aeroflotbüros gearbeitet und Flugtickets verkauft. Eines Tages, sie war damals einundzwanzig, stahl man ihr den Block mit den Blanko-Flugscheinen. Was dann kam, lief alles nach den humanen sowjetischen Gesetzen ab: Man rechnete ihr den Verlust anhand des maximalen Betrages jedes einzelnen Flugscheins vor, der darin eingetragen werden konnte, und verurteilte sie zu acht Jahren. Als sie ins Lager ging, war ihr Sohn gerade ein Jahr alt. Mit fünfundzwanzig starb sie hier im Therapietrakt an einer verschleppten Lungenentzündung. Kein Wunder, wenn man bedenkt, daß Schwerkranke oft erst ins Krankenhaus kommen, wenn es zu spät ist. Die arme Mutter der Toten hatte die ganze Nacht kein Auge zugetan und Igor ihr Herz ausgeschüttet. Am Morgen trennten sie sich: die Mutter ging zum Friedhof, Igor zur Lagerverwaltung, wo er erfuhr, daß die Besuchserlaubnis gestrichen war. Ich behauptete im Lager, und ich behaupte jetzt: Unsere Angehörigen hatten es schwerer als wir. Achtmal kam Igor nach Baraschewo, davon sechsmal umsonst. Die Male nicht eingerechnet, wo ich ihn rechtzeitig warnen konnte, daß man mir die Besuchserlaubnis gestrichen hatte. Und jedesmal, wenn er kam, traf er im Besucherhaus zwei oder drei Familien, die zur Beerdigung angereist waren. Die Toten durften nicht in die Heimat übergeführt werden: Wer im Lager gestorben war, mußte auch als Toter hinter Stacheldraht bleiben. Nach Igors Statistik, die sich auf Informationen von Krankenhausangestellten gründete, starben jährlich 8 Prozent der Gefangenen. Dabei sind die Lager in Mordwinien noch nicht einmal die schlimmsten. Nehmen wir die 8 Prozent von insgesamt 4,5 Millionen sowjetischen Gefangenen, dann sterben zirka tausend Menschen pro Tag, das macht vierzig Menschen pro Stunde. Wie viele werden den Tod finden, während Sie dieses Kapitel lesen? Rechnen Sie selbst nach, lieber Leser, denn ich weiß ja nicht, wie schnell Sie beim Lesen sind.

In die Säle der Bettlägerigen durften wir aus gutem Grund nicht: Dort herrschten katastrophale Zustände. Pani Jadwiga war in diesem Herbst dort gewesen, und die Zeit ihrer Behandlung war für sie zur Tortur geworden: Als Christin konnte sie das Elend nicht mitansehen und half, so gut sie konnte – sie wechselte den Bedauernswerten die Laken und entfernte die Läuse mit den bloßen Händen. Da sich außer ihr niemand um die Kranken kümmerte, überstieg das ihre Kräfte. Sie beschwerte sich bei der Krankenhausleitung und verlangte Hilfe: «Unverantwortlich, wie Sie die Kranken behandeln! Wo bleibt die Hygiene?»

Natürlich waren der Leitung die Zustände egal, und so wandte sich Pani Jadwiga schriftlich an höhere Stellen der Medizinischen Verwaltung. Das war der Grund, warum man sie möglichst schnell wieder aus dem Krankenhaus abschob. Einige Frauen erinnern sich an sie: «Eine tüchtige und gescheite Frau! Wie geht es ihr – lebt sie noch?»

Ihre Direktheit ist kein Grund, beleidigt zu sein – sie mögen Pani Jadwiga und sind ihretwegen aufrichtig besorgt.

Was eigentlich sind die wahren Gründe für die gesetzwidrige Praxis der Lageradministration, tote, nunmehr ungefährliche Gefangene nicht in ihre Heimatorte zu überführen? Nun, bei politischen Gefangenen liegt der Grund auf der Hand: Man will verhindern, daß feierliche Begräbnisse stattfinden, zu denen scharenweise Dissidenten strömen und Reden halten, und daß solche Gräber zu Pilgerstätten für die Jugend werden, die dort Blumen niederlegt. Und die gewöhnlichen Gefangenen, die sogenannten Durchschnittsmenschen? Befürchtet man, daß Wallfahrer sich auch an deren Gräbern versammeln? Da gibt es eine andere, ganz einfache Rechnung: tausend Tote pro Tag gleich tausend Särge. Sie mit der Bahn zu transportieren, wäre viel zu aufwendig. Was für eine Belastung für die Volkswirtschaft! Nein, Genossen, wir denken nicht daran, die Schienenwege unseres Landes zu überlasten! Den Toten kann es egal sein, wo sie begraben liegen, aber wir müssen den Kommunismus aufbauen.

# 24

Morgendliches Fiebermessen. Sie teilen Thermometer aus, jede kriegt zwei unter die Achseln, damit ja nicht manipuliert werden kann. Anschließend ist der Sanitäterin anzugeben, wieviel du hast. Ist die Temperatur erhöht, mußt du zur Schwester gehen und in ihrem Beisein nachmessen. Ich muß diese Prozedur zweimal täglich vornehmen und von der Schwester die Ergebnisse fixieren lassen: morgens 37,5, abends 38 Grad. Das ist nicht hoch, nicht lebensgefährlich, aber wenn es über Monate so geht, zehrt es dich aus. Die Knie zittern, im Kopf surrt es wie ein Mückenschwarm, die kleinste Bewegung verursacht Atemnot, als stecktest du in einer Plastiktüte. Aber das Leben fordert dich: Wassereimer schleppen, Brennholz sägen, vom Wagen Handschuhpacken auf- und abladen, im Handwaschbecken Laken waschen. Und den Hungerstreik durchhalten. Und lachen und fröhlich sein: Wem geht es in der Zone denn anders? Gesund ist niemand – um so wichtiger ist es, gute Laune zu bewahren. Positive Emotionen sind von der inneren Lagerordnung her nicht vorgesehen, nur negative. Wie würden wir in all den Jahren enden, wenn Trauer und Empörung über uns siegten?

Kein Tag vergeht daher bei uns ohne Späße und Spielchen. Wir bemühen uns, nur an das Gute und Heitere in unserem Leben zu denken. Aber der Körper macht nicht mit, und du mußt immer mehr Kraft aufwenden, um Herr deiner zitternden Knie zu bleiben. Wenn sie mich doch hier nur wirklich gesundmachen würden! Ich habe weiß Gott nichts gegen unsere Handschuhnäherei, aber als unser Streik begann, war ich heilfroh über die körperliche Entlastung.

«Ratuschinskaja – zum Augenarzt!»

Das ist doch ein Witz: Über meine Augen kann ich nicht klagen. Wenn irgend etwas bei mir in Ordnung ist, dann sind es die Augen. Vielleicht liegt ein Irrtum vor?

«Los, los, gehen Sie! Wir müssen Sie rundum untersuchen.»

Auch gut. Das Untersuchungszimmer des Augenarztes: Tabellen an den Wänden, jede Menge Gläser in Kästen. Der Arzt ist schon älter, ein recht kluges Gesicht.

«Was haben Sie für Beschwerden?»

«Mit den Augen – gar keine.»

«Und warum kommen Sie dann zu mir?»

«Bin geschickt worden. Wundere mich selbst.»

«Ihre eigentliche Erkrankung?»

«Weiß nicht. Ständig Fieber, Ödeme.»

«Dann soll Sie ein Internist ansehen!»

«Soll ich wieder gehen?»

«Nein. Wenn man Sie schon zu mir schickt, dann untersuche ich sie auch. Lesen Sie! Welcher Buchstabe ist das?»

Ich nenne den Buchstaben und zucke mit keiner Wimper, als er mir mit einer Art Lupe in die Augen schaut. Die reinste Idiotie! Unsere Galja, die sich im Rostower KGB-Gefängnis die Augen ruinierte, hat sich monatelang um einen Termin beim Augenarzt bemüht. Schließlich war es soweit, und er verschrieb ihr auch eine Brille. Das Rezept sandte sie an ihre Freunde mit der Bitte, ihr die Brille anfertigen zu lassen und herzuschicken. Als die Streifbandsendung mit der Brille im Lager eintraf, wurde sie mit der Bemerkung «nicht zugelassen» an den Absender zurückgeschickt. Ehe Galja davon erfuhr und eine Empfangsberechtigung für die Brille einholte, und die Brille ihr dann erneut zugeschickt und ausgehändigt wurde, verging ein halbes Jahr. Zu allem Übel stellte sich dann auch noch heraus, daß die Brille nicht paßte, weil sich in der Zwischenzeit ihr Augenlicht um einige Dioptrien verschlechtert hatte. Das bedeutete, die ganze Chose, vom Rezept bis zur Postsendung, noch einmal von vorn durchzustehen. Und indessen mußte Galja mit der nicht passenden Brille vorliebnehmen, bis sich durch einen Zufall ergab, daß sie mit Pani Lidas Zweitbrille gut zurechtkam.

Und da gibt sich der Doktor mit meinen gesunden Augen ab! Er hat übrigens auch gar keine andere Wahl: Er hat den zu untersuchen, der zu ihm geschickt wird. Einfach so in unsere

Zone kommen, kann er nicht – dazu braucht er, wie alle anderen Ärzte auch, einen Haufen Genehmigungen. Das ist ja die ganze Problematik. Denn der umgekehrte Fall, nämlich jemanden von uns ins Krankenhaus zu bringen, ist genauso eine Plackerei.

Der Augenarzt empfindet es als angenehm, daß er mit mir ein wenig über Fragen der Literatur plaudern kann; als gebildeter Mensch hat er in Baraschewo sicher wenig Zerstreuung. Ich aber kann mich dabei der Empfindung nicht erwehren, daß ich sozusagen Galja die dringend benötigte halbe Stunde Konsultation stehle. Mit der offiziellen Bescheinigung, daß ich über ausgezeichnete Sehkraft verfüge, kehre ich in den Krankensaal zurück.

Wenn der arme Mann wüßte, daß ich solche Buchstaben, wie er sie auf seiner Tabelle hat, in feinster Juweliersarbeit insgeheim zu Papier bringe. Und zwar so fein, daß er sie nur durch seine Lupe erkennen könnte. Ein Glück, daß dies nicht unsere einzige Methode der Informationsübermittlung ist, sonst wäre es nach diesen vier Jahren mit meiner Sehkraft aus und vorbei.

Schon werden wir zur nächsten Maßnahme herangezogen: «Auf, Frauen – in den Wirtschaftstrakt!»

Was dachten Sie denn, wer hier die Arbeit macht? Wer die Kohlen in den Heizkeller und die Aschenberge aus dem Heizkeller schafft? Wattejacke über den Krankenkittel, Eimer geschnappt – und ab geht's. Den Haufen dort – nach Block zwölf! Die Arbeit zu verweigern, empfiehlt sich nicht: Du wirst sofort aus dem Krankenhaus entlassen. Und so bildet sich eine Menschenkette mit Eimern: Magenkranke, Rheumatiker, lahmende Greisinnen – Patienten mit und ohne Diagnose. Da kannst du glatt einen Bruch haben – macht nichts, die Diagnose wird vom Arzt morgen gestellt, heute hast du zu schleppen. Zwei Stunden – davon krepiert keiner! Die übrigen Arbeiten – in den Sälen, im Korridor und in der Kantine den Fußboden schrubben und die Öfen heizen – müssen wir der Reihe nach erledigen, was natürlich eine Erleichterung ist: Der Leitung ist es egal, wer es tut, Hauptsache, es wird getan. So können die älteren Frauen geschont werden.

«Nur keine Hektik, Baba Katja! Kriegst ja kaum Luft. Gib mir den Eimer, ich wische den Boden.»

Dies sagt die Mörderin Schura, die an chronischer Rippenfellentzündung leidet – nun erzähle mir mal einer, was Humanität ist!

Zwei Stunden im Kohlenstaub schuften – und alle Sachen, die Haut und die Haare sind davon durchdrungen. Badetag ist nur einmal die Woche. Gesicht und Hände können wir überm Toilettenbecken abspülen – oder meinst du etwa, sie installieren hier für dich Waschbecken? Der Kittel – voll Kohlendreck? Macht nichts, er ist sowieso schwarz, und morgen mußt du wieder schuften. Bloß nicht zimperlich sein: Bist ein Glückspilz, hast ein Krankenhausbett und kriegst morgen zum Frühstück einen 30-Gramm-Würfel Butter!

Wie mir die Denunziantin Ljuba, die wegen Veruntreuung saß, im Kiewer Gefängnis schon prophezeite: «Krankenhaus – das ist das Paradies!»

Da jedoch Sünder im Paradies nichts zu suchen haben, ist meine Vertreibung schon vorprogrammiert. Ich kann mir gerade noch Baba Maschas Geschichte von ihrer Begegnung mit Nikolai dem Gerechten anhören – Mascha sitzt wegen Landstreicherei – und der Spekulantin Tante Warja ein Begnadigungsgesuch aufsetzen (sie ist vermutlich Analphabetin), als die Sanitäterin den Kopf durch den Türspalt steckt und ruft: «Ratuschinskaja – zum Spritzen!»

Wieso spritzen? Außer dem Augenarzt hat mich doch noch keiner angesehen, und wofür soll der mir eine Spritze verordnet haben? Ich gehe ins Behandlungszimmer und verlange Aufklärung: «Was ist das für eine Spritze?»

«Das brauchen Sie nicht zu wissen!»

Oho, das gefällt mir ganz und gar nicht. Wer weiß, was sie im Schilde führen? Über mir wie über allen politischen Häftlingen kreist das KGB wie ein Geier, und es wäre durchaus möglich, daß sie mir etwas aus ihrem reichhaltigen Arsenal von Psychopharmaka verabreichen wollen: Andersdenkende sind für sie bevorzugte Versuchskaninchen. Sie injizieren dir irgendein Mistzeug – und du plauderst zwei Stunden lang munter Geheimnisse aus. Oder du döst stumpfsinnig vor dich hin und erinnerst dich nicht mehr an deinen eigenen Namen. Oder sie pumpen dich voll mit Narkotika. Du mußt jedenfalls auf alles gefaßt sein. Eines ist klar: Eine Diagnose wurde noch nicht gestellt, eine Therapie nicht festgelegt, also hat die Spritze nichts mit meiner Krankheit zu tun, aber womit dann?

«Ich lasse mir nichts injizieren, was ich nicht kenne. Zeigen Sie mir vorher die Ampulle!»

«Sagen Sie es, wenn Sie die Behandlung ablehnen!»

«Ich lehne sie nicht ab. Aber ich will wissen, wogegen die Spritze gut sein soll.»

«Ihnen das zu sagen, habe ich kein Recht, gehen Sie zum Arzt.»

Ich verlasse das Behandlungszimmer und suche den Therapeuten Dr. Gunkin auf, jenen Arzt, der Pani Jadwiga beschuldigt hatte, sie sei eine Simulantin und habe sich die Narbe, die von der Gallenblasenoperation herrührte, vermutlich selber beigebracht. Er ist schon im Bilde und sagt grob: «Was ich dir spritze, ist meine Sache, nicht deine!»

Als erstes verlange ich, daß er es unterläßt, mich zu duzen, und dann frage ich ihn, wieso ich eine Injektion bekommen soll, wenn doch überhaupt noch keine Untersuchung stattgefunden hat und nicht feststeht, was mir fehlt.

Da thront er vor mir, dieser allgewaltige Krankenhausgötze. Es liegt in seiner Hand, ob eine Gefangene geheilt oder unbehandelt ins Lager zurückgeschickt wird. Er ist es nicht gewohnt, daß man ihm Fragen stellt oder Einwände gegen seine Anordnungen erhebt, und er duzt alle, obwohl er selber kaum erst dreißig ist. Seine Antwort entspricht Stil und Geist dieser Anstalt: «Du hast hier gar nichts zu melden, und wenn du Zicken machst, schmeiße ich dich raus.»

Es gibt nichts weiter mit ihm zu bereden. Die geheimnisvolle Spritze lasse ich mir nicht setzen: Wir sind hier nicht in der

Klapsmühle! In meiner schriftlichen Erklärung an den Leiter des Krankenhauses berufe ich mich darauf, daß eine Behandlung mit Geheimmedikamenten gegen das Gesetz verstößt.

Als ich in den Krankensaal zurückkomme, wird dort gerade das heiße Thema der «Drückebergerkrankheiten» debattiert, durch Manipulation an sich selbst erzeugte Erkrankungen, die einen Krankenhausaufenthalt oder wenigstens ein oder zwei Wochen Arbeitsbefreiung einbringen. Im Moment hat eine Schwangere namens Lisa das Wort: «Bei uns zerreiben die Mädchen Zucker, bis er ganz fein ist wie Staub. Und dann atmen sie ihn ein. Er setzt sich auf die Lungen, und beim Röntgen sieht man Schatten. Durch regelmäßiges Einatmen kriegst du sogar eine echte Tuberkulose. Du kommst ins Krankenhaus auf die Tb-Station, und sie geben dir Milch. Und wenn du zu SCHISO verdonnert wirst, dann steht dir ein Bett mit Decke zu und Krankenhauskost. Einfach Klasse!»

«Und warum ziehst du dir das Zeug nicht rein?»

«Hab Schiß», bekannte Lisa aufrichtig. «Tuberkulose ist kein Klacks. Ich muß noch fünf Jahre abreißen, soll ich vielleicht trotz Krankenkost ins Gras beißen? Nee, mit 'nem Alkoholiker bumsen war mir lieber – ihr Lager liegt doch dicht bei unserer Zone, und sie kriechen zu uns rüber. Jetzt krieg ich 'n Kind und hab Aussichten auf Amnestie.»

«Wir in der Sechsundfünfzigsten hatten mal 'ne tolle Krankenschwester!» sagt Baba Katja träumerisch. «War selber 'ne Gefangene. Wir mußten Bäume fällen, und bei dieser Arbeit gingen sogar die Männer hops. Wenn sie sah, daß du fix und fertig warst, spritzte sie dir drei Kubik Milch unter die Haut. Nach ein, zwei Stunden hattest du neununddreißig Fieber, manchmal auch mehr, und sie gaben dir ein paar Tage frei. Du hast die Sache ausgelegen und warst wieder fit.»

«Und wir haben uns absichtlich die Krätze geholt. Verkrätzte müssen isoliert werden, sie sitzen in Quarantäne, bis die Krankheit abgeflaut ist. Mit 'ner Nadel geht's am besten: Die Kranke sticht sich die Nadel in ein Bläschen, und dann stichst du dir sofort mit derselben Nadel in die Haut. Dreimal war ich in Quarantäne – phantastisch!»

Sie berichten von listig-kunstvoll gebrochenen Knochen, von Stenokardie, verursacht durch Teesudtrinken, von absichtlich am Eitern gehaltenen Beingeschwüren. Mein Gott, was müssen sie durchstehen, daß sie sich lieber zum Krüppel machen, um davonzukommen! Wie muß die Arbeit beschaffen sein, daß man ihr die Tuberkulose vorzieht?!

Schuras Ansichten über die Arbeit geben einigen Aufschluß: «Ich bin in der Näherei Brigadeleiterin und habe dafür zu sorgen, daß die Norm übererfüllt wird. Dann gibt's ‹Zuschläge› – zwei Rubel monatlich für den Laden. Wenn eine in der Brigade die Norm nicht schafft, müssen andere dafür mehr schuften. Ab und zu setzen sie dir eine trübe Tasse in die Brigade, die den ganzen Laden aufhält. Eine Woche siehst du dir das an, denkst: Die wird's schon schnallen. Pustekuchen, das Intellektuellenluder tut nichts dergleichen. Na ja, da muß ich ihr's halt mit den Fäusten einbleuen. Mich fürchten die Mädchen, ich bin streng.»

So also erzieht die Sowjetmacht die Mörderin Schura um. Macht sie zur Chefin über andere – zeig's der Intellektuellen mit der Faust! Na eben, sonst könnte ja beiden die Neigung zum Verbrechen abhanden kommen. Dieselbe Schura aber ist wie umgewandelt, wenn es um Baba Katja geht: Katja zieht ihr ja auch keine zwei Rubel monatlich aus der Tasche.

So vergeht die Zeit bis zur Nachtruhe im Gespräch, und am andern Morgen, beim Fiebermessen, erfahre ich: «Ratuschinskaja, Sie sind entlassen! Machen Sie sich gehfertig!»

«Wieso denn das?»

«Auf Anordnung Dr. Gunkins. Wegen Verweigerung der Behandlung.»

Ich sehe aufs Thermometer: 37,5 – weiterhin Fieber. Obendrein spüre ich, daß ich einen Husten bekomme – ich habe mich hier schon erkältet. Die Ödeme haben sich auch verschlimmert, die Beine sind wie aufgeblasen. Danke, daß ihr mich gesund gemacht habt! Leichten Herzens ziehe ich mich an und packe meine Sachen zusammen. Die Frauen im Saal haben Mitleid und geben gute Ratschläge: «So warte doch, Ira, geh zu Gunkin, vielleicht läßt er sich umstimmen.»

«Den um was bitten – niemals! Heilen ist seine Pflicht.»

«Aber in der Zone gehst du doch vor die Hunde!»

«Ach was, dort haben wir's wärmer als hier. Sitzen in Wattejacken, nicht bloß im Kittel.»

«Und die Arbeit?»

«Wir befinden uns im Streik.»

Über unseren Streik wissen sie Bescheid, teils schütteln sie den Kopf darüber, teils bewundern sie unsern Mut: «Wie könnt ihr nur streiken, Mädchen, ihr schadet euch doch nur selber.»

«Was redest du da? Was sie machen, ist richtig! Wenn's nur bei uns so wäre!»

«Wo? In der Zwei? Daß ich nicht lache! Dort bin ich beim ersten Mal gewesen, alles lauter Arschkriecher! Da ist es bei uns in der Vierzehn schon besser.»

Niedergeschlagen gibt mir Rajetschka für die Zone den kleinen im Nachtschränkchen angehäuften Vorrat an Butter und Zucker mit. Ich gebe ihr zum Abschied einen Kuß und gehe zur Tür.

«Wiedersehen, Mädchen, und daß ihr mir ja gesund werdet!»

«Alles Gute, Ira! Laß dich nicht unterkriegen!»

Im Korridor holt mich Larissa vom Nachbarsaal ein.

«Hier, nimm. Ihr mit strengem Regime könnt euch im Laden doch noch weniger kaufen als wir mit dem allgemeinen. Hab dich nicht, nimm!»

Und sie steckt mir ein Paar nagelneue, dicke synthetische Socken zu (ich habe sie bis zum letzten Lagertag getragen, sogar am Entlassungstag). Zur Erinnerung schenke ich ihr ein von mir gesticktes Lesezeichen.

Irina Ratuschinskaja und Igor Geraschtschenko vor Irinas Inhaftierung

Blick auf die Lagerstraße, rechts im Bild die Leiter zum Wachturm

Eckwachtturm der Frauenzone

Galja Baraz

Raja Rudenko

Tanja Ossipowa

Elena Sannikowa

Lidia Doronina-Lasmane

Olja Matussewitsch

Tatjana Welikanowa

Natascha Lasarewa

Jadvyga Bieliauskiene

Lagle Parek

Irina und Igor bei der Ankunft in Heathrow Airport, London

# 25

Wie gut mir die Heimkehr in die Zone tut! Noch dazu mit Butter und Zucker! Meine Leute sind natürlich über den Ausgang meiner Untersuchung nicht begeistert. Aber ich kann nichts weiter tun, als an die Medizinische Verwaltung zu schreiben und mich nach wie vor um eine Behandlung bemühen. Im kalten, verdreckten Krankenhaus zu sitzen hat keinen Sinn, dann schon lieber zu Hause. Sie machen mir zwei Eimer Wasser warm, und ich wasche mir den Kohlenstaub vom Körper. Meine Wattejacke und die Unterwäsche kommen bis morgen früh raus in den Frost und werden dann gewaschen: Wer weiß, was sich darin alles eingenistet hat! In frischen Sachen sitze ich an unserem «Kamin». Pani Lida bereitet Tee zu. Zu Hause tun sogar die Wände gut, mehr aber noch unsere Freundschaft.

Fünf Tage nach meinem Krankenhausabenteuer bedrängen wir die Wolkowa: Werden wir medizinisch versorgt oder nicht? Tanjas Nierenerkrankung hat sich zugespitzt, sie hat eine höhere Temperatur als ich. Was mir fehlt, ist völlig unklar. Und Natascha ist ganz am Boden.

«Aber Sie bekommen doch schon besseres Essen!»

Stimmt, zu Beginn des Herbstes war es noch schlechter. Aber wir sind krank, wir wollen behandelt werden. Sie untersucht schließlich Tanja und verschreibt ihr ein Antibiotikum. Sie verspricht, auch mich zu untersuchen. Aber eine halbe Stunde später heißt es: «Ratuschinskaja und Ossipowa – in den SCHISO! Wegen des Streiks.»

Das war zu erwarten gewesen. Komisch ist nur, daß ich zwölf Tage bekomme und Tanja fünfzehn, obwohl wir auf Tag und Stunde gleichermaßen streikten. Tanja bemerkt lachend: «Nur keine Aufregung, Sie werden schon noch lange genug sitzen!»

Alles Warme, was nur irgendwie als Unterwäsche gelten kann, wird herbeigeholt und in drei Schichten übereinandergepellt. Dünn kann man uns jetzt nicht mehr nennen. Wir bringen auch das Thermometer unter, um die Raumtemperatur im SCHISO zu messen – vielleicht haben wir Glück, daß sie es beim Filzen nicht bemerken. Wir küssen uns zum Abschied. Dann bringt man uns zur Wache. Hier befiehlt man uns, Platz zu nehmen. Der «Kukkuck» ist schon weg, wie sich herausstellt, und nun wird man uns mit einem Wagen hinbringen – Spezialtransport nennt sich das. Wir warten in demselben Raum, in dem mein Wiedersehen mit Igor stattfand. Mitleidige Aufseherinnen bringen uns Mittagessen aus der Offizierskantine: ein Riesenschnitzel, Kartoffelpüree und Pudding.

«Wie sollen wir das alles bloß essen?»

«Eßt nur, eßt, dort kriegt ihr nichts!»

Das Argument ist überzeugend, und wir kauen guten Gewissens. Wir sind sogar heiter: Es ist schön, gemeinsam zu essen und dabei zu wissen, daß die anderen vorläufig zu Hause sind, vor allem, daß es Pani Jadwiga und Natascha nicht erwischt hat.

Der Wagen fährt vor, wir werden in die «Buchsen» gestopft – Minizellen für eine Person. Da sitzt du ringsum von Eisenwänden eingeklemmt, die Knie stoßen gegen die Tür, und du mußt dich am Sitz festklammern, denn der Wagen wird auf den unbefestigten mordwinischen Wegen nur so hin und her geworfen. Ach, endlich sind wir da! Das ist sie, die Zone 2 – Frauenlager SHCH-385/2. Hier befindet sich der SCHISO. Wir passieren den Kontrollpunkt und werden durchs Lager geführt. «Mit reinem Gewissen in die Freiheit!» heißt die Losung. Ein stolzes Unterfangen, nicht wahr? Hinaus in die Freiheit – ungebrochen, ohne sich von seinen Ansichten losgesagt zu haben, ohne seine Freunde denunziert zu haben, ohne zum Helfershelfer des KGB geworden zu sein. Das Lager reinigt das Gewissen oder vernichtet es ganz. Hier wird der Mensch entweder besser oder schlechter, je nachdem wie er veranlagt ist. Aber vermutlich nehmen wir diese Losung allzu wörtlich. Der Leiter der Operativabteilung, der sich mit Agitation befaßt, wird das wohl anders sehen.

In der Tat, die Kampagne, die unter dieser Losung läuft, hat ein ganz anderes Ziel. Sie soll der Kriminalmiliz, die unter dem

Berg unaufgeklärter Fälle zu ersticken droht, bei den Ermittlungen helfen. Wie kann man eine hundertprozentige Aufklärungsquote erreichen? Nun, indem man sich die Häftlinge vornimmt und ihnen sagt: Los, helft der Miliz! Ihr sitzt wegen Wohnungseinbruchs – kennt ihr nicht noch andere Fälle? Vielleicht haben eure Freunde geklaut – dann zeigt sie an, helft der Justiz! Und solltet ihr selber noch was auf dem Kerbholz haben, dann wird's höchste Zeit, daß ihr zum «Oper» geht und eure Schandtaten gesteht. Die Frist wird man euch deshalb kaum verlängern – ein Diebstahl oder drei ist belanglos für die Justiz. Im Gegenteil, für euch springt noch was raus, als Prämie sozusagen: Paketsendungen außer der Reihe. Und solltet ihr selber wirklich nichts mehr am Stecken haben, dann nehmt das Verbrechen eines anderen auf euch. Der «Oper» wird euch dabei helfen, die passende Sache auszusuchen, eine, an der sich die Miliz schon die Zähne ausgebissen hat. Mit eurer Hilfe kann die Akte dann geschlossen und die Aufklärungsquote aufgewertet werden. In der Lagerzeitung «Aktivistentempo» hört sich das dann so an: «Der Verurteilte K. hatte im letzten halben Jahr schlaflose Nächte, weil ihn die Erinnerung an zwei von ihm begangene Autodiebstähle quälte, die er den Ermittlungsbeamten verschwiegen hatte. Immer wieder mußte er an die Worte seines alten Mütterchens denken: ‹Lebe ehrlich, Söhnchen! Und solltest du mal straucheln, gestehe deine Schuld ein, dann wird dir leichter sein.› Der verurteilte K. hätte aber sicher schwerlich gestanden, wenn der Leiter der Operativabteilung, W. P. Korytin, in der Einrichtung, deren Chef Genosse Gorin ist, nicht hervorragende, einfühlsame Erziehungsarbeit geleistet hätte. Mehr als einmal wirkte er behutsam auf den Verurteilten K. ein, sein Gewissen vor dem Gesetz reinzuwaschen, bis dieser eines Abends mutig an die Tür der Operativabteilung klopfte und zu einem Geständnis bereit war. Jetzt befindet sich der Verurteilte K. endgültig auf dem Wege der Besserung: Er übererfüllt die Norm um 20 bis 30 Prozent, befolgt die Lagerordnung und ist der Sektion Innere Ordnung beigetreten. Als Prämie für sein beispielhaftes Verhalten darf er außer der Reihe Pakete empfangen.»

Derlei ergreifende Geschichten kann man nur hier in Zone 2 lesen, wir in unserer Zone bekommen diese Postille nicht, sie ist lagerintern und darf nicht nach draußen, in die Freiheit, gelangen. Uns traut man nicht, wir könnten ja einen Weg finden, sie rauszuschmuggeln. Alle Gefangenen der Sowjetunion sind verpflichtet, solche Lagerzeitungen zu beziehen, ob sie wollen oder nicht. Nur die Politischen sind davon ausgenommen, für sie ist es leichter, die normalerweise schwer erhältliche Zeitschrift «Ausländische Literatur» zu abonnieren als das «Aktivistentempo». In Zone 2 weiß man zum Glück nichts von diesen Feinheiten, und als wir ein halbes Jahr später im PKT saßen, steckte uns die Bibliothekarin ganze Bündel von dieser Zeitung durch die Durchreicheklappe, so daß wir alle erzieherischen Kampagnen der letzten Zeit studieren konnten. Im SCHISO sind Zeitungen nicht erlaubt, da gibt es überhaupt kein Papier, nicht einmal Toilettenpapier.

Wir gehen in Begleitung einer Aufseherin und eines Offiziers durch die Zone. Die Frauen sind hier ebenso ausgemergelt wie im Krankenhaus. Graue Gesichter, graue oder blaue Wattejacken. Graue Baracken, graue Zäune. Selbst der Schnee, von Kohlenstaub überzogen, wirkt grau. Nur die roten Armbinden, die einige Gefangene tragen, stechen hervor: SWP (Sekzija Wnutrennowo Porjadka). Das heißt Sektion der Inneren Ordnung. Anders ausgedrückt: Aufpasserinnen und Denunziantinnen unter den eigenen Leuten. Sie sind in den Lagern verhaßt. Zu meinem Leidwesen muß ich mitteilen, daß SWP von Gefangenen zynisch so interpretiert wird: Sutschka Wyschla Poguljatj (Die Hündin hat Auslauf). Die Lagerobrigkeit weiß darüber Bescheid, wie sehr diese Frauen gehaßt werden, doch liegt das in ihrem Interesse: Die Gefangenen sollen gegeneinander aufgehetzt werden, nur so kann man sie beherrschen. Das ist auch der Grund, warum die Podust immer wieder versuchte, Keile zwischen uns zu treiben. Wäre ihr das gelungen, hätten wir uns, statt gegen sie Front zu machen, untereinander aufgerieben.

Hinter uns verhaltenes Flüstern: «Politische, die sie da bringen!»

Dann eine ganz Verwegene von weitem: «SCHISO, Mädchen, oder PKT?»

«SCHISO! Ossipowa und Ratuschinskaja!»

Die Aufseherin, in der Annahme, uns nicht zur Vernunft bringen zu können, droht mit der Faust in die wolkenlose Ferne: «Paß auf, Djorkajewa, du kannst was von mir erleben!»

Und den ganzen restlichen Weg brummelt sie in ihren Bart: «Ewig müssen sie uns diese Politischen anschleppen. Als ob wir mit unseren eigenen Banditen nicht schon genug zu tun hätten! Sollten sich in der ‹Drei› endlich selber einen SCHISO bauen und die da rein verfrachten, anstatt sie uns aufzuhalsen!»

Wie sie mit uns geheimnisvollen Politischen umgehen sollen, wissen sie nicht. Allein, daß sie uns mit «Sie» anreden müssen, erfordert schon ungewohnte Konzentration. Erst später kommt es dazu, daß sie uns auf Anweisung des KGB die Kleider vom Leib reißen und uns eines Tages sogar einer ins gynäkologische Detail gehenden Leibesvisitation unterziehen wollen, sich dann aber sofort zurückziehen, als wir massiven Widerstand leisten. Im Moment behandeln sie uns mit Vorsicht. Sie nehmen uns wortlos unsere Gepäcksäcke ab und stecken uns in die Zelle.

Die für vier Häftlinge eingerichtete Zelle mißt etwa sechs Schritt in der Länge und nicht ganz vier in der Breite. Der Holzfußboden hat sich wegen der Feuchtigkeit durchgedrückt, in einer Ecke sind die Bretter völlig verfault, dort gähnt ein modrig stinkendes Loch, aus dem Asseln kriechen. Das Fenster ist unproportioniert groß – anderthalb Meter im Quadrat und natürlich vergittert. Die feinen hölzernen Unterteilungen sind mit Scheiben, ungefähr doppelt so groß wie meine Hand, verglast, allerdings nicht verkittet, sondern jeweils einfach nur mit vier Nägelchen befestigt. Da der Rahmen an sich schief ist, sind auch die Scheibchen krumm und schief geschnitten, so daß fingerdicke Ritzen zwischen Scheibe und Rahmen klaffen. Die Gesamtlänge dieser Fensterritzen beläuft sich, wie ich später ausrechne, auf 13 Meter. Im Augenblick sind es jedoch nicht die Ritzen, die uns beschäftigen, sondern die zwei Scheiben, die ganz fehlen und durch die der Dezemberwind Schnee hereinfegt. Wir wummern an die Tür: «Bringen Sie uns in eine andere Zelle!»

Dies ist ein Problem für sie: Zelle Nr. 7 ist seit eh und je für uns Politische vorgesehen. Hier sitzen wir SCHISO ab und PKT. Die Kriminellen sitzen nebenan, uns zusammen einzusperren, ist strengstens verboten.

«Warten Sie bis morgen, dann werden neue Scheiben eingesetzt!»

Warten? Damit wir hier drin bis morgen eingehen? Und außerdem: Wenn wir uns breitschlagen lassen zu warten, ist alles verloren. Denn morgen wird kein Glas eingesetzt, soviel ist uns klar, und sie werden uns wieder «auf morgen» vertrösten.

«Abendbrot fassen! Heute ist Hungertag.»

Das heißt, wir bekommen keine Balanda, nur 150 Gramm Brot. Das ist die Norm, aber wie die uns durch die Durchreiche hingehaltenen zwei feuchten, knorrigen Brocken nachwiegen? Nun, wir beabsichtigen nicht, sie nachzuwiegen, wir weisen sie zurück: «Solange Sie uns nicht in eine andere Zelle bringen, verweigern wir das Essen.»

«Gut, dann rufe ich sofort den DPNK.»

Der diensthabende Gehilfe des Lagerkommandanten ist für Gefangene eine bedrohliche Figur. Er hat das Recht, sie in den SCHISO zu schicken und überhaupt Gericht zu halten und zu bestrafen. Aber gerade ihn brauchen wir jetzt. Der da kommt, heißt Wassili Iwanowitsch Kotschetow und ist ein armseliges, linkisches Männchen. Der Familienname sagt mir sofort etwas und geht mir nicht aus dem Kopf: Irgendwo ist mir dieser Name schon untergekommen, aber wo – schlag mich tot, ich weiß es nicht. Erst nachdem er wieder weggegangen ist, fällt es mir ein: Kotschetow ist der Name des Verfassers unserer Schullehrbücher für Mathematik. Der abgegriffene, tintenbekleckste Bucheínband steht mir plötzlich ganz deutlich vor Augen. Ein Namensvetter, natürlich: Dieser Wassili Iwanowitsch wäre als Autor eines Lehrbuchs undenkbar. Er ist selbst für einen Gefängnisschergen pathologisch dumm. Die zu große Offiziersmütze mit den Ohren bremsend, dient er seine Zeit hier bis zur Rente ab. Da, schon rutscht ihm das Ding wieder herunter ... Und diese jämmerliche Figur hat nun den verantwortungsvollen Beschluß zu fassen, ob er uns in eine andere Zelle überführt oder nicht. Und er muß ihn schnell fassen, und sei es, weil er Tanja sehr gut kennt – von ihrem viermonatigen Hungerstreik, hier in dieser Zelle. Daß damals die Kriminellen meuterten und sich mit ihr solidarisierten, hat er sicher nicht vergessen.

«Warten Sie, ich gehe telephonieren.»

Richtig, wälze die Verantwortung auf einen anderen ab, laß einen anderen entscheiden. Na los, mach schon, draußen sind 15 Grad minus! Wir wärmen die Hände solange mit unserem Atem und warten.

«Sie kommen in Zelle acht!»

Sie öffnen uns die achte nach demselben System wie die siebte: zuerst zwei Schlösser und einen Riegel an der Außentür, dann eine eiserne Gittertür.

Das Fenster ist hier zwar ganz, und trotzdem entweicht die Atemluft als Dampf. Angeblich sind irgendwo im Lager Heizungsrohre gebrochen, die morgen repariert werden sollen. Das ist seit eh und je in allen Lagern so: Sobald die Fröste einsetzen, platzen die Rohre. Nicht etwa, um die Häftlinge zu quälen, nein, die Lagerwirtschaft in ganz Mordwinien ist einfach in einem hoffnungslosen Zustand. Von Arbeit versteht hier keiner etwas, sind ja alles Gefängnisschergen – ein Handwerker, der was von seinem Fach versteht, wird mit Gold aufgewogen, bloß Gold haben Lagerkommandanten nicht zu bieten. Und darum fehlt das Glas in den Fenstern, fällt regelmäßig der Strom aus, gibt es Wasserrohrbrüche, funktioniert die Heizung nicht. Aber die Einrichtung deshalb schließen, kommt nicht in Frage. Müssen sie eben ohne Wasser und ohne Licht sitzen, sind ja nicht zur

Erholung hier! Ist die Fischlieferung nicht eingetroffen, müssen wir eben mit verkürzter Ration über die Runden kommen. Farben haben wir, Gott sei Dank, in ausreichender Menge, und können, wenn eine Kommission im Anmarsch ist, alles schön streichen, damit es anständiger aussieht. Diese unglückselige SCHISO-PKT-Baracke wird daher alle naselang getüncht: mal grau, mal grün. Die Aufseherinnen gehen gefleckt und grimmig wie Panther durch die Gänge, uns aber warnen sie höflich: «Stoßen Sie nicht an die Wände, wenn Sie die Latrine hinaustragen! Wir haben frisch gestrichen.»

Die Latrine ist eine zusammengeschweißte Apparatur aus 3 Millimeter dickem Eisen. Die offizielle Bezeichnung ist «Toilettenbehälter». Eine Kanalisation gibt es hier natürlich nicht. Nach meinen Berechnungen – spezifisches Gewicht von Eisen und die Formel für die Abmessung eines Zylinders – hat dieses Monstrum ein Eigengewicht von 12 Kilogramm. Außerdem ist eine Eisenkette daran befestigt und an deren Ende ein meterlanger Eisenbolzen. Der Bolzen wird durch ein Loch in der Wand zum Korridor hin gesteckt und von draußen verschraubt, weil nach den Gefängnisregeln die Latrine an der Wand fest verankert sein muß. Jeden Morgen schrauben die Aufseherinnen den Bolzen unter Fluchen locker und dann wieder fest. Das Fassungsvermögen des Behälters beträgt 30 Liter, hat also in gefülltem Zustand, mit Kette und Bolzen, ungefähr ein Gewicht von 44 Kilogramm. Transportieren kann man dieses Unding nur zu zweit. Zu diesem Zweck hat die Latrine zwei angeschweißte Henkel wie ein Kochtopf.

Ich widme diesem unsympathischen Gerät soviel Aufmerksamkeit, weil es ein wichtiger Aspekt unseres Lebens ist. Im ganzen verbrachte ich sieben Monate im PKT und vier Monate im SCHISO – und jeden Tag, den Gott werden ließ, machten wir unseren Buckel krumm und schleppten das Monstrum über den Korridor, dann über die vereisten Treppen nach unten, weiter durch den Schnee bis zur Grube und wieder zurück in die Zelle.

«Verdammt, Sie haben wieder vergessen, den Bolzen durchzuschieben! Was, verklemmt ist er? Los, durchschieben! Haben Sie etwa keine Kraft?»

Wir mußten dieses Ding an «Hungertagen» schleppen, an «satten Tagen» und während der Hungerstreiks. Und wir mußten seinen Geruch ertragen.

«Nachtruhe!»

Die Aufseherin klirrt mit den Schlüsseln, öffnet die Schlösser und stellt uns rissige, hölzerne Pritschen herein. Betten sind nicht zulässig, Umziehen zur Nacht nicht gestattet. Wir legen uns auf die kalten Bretter, packen die Hausschuhe unter den Kopf. Mit Schlafen hat das nichts zu tun: Du fällst in einen besinnungslosen Zustand und wirfst dich dann vor Kälte auf der Pritsche hin und her in der Hoffnung, eine Lage zu finden, in der dir wärmer wird. Zwischendurch hast du kurze, aber erstaunlich klare und schöne Träume. Oft hörst du Musik oder nimmst wunderbare Gerüche wahr. Und in fast allen Träumen kannst du fliegen. Außer im SCHISO hatte ich niemals solche Träume, obwohl ich auch heute noch im Traum fliege: Ich habe eben Übung.

«Aufstehen! Latrine raustragen!»

## 26

GERÜCHTEN nach wird die Heizung tatsächlich repariert, so daß wir die Aussicht haben, uns gegen Abend aufwärmen zu können. Im Moment sind wir mit den üblichen morgendlichen Prozeduren beschäftigt: Körperpflege und Reinigung der Zelle. Zum Waschen nehmen wir uns aus unseren Sachen Zahnbürsten, Zahnpulver, Seife und Handtücher. Wir nutzen die Verschlafenheit der Aufseherin aus, um auch nach dem Thermometer und dem kleinen Plastikbeutel mit Watte zu greifen. Die erfahrene Tanja hat alles Nötige in das Beutelchen gepackt. Zum Waschen steht jeder ein Becher Wasser zu, aber Tanja hat sich bei ihren vergangenen Aufenthalten hier das Privileg erkämpft, mehr zu bekommen: einen Teekessel voll. Sozusagen eine Ausnahme für unverschämte Politische. Die Waschung findet über der Latrine statt: Tanja gießt vorsichtig Wasser aus dem Kessel, und ich seife mir das Gesicht ein und spüle es ab. Dann wechseln wir. Nach dem Waschen müssen wir alle Utensilien zurückgeben: Im SCHISO darf man keinerlei Gegenstände bei sich behalten. Auch kämmen darf man sich nur einmal am Tag – um sechs Uhr morgens.

Wir haben jedoch noch in der Zone listigerweise zwei Waffelhandtücher zusammengenäht, die wir jetzt auseinandertrennen: Eins geben wir zurück, das andere wickelt sich Tanja um den Leib, um ihre Nieren zu schützen. Am anderen Morgen behalte ich das zweite. Kleine Listen, ohne die du aufgeschmissen wärst. Das Thermometer verstecken wir an einer ganz speziellen Stelle. Wenn Sie, lieber Leser, in so einer Zelle sitzen müßten, würden Sie auch sehr bald herausfinden, wo es am sichersten aufgehoben wäre – nämlich dort, wo sie aller Wahrscheinlichkeit zuletzt nachgucken werden. Sie suchen die Zelle nur flüchtig ab: Fahren mit der Hand unter die Platte des kleinen eisernen Tischchens, das am Boden befestigt ist, und unter die Sitzbank. Mehr Mobiliar befindet sich nicht in der Zelle. Nun ja, gelegentlich werfen sie noch einen Blick unter die Latrine. Zu mehr Phantasie reicht es nicht. Uns tasten sie vorschriftsmäßig an den Seiten von oben bis unten ab, ob wir auch nichts unter der Kleidung verbergen, und spüren dabei das umgewickelte Handtuch. Aber sie sagen nichts, haben Mitleid. Die Aufseherin Akimkina allerdings und die Chefin des Regimes würden es uns mit Wonne vom Leib reißen.

Zum Säubern der Zelle geben sie uns einen Eimer Wasser und ein Stück Sackleinen, gewöhnlich bewilligen sie uns auch einen Schrubber – aus Achtung vor unserem politischen Status. Schlecht und recht nehmen wir mit dem nassen Lappen den Dreck vom Fußboden auf. Es ist dunkel im Raum, das Glühlämpchen hinter dem Gitter gibt nur spärlich Licht, und Tag wird es erst in zwei Stunden.

«Frühstück, Frauen! Satter Tag!»

Das bedeutet, daß wir heute außer Brot auch Balanda bekommen. In der Plürre schwimmen ein paar Fischstücke mit Schuppen und Gräten. In rohem Zustand müssen es 60 Gramm Fisch sein, in gekochtem bleibt das übrig, was nicht gestohlen werden konnte. Die Norm eines «satten Tages» nennt sich 9-B, und das ist sie:

| | | | |
|---|---|---|---|
| Roggenbrot | – | 450 | Gramm |
| Mehl | – | 10 | " |
| Getreide | – | 50 | " |
| Fisch | – | 60 | " |
| Fleisch | – | 00 | " |
| Fett oder | | | |
| Pflanzenöl | – | 06 | " |
| Kartoffeln | – | 200 | " |
| Kohl | – | 200 | " |
| Tomatenmark | – | 05 | " |

Es läuft also zur Hälfte auf Kartoffeln und Kohlreste hinaus. Für Tomatenmark und Fette hat der Wirtschaftsdienst allemal Verwendung. Der Witz besteht doch darin, daß wir diese jeweils 5 beziehungsweise 6 Gramm in der Balanda sowieso nicht feststellen können, und wenn sie den Anteil aller, die im SCHISO sitzen, stehlen, kommt ganz schön was zusammen. Was Kartoffeln angeht, so wissen wir noch nicht, wie glücklich wir uns schätzen können. Als ich später in den SCHISO eines anderen Lagers (Zone 14) komme, erfahre ich, daß sie dort den achten Teil einer Kartoffel mordwinischen Ausmaßes geben! Die 50 Gramm Getreide bedeuten 50 Gramm in gekochtem Zustand. Satt werden soll man nicht, den Hunger soll man spüren. Bleibt das Brot, aber auch da wird Betrug großgeschrieben: Der Zweipfundlaib wird nicht in sieben, sondern in zehn bis elf Teile geschnitten. Ich kann das leicht nachprüfen – durch Nachmessen der durchschnittlichen Dicke eines Stückes und der Länge des Laibes. Natürlich habe ich kein Lineal, aber ich habe einen vorher präparierten Meßfaden mit Knoten an den Enden: Versuche mal einer, mir den wegzufilzen! Hier bekomme ich die Brotlaibe zwar nicht zu Gesicht, aber sie sind genauso groß wie die, die wir in der Zone erhalten und untereinander aufteilen.

«Satter Tag» und «Hungertag» im Wechsel führt dazu, daß dir am zehnten Tag vor Hunger schwindlig wird. Der offizielle durchschnittliche Kalorienwert (in der Praxis sieht es anders aus) beträgt 1150, der durchschnittliche Eiweißgehalt beläuft sich auf 30 Gramm. Das ergibt eine Norm von 3000 Kalorien pro Tag.

Wer das nicht kapiert, der pfeife auf diese zusammengestoppelte Statistik und kehre zu seinem Beefsteak zurück! Mit meinen eigenen Ohren habe ich gehört, wie eine Leningrader Studentin sagte: «Während der Blockade wurden 200 Gramm Brot pro Tag ausgegeben, und da wollen die gehungert haben! Ich esse manchmal tagelang kein Brot!»

Daß sie ohne Brot auskommen konnte, glaube ich ihr gern: Ihre Eltern waren Parteibosse, und Hunger hat sie nie kennengelernt. Warum Brot essen, wenn genug Fleisch auf dem Tisch steht? Sie würde auch nie begreifen, warum sich noch heute keine sowjetische Familie ohne Brot an den Tisch setzt. Mein Mann und ich haben es uns auch erst in Europa abgewöhnt, immer und überall zu den Mahlzeiten Brot zu essen. Aber nie werde ich das feuchte Gefängnisbrot vergessen, diesen Geschmack und diesen Geruch.

Aber bedauern Sie uns nicht voreilig – gestern haben uns die Aufseherinnen mit Schnitzel bewirtet, und wir sparten die Brotstücke von gestern abend für heute auf. Bei den morgendlichen Durchsuchungen nehmen sie es uns dann allerdings weg: «Sie trocknen Brot? Das sieht nach Fluchtversuch aus!»

Nun, vorerst leben wir noch. Zumal Tanja, genial wie sie ist, vor unserer Abfahrt Brühwürfelchen in die Watte gesteckt hat! Sie haben die Watte zwar begrapscht und durchwühlt, aber nichts gefunden. Die kleinen, flachen Würfelchen stecken tief in der Schicht – dreizehn Stück, nicht für jeden Tag, nur für die «Hungertage». Wie sind wir an diese Würfelchen gekommen? Nun, Streifbandsendungen haben so ihre Vorteile. In der Sowjetunion gibt es solche Brühwürfelchen nicht zu kaufen. Unsere Angehörigen bekamen sie aus dem Ausland, vermutlich von noch ahnungslosen Emigranten: Erst jetzt sehen wir uns diese Würfelchen aufmerksam an. Auf der Einwickelfolie ist ein sympathisches Hündchen abgebildet, und aus der Aufschrift darunter geht hervor, daß die Bouillon für Haushündchen bestimmt ist. Ach, ihr lieben kleinen süßen Schnuckelchen! Ausgerechnet ihr rettet uns! Wir sind kein bißchen beleidigt, daß diese Würfelchen Hundenahrung sind. Die Leute konnten eben nicht englisch lesen und haben das Billigste gekauft. Ach, wie werden wir an unseren Hungertagen schwelgen! Wir tun ein Würfelchen in einen Becher heißes Wasser und rühren die Brühe mit Tanjas Haarnadel um. Den leeren Becher wischen wir mit einem Stückchen Brot aus, damit keine verräterischen Fettspuren zurückbleiben. Mittags wiederholen wir es. Damit verbrauchen wir zwei Würfelchen.

Erst im August 1985 ist es mit unserer verbotenen Zusatzernährung vorbei: Der leicht errötende Schalin (zu dieser Zeit schon Major) filzt eigenhändig die Watterolle und schüttelt triumphierend zwölf «Bouillonwürfel» heraus – je vier pro Woche. Und er ist stolz wie ein Spanier auf seinen Fund. Möge Gott ihm verzeihen.

Im SCHISO ist jede Beschäftigung verboten, außer Arbeit. Die kriminellen Frauen aus den Nachbarzellen werden täglich zur Arbeit getrieben, sie nähen in drei Schichten Fäustlinge. Schaffe bei dieser Ernährung mal einer die Norm! Fällt der Strom aus, frohlocken sie: Die elektrischen Maschinen stehen still. Kein Strom – keine Arbeit. Aber sie frohlocken verfrüht: «Was, in acht Stunden nichts genäht?!»

«Stromausfall!»

«Hättet ihr das Rad eben mit der Hand drehen müssen.»

«Mit der Hand? Was schafft man da schon?»

«Mindestens sechzig Prozent, wenn ihr gewollt hättet. Aber so läuft das auf böswillige Arbeitsverweigerung hinaus!»

Wir brauchen nicht zu arbeiten: Es gibt im SCHISO nur eine

Werkstatt, und da wir als «besonders gefährlich» gelten, läßt man uns nicht mit Kriminellen verkehren.

Aber wir haben auch so genug zu tun – wir untersuchen die Temperatur des uns umgebenden Milieus. Laut Gesetz darf die Temperatur im SCHISO nicht unter 16 Grad Celsius liegen. Die örtliche Obrigkeit interpretiert das selbstverständlich als nicht *über* 16 Grad. Wir verlangen, daß die Temperatur in unserer Zelle gemessen wird. Sie bringen das berühmte Trickthermometer: «Bitte, messen Sie nach!»

Berühmt ist das Thermometer im SCHISO dadurch, daß es stets und immer 15,5 Grad anzeigt, also eine Temperatur in den «Grenzen der Norm» – nach dem Verständnis der örtlichen Obrigkeit. Ohne lang zu überlegen, steckt Tanja es in den Schnee, der auf dem Fensterbrett angeweht wurde. Aber das Wunderthermometer zeigt auch hier 15,5 Grad an. Das nenne ich Optimismus! Sollte man das Ergebnis dieses Experiments nicht der Staatsanwaltschaft mitteilen?

«Diensthabende, geben Sie uns Papier und Kugelschreiber!»

«Ist im SCHISO nicht erlaubt!»

«Wir wollen eine Beschwerde an die Staatsanwaltschaft schreiben. Laut Gesetz ist das auch im SCHISO möglich!»

«Ach, diese Politischen! Ewig müssen sie Klageschriften verfassen! Ein Kreuz ist das mit denen ... Wir haben kein Papier!»

«Nehmen Sie es aus unseren Sachen, in der Seitentasche! Dort finden Sie auch Umschläge.»

Unsere Diensthabende verzieht sich, und bis zum Abendbrot können wir sie nicht wieder herbeiklopfen. Abendlicher Rundgang: Der DPNK mit neuer Schicht. Sie durchsuchen uns und die Zelle.

«Wir haben um Papier für ein Beschwerdeschreiben gebeten, und man hat es uns nicht gegeben.»

«Herr im Himmel, schon wieder ein Beschwerdeschreiben! Was haben Sie denn zu beanstanden?»

«Es ist eiskalt hier drin, und es wird mit dem Thermometer geschummelt.»

«Es ist nicht kalt, die Temperatur ist normal.»

Sie stehen in Mänteln und Ohrenklappenmützen in unserer Zelle, ihre Visagen sind rot, satt, Dampf quillt aus ihren Mündern. Man glaubt, daß ihnen nicht kalt ist.

«Aber wir haben das Recht, an den Staatsanwalt zu schreiben.»

«Nur während der Tagschicht, jetzt ist Nachtruhe. Morgen ist auch noch Zeit.»

Morgen hat ein anderer DPNK Dienst, mag er sich damit abgeben. Und wir können unseren Kampf ums eigene Schreibzeug von neuem beginnen.

«Am besten laßt den Unfug, Frauen. Die Heizung ist angeschaltet, gleich wird es warm.»

Tatsächlich, die Rohre erwärmen sich leicht. Sie laufen am Boden entlang, und wir legen uns davor, den ganzen Körper daran gedrückt. Unser heimlich mitgebrachtes Thermometer zeigt 12 Grad in der Zellenmitte an, doch dicht am Rohr ist es wärmer. Wir umfassen das Rohr mit blaugefrorenen Fingern und spüren darin feine Nadelstiche. Was für eine Wohltat! Eine Stunde später ist das Rohr wieder eiskalt, aber wir rühren uns nicht davon weg, weil wir wissen, daß die Heizer das heiße Wasser unregelmäßig durchjagen: Sie heizen ein, machen Pause, pennen oder klopfen Karten (selbstgebastelte), verpassen den richtigen Moment zum Nachlegen, das Feuer geht aus, und sie müssen wieder einheizen.

Aber auch durch die eisigen Rohre ergießt sich der Strom des Lebens – die Gespräche über den Becher. Da die Rohre alle Zellen durchlaufen, werden wir ungewollt, wenn nicht Zeugen, so doch Mithörer fremden persönlichen Lebens: «Drei, drei! Habt ihr den Machorka in der Werkstatt gefunden?»

«Nein!»

«Ach, ihr blöden Gänse, wir haben extra für euch welchen unter den Rohlingen liegenlassen!»

Die Insassen von Zelle drei hatten also den Tabak nicht gefunden. Tabak ist im SCHISO Mangelware, Rauchen ist hier verboten, dennoch werden Tabak und Streichhölzer virtuos durch die Kontrollen gebracht. Geteilt wird er nicht mit allen, das läuft nach einem besonderen, komplizierten Belohnungssystem. Und die von der dritten müssen keine großen Lichter sein, wenn sie die für sie zurückgelassene stille Reserve nicht gefunden haben.

«He, Zelle acht, hört ihr mich? Ich bin Tischka aus der sechsten! Erinnerst du dich an mich, Tanja?»

«Ja, ich erinnere mich.»

«Na, wie geht's dir, Tanjuscha? Wen hast du bei dir? Wie heißt sie?»

«Ira. Auch aus unserer Zone.»

«Wofür bestraft?»

«Wer? Ira? Mit Lager oder SCHISO?»

Tanja liebt präzise Formulierungen. Das kommt von ihrer Arbeit an der «Chronik laufender Ereignisse», der illegalen Ausgabe sowjetischer Neuigkeiten.

«Sowohl sie, als auch ihr beide jetzt!»

«Ira – für ihre Gedichte.»

«Ach, eine Dichterin.»

«Und hier sind wir, weil wir streiken.»

«Ihr streikt alle beide?»

«Nicht nur wir beide, die ganze Zone.»

«Aha, dann wird Natascha ja auch bald hier erscheinen. Wie geht's ihr?»

«Sie ist krank.»

«Na ja, Kopf hoch, Mädchen! Alles wird gut!»

Dieses «Alles wird gut» – ist ein Standardtrostwort unter Gefangenen. Ich habe es unzählige Male von Unbekannten und Halbbekannten während meiner Haftzeit gehört. Und immer wieder aufs neue erschütterte mich seine Sinnlosigkeit: Woher wollten sie wissen, daß für mich alles gut ausgehen würde? Und nun siehe da: Sie haben recht behalten, diese laienhaften Gefängnispropheten. Schwer war es für mich, ich habe gefroren und gehungert – eine furchtbare Zeit. Und doch: Ich bin am Leben geblieben, ich habe mein Gewissen nicht verkauft, und ich wurde von einem geliebten Menschen in der Freiheit erwartet. Was brauche ich mehr? Wenn diese Prophezeiung nur bei allen in Erfüllung ginge. Mir hat sie Gutes gebracht. Sie war wie ein kurzes Gebet für uns, die wir unser Lebtag nicht verstanden haben zu beten.

Tanja und ich diskutieren Rußlands Schicksal: Wann setzte der Knick in unserer historischen Entwicklung ein – unter Peter I., oder früher, oder später? Der Streit ist endlos, wie alle Gespräche dieser Art. Zeit zum Schlafen, aber ich habe noch keine Lust. Ich rezitiere für Tanja Gedichte. Anfangs fremde, dann eigene. Dann verstumme ich, und Tanja, die alles, alles versteht, tut, als würde sie schlafen. Sie weiß, daß ich ihr die in dieser Nacht entstehenden Verse morgen früh vorsprechen werde.

Auf dem Fußboden sitz ich und lehn an der Heizung
Von Süden, verfroren.
Und das Gitter vom Lämpchen wirft längliche Schatten
ins Leere.
Kalt ist's, kerkerkalt.
Kükengleich möcht' ich mich aufplustern können.
Der Nacht lausche ich stumm,
In den Knien das Kinn tief vergraben,
Und die Leitung dröhnt still.
Heißes Wasser vielleicht, das sie schicken?
Doch im SCHISO entstammt das Klima
Ja bekanntlich der Eiszeit...
Wer erwärmt mich wohl schneller: Dershawins
verläßliche Ode,
Der Gruß des verfemten Martial,
Des Homer schwere Bronze?
Hinterm Kloeimer knuspert und nagt
Mäuschen Maschka den Zwieback.
Du mein Däumling von Räuber,
Der so schuldlos gaunert wie keiner!
Vor dem Fenster ist Lärm und der diebische Wind
des Dezember –
Gerade frisch aus der Freiheit –
Erreicht unerbittlich die Zelle.

Stolz der Helsinkigruppe, es sagt
Mir dein Atem: du schläfst nicht.
Der Regimefeind im Lager von Perm
Der schläft auch nicht, das weiß ich.
Und in Kiew da dreht am Empfänger ein anderer Irrer.
Und Orion ersteht
Und er wandert von Ende zu Ende.
Und die traurige Story von Rußland
Auf einem Blatt schreibt sie
Mäuschen Maschka
Und uns
Den Empfänger, das ewige Leuchten –
Bringt uns alle auf weißem, noch schriftleerem
  Blatte zusammen
Und eröffnet dem morgigen Tag
Diesen so langen Winter.

Diese Verse schickte ich von unterwegs los, auf dem Rückweg in die Zone, und zwar an eine Deckadresse, wo sie wohlbehalten ankamen und dann an Igor weitergegeben wurden. Das war noch bevor ich zum zweitenmal in den SCHISO mußte. Wie werden diese krakeligen, im polternden Zug hastig niedergeschriebenen Verse auf meinen «Besessenen» gewirkt haben? In dieser Nacht denke ich darüber nicht nach: Igor trägt seinen Teil der Bürde, ich den meinen. Im Augenblick interessiert Tanja und mich mehr als alles andere die Genauigkeit der Formulierung.

## 27

Mehr als Mäuse und Asseln jedoch, mehr als die vorsätzliche Unterkühlung der Gefangenen im SCHISO, mehr als Hunger und der schwer zu ertragende Schmutz erschüttert mich das Alltagsleben der Frauen im Kriminellenlager. Dieses Leben spielt sich auch in den Zellen neben uns ab, deren Insassen fortwährend wechseln, und zwölf Tage reichen aus, um sich ein Bild zu machen. Inzwischen habe ich mich daran gewöhnt, aber zuerst wunderte ich mich: Warum fallen im ständigen Gefängnispalaver so unheimlich viele Männernamen? Wieso diese dauernden Eifersuchtsszenen? Das ist doch ein Frauenlager.

Natürlich wußte ich von lesbischer Liebe unter kriminellen Frauen, aber ich hatte keine Ahnung, welche Ausmaße das annahm. Die aus ihrem normalen Leben herausgerissenen Frauen, überwiegend junge, schaffen sich Ersatzliebe und Ersatzfamilien. Ja, ganze Familien – mit Großmutter und Großvater ( ihre Rolle übernehmen die älteren), mit Mama und Papa, mit Kindern und Kindeskindern. Die jüngsten sind gerade achtzehn geworden und aus der Zone für Minderjährige eingetroffen. Aber auch sie werden in diese Praktiken hineingezogen.

«Mascha, Zelle zwei, Mascha, Zelle zwei! Was gibt's Neues in der Zone?»

«Ach, Sina, du bist's! Gestern sind Jugendliche angekommen. Wir haben sie uns angesehen: nette Kätzchen! Eine ist in unserer Brigade, wir haben sie als Tochter angenommen.»

Männernamen tragen die sogenannten «Kobly», sie übernehmen die Rolle des Mannes in der lesbischen Liebe, die Frauenrolle übernehmen die «Kowyrjalki». Natürlich ist das verboten, natürlich werden sie, auf frischer Tat ertappt, bestraft, und öffentliche Anprangerung ist noch die harmloseste Variante. Abhilfe schafft nichts: Die Leidenschaften entbrennen um so stärker. Sperrt man die eine in den SCHISO, muß die andere, entsprechend der Lagerethik, irgend etwas anstellen, damit man sie ebenfalls in den SCHISO sperrt. Täte sie es nicht, wäre dies ein Eifersuchtsgrund, der endlose Intrigen nach sich zöge.

«Fedja, du mußt hier drin hocken, und deine Lisa amüsiert sich mit Shenka!»

«Mit welchem Shenka?» fragt Fedja mit metallischem Mezzosopran.

«Dem aus der sechsten Abteilung.»

«Du lügst?!»

«Frag Michrjutka, die ist gerade heute eingebuchtet worden.»

«Michrjutka! Michrjutka! He, Zelle eins! Ist das wahr?»

«Weiß der Geier, ich hab denen die Kerze nicht gehalten. In den Laden allerdings sind sie zusammen gegangen.»

«Ach, die kann was erleben!»

Und sowie Fedka aus dem SCHISO kommt, verprügelt er seine Lisa oder schneidet sich, was noch eindrucksvoller ist, die Pulsadern auf, um seine Liebe zu beweisen und die «Treulose» zur Vernunft zu bringen. Die Lagerärzte, erbost über diese Adernaufritzerei, nähen sie ohne Betäubung: «Brüll du ruhig, das nächste Mal wirst du sie dir nicht aufschneiden!»

Schon möglich. Aber im Krankenhaus zeigte mir eine vierzigjährige Frau namens Ksjucha ihre zerschnittenen Arme – Narbe an Narbe! Und alles aus unglücklicher Liebe. Wie alle anderen Frauen müssen auch die «Kobly» Kopftücher tragen, doch sie binden sie auf besondere Weise, so daß es wie eine Männerschirmmütze aussieht. Sie bemühen sich, mit Baßstimme zu sprechen und einen wiegenden Männerschritt zu imitieren, und sie tätowieren sich. Ihre Wäsche machen sie nicht selbst, dafür haben sie die «Polowinki». Selbst Frauen, die eine normale Familie zu Hause haben, sind wie von Sinnen. Einmal erlebte ich im SCHISO eine makabre Szene mit: Die Abteilungsleiterin versuchte eine «Polowinka» zu überreden, aus dem PKT zum Wiedersehen mit ihrem Mann und ihrem zweijährigen Sohn zu kommen.

Einem im PKT sitzenden Häftling ist ein Besuch prinzipiell nicht gestattet, doch in diesem Falle handelte die Verwaltung entweder aus Mitleid oder in der Absicht, ein lesbisches Paar auseinanderzubringen. Daß ein Ehemann zu Besuch anreist, ist in Kriminellenlagern an und für sich eine höchst seltene Sache. Die meisten Männer warten nicht auf ihre ins Unglück geratenen Frauen, sie lassen sich scheiden. Das ist nicht wie bei politischen Gefangenen, die mitunter zwanzig Jahre aufeinander warten. Ausnahmen gibt es natürlich. Und dieser Mann war offenbar eine dieser seltenen Ausnahmen. Daher erlaubten sie das Wiedersehen – ein Präzedenzfall.

Sie aber weigerte sich entschieden, die Zelle zu verlassen und Mann und Sohn zu sehen. Da half auch kein Zureden der verdutzten Abteilungsleiterin – die neue Lagerliebe war stärker. Ihr Saschka, der in der Zelle nebenan alles mithörte, konnte zufrieden sein.

Nicht alle kriminellen Frauen verfallen in den Lagern der lesbischen Liebe. Daß es die Mehrheit ist, möchte ich nicht behaupten. Aber das häufigste Thema im SCHISO ist sie schon. Das alles verfilzt zu einem ganzen Knäuel von Intrigen, Lügereien, Zank und Versöhnung. Es kommt vor, daß ein Pärchen in verschiedenen Zellen sitzt, und dann tun sie den lieben langen Tag nichts anderes, als ihre Beziehung zu bereden – und alles läuft über dasselbe Heizungsrohr, an das du deinen durchgefrorenen Körper preßt. Binnen fünfzehn Tagen zerstreiten, beschimpfen und versöhnen sie sich mindestens zehnmal. Manchmal hast du den Eindruck, daß der Grund dafür gar nicht ihre Liebe ist, sondern das physiologische Bedürfnis nach der ganzen Skala von Emotionen auch im Lager: Haß, Neid, der weibliche Wunsch zu gefallen, der leidenschaftliche Schauer des Risikos. Produziert ihre Leber soundsoviel Galle am Tag, so muß eine Frau sich, schimpfend und prügelnd, an jemandem abreagieren. Ist ihr nach Weinen zumute, so muß sie sich versöhnen oder Klagelieder singen. Primitiv? Dann sollten Sie diese wie Gefängnistage endlosen und einander gleichenden Szenen hören. Schon im voraus ist klar, wer wem zur Nachtruhe seine Liebe erklären und wer es, sich gegenseitig mit Flüchen überschüttend, am nächsten Morgen tun wird. All dies zusammen könnte einen vor Mitleid aufschreien lassen: Ihr armen, unglücklichen Menschen! Wohin haben sie euch gebracht? Gut, ihr versteht es nicht, euch zu beherrschen, ihr habt die wahre Liebe nicht kennengelernt, die Qualen, die ihr im Lager durchmacht, kompensiert ihr durch Aggressivität, und Kultur ist für euch ein abstrakter Begriff. Aber seid ihr daran schuld? Seid ihr überhaupt schuldig? Machen sich nicht eher jene schuldig, die euch in diesen Dreckställen halten, die euch gegeneinander aufhetzen, euch verhöhnen, weil sie nichts Besseres zu tun haben, und die die Arbeit zur verhaßten Zwangsarbeit degradieren, so daß ihr euch, statt zu arbeiten, lieber selber die Knochen brecht und Zucker in die Lungen einatmet? Umerziehen wollen sie euch? Zu vollwertigen Menschen machen? Weit gefehlt! Sie brauchen einfach Sklaven – beklagenswerte, rechtlose Sklaven, die stets an allem schuld sind.

Und wenn ihr dann, den Vorstrafenvermerk im Paß, mit verkrüppelter Seele in die «Freiheit» hinausgeht, dann erscheint der Abschnittsbevollmächtigte bei euch und nimmt seine Aufsichtspflicht über euch wahr. Und er wird über euch herrschen als Zar und als Gott – ein Kinderspiel für ihn, euch beispielsweise wegen Rowdytums wieder hinter Gitter zu bringen. Wenn er nur Geld von euch verlangt, könnt ihr noch danke schön sagen. Er kann nämlich auch Dinge von euch verlangen, im Vergleich zu denen euch die Lagerliebe als Gipfel der Keuschheit erscheint.

Und wenn sich von euch trotz alledem einige (und es sind viele) in dieser wüsten Realität Menschlichkeit und Güte bewahren, so kann man nur betroffen sein von der stillen, oftmals unbewußten Standhaftigkeit einer lebendigen Frauenseele.

Im Sommer 1986 hatte ich Gelegenheit, mit einer Abteilungsleiterin dieses Lagers über frei gewählte Themen zu sprechen: Diese «zufällige» Begegnung hatte das KGB für mich arrangiert. Als ich auf die Grausamkeiten zu sprechen kam, die im Lager an den Gefangenen verübt werden und an denen auch sie beteiligt war, blickte sie mich verständnislos an und sagte: «Sie kennen sie einfach nicht! Das sind keine Menschen, das sind Tiere! Mit denen darf man nicht anders verfahren.»

Aber ich, die ich euch kenne, meine Zellennachbarinnen im SCHISO, die ich um eure Tränen und Freuden, um euer verzweifelt-schwermütiges Gezänk, um eure wüsten Lieder und um eure unvermutete Mitfühlsamkeit weiß – ich glaubte dieser

Frau nicht, daß ihr keine Menschen seid. Ich schaute sie nur zweifelnd an: Ist sie denn ein Mensch? Oder nur ein Kadaver? Diese seelenlosen Körper, die sich als Menschen aufspielen, gibt es doch in der Folklore aller Völker. Der Legende nach sind sie aggressiv und nur zu Bösem fähig.

Wie ein Kadaver sah sie nicht aus, diese junge, rotblonde Frau, Absolventin der juristischen Fakultät. Und während ich ihr in die klaren, durchsichtigen Augen schaute, wurde mir wieder einmal bewußt, wie wenig wir menschlichen Wesen voneinander wissen.

## 28

Ich habe meine ersten zwölf SCHISO-Tage hinter mir – sie kommen mir wie eine Ewigkeit vor. Alles haben wir in dieser Zeit gehabt: Den endlosen Krieg um die Temperaturkontrolle in der Zelle, kalte, schlaflose Nächte, frierende Mäuse, die uns in die Ärmel und unter die Röcke krochen, um sich aufzuwärmen, und Gespräche mit den Nachbarinnen. Es verliert an Bedeutung, daß der Körper aufgeschwollen ist und du am Morgen die Lider mit den Fingern voneinander lösen mußt, auch Kälte und Hunger verlieren an Bedeutung: Ich bin noch jung, und mir ist es nirgendwo zuwider, wo ich etwas Neues erfahren kann. Mit aller Pfiffigkeit von Gefangenen ist an mir ein Fetzen Papier versteckt mit den Aufzeichnungen unserer geheimen Temperaturmessungen. Eine sauber gezeichnete kleine Tabelle, die einen Vergleich zuläßt: reale Temperatur +12 Grad, offizielle Temperatur 26 Grad. Wie ist das möglich? Sehr einfach: Als wir es erreicht hatten, daß uns statt des Pfeilthermometers ein Alkoholthermometer gebracht wurde, zeigte dieses ebenfalls 12 Grad an, allerdings nahm die gewitzte Aufseherin es wie ein Kleinkind in die Hand: «Woher denn zwölf Grad, Frauen? Augenblick, das haben wir gleich!»

Und sie wärmte das Thermometer nicht nur mit den Händen, sondern hauchte auch noch auf die Skala, um besser ablesen zu können!

«Sehen Sie: 26 Grad!»

Und so notierten wir 26 Grad, und wunderten uns noch, daß sie es nicht auf 36 Grad hochjagte. Jetzt verfüge ich über wertvolle objektive Angaben. Temperatur nachts: 9 bis 11 Grad. Durchaus nicht die persönliche Wahrnehmung eines hungernden Menschen. Baderaumtemperatur: ebenfalls 11 Grad. Und so weiter und so fort. Den Staatsanwalt werden diese Angaben vermutlich nicht beeindrucken, aber wir strengen uns ja auch nicht für ihn an. Unser winziges, unbestechliches Thermometer (das am Ende entzweibrach) hatte für Lügen nichts übrig und ließ sich nicht einschüchtern. Nein, es hat nicht umsonst mit uns im SCHISO gesessen, wo es auch heldenhaft im Kampf fiel... Verzeiht, ihr kleinen Alkoholbläschen! Viermal täglich überführte, entlarvte es unsere Peiniger und hatte keine Ahnung, daß es damit das «Ansehen der Sowjetmacht untergrub». Die Antwort des Staatsanwalts auf unsere kleine Tabelle: «antisowjetische Hetze». So nennen sie alles, was ihnen nicht gefällt.

Nun heißt es Abschied von Tanja nehmen – sie muß noch drei Tage bleiben. Oh, wie ungern lasse ich sie allein. Zu zweit hat man es doch wärmer: 50 Prozent seiner Energie verbraucht der Mensch durch Wärmeausstrahlung – wußten Sie das? Im roten Gefangenenwaggon fahre ich in die Zone zurück. Um mich herum brodelt es beim Transport: Das ist der allerwichtigste Vorzug einer «Gastrolle» im SCHISO. Gelänge es mir nicht, während des Transports Gedichte und Informationen an Deckadressen auf den Weg zu bringen, kämen mir Zweifel, ob ich eine richtige Gefangene bin und ein Begleitsoldat ein richtiger Begleitsoldat ist. Oder ob ich vielleicht im Kopf nicht ganz richtig bin. Einmal kam es vor, daß mir ein junger Soldat, den ich mir zu solchem Zweck ausgeguckt hatte, eine Absage gab: «Nicht gestattet!»

Dieses «nicht gestattet» hauchte er nur, dieser geschorene, blutjunge Bursche mit dem offenen Jungengesicht.

«Also ist es aus mit Rußland», seufzte ich, aufrichtig verwundert.

Wie verbrüht von meinen Worten, ging er in die andere Ecke des Wagens. Nach einer halben Stunde kam er und streckte mir wortlos die Hand hin. Ebenso wortlos gab ich ihm das in aller Eile adressierte Kuvert. Wir blickten uns an und lächelten uns zu – nur mit den Augen.

Ja, der Transport ist ein Gottesgeschenk.

«Aha», merkt der KGB-Mann auf, der mein Buch prüft und einen Bericht für die höheren Etagen zusammenstellt, «das bedeutet, man darf sie nicht in öffentlichen Eisenbahnwagen befördern, sondern mit Autos – Spezialtransport».

Du wirst es nie kapieren, Mamas Schlauköpfchen: Auch auf Spezialtransport haben wir es mit Menschen zu tun. Roboter sind dort noch nicht im Einsatz.

«Das heißt, wir müssen statt einfacher Soldaten unsere eigenen überprüften, zuverlässigen Leute in die Wachmannschaft nehmen!» beharrt der Staatssicherheitsmitarbeiter auf seinem Standpunkt.

Aber ihr könnt nicht auf alle eure eigenen überprüften Leute ein Auge haben. Auch sie setzen sich schon ins Ausland ab und halten dort Vorlesungen über eure Arbeit, allerdings nicht, ohne vorher politisches Asyl beantragt zu haben. Nun ja, vorläufig sind es noch vereinzelte, und dennoch werdet ihr mit neuem Argwohn eure Reihen mustern: In die Köpfe der Menschen kann man nicht hineinsehen.

Und die Hauptsache: Wir, die Unerschrockenen, werden mit jeder neuen Generation mehr und mehr, und darin liegt euer Untergang begründet. All die vielen Jahre habt ihr doch nur auf die Angst der Menschen gebaut... «Ein bißchen zu optimistisch», denkt mein sowjetischer Untergrundleser, der die Welt und die Menschen kennt. Kann sein. Ich weiß nicht. Ich habe eigentlich auch immer gedacht, Optimismus sei ein billiges Surrogat des Glaubens und verspürte keinerlei Neigung dazu. Der Glaube ist eine ganz andere Sache. Verzeih daher, lieber Leser, daß ich mehr an dich glaube, als du selbst an dich glaubst.

Nicht wundern wird dich jedoch, daß ich Natascha traf, als ich aus dem Zug stieg. Wie schon vermutet, war sie auf dem Wege in den SCHISO. Für vierzehn Tage. Die «Menschenschindemaschine 83» lief auf vollen Touren: Immer feste drauf auf die unbotmäßige Zone, damit sie ja nicht aufzumucken wagt! Und alles ist erlaubt. Was, noch halb lebendig? Um so besser! Automatisch bekommt die Menschenschindemaschine die Ziffer 84: Natascha begrüßt das neue Jahr im SCHISO.

In der Zone lerne ich einen neuen Menschen kennen: Olja Matussewitsch.

Sie ist nicht aus der «Freiheit» zu uns gekommen, sondern direkt aus dem Odessaer Lager, in dem sie drei Jahre saß. Die erste Strafe bekam sie für die Mitgliedschaft in der ukrainischen Helsinki-Gruppe: Alle Mitglieder dieser Gruppe wurden vom KGB inhaftiert. Als sie ihre drei Jahre abgesessen hatte, befahlen sie ihr: «Matussewitsch, zur Entlassung!»

Sie verabschiedete sich von ihren Kameradinnen, die ihr alles Gute wünschten und Aufträge erteilten, schenkte ihnen, die bleiben mußten, ihre Kleidungsstücke und sonstigen wertvollen Häftlingshabseligkeiten und ging zur Wache. Und dann trat sie hinaus ins frühlingshafte Odessa. Kaum war sie zwei Schritte in der vermeintlichen Freiheit gegangen, wurde sie von kräftigen jungen Kerlen in einen Wagen gestoßen und ins KGB-Gefängnis gebracht. Was fühlt ein Mensch, der drei Jahre lang die Tage bis zur Entlassung zählte und sofort wieder in einem vergitterten Wagen durchgeschüttelt wird? Olja sagt, sie habe nicht geglaubt, daß sie frei sei, daher sei es erträglich gewesen. Wir aber können uns vorstellen, was hinter dem Wort «erträglich» steckt. Sie gaben Olja noch einmal drei Jahre, diesmal unter strengem Regime. Ihre schon betagten Eltern hatten so gehofft, die Tochter noch einmal umarmen zu können. Ob sie das jetzt noch erleben werden?

Für die Mutter ging dieser Wunsch in Erfüllung, für den Vater nicht.

Unterdessen beginnen wir unsern Hungerstreik zum Schutze Nataschas, deren Gesundheitszustand wirklich bedrohlich ist. Diesmal hungern nicht alle von uns, nur Tanja, Olja und ich. Die anderen würden es physisch gar nicht durchhalten und stehen ja auch noch wegen Editas widerrechtlich gestrichenen Besuchs im Arbeitsstreik, dem sie eine weitere Forderung hinzufügen: die Befreiung Lasarewas aus dem SCHISO und ihre unverzügliche medizinische Behandlung. Sie geben außerdem eine Erklärung ab, daß sie uns Hungernde moralisch unterstützen werden, und beginnen auch buchstäblich sofort mit dieser Unterstützung. Für Olja ist es der erste Hungerstreik, sie hält sich prächtig, aber Tanja und ich haben Mühe, uns fortzubewegen. Tanja ist mit rasselnden Bronchien und 38 Grad Fieber aus dem SCHISO gekommen, und ich fühle mich auch hundeelend. Noch weiß ich nicht, daß mir nur zwei Tage in der Zone vergönnt sind und ich dann wieder in den SCHISO muß. Sie geben mir zwölf Tage «für Nichterscheinen bei der Arbeit ohne stichhaltige Gründe». Das Wort «Streik» fürchten sie wie Feuer, in ihren offiziellen Dokumenten taucht es nicht auf.

Ich bin so schlapp vom Hungern, daß ich das hohe Trittbrett des Zuges nicht erklimmen kann. Der Begleitsoldat hebt mich hinauf und wirft mir den Sack hinterher. Trotzdem bin ich beruhigt über diese «Gastrolle»: Der Gedanke, Natascha müßte, so krank wie sie ist, allein auf dem schmutzigen Zellenboden liegen, wäre unerträglich. Aber werde ich ihr helfen können? Noch weiß ich das nicht, zumindest aber werde ich bei ihr sein. Vielleicht gelingt es mir auch, etwas Warmes am Körper in die Zelle zu schmuggeln, was sie dann anziehen kann. Nun, wir werden sehen. Zu zweit läßt es sich leichter kämpfen, und kämpfen werden wir müssen – um einen Arzt und um die Temperatur in der Zelle. Wenn ein Zeuge dabei ist, werden sie Natascha wenigstens nicht schlagen, wie sie es taten, wenn sie allein war. Kaum bin ich da, höre ich als erstes, daß sie den

Hungerstreik erklärt hat, und zwar so lange, bis man sie ins Krankenhaus aufnimmt. Ach, diese Verrückte! In dem Zustand, und dann so was! Wenn sie wenigstens bis zum 26. Dezember gewartet hätte, aber nein, gleich vom ersten Tag an! Wäre Tanja hier gewesen, hätte sie es ihr vielleicht ausreden können, jetzt war es zu spät. Andererseits verstehe ich Nataschas Überlegungen: Entweder erreicht sie jetzt, ärztlich behandelt zu werden, oder sie schafft es nie. Der Schriftverkehr mit der Staatsanwaltschaft und der Medizinischen Abteilung zieht sich schon ein halbes Jahr hin; wenn noch mal ein halbes Jahr vergeht, braucht sie keine weitere Behandlung.

Es hat jetzt auch gar keinen Sinn mehr, über vollendete Tatsachen zu debattieren. Die Sache muß durchgestanden werden. Ehe ich kam, war ein Arzt bei Natascha gewesen und hatte Herzinsuffizienz diagnostiziert; seitdem ist er wie vom Erdboden verschluckt. Natascha liegt fest: tagsüber auf dem nackten Boden, nachts auf der Holzpritsche. Keinerlei ärztliche Behandlung, und die SCHISO-Ration – wodurch unterscheidet sie sich vom totalen Hungern? Nein, ich kann Natascha verstehen. Sie muß aus diesem tödlichen Kampf als Siegerin hervorgehen. Sie hat nichts zu verlieren.

In der Nacht vom 27. zum 28. hat Natascha kurz hintereinander zwei Herzanfälle. Pfeifend ringt sie nach Luft. Ich klopfe wie wild mit dem leeren Becher gegen die Zellentür und mache den ganzen SCHISO rebellisch.

«Einen Arzt! Sofort einen Arzt!»

«Der Arzt kommt morgen früh!»

«Er wird jetzt gebraucht!»

«Jetzt ist keiner da.»

«Und wenn sie stirbt?»

«Schreiben wir sie ab.»

Nichts, gar nichts kann ich tun – nur Nataschas Kopf auf meinen Knien halten und beten: Gott, mache, daß sie nicht stirbt! Daß der Arzt am Morgen nicht kommt, erübrigt sich zu erwähnen. Mehr noch: Sie lehnen es ganz offen ab, Natascha zu behandeln. «Sie sind hier nicht im Kurort!» Von da an läßt sich in unserer Zelle überhaupt keiner mehr sehen, sie nehmen nicht mal die tägliche Durchsuchung vor. Ab und zu guckt jemand durchs Türgitter: Leben die noch? Aber sobald das magische Wort «Arzt» fällt, sind sie auf und davon.

In diesem Hungerstreik überzeuge ich mich noch einmal davon, wie wenig wir die eigenen Möglichkeiten einschätzen können. Ich liege auf dem Boden, und über meine Hand kriecht in komplizierten Windungen langsam eine Assel. Als ob die nicht woanders Platz zum Spazierengehen hätte. Wegjagen sollte ich sie, doch mit stumpfer Deutlichkeit spüre ich, daß ich die Energie dazu nicht aufbringe. Nur ganz schwach bewege ich einen Finger, aber das schreckt das dreiste Insekt nicht im geringsten. Plötzlich vom Dampfheizungsrohr her ein Stöhnen: Natascha ist aufgewacht. Durch die Kälte hat sich ihre Eierstockentzündung verschlimmert, und jetzt krümmt sie sich vor Schmerzen. Woher ich die Kraft nehme, weiß ich nicht, aber ich bin schon bei ihr, umarme sie, flüstere auf sie ein und versuche, meine ganze Lebensenergie in sie hineinzupumpen. Jetzt kommt es mir so vor, als hätte ich mehr als genug davon. Müßte Natascha auf Händen aus dieser Zelle getragen werden – ich würde sie tragen, ganz sicher. Um welchen Preis? Keine Ahnung. Seltsame Dinge geschehen, wenn der Mensch auf nichts als Gottes Hilfe zählen kann.

Nicht die ganze Zeit über ist Natascha in diesem schlimmen Zustand, es gibt auch Stunden, in denen der Schmerz nachläßt und das Herz zwar schwach, doch regelmäßig schlägt. Dann beschäftigen wir uns mit der Ausarbeitung eines humorvollen Projekts: das Pariser Hotel «Fünfzehn Tage». Möchten Sie mit den mannigfaltigen Aspekten sowjetischen Lebens bekanntwerden? Bitte schön! Wir bieten Ihnen: Exotik, Erweiterung des Horizonts, Schlankheitskuren – in einer Woche rank und schlank, ohne medizinische Hilfe. Wir eröffnen das Hotel, alles, wie es sich gehört: Zellen, Pritschen, Balanda und die Ration Brot. Die Aufseherinnen müssen eigens aus Mordwinien angefordert werden, Franzosen haben das nicht drauf. Die Balandaköche ebenfalls. Das wird teuer, doch das Hotel hat Stil, Imitationen kommen nicht in Frage. Wieviel Tage möchten Sie bleiben? Zehn? Nun, da zeigt sich Ihre Unerfahrenheit: Nehmen Sie für den Anfang eine Zelle für vier Tage! Dann sehen wir weiter. Für Zerstreuung ist auch gesorgt, es finden Wettbewerbe statt: Schaffen Sie es, ein Zettelchen in die Nachbarzelle zu schmuggeln, erhalten Sie einen Preis; bringen Sie es fertig, auf juristisch einwandfreiem Wege eine Erklärung an den Staatsanwalt zu befördern, erhalten Sie ebenfalls einen Preis; gelingt es Ihnen, einen Pullover durch die Kontrolle zu bringen – noch einen Preis! Entfalten Sie Initiative. Um was für Preise es sich handelt? Nicht um Geldpreise, das wäre zu primitiv und vermittelte nicht die Empfindung prallen Lebens. Ein Frottierhandtuch eventuell, das man unterm staatlichen Sackkleid tragen kann. Oder Wollsokken. Oder – der Superpreis – eine Wattejacke für einen ganzen Tag.

Als glückliche Menschen würden die Pariser Kunden dieses Hotel verlassen. Wie belanglos würden ihnen nach alledem ihre normalen Alltagsprobleme erscheinen! Wie schmackhaft ihr gewöhnliches Essen, wie frisch und aromatisch die Pariser Luft. Wieder bei ihren Familien, wäre aller Streit vergessen, und jeder Vorübergehende, mit dem sie frei sprechen können, wäre für sie interessant und verdiente ihre Sympathie.

Und gebe es Rückfälle – bitte, das Ganze noch einmal von vorn! Das Hotel «Fünfzehn Tage» arbeitet rund um die Uhr, die Schlösser der Zellen schnappen zu jeder Tages- und Nachtzeit zu. Und nur ja keine Aufregung, das Hotel befindet sich immerhin in einem zivilisierten Land: Wer vorzeitig nach Hause möchte, kann selbstverständlich gehen.

Was für einen Wortschatz die armen Franzosen in diesem Hotel erwerben würden, ist eine andere Frage. Zu schimpfen, zu fluchen und zu keifen wagen die Aufseherinnen in unserer Gegenwart nicht, mit den Kriminellen jedoch liefern sie sich Wortschlachten und ellenlange Schimpfkanonaden.

Ewig kann das dauern, wenn zwei sich in den Haaren liegen, und die anderen in den dumpf hallenden Zellen des SCHISO oder PKT lauschen dem ergreifenden Dialog. Pasternak möge mir verzeihen, aber ich fühle mich dabei stets an seinen «Nachtigallenzweikampf» erinnert. In der Regel endet dieser Zweikampf so: Die Aufseherin, die ihren Vorrat an Schimpfwörtern aufgebraucht hat und nicht verlieren will, erinnert sich plötzlich ihrer Dienststellung und bringt ihr letztes Argument ins Spiel: «Halt's Maul, sonst schreibe ich einen Rapport über dich!»

Kaum geht sie dann durch den Korridor davon, wird ihr bewußt, daß sie sich noch längst nicht alles von der Leber geredet hat, sie macht kehrt, und der Dialog beginnt wieder von vorn. Wir malen uns diese «Unterhaltung» in einem Gemisch von Russisch und Französisch aus, haben jedoch nicht genug Kraft, uns so richtig auszuschütten vor Lachen.

Das neue Jahr begehen wir trotz alldem feierlich. Wir geben nach dem Waschen unser Zahnpulverschächtelchen nicht zurück und malen eine Neujahrstanne in Naturgröße auf die schwarze Ofenverkleidung. Ich male die Spitze und den mittleren Teil, Natascha, liegend (aufstehen kann sie nicht mehr), den Tannenfuß. Richtiger – zwei Tannenfüße, die in den von den Gefangenen getragenen Quadratlatschen stecken. Löst man das Zahnpulver in ein paar Tropfen Wasser auf, so läßt sich damit wundervoll malen, und unser Bildchen ist sehr fröhlich geworden. Auf dem Boden liegend – Natascha am sechsten Hungertag, ich am elften –, freuen wir uns wie die Kinder darüber.

## 29

GEGEN Abend des 31. Dezember werden plötzlich die Heizungsrohre warm: Vermutlich sind die Heizer unbeaufsichtigt und nutzen die Gelegenheit, den Gefangenen eine kleine Freude zu machen. Die Wachmannschaft hat sich zum Feiern zurückgezogen, die denkt jetzt nicht an uns. Wir liegen an die Heizungsrohre gepreßt, und zum erstenmal in diesen Tagen durchströmt lebendige Wärme unsere Körper. Zum Aufwärmen der ganzen Zelle reicht es nicht: Durch die Ritzen dringt ein scharfer Wind. Aber immerhin, die abgestorbenen Finger gehorchen allmählich wieder, und eine Körperhälfte ist erwärmt. Unsere Stimmung heitert sich auf, und in den Nachbarzellen beginnen sie zu singen.

«He, Zelle sieben! Politische! Frohes neues Jahr! Dieses Lied singen wir für euch!»

Eigenartig, das Lied ist von Okudshawa. Eigentlich nicht verwunderlich: Das Liederrepertoire in den Frauenlagern ist breit und vielschichtig und reicht von alten Volksliedern und banalen Schlagern bis zu den zotigsten Ganovenliedern. Warum sollte der offiziell nicht anerkannte Barde, mit dessen Musik unsere Generation aufwuchs, keinen Eingang in dieses Repertoire finden?

Nadeshda, hör, ich kehr zurück,
Wird der Hornist Entwarnung blasen.
Wenn er das Horn den Lippen nähert,
Den spitzen Ellenbogen hebt.

Nadeshda, hör, ich bleibe heil,
Für mich ist nicht die feuchte Erde.
Für mich sind deine Hörnerklänge
Und deiner Sorgen gute Welt.

Mit Gesang können wir uns wegen meiner musikalischen Unbegabtheit nicht revanchieren, dafür rezitiere ich Gedichte. Über den Becher und das Rohr. Anfangs, solange meine Stimme es mitmacht, schreie ich einfach an der Tür: Von dort hören sie mich auch in allen Zellen. Ich bin schon völlig erschöpft, aber sie ringen mir Zugabe um Zugabe ab – ich weiß nicht, woher ich die Kraft nehme. Das Gedicht von Weihnachten, von der Wolfsjagd, von dem Jungen, der das Gefängnis bittet, ihm einen Namen zu geben, von den lustigen Märchendrachen, die keine Vielfraße sind, denen nur die Zähne jucken... Armen, gequälten Menschen zu Neujahr zehn Minuten Freude zu spenden – eine schönere und höhere Anerkennung gibt es für mich nicht.

Am 2. Januar endet Nataschas SCHISO-Frist, und sie tragen sie aus der Zelle. Gehen kann sie nicht mehr. Mich bedrängen sie: «Geben Sie den Hungerstreik auf!»

«Meine Forderung war nicht nur, Lasarewa aus dem SCHISO zu entlassen, sondern sie auch ins Krankenhaus einzuliefern.»

«Sie wurde eingeliefert.»

«Das glaube ich Ihnen nicht.»

«Warum nicht?»

«Erstens, weil Sie sie bis zum letzten Tag halbtot hier im SCHISO festgehalten haben, obwohl ich hundertmal nach einem Arzt verlangte, aber umsonst. Und zweitens, weil Sie prinzipiell alle lügen.»

«Was wollen Sie?»

«Lasarewa mit eigenen Augen im Krankenhaus sehen.»

«Geht nicht, Sie haben noch zwei Tage SCHISO!»

«Dann werde ich weiterhungern.»

An diese letzten zwei Tage habe ich kaum Erinnerungen. Wahrscheinlich habe ich die meiste Zeit geschlafen. Nach den Strapazen des letzten Monats war eine schreckliche Müdigkeit über mich gekommen, und da ich allein in der Zelle war und niemand mich weckte, übermannte mich ständig der Schlaf. Ich weiß nur noch, daß ich morgens zusammen mit der Barackenältesten, einer verschreckten Kriminellen, der sie untersagt hatten, mit mir zu reden, die Latrine hinausgeschleppt hatte. Sie hatte auch schon beim Tragen geholfen, als Natascha noch hier war, aber nicht mehr aufstehen konnte. Nach dieser anstrengenden Aktion, die mich aufwärmte, legte ich mich an das Heizungsrohr in der Hoffnung, daß sie bald warmes Wasser durchlaufen lassen würden, und rührte mich nicht mehr von der Stelle. Ich ging fort aus der Zelle, ich weiß nicht, wohin. Wundervolle Musik entführte mich in unbekannte, helle Gefilde. Die Musik schwebte in Wellen heran und zog mich weiter und weiter fort, bis ich mich plötzlich in einem schwarzen Tunnel befand, an dessen Ende sie auf mich warteten. Und dann wußte ich, daß ich zurückkehren mußte, auch wenn ich es nicht wollte. Noch war meine Zeit dafür nicht gekommen. Und was würde aus Igor werden? Nein, ich mußte zurück.

Am 4. Januar, als man mich in die Zone zurückbrachte, entdeckte ich Natascha: Sie winkte mir aus einem Krankenhausfenster zu. Wie ich in der Zone erfuhr, hatte Olja den Hungerstreik am vierten Tag abgebrochen, weil ihr die Podust versichert hatte, die Temperatur in den SCHISO-Zellen betrage 18 Grad. Nun ja, Olja war neu in der Zone und mußte sich erst noch persönlich davon überzeugen, was ein Wort von der Podust wert war. Am 29. Dezember war Pani Jadwiga in den Hungerstreik getreten. Wir drei – sie, Tanja und ich – konnten nun unseren Sieg feiern: Natascha war im Krankenhaus!

Unseren Arbeitsstreik setzten wir fort. Olja wollte sich dem Streik nicht anschließen und übernahm das Amt der Stubenältesten. Wie erwartet, wurde der außer Kraft gesetzte Status der Stubenältesten wieder eingeführt: Er war nur wegen Edita vorübergehend abgeschafft worden. Für die Zone war das gut: Ordnung mußte auf jeden Fall gehalten werden, wir wollten während des Streiks nicht im Schmutz verkommen. Wir anderen aber waren nach dem SCHISO physisch überfordert.

Raja hatten sie noch im Dezember vom Krankenhaus ins Kiewer KGB-Gefängnis gebracht, und so lasteten die Repressalien wegen des Streiks auf den Schultern von uns Verbliebenen. Wir waren bereit.

Anfang Januar erschien Schalin in der Zone und verkündete, hocherfreut, eine Neuigkeit: Das Strafgesetzbuch war um den Paragraphen 188-3 erweitert worden, der es gestattete, böswilligen Regimeverletzern eine neue Frist aufzubrummen: bis zu fünf Jahren. Praktisch gab das dem KGB die Möglichkeit, lebenslange Haftstrafen zu verhängen: Als «böswilligen Regimeverletzer» kann man jeden drankriegen. Zuerst setzt man ihn in den PKT, dann in den SCHISO – fertig, das reicht für den Paragraphen. Man hängt ihm noch ein paar Jahre dran, jagt ihn wieder durch PKT und SCHISO – noch ein paar Jahre. Und so geht das, bis er stirbt. Wahrlich eine Freude für unsere Verwaltung. Ihrer Schätzung nach mußten wir jetzt unseren Streik abbrechen – er war eine böswillige Verletzung des Regimes. Für den Anfang knöpften sie sich Tanja vor: «Es wäre doch sehr traurig, Ossipowa, wenn Sie statt neunzehnhundertfünfundachtzig erst im Jahre neunzig freikämen!»

«Interessante Logik der Verwaltung», konterte Tanja: «Sie verletzen das Gesetz, und wir können aufgrund des Paragraphen 188-3 nicht dagegen protestieren. Geben Sie Edita eine Besuchserlaubnis, und wir brechen den Streik ab!»

«Wieso?» wandte Schalin ein. «Abrutene wird zu Recht bestraft: Gefangene sind auch bei Hungerstreik zur Arbeit verpflichtet, und selbst wenn man sie isoliert, verschaffen wir ihnen Arbeit. Warum hat sie nicht von sich aus darum gebeten?»

Wieder diese Verlogenheit: Er wußte genau, daß in den kleinen Krankenhausboxen generell keinerlei Arbeit möglich war, daß sie ärztlich von der Arbeit befreit war und daß ein hungernder Mensch zur Arbeit ohnehin nicht fähig ist. Aber unser Schalin hatte schon gelernt zu lügen, ohne rot zu werden. Das Gespräch hatte keinen Sinn mehr, wir schwiegen. Es war einfach zu widerlich. Unseren Streik setzten wir selbstverständlich fort.

Am 9. Januar fuhren Edita und Galja in den SCHISO – beide für zehn Tage. Beide kamen mit Angina zurück, und bei Galja waren außerdem noch alle Gelenke angeschwollen (sie hatte rheumatische Arthritis). Jede Bewegung verursachte ihr Schmerzen. Edita erzählte, sie habe aus dem klebrigen Karzerbrot Blumen, Figürchen und Kettchen geknetet. Das Brot sei nicht durchgebacken gewesen, und sie hätten Angst gehabt, es zu essen. Nur die Rinde hätten sie gekaut. Daß sie ihr die Knetsachen wegnahmen und kaputtmachten, ist an sich nicht verwunderlich, sie taten uns ja viel schlimmere Dinge an, aber keiner wußte, woran er wirklich zerbrach. Edita litt und trauerte lange um ihre Blümchen.

Eine neue Figur tauchte auf – KGB-Oberstleutnant Pawel Polikarpowitsch Artjomjew. Es begann damit, daß man uns, ohne uns vorher zu sagen, wohin man uns brachte, in sein Arbeitszimmer führte. Der frühere KGB-Chef des Lagers war abgesetzt worden, und der Neuling hatte ziemlich ausgefallene Allüren. Zu höflichem Sprechen war er gewissermaßen organisch unfähig: Jeder im Anfang noch normale Satz lief bei ihm am Ende auf eine Gemeinheit hinaus – wenn nicht gegen dich, dann gegen deine Kameradinnen. Galja, Pani Jadwiga, Tanja und ich lehnten es generell ab, mit ihm zu sprechen. Pani Lida erklärte, sie sei lediglich zu einem Gespräch über religiöse Themen bereit. Die übrigen nutzten die Gelegenheit, um eine Reihe von Forderungen an die Adresse der Verwaltung anzubringen, was den wackeren Oberstleutnant nicht in Verlegenheit brachte: Sich beim KGB über Lagerwärter zu beklagen, war ebenso sinnlos, wie wenn sich die rechte Hand über die linke beschwerte.

Aus meiner Untersuchungshaft war mir die KGB-Praxis, Leute auszuhorchen, bestens bekannt. Ganz scheinheilig heißt es: «So, nun wollen wir beide uns mal unterhalten, erzählen Sie, egal was!»

Im Untertext bedeutet das: Wir werden die Unterhaltung schon in die für uns notwendige Bahn lenken, irgendwas wirst du schon ausplaudern, wir tischen dir ein paar saftige Gemeinheiten über deine Freunde und Verwandten auf, und dann ist eine kleine Erpressung fällig. Aus diesem Grunde zog ich es vor zu schweigen. Zu bereden hatte ich mit ihnen ohnehin nichts, und mit einem ausgesprochenen Flegel zu reden, war mir ganz und gar unmöglich. Außerdem war ich mir bei meiner noch recht kurzen Häftlingserfahrung nicht sicher, daß ich nicht vielleicht doch, wenn auch zufällig und unbeabsichtigt, jemanden verriet. Nicht mit Worten, selbstverständlich, aber durch eine unwillkürliche Bewegung oder durch die Augen, an denen ein erfahrener Inquisitor die erste Reaktion auf eine unerwartet gestellte Frage ablesen kann. Möglich, daß ich damals meine Fähigkeiten unter- und ihre überschätzte. Aber mein Schweigen habe ich nie bedauert, lieber war es mir so als andersherum. Artjomjew, der Ärmste, fuhr aus der Haut, er fand keinen Angriffspunkt, an den er sich klammern konnte. Da ihm aus meinem Dossier bekannt war, daß ich alle Formen und Schattierungen von Feindschaft zwischen Nationen aufs äußerste verabscheute, riß er sich ostentativ das Jackett über der Brust auf und schrie: «Ich bin ein Sohn des mordwinischen Volkes, der Vertreter einer nationalen Minderheit! Da Sie nicht mit mir sprechen wollen, beleidigen Sie in meiner Person ganz Mordwinien!»

Für mich stellte sich Mordwinien jedoch nicht in seinem Gesicht, sondern eher im breitknochigen Gesicht jener mütterlichen Aufseherin dar, die uns nachts im SCHISO ein Stück Brot und ein paar Karamelbonbons in die Zelle steckte und uns, als sie das zweite Mal wiederkam, klagend zuredete: «Laßt bloß diese Hungerei, Mädchen, es zerreißt einem ja das Herz, wenn man euch so ansieht!»

Und sie steckte uns auch Brot durch die Klappe: «Eßt, eßt, ich sag's keinem!»

Wir nahmen das Brot nicht an, wir hungerten ehrlich. Sie gab uns das Brot, weil sie ein gutes Herz hat. Gebe Gott, daß ihr irgendwann einmal auch die Bedeutung des Begriffes Ehrlichkeit aufgeht.

So quälte sich Artjomjew drei Jahre ab, ohne ein einziges Wort aus Galja, Tanja oder mir herauszubekommen. Mit seiner groben Unverschämtheit brachte er es schließlich soweit, daß mit ihm und auch mit seinem Gehilfen Jerschow überhaupt niemand aus der Zone mehr zu tun haben wollte.

Ende Januar erschien, erstmals nach Jahren, Staatsanwalt Ganitschew in der Zone, um sich über unseren Streik zu informieren. Wie alle anderen offiziellen Vertreter der Lagerverwaltung verhedderte auch er sich in Lügengespinsten. Erst behauptete er, in der Sowjetunion gebe es keine Hungerstreiks, dann wieder sprach er davon, daß Hungerstreikende hundertprozentig die Norm zu erfüllen hätten und nicht zur Schau stellen dürften, daß sie hungerten. In welcher Beziehung unser Hungerstreik zu Editas gestrichenem Besuch stand, kapierte er irgendwie nicht ganz, daher geriet er in Widersprüche und wurde fuchsteufelswild. Etwas Vernünftiges war von ihm nicht zu erwarten, sein Besuch zeigte nur, daß unser Streik die Lagerverwaltung aufgeschreckt hatte und die Sache bei der nächsten Umdrehung der bürokratischen Maschine nach Moskau gelangen würde.

Edita hatte indessen eine zweite Erklärung in der Sache Podust an das Gericht geschrieben. Sie hatte nicht vor, sich mit dem Verschwinden der ersten abzufinden. O unsterbliche Formulierung alter Romane – «Wie groß war unser Erstaunen ...»! Was eigentlich nicht stimmte: Wir waren nämlich ganz und gar nicht erstaunt, als wir erfuhren, daß die zweite Erklärung von der Zensur konfisziert worden war, und zwar wegen zensurwidriger Schimpferei. Was für eine Schimpferei sich Edita darin erlaubt hatte, wollten wir nun aber doch gern wissen. Wie sich herausstellte, handelte es sich um das Wort: «Prostituierte». Als solche hatte die Podust in unserer Gegenwart Edita bezeichnet, und Edita hatte es lediglich zitiert. Die Wiederholung der Worte, mit denen dich eine «Bürgerin Vorgesetzte» belegt, hat in einer Erklärung gefälligst zu unterbleiben! Wenn jeder Gefangene Klage führte, weil ihn ein Vorgesetzter anschnauzt oder diffamiert, müßte man ja die gesamte Obrigkeit hinter Gitter stecken. Nein, meine lieben Politischen, so geht das nicht ... Versuchen Sie doch mal, lieber Leser, sich gedanklich auf die Seite unserer Lageradministratoren zu stellen, und Sie werden verstehen, weshalb ich sie gelegentlich «arme Hunde» oder «die Ärmsten» nenne. Sie saßen zwischen den Stühlen: Wir dachten nicht daran, von unseren Positionen abzurücken, und von der anderen Seite übte das KGB Druck auf sie aus. Klar, daß sie sich rundum als schuldig erwiesen. Nicht einmal der Lagerchef vermochte der Podust zu entgehen, die ganze Baraschewoer Wachmannschaft haßte diese Frau, aber – sie war ihr Parteisekretär. Sie konnten sich nicht die Freiheit nehmen wie wir Gefangenen und den Umgang mit ihr abbrechen.

Der Chef der Begleitmannschaft, der Tanja und mich das nächste Mal in den SCHISO brachte (Tanja für dreizehn, mich für fünfzehn Tage), wich die ganze Zeit nicht von unserem Gitter, weil er scharf auf Einzelheiten zu unserem Boykott gegen die Podust war. Seine Augen leuchteten förmlich auf, als er hörte, wie wir sie bei jeder Gelegenheit schnitten und wie sie zwischen zwei Zäunen geschmort hatte, weil sie sich, angeknackst in ihrer Herrschsucht, nicht in unsere Zone traute. Wie hat der Mann uns damals beneidet!

Diesmal war im SCHISO für Zerstreuung gesorgt. Als wir am siebten Tag durch die Kälte den vorgesehenen Zustand erreicht hatten, beehrte uns der Stellvertreter des Staatsanwalts, Ossipow. Einfach so, aus Interesse, um sich zu erkundigen, wie wir uns fühlten. Über unser Befinden mit ihm zu debattieren, hatten wir nicht die Absicht; wir erklärten ihm, er solle uns statt dessen lieber einen Arzt schicken. Zur Erörterung von Rechtswidrigkeiten wären wir allerdings bereit.

«Nach dem Gesetz haben Sie nicht das Recht, über andere zu sprechen, nur über sich selbst!»

«Und was ist mit der Verfassung?» entfuhr es Tanja.

«Nix Verfassung!» sprach der Hüter des Gesetzes, Ossipow, und nach diesem bezeichnenden Satz entschied sich Tanja, die Unterhaltung abzubrechen. Wir wußten noch nicht, daß Ossipow am Abend vorher in unserer Zone gewesen war und sich als kompletter Hysteriker aufgeführt hatte, als Pani Jadwiga ihn ganz ruhig auf Editas gestrichene Besuchserlaubnis hin ansprach.

«Ich will nichts davon hören! Ich will nichts davon hören! Ich will nichts davon hören!» hatte dieser baumstarke, kerngesunde Kerl losgekreischt.

Und siehe da, am nächsten Tag bekamen wir Gesellschaft in unserer Zelle: Pani Jadwiga für zehn, Edita für fünfzehn Tage. An jenem Abend schafften wir es, daß sie uns ein Thermometer gaben, es zeigte 8 Grad an.

## 30

DIE örtliche Obrigkeit war eindeutig von Unruhe erfaßt: Wir bekamen abermals Besuch – Tjurin, Mitarbeiter des KGB. Tanja und ich machten diesmal eine Ausnahme und erklärten, wir seien bereit, mit dem KGB ein einziges Problem zu erörtern. Oho, wie kampfeslustig er sich in die Brust warf! «Und welches?»

«Gestern wurde Jadwiga Beliauskene in den SCHISO gebracht. Sie ist eine ältere Frau und dazu Invalidin. Wenn Sie unbedingt jemanden quälen müssen – lassen Sie uns, außer unserer eigenen, auch ihre Strafe im SCHISO absitzen und schicken Sie sie zurück in die Zone. Wollen Sie, daß wir diesbezüglich eine Erklärung an das KGB schicken?»

«Das liegt außerhalb meiner Kompetenz. Das KGB befaßt sich nicht mit Fragen des SCHISO.»

«Wenn das so ist, warum sind Sie dann hergekommen? Dann gibt es zwischen uns nichts zu bereden.»

Und so sehr Tjurin auch keuchte und schwitzte – ein Dialog zwischen ihm und uns kam nicht zustande. Wir aber kehrten mit dem deutlichen Gefühl in die Zelle zurück, daß es im Zusammenhang mit unserem Streik und dem ganzen Wirrwarr drumherum irgendeinen Umschwung gegeben hatte. Offensichtlich war das öffentliche Aufsehen zu groß geworden, und sie mußten entscheiden, was sie mit uns machen sollten. Wenn wir jetzt nicht nachgaben, müßten sie nachgeben. Wir spürten ihre Unsicherheit an ihrem betont drohenden Ton und daran, daß die Drohungen sich wiederholten: Außer lebenslanger Haft und SCHISO gab es nichts, womit sie uns einschüchtern konnten. Nur noch ein wenig Geduld, und unsere Peiniger würden aufgeben.

Während wir hier zu viert im SCHISO saßen und Pani Jadwiga uns die traurige Geschichte des Fürsten Jagaila erzählte, setzten unsere in der Zone verbliebenen Kameradinnen eine Erklärung auf, der derselbe Text zugrunde lag, den wir Tjurin übergeben hatten. Auch sie würden in den Hungerstreik treten (und für Pani

Jadwiga sitzen), falls man sie nicht in die Zone zurückbrächte, und zwar nach ihren individuellen Möglichkeiten, viel Kraft hatten alle nicht mehr: Galja und Lida – einen Tag, Natascha – drei Tage, Olja – bis zur Rückkehr Pani Jadwigas. Unsere beinahe einmütige Reaktion verwunderte wohl kaum jemanden: Das war nun mal der Geist unserer Zone, etwas anderes hätte man auch nicht von uns erwartet. Natascha verließ das Krankenhaus am Vorabend dieser Geschichte, diesmal mit fünf Diagnosen und verordneter Therapie. Galja hatte ihren persönlichen Kummer: Ihr Mann Wassili war schon im November aus dem Permer Lager verlegt worden; wo er sich jetzt befand, war unbekannt. Sie hatte die Nachricht von Freunden erhalten, aber der Brief war so vorsichtig formuliert, daß sie sich ernstlich Sorgen machte, ob er überhaupt noch am Leben war. In gemeinsamer Anstrengung dechiffrierten wir das komplizierte System der Verschlüsselung und fanden heraus, daß er lebte – aber wo? Über einen Monat dauerte der Briefwechsel mit den Instanzen, und in dieser Zeit wurde Galjas Haar doppelt so grau. Schließlich kam die Antwort: Es lief ein neues Ermittlungsverfahren gegen ihn. Ob das Grund zur Hoffnung oder zur Beunruhigung war, wußte niemand.

Olja lebte in ständiger Sorge um ihre Eltern: Die neue, zweite Frist war vor allem ein Schlag für sie. Auch die Erkennungsmarke gab ihr keine Ruhe. Als sie bei uns ankam, entschied sie sich dafür, sie zu tragen, wie auch in den vorangegangenen drei Jahren. Wir hatten ihr unsere Position erklärt und bedrängten sie nicht: Die Entscheidung lag allein bei ihr. Pani Lida trug die Marke ja auch, und ihr Leben wurde dadurch nicht beeinträchtigt. Aber Olja ertrug diesen Zustand nicht: Immer und immer wieder kam sie auf dieses Thema zu sprechen, suchte nach Beweisen – entweder für die Richtigkeit ihres Standpunkts oder des unseren. Aber hierbei konnten wir ihr nicht helfen, solche Dinge muß jede von uns für sich allein entscheiden, denn nur wer aus innerer Überzeugung handelt, entwickelt auch die notwendige Standfestigkeit. Olja entschied sich dann später gegen die

Marke, fast gleichzeitig mit Pani Lida: Sie hatten beide selbständig für sich entschieden, daß dies richtig war. Im Moment jedoch kämpften diese Frauen, die genug eigenen Kummer zu bewältigen hatten, für Pani Jadwiga. Die einzige Möglichkeit, im Lager ein Mensch zu bleiben, ist: sich fremdes Leid mehr zu Herzen nehmen als eigenes. Dies hatte für uns nichts mit Heroismus zu tun, es war eher ein Akt der Selbsterhaltung. Verlor ein Mensch diese Fähigkeit, so verlor er alles – wovon wir uns bald überzeugen sollten.

Wir vier im SCHISO wärmten uns gegenseitig, banden das Handtuch, das wir hatten hereinschmuggeln können, mal der einen, mal der anderen um, hörten eine kurze Einführung in die Geschichte Litauens, blödelten manchmal auch nur einfach herum, versuchten, bei Stimmung zu bleiben. Eines Abends befahl die Aufseherin: «Ins Bad!»

Sie führte uns hin, beobachtete uns beim Ausziehen, wobei sie alle unsere verbotenen warmen Sachen geflissentlich übersah, und raunte uns, ehe sie ging, zu: «Habt ihr schon gehört? Andropow ist tot!»

Krachend schloß sie die Tür. Wir waren plötzlich wie ausgewechselt: Pani Jadwiga, nackt wie sie war, fing an zu tanzen, wir spritzten mit Wasser um uns und freuten uns wie verrückt. Denke ich jetzt an diesen Abend zurück, kann ich, genauso wie damals, nichts Verwerfliches an unserer Freude finden. Andropow hatte 1956 als ehemaliger KGB-Chef persönlich die Niederschlagung des ungarischen Aufstandes geleitet und war, nachdem er die höchste Macht im Staate erlangt hatte, die finsterste Figur nach Stalin. Die Razzien in Geschäften und Filmtheatern, die sich häufenden Verhaftungen und die sich wild gebärdenden, wie von der Kette losgelassenen KGB-Leute – all das waren Erscheinungen der Andropow-Ära, die nun zu Ende gegangen war. Mochte sich jetzt der liebe Gott mit Andropow befassen, der jedenfalls hatte sich zur Genüge über die Menschen lustig gemacht und würde niemandes Blut mehr trinken, weder ungarisches noch russisches oder litauisches. Nein, wir machten uns keine Illusionen über das nächste, vorerst noch unbekannte Staatsoberhaupt – wen immer sie dem Volk auch präsentieren würden, er würde ebenfalls kein unschuldiger Säugling sein, sondern ein alter Kommunist. Ein zweiter Andropow ließe sich sicher nicht finden. So hemmungslos wie er war kaum jemand aus unserem «Kreml-Altersheim».

Während wir uns gegenseitig mit Wasser übergossen und um die Wette Andropow-Witze erzählten – eine regelrechte folkloristische Serie –, war die Estländerin Lagle Parek, die letzte von Andropows «Erhebungssortiment», zu uns in die Zone unterwegs. An diesem Abend wurde sie vom einmütigen «Hurra!» des ganzen Stolypin-Wagens aus dem Schlaf gerissen. Die Gefangenen brachten vor lauter Begeisterung den Waggon zum Schaukeln, die Begleitsoldaten grinsten dazu (auch für sie war Andropows Tod durchaus kein Verlust), und dann wollten alle von Lagle wissen: «Wer wird sein Nachfolger? Du als Politische mußt das wissen!»

Selbstverständlich wußte Lagle das nicht: Wie sollte sie erraten, wen das stille, aber grimmig-rabiate Ellbogengerangel der Kreml-Führer nach draußen stoßen würde? Sie würden es bis zum letzten Moment wohl selbst nicht wissen. Aber schon am folgenden Tag ging in Schlangen vor den Geschäften, in überfüllten Bussen, in kommunalen Hundehütten ein neuer Witz von Mund zu Mund:

«Im Februar 1984 übernahm nach langer, anhaltender Krankheit und ohne das Bewußtsein wiedererlangt zu haben im Alter von 71 Jahren Konstantin Ustinowitsch Tschernenko die Führung des sowjetischen Staates!»

Nach unserer Rückkehr aus dem SCHISO schlossen Tanja und ich uns ebenfalls dem Hungerstreik zum Schutze von Pani Jadwiga an. Ich kann nicht sagen, ob unsere Proteste dies bewirkten oder ob die Verwaltung einfach die Anzahl der Streikenden vermindern wollte – aber in jenem Februar erkannte die Ärztekommission die Panis Jadwiga und Lida als Invaliden der Gruppe II und Natascha der Gruppe III an. Dies bedeutete de facto, daß unsere Panis nicht mehr zu arbeiten brauchten: Das Lager vermochte Invaliden der Gruppe II nicht mit Arbeit zu versorgen, und frohlockend strich Wassili Petrowitsch sie beide aus seiner Liste. Uns fiel ein Stein vom Herzen: Nun würden wenigstens die älteren nicht mehr wegen Streiks durch die Karzer geschleppt. Und auch Natascha würde es bei herabgesetzter Norm leichter haben, wenn unser Streik zu Ende war.

Lagle war eine fröhliche, hellhaarige Frau. Ihre Strafe: sechs plus drei. Sie und ihre Freunde gaben in Estland eine Samisdat-Zeitschrift heraus – Grund genug für eine solche Strafe. Die Frische und Unverzagtheit ihres Charakters tat unserer Zone gut. Sie hatte feste Standpunkte, die sie ruhig und sicher vertrat, was dem KGB heftig gegen den Strich ging. Sie war nicht zum ersten Mal auf Transport gewesen: Hinter ihr lag die estnische Verbannung. Nach dem Krieg wurden die Esten zu Tausenden in Güterwagen verladen und nach Sibirien deportiert. Das kleine tapfere Volk, erfahren in demokratischer Selbstverwaltung, hatte unter Stalins Herrschaft nichts anderes erwarten können. Auch Lagles Familie wurde nicht verschont: Der Vater wurde erschossen, die Mutter ins Lager geschickt, die Großmutter mit den zwei Enkelkindern abtransportiert. Sechs Jahre war Lagle damals alt. Sie und ihre Schwester begriffen nicht, was da vor sich ging. Vom Schicksal der Eltern wußten sie noch nichts, und die hastigen Reisevorbereitungen, die auf den Kopf gestellte Wohnung und die Aussicht auf die Zugfahrt – all das machte ihnen eher Spaß. Als man sie auf einem Laster wegbrachte, lachten die Mädchen übermütig, und die weise Großmutter ließ sie gewähren: Leid würden die Kinder noch früh genug erfahren. Dieses unerwartete wilde Kinderlachen unter diesen verheerenden Umständen hatte einen so eigenartigen Eindruck auf die Nachbarn gemacht, daß sie einhellig glaubten, das ältere Mädchen habe den Verstand verloren. Das teilten sie auch der nach Jahren aus dem Lager zurückgekehrten Mutter Lagles mit. Aber die glaubte zum Glück nicht daran.

Die Großmutter hatte es fertiggebracht, beide Kinder lebend

nach Sibirien zu bringen, und dann nahmen sie, bis zu den Knien im Schnee stehend, gemeinsam mit anderen Esten den Regierungs-Ukas entgegen: «Ewige Verbannung». Nie hatte Lagle das Lächeln und die Worte der Großmutter vergessen: «Denken die denn, sie werden bis in alle Ewigkeit herrschen?»

Nach Stalins Tod kehrte das verbannte Baltikum allmählich heim. Auch Lagle, die Großmutter und die ältere Schwester. Hinter sich ließen sie die russische Schule, die sibirischen Ziegen, die Lagle zusammen mit anderen Kindern gehütet hatte, die Kälte, die Läuse und den Schmutz. Bis in die Andropow-Zeit hinein, ja bis zu ihrer Verhaftung wußte Lagle nichts Genaues über das Schicksal ihres Vaters: Das Erschießungsurteil bekam sie erst während ihrer Untersuchungshaft kurz zu Gesicht. Daß man ihn umgebracht hatte, war aber auch schon früher klar. Sie wollte mehr wissen: wann? wofür? Diese Details den betroffenen Familien mitzuteilen, hielt die Sowjetmacht für überflüssig.

Die Erkennungsmarke trug Lagle nicht, und einstweilen ließ die Verwaltung sie deswegen noch in Ruhe: Sie hatte genug Scherereien mit unserem Streik. Von nun an begrüßten wir uns in der Zone auch auf estnisch. Und sollte ich Lagle einmal wiedersehen, dann sage ich zu ihr wie im Lager: Tere!

## 31

ANFANG März kam Raja aus Kiew zurück. Ein Erlaß über Grund und Ziel ihrer Überführung ins dortige KGB-Gefängnis war ihr nie vorgelegt worden. Die KGB-Mitarbeiter Gontschar und Ilkiw dachten nicht daran, ihr eine Erklärung zu geben: Ihnen ging es hauptsächlich darum, sie auszufragen. Am meisten interessierten sie sich für Olja und mich: Wir hatten den ukrainischen Dienstbereich durchlaufen. Von Raja erfuhren sie natürlich nichts. Sie hatte sich zwar nicht geweigert, mit ihnen zu reden, aber Informationen aus ihr herauszuholen, gelang ihnen nicht.

Die «Umerziehung» erschöpfte sich in den üblichen Methoden: «Haben Sie das Sitzen nicht satt? Ihr Mann hat das Lager hinter sich, ist schon in der Verbannung – Sie könnten zu ihm fahren, statt sich eine Strafverlängerung wegen antisowjetischer Aktivitäten einzuhandeln.»

«Was für antisowjetische Aktivitäten?»

«Ihr Streik – genau das fällt unter die Rubrik ‹antisowjetische Aktivitäten›.»

Und dann ging es abwechselnd Schlag auf Schlag – Versprechungen und Drohungen: Erinnerung an den neuen Paragraphen 188-3, gemeinsamer Theaterbesuch mit einem Mitarbeiter des KGB (Raja lehnte ab), ein Wiedersehen mit der alten Mutter. Zu guter Letzt rieten sie ihr, ein Gnadengesuch zu schreiben, «aufrichtig zu bereuen». Raja lehnte selbstverständlich ab.

Uns gegenüber gestand sie ehrlich: «Ich habe Angst vor dem Paragraphen 188-3 und lasse das Streiken sein. Die Erkennungsmarke werde ich auch weiterhin nicht tragen, aber zu Arbeits- und Hungerstreiks reicht's bei mir nicht mehr. Denkt von mir, was ihr wollt.»

Natürlich dachten wir nicht schlecht von ihr. Sie war müde geworden, und das zuzugeben war besser, als die dritte Position einzunehmen und nach «stichhaltigen Gründen» zu suchen. Rajetschka hatte für sich klar abgegrenzt, was sie zu leisten imstande war und was nicht, und es gab keinerlei Unklarheiten zwischen uns. Sie ist weder zur Informantin noch zur Gnadengesuchschreiberin geworden, sie hat die für Gefangene obligatorischen Leninschen «Subbotniks»[9] ebenso ignoriert wie wir, aber endlose SCHISO-Aufenthalte und die Perspektive einer Strafverlängerung überstiegen ihre Kraft. Bis zum Ende ihrer Haft half sie uns, wo sie nur konnte, sie bewahrte alle Gedichte ihres Mannes im Gedächtnis. Ende März 1986 fuhr sie, ohne mit dem KGB auch nur einen Kompromiß eingegangen zu sein, in die Verbannung zu ihrem Mann, in den Altai. Wir verabschiedeten sie mit einem guten Gefühl.

Kaum war Raja aus Kiew zurück, begannen sie auf Pani Lida Druck auszuüben: «Schreiben Sie ein Gnadengesuch!»

Zur gleichen Zeit erschien in einer lettischen Zeitung ein neuer niederträchtiger Artikel. Eine Möglichkeit, diese Verleumdungen zu dementieren, gab es nicht: Sowjetische Zeitungen nehmen keine Dementis entgegen. Sich mit dem Resultat dieser KGB-Kampagne abzufinden, war ausgeschlossen. Pani Lida sagte sich von der sowjetischen Staatsbürgerschaft los, und damit endete die Sache. Sie brachten sie soweit, daß sie die Erkennungsmarke abtrennte und in den Ofen warf.

Inzwischen näherte sich mein dreißigster Geburtstag. Geburtstage begingen wir in unserer Zone stets mit großer Begeisterung, Namenstage ebenso. Heimliche Vorbereitungen begannen, und da ein Geburtstagskind davon nichts wissen sollte, war es angeraten, die Nase nicht in irgendwelche heimlichen Winkel zu stecken, damit die Verschwörer nicht genötigt wurden, hastig etwas zu verbergen. Glückwunschbriefe und -telegramme aus der Freiheit wurden von der Administration zum Teil unterschlagen, zum Teil wochenlang zurückgehalten. Die einzigen Glückwünsche an einem solchen Tag kamen daher von den Lagerkameradinnen, die folglich allen Grund hatten, sich anzustrengen.

Als ich in der Frühe aufwachte, wurde ich «rücksichtslos abgeküßt» (ein Ausdruck von Tanja), und obwohl die Feierlichkeiten gewöhnlich erst mittags begannen, waren alle schon zu so früher Stunde in entsprechender Stimmung. Wenn man diese klaren Gesichter und den festlichen Glanz in ihren Augen sah, durfte man seiner inneren Traurigkeit einfach nicht nachgeben, ja nicht einmal seine Sehnsucht nach zu Hause durchblicken lassen. Ich wußte, daß sich unsere Freunde heute bei Igor versammeln und das Glas auf mich erheben würden. Auch Igor würde fröhlich sein. Genau wie wir hier würden sie Gedichte von mir vortragen, alte Photos hervorkramen, meine Lieblingslieder singen. Und erst spät in der Nacht, wenn die Gäste gegangen waren, würde er die Tür des verwaisten Zimmers hinter sich schließen und den Kopf ins Kissen mit dem von mir selbstgenähten Bezug graben. Dazu ist die Nacht ja da, daß man seinen Trennungsschmerz ins Kissen weint, um am Morgen mit einem Lächeln aufzustehen, vorbereitet auf alles, was der neue Tag bringt.

«Und jetzt, meine Damen, wird sich angekleidet!»

Zum Feiertagsmahl sind wir alle so festlich herausgeputzt wie möglich. Pani Jadwiga trägt ein flauschiges graues Jäckchen – keiner würde ihm ansehen, daß es aus Lumpen zusammengestückelt ist. Ich schlüpfe in mein Geburtstagsgeschenk, das seit dem Morgen auf mich wartet – ein wahres Luxusgewand aus schäbigem, verschossenem Uniformfutterstoff, aber vom Schnitt her umwerfend. Pani Lida versteht es, jeden alten Fetzen in ein Kunstwerk zu verwandeln. Ich darf den Eßraum erst betreten, nachdem sich alle zum Empfang aufgestellt haben. Natascha klopft mit dem Löffel auf der Aluminiumschüssel so etwas Ähnliches wie einen Marsch. Da ich Poetin bin, setzen sie mir einen Lorbeerkranz auf. Die Lorbeerblätter haben sie monatelang aus der Balanda geklaubt: An ihnen spart die Küche seltsamerweise nicht. Lachend werde ich hin und her gedreht und en face und en profil begutachtet: Der Kranz stehe mir, finden sie, und so muß ich ihn bis zum Abend tragen.

Ein paar Tage später erfuhren wir, daß die Geschichte mit dem Kranz für Natascha mit Streichung der Einkaufserlaubnis quittiert wurde: Am Vorabend meines Geburtstages hatte sie spät abends in der Werkstatt gesessen und mit der Flachzange das Drahtgestell für meinen Kranz zurechtgebogen, als überraschend die Podust aufkreuzte und sie ins Gespräch ziehen wollte. Da Natascha sie abblitzen ließ, schrieb sie einen Rapport an den Lagerkommandanten, in dem sie behauptete, Lasarewa hätte ihr im Dunkeln mit einem schweren Gegenstand aufgelauert. Der schwere Gegenstand, um den es sich handelte, war die Flachzange. Vermutlich hat der Lagerkommandant ebenso herzhaft über diesen Blödsinn gelacht wie wir, aber irgendeinen Grund für das

Einkaufsverbot brauchte man ja, warum also nicht diesen! Die Formulierung «schwerer Gegenstand» machte die Podust regelrecht berühmt: Die Aufseherinnen erzählten die Geschichte mit Wonne überall herum, und bald lachte ganz Baraschewo darüber.

Nun aber zum Geburtstagsprogramm. Der Verlag «Kleine Zone» (die Geschenke waren ein Gemeinschaftswerk, aber dieses, vermute ich, war ein Werk von Tanja und Natascha) hatte eine Mappe von Postkarten mit den unglaublichen Abenteuern des kleinen Pegasus herausgegeben: Zeichnungen mit Versüberschriften. Eine Darstellung des Pegasus auf dem Stacheldrahtzaun eröffnete den Reigen:

> Nun ist er in der Kleinen Zone –
> Dann ist er Dichter, zweifelsohne.

Dann Pegasus an der Nähmaschine, wie er, statt Fäustlinge zu nähen, ellenlange Seiten mit Gedichten vollschreibt, dann – auf einem Stuhl sitzend, vor ihm ein KGB-Mann mit Angel:

> Der KGB ist eingeschnappt:
> Die Kommunikation nicht klappt.

Obwohl der KGB-Mann absolut gesichtslos ist – Mütze auf den Ohren –, erkannte sich Artjomjew, der Ärmste, wieder, als sie das Mäppchen bei der nächsten Durchsuchung fanden und uns wegnahmen. Er war aufrichtig entrüstet und beleidigt, was er mir (als vermeintlichen Zeichnerin) auch deutlich zu verstehen gab.

Danach überreichen sie mir feierlich ein aus einem Laken genähtes Nachthemd mit Volants und roter Stickerei. Dann eine Tube Hautcreme mit der sinnigen Aufschrift: «Dreißig – ist noch lange kein Alter!» Und erst dann wird triumphierend die Geburtstagstorte hereingetragen. Raja und Olja, die in diesem Monat einkaufen durften, hatten Biskuits und Margarine aufgetrieben (Glück gehabt: Margarine ist selten im Angebot), diese mit der zweiwöchigen Zuckerration der Zone – bei solchen Anlässen rückt der Zerberus die stillen Reserven heraus – zu einer delikaten Creme geschlagen und mit durch ein Wunder beschafftem Rote-Bete-Saft eingefärbt. Und mit dieser Creme füllten sie dann die Biskuits und setzten sie zu einer herrlichen Torte zusammen. Der Sud für den Tee ist heute doppelt so stark, aber der Clou kommt erst noch: Zum Tee gibt es Zitrone, und ich als Schätzerin darf sie in Scheiben schneiden! Eine echte Zitrone im Lager – unglaublich! Sie ist das Geburtstagsgeschenk einer Verwaltungsbeamtin: Sie sind ja nicht alle so mies wie die Podust! An solchen besonderen Tagen schauen Aufseherinnen und Offiziere gewöhnlich bei uns herein – aus lauter Neugier, was wir Politischen uns wieder haben einfallen lassen. Und dann betrachten sie unsere selbstgemachten Kerzen, die aus alten Zeitschriften zurechtgeschnittenen Fähnchen, die Zeichnungen und die Torten mit echter Bewunderung: Was die so aus dem Nichts zaubern können! Einen Kosthappen von uns anzunehmen, ist ihnen strengstens untersagt, ihn abzulehnen ist ihnen jedoch peinlich. Den nicht ganz so Ängstlichen packen wir daher ein Stückchen zum Mitnehmen ein. Heute sind wir reich, heute prassen wir! Acht Tage später, kurz bevor ich ins Krankenhaus ging, teilte ich mit der Rasierklinge unser letztes Stück Sojakonfekt in elf gleiche Teile.

Am Abend muß ich Gedichte vortragen, jede bestellt sich, was ihr gefällt: «Für mich, Ira, das vom kirschroten Kleid!»

«Vom Brief ins Jenseits!»

«Von den Pferden!»

Ganz spät am Abend setze ich mich hin und schreibe an Igor: die allerzärtlichsten Worte, all meine Hoffnung auf ein Wiedersehen, alles, womit ich ihn nur aufmuntern kann. Er wird konfisziert, dieser Brief, wie die meisten unserer Briefe. Aber heute wiege ich mich noch in der Hoffnung, daß Igor ihn erhält.

Anfang März taucht unser unglückseliger Artjomjew auf, um uns zum Internationalen Frauentag zu gratulieren. Nein, so was! Wie aufmerksam! So ein Glückwunsch ist besonders charmant, wenn man nicht weiß, wo man den nächsten Tag zubringt: in der Zone, auf dem Transport oder im SCHISO. Artjomjew merkt sehr schnell, daß seine Absicht nicht zieht, und wechselt die Taktik: Er verschwindet ins Krankenhaus (wo er ein Büro hat) und beauftragt die Aufseherin, uns einzeln vorzuführen. Raja bedrängt er (erfolglos), sich schriftlich von ihren «antisowjetischen Aktivitäten» loszusagen, bei Olja und Pani Lida beklagt er sich, daß einige es grundsätzlich ablehnen, mit ihm zu sprechen, doch schließlich findet er eine Gesprächspartnerin – Edita. Sie erachtet es in letzter Zeit für notwendig, dem KGB auseinanderzusetzen, daß sie mit ihren Karzerstrafen nichts weiter erreichen, außer sich vor aller Welt zu blamieren, und daß es inhuman ist, Frauen hungern und frieren zu lassen. Sie hören sich das alles geduldig an, fahren dazu sogar in den SCHISO, um ihr am Ende zu sagen, daß sie leider nichts dagegen unternehmen könnten, weil die Bestrafung mit Karzer im Kompetenzbereich der Lagerverwaltung liege. Wenn Edita ihnen gegenüber freilich Entgegenkommen zeige, könne man sich eventuell in der Sache verwenden. Am Schluß des Gespräches gibt Artjomjew Edita Schokolade – als Prämie – und sagt, er habe für alle welche mitgebracht, aber wir seien ja so unhöflich zu ihm gewesen. Editas Taktik begeistert uns natürlich nicht gerade, wir haben sogar allen Grund, beunruhigt zu sein, denn meist beginnt es mit einer Predigt und endet mit der Suche nach Kompromissen. Und dann noch diese milde Gabe... Aber Edita ist ein erwachsener Mensch, sie muß die Linie ihres Verhaltens selbst bestimmen. Wir haben nicht vor, sie zu belehren. Die Sache mit der Schokolade aber bringt mich zum Kochen: Diese Liebenswürdigkeiten unserer Peiniger sind etwas ungemein Scheußliches. An dieser Stelle fühle ich mich an eine Geschichte erinnert, die mir mal jemand erzählte: Ein Sadist quälte ein Kätzchen. Er legte ihm eine Schlinge um den Hals und zog zu, bis das Kätzchen zu röcheln anfing. Es lockerte die Schlinge und streichelte ihm das Köpfchen, als sei nichts gewesen. Das Kätzchen, in der idiotischen Hoffnung, daß die Folter vorbei sei, fing freudig an zu schnurren – und da zog er die Schlinge erneut zu. Und so ging das viele Male. Ich brannte darauf, den Erzähler zu fragen, was er denn selbst getan habe, als er das nette Bild beobachtete, aber aus Zartgefühl unterließ ich es.

Und so zeige ich auch jetzt aus Anlaß dieser Schokoladengeschichte meine Empörung nicht: Selbstbeherrschung ist in solchen Fällen das Beste. Aber als die Aufseherin mich zu Artjomjew holen will, weigere ich mich entschieden mitzugehen. Nach dem Gesetz sind Gefangene nicht zu Unterhaltungen mit dem KGB verpflichtet. Nie und nimmer gehe ich da freiwillig hin, da müssen sie schon einen mit MPs bewaffneten Konvoi schicken und Gewalt anwenden. Die Aufseherin eilt zu Artjomjew, erstattet Lagebericht und ist postwendend zurück: «Artjomjew sagt, wenn Sie sich weigern, zu ihm zu kommen, ist das ein Verstoß gegen das Regime, und Sie können dafür mit SCHISO bestraft werden.»

«Meinetwegen – und das am hochgepriesenen Frauentag. Sollen wir uns vielleicht aus Angst vor dem Karzer seine Glückwünsche anhören und uns Schokolade schenken lassen? Jetzt hat er doch zugegeben, daß SCHISO-Strafen vom KGB verhängt werden, und vorher hat er Edita sonst was vorgeschwafelt! Ich gehe nicht!»

«Soll ich eine Abteilung rufen und Sie mit Gewalt hinschleppen lassen?»

«Das können Sie halten, wie Sie wollen.»

Die Aufseherin zog los, um einen Konvoi zu holen, wir sahen sie jedoch an diesem Tag nicht wieder. Artjomjew gab auf und fuhr unverrichteter Dinge ab. Der SCHISO blieb mir diesmal erspart: Sie wagten es nicht, mich zu bestrafen, weil offenkundig geworden war, was es mit ihrem Nichtbeteiligtsein an unseren Karzerstrafen auf sich hatte.

# 32

In diesem März machte Igor Tamtam wegen meiner angeschlagenen Gesundheit. Er schickte dazu mehrmals Anfragen an die Lagerleitung, auf die stets dieselbe Antwort kam: «Der Gesundheitszustand der Verurteilten Ratuschinskaja ist zufriedenstellend». Hinterher erfuhr er, daß ich gerade in der Zeit, in die diese Antworten fielen, ständig 38 Grad hatte; sie hatten die Messungen sogar schriftlich registriert, mich jedoch nicht behandelt, ja nicht einmal untersucht. Auch meine Kameradinnen setzten sich für mich ein und schrieben einen offenen Brief, in dem sie darauf aufmerksam machten, daß ich in meinem derzeitigen Zustand das Ende meiner Haftfrist nicht erleben würde. All das zusammen führte dazu, daß sie mich ins Krankenhaus einlieferten und sogar eine Blutbilduntersuchung vornahmen. Ich machte mir schon Hoffnungen, daß sie diesmal eine Behandlung durchführen würden. Das war am 12. März, und am 14. März wurden Natascha und Tanja wieder in den SCHISO gebracht. Natascha bekam dreizehn Tage, Tanja fünfzehn Tage. Bei Tanja hatten sie es so eingerichtet, daß ihr Geburtstag in diese Frist fiel. Emotionen hin, Emotionen her, mir blieb nichts anderes übrig, als der Staatsanwaltschaft meinen Hungerstreik zu erklären, und zwar für die ganze Zeit, die Natascha im Karzer sitzen mußte. Zumal sie mir von der Wache hatte zurufen können, daß man sie trotz erhöhter Temperatur in den Karzer schickte. Diesmal mußten sie und Tanja sich bis auf die Haut ausziehen, nicht einmal die eigenen mitgebrachten Hausschuhe durften sie tragen.

«Sie bekommen welche von uns!»

Was staatseigene Pantoffeln bedeuten, hatte die Zone schon an meinem Beispiel erfahren. Ohne sie zu desinfizieren, werden sie von einer Gefangenen an die andere weitergegeben, wodurch ich mir schon einmal einen Pilz eingehandelt hatte. Vergeblich hatte ich mich bei der Wolkowa um Behandlung bemüht: Sie war der Meinung, der Ausschlag habe nervliche Ursachen. Erst als der

Pilz weitere Körperteile in Mitleidenschaft gezogen hatte und sich Eitergeschwüre bildeten, geruhte sie, einen Dermatologen hinzuzuziehen. Ich konnte schon kaum noch gehen, und der Hautarzt ächzte nur, als er mich sah. Den noch recht jungen Mann schien das Lager noch nicht verdorben zu haben, er besorgte mir eine aus dem Ausland importierte Salbe, die schwer zu bekommen war, und in zwei Wochen war alles abgeheilt. Was für Verrenkungen wir veranstalteten, damit ich die anderen nicht ansteckte, würde jede Menge Stoff für eine Extrakomödie hergeben.

Kurzum, Tanja und Natascha weigerten sich diesmal kategorisch, die staatseigenen Pantoffeln anzuziehen, und gingen in Socken in die Zelle. Am folgenden Morgen – Tanjas Geburtstag – ließ die Regimechefin Ryshewa sie vorführen und überzeugte sich persönlich, ob man sie gewissenhaft ausgezogen hatte. Das war nicht der Fall, wie sich herausstellte: Beide trugen unter dem staatlichen Sackkittel ein Sporthemd. Das mußte herunter, desgleichen Socken und Kopftücher. Letztgenannte waren zwar von der Form her vorschriftsmäßig, aber im Winter hatten es wollene zu sein. Natascha lehnte es ab, sich auszuziehen. Sie drohten ihr, man werde Soldaten holen lassen, die würden sie schon ausziehen. Ach ja? Natascha zog die Sachen aus und ging nackt und barfüßig in die Zelle. Die Aufseherinnen liefen ihr nach, redeten ihr zu, den Kittel anzuziehen, doch Natascha reckte das spitze Kinn und fertigte sie ab: «Sie haben doch selbst gedroht, uns nackt auszuziehen – nun haben Sie Ihren Spaß!»

«Wir doch nicht, Befehl des KGB!»

«Sollen sie glotzen. Nicht für mich, für sie ist das peinlich. Und außerdem: Ich will von dem Kittel keine Krätze und von den Pantoffeln keinen Pilz bekommen! Oberbekleidung zieht man über die Unterwäsche oder man zieht überhaupt nichts an!»

Die Kriminellen in den Zellen wurden aufmerksam und riefen: «Oje, Mädchen, wie dünn sie ist! Bloß noch Haut und Knochen! Was stellen sie mit den Politischen bloß an?»

Um den Skandal zu vertuschen, gaben sie Natascha und Tanja

Strümpfe, Tücher und die eigenen Hausschuhe zurück. Aber es war klar geworden, daß das Entkleiden bis ins Detail auf Anordnung des KGB vorgenommen worden war: Die Kälte sollte uns auf die Knochen schlagen.

Unsere Kameradinnen in der Zone, mit Ausnahme der Wladimirowa, die nicht zu uns gehörte, traten an Tanjas Geburtstag in einen eintägigen Hungerstreik. Zu mehr reichte ihre Kraft nicht. Lächeln Sie nicht ironisch, lieber Leser: Ein eintägiger Hungerstreik eines Häftlings ist nicht dasselbe wie ein Fastentag für einen satten Menschen. Es ist der Übergang von permanenter Unterernährung in den absoluten Hunger, wenn auch nur für vierundzwanzig Stunden. Eintägige Hungerstreiks hatten bei uns Tradition: 23. August – Tag des Ribbentrop-Molotow-Pakts, nach dem die Faschisten der Sowjetunion erlaubten, die Westliche Ukraine, Litauen, Lettland und Estland zu annektieren; 30. Oktober – Tag der politischen Gefangenen; 10. Oktober – Tag der Menschenrechte. Ich habe diese «Eintägigen» an mir erprobt, solange ich in Haft war, und ich weiß: Schon tagsüber wird einem schwindlig, und gegen Abend kann man sich kaum noch auf den Beinen halten. Pani Jadwiga und Pani Lida verloren gegen Tagesende oftmals sogar das Bewußtsein. Galja war weißer als die Wand: Unsere Wände waren schmutzig, und Galja war unsere Sauberkeitsfanatikerin. Lagle hungerte nie länger als einen Tag, sie konnte es nicht, basta. Es ist eine Besonderheit des Organismus, und welch Glück, daß Lagle dies begriff: Es gibt nichts Schlimmeres, als einen Hungerstreik nicht bis zum Sieg durchhalten zu können, sondern schmachvoll abbrechen zu müssen. Nein, ich übertreibe natürlich, lieber Leser: Es gibt viel Schlimmeres. Aber zu der Zeit damals dachten und handelten wir so. Raja gab (entsprechend ihrer neugewählten Position) keine schriftliche Erklärung zum Hungerstreik ab, aber zu essen vermochte sie auch nicht. So ging sie gemeinsam mit uns durch alle Hungerstreiks – schweigend, ohne Protesterklärung, aber mit uns fühlte sie sich auch nicht besser. Edita kämpfte verzweifelt mit dem Hunger: Die Stimme der Natur war in ihr lauter als in uns übrigen. Olja machte, wie bei allen ihren Hungerstreiks, nicht einmal eine Andeutung, daß es ihr schwerfiel. Nur ihre Augen lagen tiefer, die Wangen fielen ein. Sie war dann wahrhaftig schön, und ich liebte sie aufrichtig – trotz unserer komplizierten Beziehungen. Olja war eine Meisterin komplizierter Beziehungen, und ich war aufgrund meines Alters noch nicht weise genug, damit umzugehen.

Im Krankenhaus hatte ich eine Unterredung mit einem der vernünftigsten Lagerärzte, dem Chirurgen Skrynkin.

«Wenn Sie sich im Hungerstreik befinden», sagte er zu mir, «haben wir nicht das Recht, Sie im Krankenhaus zu behalten.»

«Jetzt verstehe ich gar nichts mehr – gerade Hungernde werden doch isoliert und zu dem Zwecke ins Krankenhaus gebracht?»

«Ja, in Einzelboxen und ohne Behandlung.»

«Warum wurde ich dann überhaupt erst ins Krankenhaus geschickt?»

«Irina Borissowna, wir beide sind doch intelligente Menschen. Sie verstehen mich und meine Möglichkeiten, und ich die Ihren. Machen wir es doch so: Ich bescheinige Ihnen offiziell, daß ein dreizehntägiger Hungerstreik für Sie lebensbedrohend ist. Das tue ich reinen Gewissens: In Ihrem Zustand ist das wirklich gefährlich.«

«Sind dreizehn Tage SCHISO für die kranke Lasarewa nicht gefährlich?»

«Lasarewa kann ich nicht helfen. Ihnen – ja. Also, ich gebe Ihnen die Bescheinigung, und Sie blasen den Hungerstreik ab und bleiben im Krankenhaus. So haben wir es auch mit einem politischen Gefangenen aus der Männerzone gemacht (er nennt den Namen), und niemand hat ihn deswegen verurteilt. Auch Sie wird man nicht verurteilen. Wie lange hungern Sie schon? Einen Tag? Das reicht.»

Als ob ich nicht ohne ihn wüßte, daß mich niemand verurteilen würde. Als ob ich nur deshalb kämpfte, damit mich niemand verurteilt. Als ob dieser Handel für mich nicht einen Riß zwischen mir und Gott bedeutete, was er, Skrynkin, nicht verstand, ich dafür um so besser. Er war auf seine Art aufrichtig und wohlwollend, ich – auf die meine. Wir hatten nichts gegeneinander, wußten vor allem unsere gegenseitige Ehrlichkeit zu schätzen, und gerade weil diese auf Gegenseitigkeit beruhte, hatten wir Achtung voreinander. Woher sollte Skrynkin wissen, daß einst in Odessa eine Zigeunerin meine Kinderhand genommen und mir, die abgründig tiefen, kohlrabenschwarzen Augen in die meinen versenkt, gesagt hatte: «Du hast neun Leben, Mädchen! Einmal sterben – nicht tot, zweimal sterben – nicht tot! Erst beim neunten Mal du sterben. Wie Katze. Hier hast du Kette, Geld nicht nehmen, ist Geschenk.»

Dieses kupferne Zigeunerkettchen trug ich noch, als ich schon erwachsen war und nicht mehr an Wahrsagerei glaubte. Ich hatte zu der Zeit schon ein paar Jahre Leben hinter mir in dem Wissen: Um keines der Leben ist es schade, nicht um das erste, nicht um das letzte, wohl aber um das neunte. Die Hauptsache kommt später, bis dahin erprobe ich mich, wie an einem Trainingsgerät, in verschiedenen Situationen. Und alles ehrlich auszuhalten und durchzustehen – das hat für mich den höchsten Wert.

Skrynkin und ich nahmen höflich und mit einem Lächeln voneinander Abschied, und am 15. März wurde ich aus dem Krankenhaus hinausgeworfen. Am 16. kam für Edita und mich der Befehl: Fertigmachen für den SCHISO! Da jedoch rebellierten die Unseren: «Einen Arzt! Ira lassen wir nicht in den Karzer!»

Eine Krankenschwester eilte herbei und maß meine Temperatur. Sie war erhöht. Sie lief, um eine dreiköpfige Ärztekommission zu holen. Wieder wurde gemessen, mit zwei Thermometern: 38 Grad. Skrynkin, Chef der Kommission, weigerte sich entschieden, meine Einweisung in den SCHISO zu befürworten. Er sei kein Mörder, erklärte er. Edita brachten sie in den Karzer, ich blieb da. Mein Gott, es wäre besser gewesen, ich wäre mit ihr gefahren!

Gleich am ersten Tag erschien KGB-Mitarbeiter Tjurin im SCHISO. Natascha und Tanja lehnten es ab, mit ihm zu reden,

Edita nicht. Am nächsten Tag bekam sie Besuch von Jerschow. Die Unterhaltung mit dem KGB-Mann dauerte lange. Er bot ihr Tee mit Zitrone und einen Imbiß an und gab ihr eine Gurke und Gebäck mit in die Zelle. Ohne die KGB-Bewirtung zu erwähnen, sagte Edita zu Tanja und Natascha: «Bestimmt denkt ihr, ich bin ein Spitzel, weil ich mit dem KGB verkehre. Aber auf Spitzeldienste würde ich mich nie einlassen. Ich will sie nur austricksen und Vergünstigungen herausschlagen.»

Tanja und Natascha seufzten verzweifelt: Wer hier wen austrickste, lag auf der Hand. Doch alle Versuche, ihr das klarzumachen, waren vergeblich. Da half auch kein Jammern darüber, daß alles anders gekommen wäre, wenn ich bei ihr gewesen wäre. Es hätte sicherlich nichts geändert, wir waren machtlos.

Ich kam unterdessen in eine Einzelbox von Block 12. Ich hatte die Bibel mitgenommen, mein Stickzeug, Schreibpapier und das Wolltuch. Man behelligte mich nicht, plante anscheinend keine Zwangsernährung und brachte mir sogar eine zweite Decke (ich fror wie ein junges Kätzchen). Durch die abgesperrte Tür hörte ich, wie eine Aufseherin zu einer neu in die Psychiatrie aufgenommenen Kranken sagte: «Hör zu, Kornejewa, wir legen dich in einen sauberen Saal, dort pinkelt und scheißt keiner unter sich – daß du dir ja auch Mühe gibst!»

«Ist gut, Vorgesetzte.»

Ich genoß die Ruhe. Dreimal täglich stellten sie mir Essen vor die Nase, hinderten mich aber nicht daran, es mit Plastiktüten abzudecken, so daß mir der Essensgeruch nicht allzu arg zusetzte. Ich las abwechselnd das Neue Testament und das Hohelied, arbeitete an der Serviette mit dem Kirschmuster, die für meine Schwiegermutter bestimmt war (ich konnte sie ihr dann glücklicherweise auch zukommen lassen, und unsere arme Mama konnte sich nicht genug freuen, daß ich sie nicht vergessen und mir auch mein Augenlicht bewahrt hatte), und ich schrieb Gedichte. Jetzt, in der Fremde, in meiner grauenvollen Schlaflosigkeit, wünsche ich mir so oft jene glückseligen Hungerträume von damals zurück – alles auf der Welt würde ich dafür hergeben.

Aber, wie Ekklesiastes mit Recht betonte, es gibt Zeiten, in denen man Steine werfen, und es gibt Zeiten, in denen man Steine sammeln muß.

Am dreizehnten Tag kamen sie und sagten: «Gehen wir, Lasarewa ist schon in der Zone!»

Wieder tragen sie mir meinen Gefangenensack, und ich gehe, wenn auch langsam, auf meinen eigenen zwei Beinen in die Zone zurück. Die Aufseherin Nastja umwieselt mich: «Paß auf, Ratuschinskaja, daß du ja nicht fällst. Komm, ich stütze dich ein bißchen!»

«Nein, danke. Ich schaffe es allein.»

Natascha ist da. Der Tee ist fertig, und alle setzen sich an den Tisch. Aber heute ist kein passender Tag für unser übliches Scherzspiel «Bei uns sind alle zu Hause!». Tanja und Edita werden erst später eintreffen. Njurka, die Tanja vergöttert, hat in diesen Tagen ihr Bett bezogen. Traurig liegt sie da, die Nase in Tanjas abgewetzte Decke vergraben. Und sogar Pani Lida, die solche Katzenfreiheiten nicht ausstehen kann, hebt nicht die Hand, um sie zu verjagen.

## 33

Ende März kamen immer wieder Leute aus der Verwaltung und der Medizinischen Abteilung angereist, um sich nun ernsthaft mit unserem Streik auseinanderzusetzen und zu klären, ob Edita an den Tagen, deretwegen man ihr die Besuchserlaubnis gestrichen hatte, arbeitsfähig gewesen war. Man begann nun endlich auch, schriftliche Unterlagen zu Rate zu ziehen, ob sie im August überhaupt zur Arbeit in der Näherei herangezogen worden war. Hatten sie es früher kategorisch abgelehnt, über den Kern unserer Forderungen zu reden, so begannen sie jetzt selbst Erkundigungen einzuziehen, und zwar auf den unterschiedlichsten Ebenen – vom Lagerkommandanten bis zu den Abteilungsleitern der Verwaltung. Sie reisten schon nach Moskau, um sich Anweisungen zu holen. Die Rechtmäßigkeit unserer Forderung dokumentarisch nachzuweisen, war sehr leicht gewesen. Es war klar: Unser Streik ging auf ein erfolgreiches Ende zu, wir brauchten nur noch ein paar Wochen durchzuhalten.

Aber da bereitete uns Edita eine böse Überraschung. Am 31. März, als wir alle im Eßraum versammelt waren, erklärte sie uns: «Ich habe nicht die Absicht, mich noch länger für andere einzusetzen und dafür in den SCHISO gesperrt zu werden. Deshalb scheide ich aus dem Streik aus.»

Wir waren sprachlos. Allein der Ausdruck «nicht länger für andere einzusetzen» klang in unserer Zone grotesk. Aber darum ging es jetzt nicht einmal. Von allen Streikenden hatte allein Edita einen persönlichen Grund – sie streikte für ihre Besuchserlaubnis. Nicht Galja, Tanja oder Natascha würden im Falle unseres Sieges ihren Mann umarmen gehen, sondern Edita. Sie setzte sich in diesem fünfmonatigen Kampf nicht für andere, sondern einzig und allein für sich selber ein. Fassungslos machten wir sie auf diesen Umstand aufmerksam. Aber Edita war wie vernagelt, befand sich in dem Zustand, in dem der Mensch seine Worte nicht mehr ins richtige Verhältnis zur wahren Lage der Dinge bringt. Sie behauptete, wir hätten sie in den Streik hineingezogen; sie habe sich nur fremder Vernunft gebeugt, denn sie selbst pfeife auf die Gesetzlichkeit, wolle sich nicht mit den Gesetzen dieses Landes herumschlagen, sondern wolle weg von hier.

Ehrenwort, hätte jemand von uns ein künstliches Gebiß gehabt, es wäre ihm herausgefallen, so weit stand uns vor Staunen der Mund offen. Dabei war es doch so gewesen, daß wir Edita überreden mußten, mit dem Beginn des Streiks noch zu warten, für den Fall, daß sich alles auch so aufklären würde. Sie hatte uns ja förmlich zur Eile angetrieben und uns wegen unseres Zögerns Vorwürfe gemacht: «Ja, wenn es um eure Besuchserlaubnis ginge, dann ...»

Und nun erklärte sie, sie sei mitnichten die Zentralfigur dieses Streiks und wir könnten ihn sehr gut auch ohne sie weiterführen,

Raja sei ja auch ausgestiegen und es sei nichts Schreckliches passiert. Nein, diese Variante gefiel uns nun ganz und gar nicht. Das lief ja darauf hinaus, daß wir im Karzer schmorten und um unsere eigene Besuchserlaubnis gebracht wurden, während Edita hinter der Nähmaschine saß, sich von KGBlern Schokolade schenken ließ und ohne jedes Risiko den Ausgang des Kampfes abwartete. Auch der Vergleich mit Raja war unangebracht: Raja war vor allen Dingen ehrlich zu uns gewesen. Hätte uns Edita gesagt, sie sei es müde geworden, durch die Karzer geschleift zu werden, sie sei am Ende ihrer Kraft, so wären wir zwar betrübt gewesen, aber es wäre niemandem eingefallen, sie deswegen zu verurteilen. Mit ihren faustdicken, sinnlosen Lügen jedoch, ihrem Versuch, sich als Opfer darzustellen, das wir «hineingezogen» hätten, mit der Art der Formulierungen, die eindeutig nach KGB-Einmischung rochen, verlor sie unsere Achtung. Wir hatten uns nichts mehr zu sagen, fragten nur noch: «Sie nehmen also Ihre Forderung, die gesetzwidrige Streichung Ihres Besuchs rückgängig zu machen, zurück?»

«Ja», sagte sie und verschwand weinend im Schlafraum.

Das Gespräch hatte ihr noch ärger zugesetzt als uns. Wir hatten eine Niederlage erlitten, wenn auch nicht durch unsere Schuld. Der Streik mußte also abgebrochen werden: Wenn Edita nicht mehr um ihre Besuchserlaubnis kämpfen wollte – welche Kampfberechtigung hatten wir dann noch? Ihr unsympathischer Versuch, die Verantwortung auf uns abzuwälzen, erschien vielversprechend: Wenn man über uns zu Gericht sitzen und uns wegen des Streiks eine Strafverlängerung aufbrummen würde – wäre Edita dann nicht die Hauptzeugin? Oder am Ende gar eine Leidtragende, weil wir uns rechtswidrig in ihr persönliches Leben einmischten, was sie gar nicht für notwendig hielt? Ein Mensch, der einmal diesen Weg beschritten hatte – soviel wußten wir –, erhob sich nicht nur nie wieder auf sein früheres moralisches Niveau, er vermochte auch das Niveau nicht zu halten, auf dem er sich jetzt befand. Das wußten auch die KGB-Leute, die an ihren Abhörgeräten saßen und sich ins Fäustchen lachten.

Es war verdammt bitter für uns, diesen Streik abzubrechen. Ein solcher Rückzug war immer mit Verlusten verbunden: Einmal verlassene Positionen werden sehr viel schwerer wiedererkämpft. Unsere monatelangen Bemühungen waren umsonst gewesen. Nicht ganz, natürlich: Der Apparat hatte keine Illusionen mehr darüber, welche Wirkung die Anwendung von Gewalt auf uns hat. Schließlich hatte sich allein Edita von ihnen einwickeln lassen, nicht die Zone. Dennoch wußten wir: Hatten sie es bei einer geschafft, würden sie mit verdoppelter Kraft Attacken gegen die übrigen reiten.

Tanja sah die Sache gelassen: Aus ihrer Arbeit in der Moskauer Helsinki-Gruppe kannte sie ähnliche Fälle. Da kommt einer, bittet um Hilfe, ist aufrichtig überzeugt, daß er zum Kampf um seine Rechte bereit ist. Aber dann hält er den Kampf nicht durch und verrät seine Verteidiger. Er möchte seinen Frieden mit dem KGB machen – auf wessen Kosten auch immer. Wer aber kann die Grenze finden, hinter der menschliche Schwäche in Niedertracht umschlägt?

Über diese Dinge mit Edita zu sprechen, wäre sinnlos gewesen: Unser Schweigen am Tisch sagte ihr alles. Sie wußte ja selbst ganz genau, wie wir über all das dachten – weshalb einem Gefallenen noch den Rest geben? Sie tat uns einfach nur leid. Sie weinte oft, konnte nicht schlafen, schluckte Baldrian.

Im großen und ganzen lebten wir weiter wie bisher. Wir versuchten, Edita möglichst nicht an diese Geschichte zu erinnern, die innere Beziehung zu ihr hatte sich jedoch geändert. Nähen konnten nicht mehr alle in dem Umfang wie bisher. Tanja und mich hatten die Ärzte für einige Wochen von der Arbeit befreien müssen, weil wir ständig Fieber hatten. Da sie uns nicht gesundmachen konnten, legten sie es darauf an, uns zu Simulanten abzustempeln, doch die Thermometer waren unbestechlich, auch wenn sie eine ganze Kommission zum Fiebermessen schickten. Mitte April bestellte Artjomjew aus diesem Anlaß sogar die Wladimirowa zu sich: «Wie stellen Ossipowa und Ratuschinskaja es an, ihre Temperatur so hochzujagen?»

«Mit Hilfe des SCHISO ist das eine Kleinigkeit!» will die Wladimirowa, ihrer Aussage nach, bissig darauf geantwortet haben.

Ende Mai hieß es dann: «Ab sofort sind Sie nicht mehr von der Arbeit befreit. Nähen Sie, und wenn Sie vierzig Fieber haben!»

Wir nähten natürlich nur, wenn wir dazu in der Lage waren, aber auf eigenes Risiko. Im Sommer, als es dann wärmer wurde, fühlten wir uns besser, doch schon Mitte Herbst begann alles wieder von vorn. Offensichtlich war die Kälte an allem schuld. Die anderen waren auch nicht besser dran: Krankheit wird nicht unbedingt von Fieber begleitet. Unsere zwei Panis, Natascha, Raja, die Wladimirowa – sie alle waren zu der Zeit Invaliden. Zwei Jahre später waren auch Galja, Lagle und Olja krank. Edita, Tanja und ich waren am zähesten.

Mein erstes Jahr im Lager war nun vorüber. War es ein typisches Lagerjahr? Wie wäre es gewesen, wenn wir die Erkennungsmarken getragen und nicht gestreikt hätten? Es wäre genauso gewesen. Politische Häftlinge hält man nicht lange nur im Lager, auch nicht bei strengem Regime. Die Lieblingstaktik des KGB uns gegenüber ist das Wechselbad: Lager–SCHISO–PKT–Lager–SCHISO – und so weiter. Gründe für die Sonderbestrafung lassen sich immer finden oder vielmehr erfinden. Valeri Senderow trieben sie in den Streik, weil sie ihm verboten, sich mit Mathematik zu beschäftigen – sie nahmen ihm alle seine Aufzeichnungen weg und verbrannten sie. Auch die Bibel, das Gebetbuch und das Brustkreuz nahmen sie ihm weg. Anatoli Martschenko verprügelten sie, weil er nicht freiwillig ohne seine Bücher in den SCHISO gehen wollte.

In einer Hinsicht hatten wir es leichter als die Männer in Perm: Sadisten unter unserer Wachmannschaft waren die Ausnahme. Von allen, die ich in unserer Zone und in den zwei Kriminellenzonen erlebte, kann ich mit Gewißheit nur vier nennen: unsere Podust, die Akimkina und die Ryshewa vom SCHISO in Zone 2, und den stellvertretenden Lagerkommandanten Utschaikin, der zuständig war für die Aufsicht über das Regime. Drei Frauen und ein Mann. Die KGB-Leute rechne ich nicht dazu: Die haben alle eine sadistische Ader. Aber jetzt rede ich nur von Mitarbeitern des Lagers. Die Aufseher für das Lager in Perm und das berüchtigte Tschistopoler Gefängnis wurden vor der Einstellung einem psychologischen Test unterzogen und nach sadistischen Merkmalen ausgewählt.

Bei ihren ständigen Aufenthalten im SCHISO hatten Senderow und Kowaljow das zweifelhafte Vergnügen, vom Korridor geführte Telephongespräche mit anzuhören: Der diensthabende Aufseher telephonierte aus Langeweile mit seinem Kollegen im Krankenhaus und protzte mit seinen Heldentaten. Er hatte eine Ratte gefangen, ihr das Schwanzende abgehackt und den Stummel angezündet. Etwas später hackte er wieder ein Stückchen ab, zündete wieder den Stummel an. Das setzte er fort, bis der Schwanz ganz ab war. Dann ließ er von der Ratte ab und begleitete sie mit den Worten, mit denen auch üblicherweise Gefangene in die Freiheit entlassen werden: «Hau ab, und laß dich ja nicht wieder blicken!»

Sein Spitzname war – Rote Ratte.

Ähnliche Fälle kenne ich zur Genüge, aber ich möchte beim Leser keinen Brechreiz erregen. Aus demselben Grund werde ich den Leser fortan auch nicht mehr durch unseren ewigen SCHISO schleppen: Die Schilderung eines Jahres genügt. Endlose Wiederholungen verstoßen gegen die Konventionen der Literatur, auch wenn sie die Wahrheit unseres Gefangenendaseins waren. Das eine Jahr, durch das Sie gemeinsam mit uns gegangen sind, reicht, nun werde ich Humanität walten lassen. Schlimm genug, daß *wir* diesem Dasein nicht entrinnen konnten, und sich alles mit der stupiden, unmenschlichen Automatik einer Maschine wiederholte. Alle Normen menschlichen Lebens, in denen jeder von Beginn seiner Kindheit an erzogen wurde, wurden vorsätzlich und systematisch mit Füßen getreten. Sie legen als normaler Mensch Wert auf Sauberkeit? Nun, im SCHISO kriegen Sie gesalzenen Thunfisch durch die Futterklappe direkt auf die Hand, Teller und Besteck sind nicht zugelassen. Servietten schon gar nicht. Sie dürfen sich nachher die fischverschmierten Hände am Kittel abwischen. Wasser gibt's nämlich auch nicht. Sie holen sich Krätze und Pilze, leben im Dreck, atmen den Gestank der Latrine. Frauen sind schamhaft? Nun, beim Filzen werden Sie splitternackt ausgezogen. In Untersuchungshaft, wenn Sie ins Bad geführt werden, kommen «rein zufällig» KGB-Offiziere vorbei und lachen sich eins. Und im Lager müssen Sie sich dem Arzt zeigen, dem Lagerkommandanten und dem Herrn Staatsanwalt. Und wieviel Wasser und Watte eine Frau für intime Zwecke braucht – das denen klarzumachen, kostet Sie einen viermonatigen Krieg. Aber wie viele Zoten Sie sich dabei anhören müssen! Sie als normalen Menschen schockieren Grobheit und Lüge? Davon müssen Sie soviel schlucken, daß Sie all Ihre seelischen und geistigen Kräfte anspannen müssen, um nicht zu vergessen: Es gibt noch eine andere Realität. Es gibt auch anständige Menschen, und sie sind in der Überzahl. Es gibt auch glückliche Länder, wo schwarz schwarz genannt werden darf und weiß weiß, ohne daß dies vom Gesetz her verfolgt wird. Aber all das ist in so weite Ferne gerückt, daß es Sie eine enorme Willensanstrengung kostet, wenn Sie sich Ihr früheres normales sittliches Wertsystem bewahren wollen.

Und bei all dem dürfen Sie sich keinesfalls Haß erlauben! Nicht, weil Ihre Peiniger ihn nicht verdienten, sondern weil Sie soviel Haß anhäufen würden, daß er alles andere verdrängen, auffressen, Ihre Seele verkrüppeln würde. Er dient Ihnen nicht, er zerstört Ihre Persönlichkeit, und ein hysterisches, unzurechnungsfähiges, vertiertes Wesen wird in die Freiheit hinausgehen. Sollten Sie bei der nächsten Folter sterben – wird dieses Wesen vor Gott stehen. Und gerade das wollen sie. Stellen Sie sich daher vor, daß so ein Schräubchen dieser Maschinerie, einerlei ob mit roten oder blauen Streifen am Ärmel, bestimmt Kinder hat, die vielleicht ganz anders aufwachsen werden. Oder suchen Sie nach etwas, das komisch ist an ihm: Humor tötet Bösartigkeit. Oder bedauern Sie ihn: Denn obwohl Sie sich in keiner beneidenswerten Lage befinden, möchten Sie doch nicht etwa mit ihm tauschen? Sollten Sie jedoch gar nichts Menschliches an ihm finden können, dann denken Sie daran, daß man Schaben ohne einen Schatten Haß, höchstens mit Ekel, aus dem Haus vertreibt. Und was sind sie denn anderes als Schädlinge in unserem großen Haus, diese satten, unverfrorenen Waffenträger – früher oder später werden wir sie hinauskehren und in Sauberkeit leben. Ist es nicht lachhaft, daß sie Anspruch auf unsere unsterblichen Seelen erheben?

All das zusammen führt schon im ersten Jahr dazu, daß sich bei Ihnen der sogenannte «Gefangenenblick» entwickelt, den zu beschreiben unmöglich ist, aber wen er trifft, wird ihn nie wieder vergessen. Die Freunde, die Sie in der Freiheit umarmen, werden verwundert klagen: «Deine Augen, sie sind so ganz anders geworden!»

Von Ihren Henkern aber wird keiner diesem Blick standhalten können: Er versengt sie wie Feuer.

## 34

Wir leben noch, kämpfen um unser Recht, Briefe zu schicken und zu empfangen, studieren jedes Hälmchen, das auf unserem Fleckchen Erde sprießt: Vielleicht ist es ein Heilkraut? Wir brühen uns Sud von wilder Kamille, kauen wilden Kümmel; Melde ist auch schon gewachsen, daraus kann man Salat machen. Und der Löwenzahn – Pani Jadwigas größte Freude. Von früher her weiß sie, daß es kein nützlicheres Gewächs auf der Welt gibt, und sie pusselt stundenlang, um etwas Eßbares daraus zuzubereiten. Auch Wurzeln, Blätter und Blüten verschmähen wir nicht. Sie schmecken zwar bitter, aber wir sind nicht zimperlich: Dieses Grünzeug ist unsere ganze Hoffnung. Von Verwandten bekommen wir Streifbandsendungen mit Medikamenten, aber die Verwaltung läßt sie zurückgehen mit dem Vermerk: «Nicht zugelassen!» Allerdings kann man nicht sagen, daß wir überhaupt keinen

Nutzen von der Medizinischen Abteilung hätten: Es gelingt uns nämlich, ihnen Stücker sieben abgeschriebene Einlaufschläuche abzuschwatzen, aus denen Natascha eine Bewässerungsanlage für unsere Pflanzen installiert. Sie zersägt die Plastikhülsen von Kugelschreibern und verwendet sie als Verbindungsstücke. Die Anlage erspart uns das kraftzehrende Schleppen der Wassereimer, und das Gießen wird zu einer der angenehmsten Arbeiten. Überallhin reicht der Schlauch natürlich nicht, aber egal. Es wird zunehmend wärmer, und wir bereiten uns auf das Osterfest vor. In zwei Etappen: zuerst das katholische, dann das orthodoxe. An Feiertagen ist unsere Zone reich wie keine andere Familie – zweimal Weihnachten, zweimal Ostern. So gehört sich das nun mal, wenn elf Menschen sechs Nationalitäten und vier Religionen verkörpern.

Die Aufseherinnen haben uns zugetuschelt, daß für die Podust die letzten Tage im Lager angebrochen sind: Im Sommer wird sie nach Tambow versetzt. Aber ein wolkenloser Horizont ist für uns nicht denkbar, denn schon heißt es: «Baraz, Abrutene, Wladimirowa, Matussewitsch, Rudenko – zum Transport!»

Nicht in den SCHISO, zur «Umerziehung» ins KGB-Gefängnis nach Saransk soll es gehen, sagen sie. Diesmal glauben wir ihnen, weil die Wladimirowa auf der Liste steht: Sie kommt auf keinen Fall in den SCHISO. Und obwohl Saransk auch kein Geschenk ist, verabschieden wir sie ohne einen Stein auf dem Herzen. Natascha wird ins Krankenhaus eingeliefert. In der Zone wird es still. Gewissenhaft befolgen wir Rajas detaillierte Anweisungen für die Pflege unserer Grünzeugplantage und beschäftigen uns mit Njurka, die drei Junge hat. Eine Freude ist das! Von den Aufseherinnen liegen schon Bestellungen vor: für ein Katerchen, für ein Kätzchen. Vorerst aber ist Njurka noch dabei, ihnen beizubringen, wie man Jagd auf gewisse geschwänzte graue Lebewesen macht. Sie besitzt umwerfende pädagogische Fähigkeiten. Eigenartig, bei allen Repressalien, die auf unsere Häupter niedergingen, blieb Njurka so gut wie ungeschoren. Die Podust maulte zwar ein paarmal, die Katze sei nicht zulässig, aber ernsthaft dagegen einzuschreiten, entschloß sich niemand. Wie sollte die Konfiszierung einer Katze auch praktisch vonstatten gehen? Vor unseren Bewachern nimmt sich unsere Njurka in acht: Hat die eine oder andere unserer Aufseherinnen auch das Privileg, sie zu streicheln, so gelingt es von den Offizieren niemandem, sich ihr zu nähern. Kaum hört Njurka Stiefelgepolter im Korridor, ist sie weg wie der Wind. Im Unterschied zu uns ignoriert sie die verbotene Zone: Fang sie mal einer! Und wir würden auch ein solches Trara machen, daß unser kluges Kätzchen über alle Berge wäre, ehe die Verwaltung durchblickte. Was also sollen sie tun? Mit Pistolen auf sie schießen? In der Zone hieße das, auf uns feuern, und außerhalb der Zone sind so eine Menge Zäune, daß keiner ein Kätzchen verfolgen könnte. Wie dem auch sei, sie rührten Njurka nicht an, und, ihre Jungen leckend, lebt sie herrlich und in Freuden.

Eines schönen Maimorgens ging ich mit dem Schlauch unsere Beete gießen, während die anderen im Häuschen blieben. Der Lautsprecher in der Nachbarzone schwieg, und es war friedlich und still. Plötzlich schwang sich geschickt ein Mann in Schwarz über unseren Zaun und kam auf mich zu. Kleidung, kurzgeschorenes Haar, vor allem der Blick sagten mir: ein Gefangener.

«Tag. Ich heiße Wassja.»

«Tag, Wassja. Wo kommst du her?»

«Zone eins (er deutete mit dem Kinn in Richtung Zaun). Von den Tbc-Kranken. Und wie heißt du?»

«Ira.»

«Hör zu, Ira, ich hab dem Posten dreihundert gegeben, damit er für ein, zwei Stunden mein Verschwinden übersieht. Hatte Sehnsucht nach 'ner Frau. Wie wär's mit uns?»

Wassjas Vorschlag hatte durchaus nichts Ungewöhnliches. Die Krankenzonen der Männer und Frauen lagen gleich nebenan: nur zwei Zäune und einen Stacheldrahtverhau weiter. Geld besaßen die Kriminellen auch, und die Wachen nahmen gern Schmiergeld, den Frauen zur Freude: Auch sie hatten Sehnsucht, und obendrein bot sich die Chance, schwanger zu werden. Aber dieser Wassja war offensichtlich ein Neuer und hatte sich versehentlich zu uns verirrt. Ich erklärte ihm, hier sei nicht das Krankenrevier, sondern die Politzone.

«Oho, hab schon davon gehört, aber nicht gewußt, daß das hier ist. Bist also 'ne Politische?»

«Bin ich, Wassja, bin ich. Siehst du dort den Zaun? Dahinter ist noch einer, dann kommt der Stacheldraht, dann das Krankenrevier. Dorthin mußt du. Beeil dich, verlierst bloß Zeit!»

«Hör zu, ich pfeife auf das Revier! Mach du's mit mir, hm? Netter Schuppen, den ihr da habt. Genau richtig!»

«Wassja, Lieber, ich bin verheiratet.»

«Na und?»

«Das heißt, ich habe nicht vor, den Mann zu wechseln.»

«Ach ja?! Und wie lange mußt du sitzen?»

«Sieben Jahre plus fünf Jahre Verbannung.»

«Mein lieber Mann! Bist gläubig, stimmt's?»

«Stimmt.»

Diese Erklärung wirkt stets einwandfrei, weil sie einleuchtend ist. Alle meine anderen Motive würde Wassja nicht verstehen.

«Und warum sitzt du?»

«Wegen meiner Gedichte.»

«Du machst selber welche?»

«Ja.»

«Schwindelst, hm?! Sag eins auf.»

«Wassja, bei deinem Polizisten tickt die Uhr, während wir hier in höheren Sphären schweben.»

«Die können mich mal. Hab mein Lebtag noch keine Politischen gesehen. Seid ihr viele hier?»

«Im Augenblick fünf, ansonsten elf.»

«Und wofür sitzen die anderen?»

«Eine wegen ihres Glaubens, eine andere wegen ihrer Tätigkeit in der Menschenrechtsbewegung, und eine, weil sie emigrieren will.»

«Und wie ergeht's euch so?»

«Sitzen hauptsächlich im SCHISO.»

«Aha! Und weswegen? Prügelt euch, wie?»

«Wir streiken manchmal. Und tragen die Erkennungsmarken nicht. Meistens aber veranstaltet das KGB Übungen mit uns.»

«Eure eigenen Leute laßt ihr nicht hochgehen, was?»

«Genau.»

«Ist auch richtig so. Wer seine Kumpels verpfeift, ist ein Schwein. Also, wie wär's mit einem Gedicht?»

«Mir tut's um deine dreihundert Rubel leid, Wassja. Verzieh dich ins Krankenhaus, und wenn noch Zeit bleibt, komm wieder, dann reden wir weiter.»

«Willst du nicht wen von deinen Leuten rausrufen? Oder sind hier alle gläubig?»

«Das nicht, Wassja, aber aus deinem Abenteuer wird hier trotzdem nichts. Das kannst du mir glauben.»

Es ist nicht meine Argumentation, eher mein Lächeln, das ihn überzeugt, daß hier nichts läuft.

«Alles klar. Aber ich komme wieder. Bei euch spitzelt doch keiner, oder?»

«Doch, eine. Aber die ist zur Zeit nicht hier. Von den anderen hast du nichts zu befürchten. Aber wenn dich die Wache in unserer Zone erwischt, bist du dran. Hier hat das KGB das Sagen, du riskierst also einiges.»

«Mich schnappen sie nie.»

«Und wieso sitzt du dann?»

Wir müssen beide lachen, und er macht sich über den Zaun davon. Im Haus sage ich natürlich keinen Ton über Wassja: Der Lauscher schläft nie. Was mag er sein, dieser Wassja? Ein Dieb? Ein Betrüger? Ein Mörder? Egal, er sehnte sich nach einem menschlichen Gespräch. Ich setze mich an die Maschine und nähe. Mit Dichten wird heute nichts, und ich rattere meine Fäustlinge im Leerlauf herunter. Pani Jadwiga ist damit beschäftigt, eine alte Kanne auszubessern, die wieder mal läuft. Die Kunst des Ausbesserns rührt noch von unseren «Großmüttern» her: Lötmaterial hatten sie nicht, daher kamen sie auf die Idee, die Löcher mit Zwirn zuzustopfen. Ein paarmal mit Nadel und

Faden hin und her, bis sie kaum noch durchgeht und die Flachzange zum Ziehen benutzt werden muß. Wenn dann absolut nichts mehr durchgeht, die Fäden von beiden Seiten abschneiden und fertig. Vom Wasser blähen sich die Fäden auf und lassen keinen Tropfen mehr durch. Wir haben einige derartig gestopfte Töpfe und können sogar Wasser darin abkochen. Etwa eine Stunde gehen wir unseren friedlichen Beschäftigungen nach, dann kommt Pani Lida in die Werkstatt, macht mir ein Zeichen, und wir gehen nach draußen. «Da fragt irgendein junger Mann nach Ihnen, Irina. Er ist dort, hinter dem Holzschober.»

Pani Lida ist nach echter Gefangenenart die Ruhe selbst, nur in ihren Augen sprühen fröhliche Fünkchen.

«Unterhaltet euch, ich passe inzwischen auf, daß ihr nicht von den Aufseherinnen überrascht werdet.»

Sie geht zum Weg, ich zu Wassja.

«Na, bist du klargekommen? Alles in Ordnung?»

«Von wegen! Hundsgemein sind diese Krankenhausweiber: Während ich mit einer zusammen war, haben mich zwei andere aus Neid bei der Wache verpfiffen. Die blöden Gänse, die: Wären ja später auch drangekommen. Aber so konnte ich mich gerade noch aus dem Staub machen. Darfst dich eben mit so billigen Flittchen nicht abgeben. Weiber bringen immer Unglück, besonders Kriminelle. Ihr seid anders, sagst du?»

Ich erzähle ihm von uns. Mit der gebotenen Vorsicht natürlich, und schon gar keine Geheimnisse. Ich bin mir nicht sicher, ob er nicht selber ein Verräter ist. Er lauscht mit offenem Mund und fragt sicherheitshalber nach: «Ihr spuckt also auf das KGB?»

«Nun, das nicht gerade, aber wir ignorieren sie.»

«Hör zu, Ira, ich hab nur sieben Klassen Volksschule, drück dich einfacher aus.»

«Na gut, wir spucken auf sie.»

Herzhaftes Lachen. Dann trage ich Verse vor, habe es schließlich versprochen.

«Schreib sie mir auf. Bei uns klimpert einer auf der Gitarre.»

«So, ihr habt eine Gitarre?»

«Hier nicht mehr. Vor kurzem haben die Jungs den Regimechef mit 'ner Gitarrenseite erwürgt. Wer's genau war, wissen sie nicht, aber die Gitarre haben sie einkassiert. Hier bleib ich ja nicht lange, ich hab Tbc und werde zweimal im Jahr hierher ins Krankenhaus verfrachtet. Aber in unserer Zone haben wir zwei Gitarren, die Kulturgruppe hat sie bekommen.»

«Gut, ich schreibe sie auf, aber wie willst du sie abholen?»

«Das Rüberklettern lasse ich jetzt ein paar Tage. Aber morgen kommt jemand, Mücke heißt er, der wird euch die Umzäunung wieder straffziehen. Steck ihm den Zettel zu, aber vorsichtig.»

«Hast du auch einen Spitznamen?»

«Schnabel.»

«Warum Schnabel?»

«Siehst du die Narbe auf meiner Nase? Mußte mit sechs Stichen genäht werden. Das Nasenbein war auch gebrochen. Hatte mit einem Freier[10] Zoff.»

Wassja ist also ein professioneller Dieb, schon im Kinderheim fing es an: «Bin aus Armut zur Bestie geworden.»

Dann das Übliche: Lager für minderjährige Verbrecher, dann die Lehre bei dem berühmtesten Kiewer Taschendieb, dann vier Jahre Klauerei und ein «schönes Leben».

«Nicht einmal haben sie mich auf frischer Tat geschnappt. Die Polypen machten schon Jagd auf mich, aber gefaßt haben sie mich nicht. Da haben sie mich einfach so eingebuchtet, die Schweine, obwohl ich gar nichts geklaut hatte. Ich war in einen Laden gegangen, hatte mich angestellt. Plötzlich umzingeln mich zwei Typen, und irgendeine Tante kreischt los, ich hätte ihr das Portemonnaie aus der Manteltasche geklaut. Die Alte war natürlich eine von denen, genau wie die Zeugen. Sie haben mich verknackt, klar. War ja alles schon vorbereitet. So machen sie es gern.»

«Und wenn dein Leben nun normal verlaufen wäre – hättest du auch gestohlen?»

«Weiß nicht. Als Junge wollte ich zu den Matrosen. Aber jetzt stecke ich drin und werde wohl nie mit dem Klauen aufhören.

Aber die Alte, wenn ich die treffe, die mach ich kalt. Versuch nicht, mich umzuerziehen, Irischka. Diese Agitationsmasche vom ehrlichen Leben hab ich gefressen. Das ehrliche Leben gibt's doch gar nicht! Wer ist denn schon ehrlich? Klauen tun alle, guck dich doch um. Bei uns im Kinderheim der Direktor und der Wirtschaftsleiter, die haben auch gestohlen, was uns gehörte. Und im Lager tut's ebenfalls jeder. Oder sind die Polypen vielleicht ehrlich, die Schmiergeld von mir nehmen? Oder der Richter und der Staatsanwalt? Die haben einfach die Macht, und wenn ich ein Ding drehe, dann stehe ich allein gegen alle. Nicht schlecht, wie?»

«Das ehrliche Leben gibt es, Wassja. Es ist bloß noch schwerer als deines.»

«Für solche wie ihr es seid, wie? Meine Verehrung, ihr Süßen, ich ziehe meinen Hut vor euch. Bloß sehe ich nicht, welchen Sinn eure Träumereien haben. Denkt ihr wirklich, daß ein ganzes Volk in Gerechtigkeit leben kann?»

«Eines Tages bestimmt.»

«Na ja, vielleicht in tausend Jahren oder so, wenn überhaupt. Aber wir leben heute. Du hast doch bestimmt noch nie einen Pelzmantel besessen, stimmt's?»

«Stimmt. Nicht mal einen Wintermantel.»

«He, Irischa, wir hätten uns in der Freiheit treffen sollen! Ich hätte dir alles besorgt, aber du hättest es nicht angenommen, hab ich recht?»

«Hast du, Wassja, Gestohlenes hätte ich nie und nimmer angenommen.»

«Lieber Gott, solche Frauen gibt's wahrhaftig! Warum ist mir nicht eine davon über den Weg gelaufen? Die anderen sind so selbstsüchtig, hängen an dir, solange du bei Kasse bist: Kauf mir dies, kauf mir das. Was macht eigentlich dein Mann?»

«Er ist Ingenieur für Wärmephysik, aber sie haben ihn rausgeworfen, als das KGB uns in die Klauen nahm. Jetzt ist er Schlosser.»

«Wartet er auf dich?»

«Ja.»

«Sein Glück. Ich würde ihm die Fresse polieren, wenn er's nicht täte. Wenn du willst, Irischa, schreib ihm, ich hab Kumpels draußen, die besorgen den Brief. Keine Bange, Diebe sind keine Verräter, da herrschen bei uns strenge Sitten.»

«Ich werde es mir überlegen. Geh jetzt, Wassja, die Aufseherinnen werden uns gleich das Mittagessen bringen.»

«Darf ich dir die Hand küssen, Irischa? Hab's im Kino gesehen. Ach, was für zarte Fingerchen! Also, bis später.»

«Alles Gute.»

Zwei Wochen funktionierte unser Briefwechsel mit den Tbc-Kranken der Kriminellenzone. Auch Wassjas Mentor in Diebesangelegenheiten mit dem Spitznamen «der Witebsker» hatte sich eingeschaltet. Besonders berühmten Dieben, Autoritäten in ihrem Milieu, geben sie «adlige» Namen – nach ihren Städten. Auch den Witebsker interessierte diese merkwürdige, nur im Lager mögliche Berührung zweier Welten: unserer und ihrer. Unsere Briefe nahmen wahrhaft enzyklopädischen Charakter an – beide Seiten wollten soviel wie möglich voneinander erfahren. Wir lasen ihre Briefe immer gemeinsam, und Wassja wurde in unserer Zone nie anders genannt als «Iras Dieb». Selbstverständlich erzogen wir nicht an ihnen herum, wir versuchten, sie zu verstehen. Er sei Dieb aus Berufung, schrieb uns der Witebsker, und würde in jedem Land, in jeder Gesellschaft stehlen, sogar in Amerika (Amerika erschien ihm als Inbegriff von Wohlstand und Gerechtigkeit). Uns zollte er große Achtung, als er erfuhr, daß wir Forderungen des KGB und der Verwaltung, die wir als Verhöhnung empfinden, nicht erfüllen. Bei ihnen in den Kriminellenlagern gebe es den Begriff «Verweigerer», schrieb er. Das seien Gefangene, die sich zwar nicht weigerten zu arbeiten, Polizisten aber nicht für voll nahmen, nicht vor ihnen krochen und sich, auch auf die Gefahr hin, in den Karzer zu kommen, nicht von ihnen erniedrigen ließen. Zur Verdeutlichung zitierte er ein Beispiel: «Wenn ein Natschalnik absichtlich seinen Schlüsselbund fallen läßt und sagt: Heb's auf!, dann weigere ich mich, und wenn er mich in den SCHISO schickt. Manche katzbuckeln aber auch vor Vorgesetzten, die nennen wir Mucker.»

Wassja zog es mehr zur Lyrik und zur Selbstanalyse. Ihm sei nicht wohl in seiner Haut bei den grausamen Bräuchen der Kriminellen, schrieb er, und wenn einer totgeschlagen werde, beteilige er sich höchst ungern an solch einer Aktion, bei der viele einen einzelnen zu Tode prügelten. Aber er schlüge auch zu, weil das «Gesetz» es so verlange: Einen Verräter erwarte keine Gnade. Und letzten Endes beruhe ja die ganze Welt auf Grausamkeit. Jedesmal bat er mich wieder um Gedichte, und der Witebsker kommentierte spöttisch: «Sie haben meinen Schnabel völlig um den Verstand gebracht, er schläft nachts nicht mehr, murmelt andauernd irgendwas.»

Unser Briefwechsel fand ein abruptes Ende, als eines Tages ein Schwarm Aufseherinnen, angeführt von der Podust, Schalin und einigen anderen Offizieren, anmarschierte und uns eröffnet wurde: «Sie beziehen ab sofort ein neues Gebäude! Alles, was mitgenommen werden darf, wird genauestens kontrolliert!»

Jetzt begriffen wir auf einmal, warum sie uns in alle Winde verstreut hatten: Damit die Verlegung besser kontrolliert werden konnte! Schon seit langem versuchten sie herauszukriegen, wie wir den Informationsfluß aus dem Lager nach draußen organisiert hatten und hegten den Verdacht, daß wir Aufzeichnungen und einen Sender hier versteckt hielten. Nun bot sich eine Gelegenheit, unsere Sachen zu durchsuchen und die leere Zone auf den Kopf zu stellen.

Eine richtige Razzia war das. Alte Wattejacken flogen ins Feuer, die von den «Großmüttern» ererbten Filzstiefel nahmen sie weg, «überflüssige» Wäsche beschlagnahmten sie. Briefe und Aufzeichnungen mußten gesondert abgelegt werden.

«Die werden von der Operativabteilung geprüft und Ihnen zurückgegeben!»

Mit der uns eigenen Pedanterie verlangten wir die Aufstellung einer Liste der persönlichen Sachen, die uns weggenommen und ins Depot kommen sollten. Wir setzten auch durch, daß die

Sachen unserer abwesenden Kameradinnen in unserem Beisein kontrolliert und in einer Liste erfaßt wurden. Da sich die Durchsuchung bis zum Abend hinzog, war das Depot schon geschlossen, und so blieb unseren Administratoren nichts anderes übrig, als alle für das Depot beschlagnahmten Sachen sowie die zur Prüfung vorgesehenen Briefe und Bücher in einem kleinen Raum desselben Gebäudes unterzubringen, in das wir verlegt wurden, und die Tür zu versiegeln. Hinschleppen mußten die Sachen natürlich wir (unter Aufsicht, versteht sich). Dadurch gelang es uns jedoch, einiges zu retten: Die Geschicklichkeit von Häftlingshänden! In der Zone geblieben war ein Heft mit Gedichten von mir, eingewickelt in zwei Plastiktüten und an einer Stelle vergraben, wo sie mit Sicherheit nicht herumwühlen würden. Im August 1985, wieder an unserem früheren Platz, gruben wir es aus und freuten uns, daß es heil geblieben war.

Töpfe, Kochplatte und Teekessel hatten sie uns, wie überhaupt alles, was nur möglich war, weggenommen. Als sich in dem neuen Gebäude hinter uns das Tor schloß, sahen wir uns erst mal um. Ein Steinhaus, ein undurchsichtiger Zaun. Um das Haus herum ein schmaler Streifen Erde. Nichts außer Unkraut. Barfuß kannst du darauf nicht gehen – überall Glassplitter. Im Schlafraum – eiserne Doppelstockbetten: Er ist kleiner als unser früherer. Die wackligen Gestelle quietschen und schaukeln bei jeder Bewegung. Klar, zu zweit darin schlafen ist die reinste Qual. Eine Wasserleitung ist vorhanden und sogar eine Kanalisation, aber bloß nicht den Hahn anfassen – er steht unter Strom, ebenso der Wasserstrahl. In Baraschewo scheint man alles an Wasserleitungen zu erden. Falls sich ein Elektrokocher findet – bloß nicht mit dem Hahn in Berührung kommen lassen! Die Fensterscheiben sind teilweise zerschlagen. Und wir sind ausgeraubt. Auch das Werkzeug haben sie uns abgenommen, wir haben nichts, um diesen Laden in Ordnung zu bringen. Nicht mal einen Hammer. Daß wir froher Laune waren, kann man nicht sagen. Das Abendbrot schickten wir zurück: «Uns steht heißes Wasser und heißes Essen zu. Das Heißwassergerät haben Sie uns abgenommen, den

Teekessel und die Kochplatte ebenfalls – also sehen Sie jetzt zu, wie Sie uns ordnungsgemäß versorgen!»

Müde legten wir uns in die quietschenden Eisenkojen: Der Morgen ist klüger als der Abend.

In der verbotenen Zone patrouillierten die ganze Nacht Posten in der Annahme, wir würden in die alte Zone schleichen und die versteckten Sachen holen. Genau das taten wir schlauerweise nicht, zumal uns einige von den Aufseherinnen gewarnt hatten, und so wachten sie vergeblich.

## 35

GEGEN Morgen überkam mich eine solche sehnsuchtsvolle Traurigkeit, daß ich schon um fünf Uhr aufstand und am Zaun unserer freudlosen neuen Bleibe auf und ab ging. Bauschutt, Erdlöcher, Radspuren. Überreste einer steinernen Mauer... Hier sollten wir leben? Ja, auch hier würden wir es aushalten, Blumen und alles übrige ziehen, was wir brauchten – einen Teil unserer kostbaren Sämereien hatten wir, unter der Kleidung versteckt, herübergerettet. Aber materielle Verluste trafen mich damals noch immer empfindlich, mir tat es leid um unseren Brunnen, unsere Pappel, die Ebereschen und Birken, um alle unter großen Anstrengungen geschaffenen häuslichen Annehmlichkeiten der alten Zone. Mir war zumute wie nach einem Pogrom. Leichter wurde mir erst ums Herz, als ich Lagles fröhliche Stimme hinter mir vernahm: «Schon so früh auf? Schauen Sie nur, das interessante Relief dort, der Erdboden hinter der alten Mauer liegt mindestens anderthalb Meter höher. Wir könnten dort ein Treppchen anlegen und hier einen kleinen Weg. Steine und Schotter liegen ja genug herum.»

Und schon entwarfen wir Pläne – hier würde der Weg entlangführen, dieses Bodenstück dort würden wir bearbeiten und bepflanzen. Diese Grube eignete sich für einen Keller, und die umgestürzte Tonröhre könnten wir zu einem Kamin umfunktionieren. Tanja gesellte sich zu uns. Sie hatte herausgefunden, daß sich die Metallbetten in Einzelkojen auseinandernehmen ließen. Wir stürzten ins Haus, um uns sofort an die Arbeit zu machen. Natürlich würden nicht alle Kojen in einen Raum passen, aber das Nebenzimmer war ja leer. Richteten wir eben zwei Schlafräume ein, in Doppelstockbetten schlafen kam für uns jedenfalls nicht in Frage. Einen Hammer brauchte man, um die ineinandergesteckten Rohre herauszuschlagen. Wir fanden zwei verrostete abgeschnittene Stücke aus einem Wasserleitungsrohr, die für unsere Zwecke genügten. Natascha unterstützte uns bei der Arbeit, man hatte sie aus dem Krankenhaus entlassen, kaum daß wir umgezogen waren: Sie hatten sie ja nur eingeliefert, damit bei der Durchsuchung weniger Leute in der Zone waren. Es war eine unsägliche Plackerei, unsere beiden Panis durften nicht mithelfen: Sie sollten inzwischen Verschönerungsarbeiten in der Küche vornehmen.

Plötzlich kommt die Podust angerauscht: «Was machen Sie denn da? Wer hat Ihnen erlaubt, die Betten auseinanderzunehmen? Das verbiete ich Ihnen! Stellen Sie sofort den alten Zustand wieder her! Das ist ein Befehl! Ratuschinskaja, in einer Woche haben Sie Ihren langen Besuch – wollen Sie das aufs Spiel setzen?»

Wir zeigen keine Reaktion. Daraufhin verlangt sie von Pani Lida: «Doronina! Tragen Sie sofort die Koje zurück!»

Von einer neunundfünfzigjährigen Frau zu verlangen, was wir mit Mühe zu dritt schaffen, ist die reinste Idiotie, aber typisch für die Podust. Pani Lida, sonst die Sanftmut in Person, verliert die Fassung, und die Podust zieht ab wie ein begossener Pudel. Künftig wird nun auch Pani Lida die Podust ignorieren. Den ganzen Tag über kommen Regimeüberwacher angelaufen, Schalin und irgendwelche Offiziere, alle protestieren, geben Befehle, stoßen Drohungen aus, aber wir lassen uns nicht beirren und räumen weiter unsere Kojen um: fünf in den einen, sechs in den anderen Raum. Mehr paßt in die Zimmerchen nicht rein, mehr brauchen wir auch nicht. Schließlich gibt sich die Verwaltung geschlagen: Mit uns werden sie nicht fertig. Außerdem ist das Gesetz auf unserer Seite – nach ihm, dem «humansten in der Welt», stehen einem Gefangenen zwei Quadratmeter Wohnraum zu, und der Schlafraum, für uns alle elf vorgesehen, ist nur 18 Quadratmeter groß!

In der folgenden Nacht nehmen wir behutsam die zum Glück nur mit drei Nägeln befestigte Fensterscheibe des Zimmers heraus, in dem unsere konfiszierten Sachen lagern. Wozu die Tür versiegeln – bei so einem Fenster? Lagle steht draußen Schmiere, Tanja und ich klettern hinein. Ab und zu mit einem Streichholz leuchtend (und dank der mondhellen Nacht), finden wir schnell unsere kostbarsten Sachen und reichen sie Lagle hinaus: den Atlas (Landkarten sind nicht zugelassen, und wir hatten ihn die ganze Zeit versteckt gehalten), alle Briefe und Aufzeichnungen, die Bibel, die wichtigsten Kleidungsstücke. Wir denken auch an die Bündel der Abwesenden. Aber bescheiden müssen wir uns, damit es nicht auffällt, daß etwas fehlt. Ungefähr die Hälfte schleppen wir weg. Alles in der Zone zu verstecken, hat keinen Zweck, die Scheibe wieder einzusetzen auch nicht. In Erinnerung an die Geschichten von Sherlock Holmes hatten wir das Glas mit Fäustlingen angefaßt, um keine Fingerabdrücke zu hinterlassen. Das ganze Unternehmen belustigt uns, wir kichern: Talentierte Einbrecher geben wir ab! Tanja ist den ganzen Tag damit beschäftigt, mit bloßen Händen die auf dem Gelände herumliegenden Glasscherben einzusammeln. Lagle und ich sortieren Steine und zerbrochene Ziegel danach aus, ob sie für unseren Garten zu gebrauchen sind oder über den Zaun geworfen werden sollen. Natascha bastelt aus einem Stück Draht und zwei kleinen Metallplatten einen primitiven Tauchsieder: die Drahtenden kommen in die Steckdose, die Platten ins Wasser. Solange das Ding unter Strom steht, darf das Wassergefäß nicht angefaßt werden. Unsere zwei Panis richten die Küche ein – sie kratzen, putzen und schaffen Gemütlichkeit.

Und dann wird mir die Verfügung über die Streichung meiner Besuchserlaubnis gebracht – mit einer absolut idiotischen Begründung. Und obwohl ich innerlich schon darauf eingestellt war, daß sie mir den Besuch aus nichtigem Grunde streichen würden, passiert mit mir etwas ganz Merkwürdiges. Ich wünsche mir dieses Widersehen so sehr, ich habe es so bitter nötig, mich an Igors Schulter zu lehnen, schon so lange habe ich keine Nachricht von ihm (unser Briefverkehr ist seit Dezember gesperrt, und meine Geheimsendungen sind vorläufig noch einseitig), daß ich eine Erklärung an den Lagerkommandanten schreibe, in der ich den Versuch unternehme, die blödsinnige Begründung mit nicht minder blödsinnigen, an den Haaren herbeigezogenen Fakten zu widerlegen. Wieder Herr über meine Sinne (nicht ohne Beistand von Tanja und Lagle, die meinen Schritt selbstverständlich mißbilligen), begreife ich, daß ich mich zu Lügen habe hinreißen lassen. Und die Scham über diese Lüge – die erste in meinem Lagerleben – brennt jede Möglichkeit zu einer neuen Lüge aus. Ich hoffe, der brennende, beschämende Schmerz hält fürs ganze Leben vor. Dabei weiß ich, daß man dem Gegner gegenüber nicht lügen darf, damit auch er es sich nicht erlaubt. Ich weiß, daß wir uns gerade dadurch von ihnen unterscheiden, weil für uns moralische Verbote und das Gewissen existieren. Wo war mein Gewissen oder zumindest mein Verstand? Ich weiß nicht, ich muß von Sinnen gewesen sein. Es war der übermächtige Wunsch nach diesem Wiedersehen.

Nutzen brachte mir diese Dummheit – glücklicherweise – ohnehin nicht: Mein «Schrieb» blieb völlig unbeachtet. Sie teilten Igor einen anderen Grund mit – und damit hatte es sein Bewenden. Der andere Grund war nicht weniger idiotisch als der erste: Meine Wattejacke hatte auf dem Bett gelegen. Grund genug, einen Besuch zu streichen, der nur einmal im Jahr stattfinden durfte. Daß die Wattejacken aber erst eine halbe Stunde vorher gebracht worden waren, daß es in unserem Haus keinen einzigen Haken, ja nicht mal einen Nagel gab, daß wir sie also nirgendwo sonst hinlegen konnten, als eben auf das Bett (was wir alle taten) – das war ein Umstand, der nicht zählte, ein Umstand ohne jede Beziehung zur Sache. Diesmal zeigte ich überhaupt keine Regung – meine Gefühle waren schon einmal mit mir durchgegangen. Meine Kameradinnen bedauerten mich, konnten mein Verhalten jedoch nicht verstehen, spürten nur, daß ich genug hatte. Wie es sich als Protest gegen die Streichung von Besuchserlaubnissen eingebürgert hatte, erklärte ich einen zehntägigen Hungerstreik. Schadenfroh wurde mir daraufhin mitgeteilt, es gebe eine neue, selbstverständlich geheime Direktive über Strafmaßnahmen wegen Hungerstreiks. Danach konnten sie einen Hungernden für die maximal erlaubte Zeit in den SCHISO werfen – fünfzehn Tage, ihm dann aber ohne Unterbrechung nach Belieben die Strafe tageweise verlängern. Um sich Umstände mit der Strafverlängerung zu ersparen, hatten sie mir in ein und derselben Verfügung nach dem SCHISO gleich zwei Monate PKT ausgeschrieben.

Die Unseren brachten mich bis zum Tor. Und während die Aufseherin auf der Wache den Sack mit meinen Habseligkeiten durchsuchte, stand auf einmal die Podust vor mir und sagte: «Ich reise morgen ab. Nehmen wir Abschied. Wir werden uns nicht wiedersehen – sollten wir nicht als Freunde voneinander scheiden?»

Und sie hatte die Stirn, mir die Hand hinzustrecken – Ehrenwort! Unter dem hämischen Grinsen der Aufseherinnen und der Begleitoffiziere hing ihre Hand in der Luft, dann trommelten die manikürten Finger auf den Tisch. Die Podust bekam von mir weder «seelische Ergüsse» noch Frechheiten zu hören, wobei sie letztere durchaus hätte erwarten können. Schweigend ging ich an ihr vorbei und warf meinen Sack auf den Wagen. Fahren wir!

Zwei Tage später bekam ich Gesellschaft: Tanja war in den Hungerstreik getreten, und zwar für die ganze Zeit, die ich im SCHISO zubringen sollte, und hatte dieselbe Strafe bekommen: fünfzehn Tage und zwei Monate. Sie hatte eine orangefarbene Blume für mich durchgeschmuggelt – ein Gruß für mich von den anderen. Wo in dieser Wüste sie diese Blume aufgetrieben hatten, ist mir bis heute ein Rätsel. Sie erwies sich als ebenso zählebig wie wir Häftlinge und stand lange in einem Aluminiumbecher. Manchmal sprachen wir mit ihr wie mit einem Kind.

Unser Glück war, daß wir Sommer hatten, Juni, und nicht mehr froren als sonst beim Hungern. Wir kamen von Kräften, klar, aber wir hatten auch Grund zur Freude: Endlich waren wir die Podust los! Ein zweites solches Exemplar würden sie wohl in ganz Mordwinien nicht finden. Sie hatte auch Tanja mit gefühlvollem Gerede belästigt, als sie sie in den Karzer brachte. Mit dem gleichen Mißerfolg, versteht sich. Wozu sie das nötig hatte, war mir schleierhaft. Auswüchse einer sadistisch veranlagten Psyche? Wie würde sie sich wohl verhalten, wenn sie uns zur Erschießung führte – ob sie versuchen würde, uns zum Abschied zu küssen? Ich weiß nicht. Aber die tollste Geschichte in diesem Zusammenhang erzählte uns Lagle, als wir wieder in der Zone waren.

Am Tag nach Tanjas Abfahrt war die Podust in der Zone aufgetaucht, hatte Lagle dasselbe Klagelied heruntergeleiert, man solle doch in Freundschaft voneinander scheiden und so weiter und so fort, und sie dann gefragt: «Was habe ich Ihnen persönlich eigentlich getan, daß Sie mich eine Ratte nennen?»

Lagle gab keine Antwort, wunderte sich nur im stillen: Sie hatte die Podust nie so genannt. Schimpfen war nicht ihre Art. Daher glaubte sie, die Podust sei endgültig übergeschnappt. Kurz darauf lösten die Aufseherinnen das Rätsel. Im Frühjahr zu ihrem Geburtstag hatte Lagle neben anderen Glückwünschen und Geschenken ein von mir verfaßtes parodistisches Märchen über Aschenbrödel bekommen. Angeregt davon, daß sie in der Geburtstagswoche gerade als unser Aschenbrödel fungierte, schrieb ich, die böse Hexe Sowdepija[11] habe Aschenbrödel aus ihrem heimatlichen Estland fortgeschleppt, weit, weit weg, und in ein Geflecht von Stacheldraht gesperrt. Das Märchen nahm aber ein gutes Ende. Ein schöner Prinz tauchte auf, ihr Mann Lembit, und führte sie zurück nach Estland. Aus lauter Freude verwandelte sich der «Kuckuck», der Transportzug, in eine Kutsche, die Begleitsoldaten wurden zu Lakaien, die Podust aber, die so gern die Gestalt eines Rappen angenommen hätte, verwandelte sich in eine Ratte.

Wir hatten damals unseren Spaß an diesem Märchen gehabt und es dann vergessen, weil immer neue Scherzlieder und Geschichten aufkamen. Lagle aber hatte es sich in ein Heft geschrieben, und dieses Heft war bei unserem Umzug von Zone zu Zone konfisziert worden. Alle anderen Aufzeichnungen darin waren in estnisch gemacht worden, nur dieses Märchen nicht, daher hatten unsere Offiziere es lesen können. Doch bevor es in die Hände des KGB gelangte, kursierte es in ganz Baraschewo, und unsere Wachmannschaft hatte tüchtig was zu lachen. Jemand hat es sich abgeschrieben, und da die Podust allgemein unbeliebt war, wurde der Scherz mit der Ratte populär. In der Annahme, Lagle habe das Märchen geschrieben, hatte die Podust sie angesprochen, um die Beziehungen zu klären. Wäre sie so gescheit gewesen einzusehen, daß sie das Spiel verloren hatte, hätten wir nie erfahren, daß unser Märchen ein so breites Publikum fand. Aber je kleinkarierter und dümmer ein Mensch ist, desto größer ist sein Hang, Beziehungen zu klären, dies wird geradezu zur Manie und geht offensichtlich auf das Gefühl permanenter Kränkung zurück.

Die Podust verschwand aus unserem Gesichtskreis, und an ihre Stelle traten gleich zwei neue Abteilungsleiter: Arapow und Trimaskin. Beide waren absolut harmlos, solange sie nicht in direktem Auftrag handelten. Arapow, ein junger Leutnant, wurde in Baraschewo einfach Vitka genannt, und sogar die Aufseherinnen standen mit ihm auf du und du. Er war der einzige von unseren Wärtern, der mit seinen Händen etwas zuwege brachte, nämlich Fernseher reparieren. Selbst unsere alte Ruine brachte er, wenn auch nur periodisch, zum Laufen. Er war ein geradliniger, offenherziger Bursche, der Lügen nicht mochte. Als er bei einer Durchsuchung Pani Jadwiga die Briefe ihrer Verwandten wegnahm und wir ihn fragten, ob er denn kein Gewissen habe, antwortete er ehrlich: «Das Gewissen wird vom Befehl geschluckt.»

Hauptmann Trimaskin gehörte zu den Menschen, die es niemals zum Major bringen: Selbst für den Dienst in der Wachmannschaft war er zu blöd. Er würde seinen Dienst hier bei uns bis zur Pension abreißen, und als er zum erstenmal bei uns erschien, erheiterte er uns, weil er sich die grauen Haare färbte. Wo hatte er nur dieses giftige Rot aufgetrieben?! Lügen kamen ihm leicht und natürlich über die Lippen wie der Gesang eines Vogels, es machte ihn nicht im geringsten verlegen, als wir ihn auf seine gefärbten Haare ansprachen. Er schien nicht einmal zu wissen, wie unschicklich das war. Anfangs versuchte er, Diskussionen über verschiedene Themen mit uns zu führen, im Rahmen der erzieherischen Arbeit sozusagen. Aber es war so leicht, ihn an die Wand zu spielen und bei Wissenslücken zu ertappen, daß wir bald Abstand davon nahmen; es hatte keinen sportlichen Reiz. Er war im Grunde so lächerlich und gutmütig, daß wir uns verboten, uns über ihn lustig zu machen oder ihn gar zu beleidigen. Wir erklärten ihn zum «Sohn des Regiments» und nahmen ihn unter unseren Schutz. Aus unseren Erklärungen an die Staatsanwaltschaft bemühten wir uns, ihn herauszuhalten; er tat uns leid.

Bereichschef (für die Politzonen der Männer und Frauen) war unser Schalin geworden. An sich ein gutmütiger Mensch, da er aber Wert auf seine Karriere als Offizier legte, mußte er folglich aufs Ganze gehen, was er auch tat: anfangs stark verlegen, dann allmählich vor unseren Augen an Sicherheit gewinnend. Manchmal ließ er jedoch durchaus mit sich reden, zeigte sich menschlich. So begriff er zum Beispiel, wie es um Natascha stand, und tat alles, um ihr den Karzer zu ersparen: Er wollte sich keine Schuld auf die Seele laden. Selbst dann nicht, als Nataschas Nerven versagten (aufgrund von Krankheit und allgemeiner Zerrüttung), und sie sich provokant verhielt. Im großen und ganzen war er nicht die schlechteste Variante eines Lageroffiziers, es kam kaum zu persönlichen Konflikten mit ihm. Intrigantentum und kleinliche Alltagsschikanen verachtete dieses Dreigestirn ganz offen, derlei überließ es dem KGB. Es sei denn, sie mußten Durchsuchungen vornehmen, dann plünderten sie immer aufs neue guten Gewissens unser Hab und Gut: Etwas mußten sie ja wegnehmen – für den Bericht an die Verwaltung. Gelogen aber haben sie nur auf Befehl.

Unsere zweieinhalb Monate saßen Tanja und ich diesmal in Zone 2 ab. Sehr bald stellte sich heraus, daß sich zwischen unserer und der Nachbarzelle ein fingerdicker Riß in der Mauer hinter den Pritschen befand, der eine zusätzliche Möglichkeit bot, Kontakt mit den anderen Gefangenen aufzunehmen. Unsere Nachbarinnen brachten sofort den schriftlichen Verkehr mit uns in Gang, noch während wir unter SCHISO-Regime standen. Sie rollten Papierblätter (ihnen war Papier erlaubt, sie hatten PKT) zu dünnen Rollen zusammen, steckten eine Rolle in die andere und dahinein wiederum einen Kugelschreiber nebst Briefchen. So kommunizierten wir durch die halbmeterdicke Wand, und an dem Tag, an dem unser Hungerstreik zu Ende war, stopften sie uns einige mit Zucker gefüllte Röllchen durch. Da Zucker im PKT nicht an alle ausgeteilt wurde, sondern nur an jene, die tags zuvor die Norm erfüllt hatten (eine fast unmögliche Sache), und auch nur je 10 Gramm, in der Praxis eher nur halb soviel, hatten die Zelleninsassen mindestens eine Woche lang allen Zucker für uns gesammelt. Als wir dann auf PKT übergingen und das Recht auf unsere eigenen Kleider, auf Schreibzeug und Machorka hatten, schoben wir ihnen als Gegenleistung unseren Tabak rüber. Wir selbst rauchten nicht, wußten aber um den ewigen Mangel an Tabakwaren und hatten immer ein paar Päckchen für solche Fälle dabei.

Wichtiger als materielle Dinge war jedoch für beide Seiten der Austausch von Informationen. Sie zeigten für alles ihnen Unbekannte Interesse. Nach Lektüre meiner Gedichte überschütteten sie mich förmlich mit Fragen: Wer ist Odysseus? Was ist die kainozoische Ära? Was ist der Gethsemane-Garten? Beim Schreiben meiner ausführlichen Kommentare kam ich ganz schön ins Schwitzen, und als wir dann zu den Gedichten von Tjutschew, Puschkin, Brodsky, Samoilow, kurzum zu allem, was ich auswendig kannte, kamen, verfaßten Tanja und ich ein regelrechtes enzyklopädisches Wörterbuch. Eine nicht weniger umfangreiche Arbeit war es, ihnen zu erklären, was Gesetzlichkeit und Menschenrechte sind. Aber mit welcher Begierde sie immer neue und neue Fragen stellten!

Wir unsererseits erfuhren sehr vieles über die Kriminellenlager. In der «Zwei» befanden sich Mütter mit Kindern. Stillende Mütter mit SCHISO und PKT zu bestrafen, war gesetzlich verboten. Was war zu tun, wenn sie es dennoch vorhatten? Sehr einfach: Sie befahlen dem Arzt zu bescheinigen, daß die Mutter keine Milch hatte, was ihm das Recht gab, sie des Stillens zu entheben. Daraufhin konnten auch diese Frauen in den SCHISO gesperrt werden. Aus ihren Brüsten floß die Milch, sie bekamen Drüsenentzündungen, und ihre Kinder weinten im DMR (Haus für Mutter und Kind) nach ihnen. Jedes achte Kind starb, und wenn Epidemien grassierten, stieg die Zahl. Die Kinder wuchsen so gut wie ohne Mutter auf: Nichts ist einfacher, als einer Gefangenen das Recht zu nehmen, ihr Kind zu sehen. So schlecht, wie sie sie ernährten, so schlecht betreuten sie sie auch medizinisch, und so schlecht erzogen sie sie – die Mütter hatten kein Mitspracherecht und keine Kontrolle. Zweijährige konnten kaum ein paar Worte sprechen, mitunter nicht mal das. Julja, eine unserer Zellennachbarinnen, steckte uns eine Photographie von ihrem Töchterchen durch den Spalt: «Ist sie nicht süß? Man glaubt gar nicht, daß sie ein Gefangenenkind ist, nicht wahr? Bald schaffen sie sie ins Kinderheim: Kinder über zwei Jahre dürfen hier nicht bleiben. Und ich habe noch drei Monate PKT. Ob sie sie mir noch mal geben – ein Küßchen schenken? Na, habt ihr sie euch angesehen, meine Maschenka? Schickt das Photo zurück, ich habe nur das eine.»

# 36

Sommer – Zeit der obligatorischen Darmerkrankungen im Kriminellenlager. Auch wir und die übrigen blieben nicht verschont. Unter SCHISO- und PKT-Bedingungen war keiner davor gefeit: Du bereitest das Essen nicht selber zu, du spülst nicht selber das Geschirr, du kannst dich vor Fliegen nicht retten. Wasser ist knapp: Nicht jedesmal wäschst du dir die Hände. Morgens gibt's einen Teekessel voll – sieh zu, wie du damit auskommst. Immerhin, um uns Politische sorgten sie sich. Wir hatten die Pritschen den ganzen Tag über, bekamen sogar Bettzeug und Medikamente. Die Tabletten verabreichten sie uns morgens zusammen mit der Ration. Mit den Spritzen aber gab es ein herrliches Theater: Die Krankenschwester konnte nicht in die Zelle, das Türgitter durfte nur im Beisein des DPNK geöffnet werden, und der kam natürlich nicht extra deswegen. Und so schloß die Aufseherin lediglich die Außentür auf, und die Schwester mußte uns die Spritze durch das Gitter setzen: Spott und Gelächter! Der Korridor war ziemlich dunkel, und die Ärmste mußte so gut wie blind hantieren. Trotzdem waren wir besser dran als die Mädchen im SCHISO. Die wurden nicht verhätschelt und lagen auf dem kahlen Boden. Gerüchten zufolge sollte die Kindersterblichkeit im DMR so hoch sein wie nie zuvor. Über die Todesfälle kursierten verschiedene Zahlen, aber es waren mehr als sechzig.

Dann ging die Nachricht um, daß man Mütter, die zum zweitenmal saßen, ohne ihre Kinder in Zone 14 verlegte. Um alles mit weniger Lärm und Geschrei abzuwickeln, hatte man überraschend gehandelt und den Frauen nicht erlaubt, sich von ihren Kindern zu verabschieden. Zwei Kolonnen waren schon unterwegs, die dritte sollte bald folgen. Die jetzt im SCHISO und PKT saßen, freuten sich: Von hier aus würde man sie nicht verlegen, und ehe sie rauskamen, war die Kampagne vorbei. Es gab auch andere Frauen, denen es gleichgültig war, ob man sie von ihren Kindern trennte. Liska aus Zelle fünf bestand regelrecht darauf, unverzüglich in die «Vierzehn» gebracht zu werden. Ihr Kind war ihr egal, aber dort im Lager saßen zwei alte Freundinnen von ihr. Und dieselben Lagerwärter, die Mütter unbarmherzig von ihren Kindern wegrissen, fanden dies nun empörend und machten Liska wegen fehlender Muttergefühle Vorwürfe.

Unsere Zellennachbarin Julja hatte neue Probleme. In letzter Zeit interessierte sich der Operativnik Utschaikin für sie. Er ließ sie zu sich kommen, führte Gespräche mit ihr, bewirtete sie mit Tee. Ganz ungeniert machte er ihr klar, daß er sie als Informantin anwerben wollte. Da Tee allein kein sehr vielversprechendes Argument ist, fuhr er schwereres Geschütz auf: den berüchtigten Paragraphen 188-3. Julja saß im PKT, in fünf Monaten hätte sie ihre Strafe abgesessen. Sobald sie aus dem PKT rauskam, war es ein leichtes, ihr neue Verstöße gegen das Regime anzuhängen und ihre Haftzeit aufgrund dessen um ein paar Jahre zu verlängern. Alles war fein ausgetüftelt: Julja hatte einen jungen Mann aus dem Heil- und Arbeitslager für Alkoholiker kennengelernt, das gleich neben der «Zwei» lag. Sie trafen sich, verliebten sich, Julja bekam ihre Maschenka, und nun hoffte sie, bald frei zu sein. Ihr Shenka, der einen Monat früher draußen sein würde, hatte ihr geschworen, auf sie zu warten, das Kind aus dem Kinderheim zu holen und die Hochzeit vorzubereiten. All diese erfreulichen Aussichten waren durch Utschaikins Ansinnen nun gefährdet. «Eine Alternative gibt es nicht!» hatte er gedroht – ein Gorbatschow-Zitat, das er liebte.

Zu Spitzeldiensten war Julja aber nicht fähig. Sie brach bei Utschaikin in Tränen aus und weinte auch in der Zelle. Wir trösteten sie, so gut wir konnten – aber war Trost hier überhaupt möglich? Eventuell im Hinblick auf die schwache Chance, daß sie nicht alle, die sie anzuwerben versuchten, im Falle des Mißerfolgs verfolgten. Ihnen standen ja genug Freiwillige zur Verfügung. Utschaikin aber schien einfach Spaß daran zu finden, Julja zu quälen. Die weinende junge Frau, die bereit war, sich vor ihm auf die Knie zu werfen, befriedigte gewisse Ambitionen von ihm. Julja litt nach solchen «Gesprächen» an Herzbeschwerden, Medikamente aber verweigerte man ihr strikt. Wir schickten ihr durch den Spalt ein Röhrchen Validoltabletten rüber, die wir vorher halbierten (wegen der Kompaktheit). Uns gab man zur Zeit Arzneimittel, und in diesem Fall hatten wir keine Skrupel, unser Privileg zu nutzen.

Wie die Geschichte mit Julja ausging, weiß ich nicht. Als wir den PKT verließen, hatte sie noch über einen Monat vor sich. Bleibt nur zu hoffen, daß sie standhaft geblieben ist und alles ein glückliches Ende für sie nahm. Aber die Realität ist eine grausame Sache.

Im zweiten Monat unseres Aufenthalts in Zone 2 hegte das KGB nicht ohne Grund den Verdacht, daß uns die Kriminellen beim illegalen Briefverkehr unterstützten. Hinzu kam, daß eine Aufseherin in der Nachbarzelle ein Schreibheft mit Gedichten von mir entdeckte. Durchs Guckloch konnte sie zwar nicht erkennen, was da geschrieben stand, aber die Mädchen lasen in dem Moment gerade ein paar Zeilen laut daraus vor. Sofort öffnete sie die Durchreicheklappe und verlangte das Heft. Die Mädchen weigerten sich, es herauszugeben. Allein würde sie die Zelle nicht betreten, das wußten sie, und während sie den DPNK holen lief, verbrannten sie das Heft, um mich nicht zu verraten. Als zehn Minuten später ihre Zelle durchsucht wurde, logen sie, ohne zu stottern, sie hätten sich Liebesgedichte aus einem Bibliotheksbuch in das Heft geschrieben, es aber aus lauter Angst verbrannt. Die Aufseherin hätte sie erschreckt: Ausgerechnet das Heft mit den Liebesgedichten hätte sie haben wollen, da hätten sie angenommen, Gedichte über die Liebe seien im Lager nicht erlaubt – oder? Jetzt täte es ihnen ja leid, es sei eine Schreckreaktion gewesen, für die sie sich entschuldigten. Utschaikin knirschte vor Wut mit den Zähnen, unternahm aber nicht den Versuch, sich mit uns ins Benehmen zu setzen. Er nahm eine Razzia in allen Zellen vor. Von Panik ergriffen, warfen die Mädchen von Zelle 4 einen Liebesbrief in die Latrine, den jemand aus dem SCHISO geschrieben hatte. Utschaikin, der das durchs Guckloch bemerkte, ließ die Latrine samt Inhalt konfiszieren. Wir starben vor Lachen bei der Vorstellung, wie er die durchgeweichten Papierschnipsel aus der stinkenden Brühe fischte und sie dem KGB übergab, wo sie zusammengesetzt wurden und dann da zu lesen stand: «Ljussja, ich liebe Dich mehr als mein Leben. Schick Tabak rüber in die zweite ...» Der Leser wird sich wundern, daß wir viel und oft lachten – aber das war das einzige Mittel, das uns vorm Überschnappen bewahren konnte. Es passierte ja so vieles, worüber man den Verstand hätte verlieren können. In den Lagern gab es auch echte Verrückte, und Psychopathen traf man auf Schritt und Tritt. Diese armen Seelen waren am schlimmsten dran. Im Laufe von drei Jahren hatten wir alle SCHISO-Stammgäste kennengelernt, am häufigsten saß dort die Koreanerin Kim. Wir bekamen sie zwar nie zu Gesicht, hörten sie aber jedesmal, wenn sie da war. Kim war verrückt und neigte periodisch zu Gewalttätigkeit. Sie ertrug es nicht, wenn jemand sie ansah, aber im Lager bist du immer in jemandes Blickfeld. Traf sie ein Blick, stürzte sie sich auf den Betreffenden und schlug auf ihn ein und landete natürlich sofort wieder im SCHISO. Sie in den SCHISO zu stecken, war für die Verwaltung einfacher, als sie zu behandeln. Wenn Kim aus der Zone fortgebracht wurde, atmeten die anderen erleichtert auf: Mit einer Verrückten zusammenleben zu müssen, ist kein Zuckerlecken. Die im SCHISO aber heulten auf: Niemand wollte in einer Zelle mit ihr sitzen. Aber sie wurden nicht groß gefragt, Kim kam in die erstbeste Zelle, und nicht lange, da ging das Geschrei los: «Ich werde angeglotzt! Ich will raus hier! Holt mich raus, sonst kratze ich ihr die Augen aus!»

Die Aufseherin watschelte herbei, riegelte die Klappe auf: «Kusch, Kim, hier kommst du nicht weg. Und ihr, warum gafft ihr sie an, Mädchen? Sie ist plemplem, wißt ihr doch.»

«Keiner von uns guckt sie an, pure Einbildung von ihr! Holen Sie sie weg von uns, in der Acht sitzen sie nur zu sechst, und wir hier sind schon ohne sie sieben!»

Aus der Acht kommt sofort lauter Protest: «Diese geriebenen Biester! Behaltet sie gefälligst! Letztes Mal hat sie Manka mit dem Blechnapf einen Zahn ausgeschlagen!»

Es blieb alles, wie es war, und Kim zettelte die nächste Schlägerei an. Ruhige Perioden gab es auch bei ihr, dann hockte sie auf dem Boden und starrte stundenlang gegen die Wand. Zur Nachtruhe war es dann unmöglich, sie auf die Pritsche zu legen, man drang auch nicht weiter in sie, froh, daß sie wenigstens ein, zwei Tage friedlich war. Sooft wir im SCHISO saßen – an irgendeiner Zellentür stand Kims Name bestimmt. Nur einmal nicht, und das beunruhigte uns: «Was ist mit Kim, Mädchen? Ist was passiert?»

«Nein, nein, sie lebt, ist grade gestern in die Zone zurück.»

Drei Tage später brachten sie sie wieder. Heute noch höre ich manchmal im Traum dieses schauerliche Schreien, diese Stimme, die weder Geschlecht noch Alter verriet: «Ich werde angeglotzt, ich will hier raus!»

Tanja und ich, obwohl wir nach Hungerstreik, SCHISO und Ruhr kaum die Beine heben konnten, waren immer noch vergleichsweise besser dran. Wir waren nur zu zweit in der Zelle, aber in den anderen, für vier Menschen berechneten Käfterchen, saßen sie mitunter zu zehnt oder elft. Im PKT besuchte uns die Bibliothekarin der Lagerbücherei. In der Regel erschien sie mit einem Sack aufs Geratewohl ausgewählter Bücher und steckte für zehn Tage zwei, drei Exemplare in jede Zelle. Meistens waren es Liebes- oder Kriegsromane ohne Anfang und Ende: Die Mädchen rissen die Seiten heraus und verwendeten sie als Zigarettenpapier. Für uns Politische hatte sie ein Faible, daher nahm sie von uns sogar Bestellungen an. Da es keinen Katalog gab, stellten wir einfach eine Liste mit unseren Wunschautoren zusammen. Die russischen Klassiker des neunzehnten Jahrhunderts waren in der Bibliothek fast vollständig vorhanden, von ihnen brachte sie uns gleich zehn Bände auf einmal. Die Aufseherinnen hatten nichts dagegen: «Laß sie lesen, die Intelligenzbestien. Immer noch besser, als Beschwerden und Erklärungen schreiben.»

Wir lasen viel und dressierten Mäuse. Vor ihnen gab es sowieso keine Rettung, warum sich also nicht mit ihnen amüsieren. Ein einziges Mal in den zweieinhalb Monaten durften wir für zwei

Rubel etwas kaufen (Pralinen und Plätzchen, mehr war in dem Laden ohnehin nicht zu haben) – ein Festtag für unsere geschwänzten Freunde, die wir freigebig bewirteten: Sie konnten sich doch nicht immer nur von Gefangenenbrot ernähren. Ratten gab es im SCHISO zum Glück nicht – die fanden hier nichts zu fressen. Sie hausten in der Zone, in der Nähe der Küche.

Tanjas Gesellschaft war wohltuend. Unter Bedingungen, wo sich jeder kleine Charaktermangel zu einem ernsthaften Problem auswachsen kann, gab es mit ihr keine Schwierigkeiten. Wieviel Zeit wir insgesamt zusammen im Karzer verbracht haben, vermag ich nicht zu zählen. Wenn ich heute in ein neues Gesicht blicke, frage ich mich manchmal: Wie wohl, meine Liebe, würde es sein, wenn wir zusammen die Balanda löffeln, die Latrine rausschleppen und hungern müßten? Und wie wohl würdest du dich dem KGB gegenüber verhalten? Und meistens weiß ich sehr bald die Antwort darauf. So ist es nun mal: Erst in extremen Situationen lernst du einen Menschen richtig kennen. Gerecht oder ungerecht? Wer weiß das schon ...

In jenem Sommer vollendete ich meinen zweiten im Lager entstandenen Gedichtband, der wohlbehalten in Igors Hände gelangte. Der Titel des Bandes: «Außerhalb des Limits», des Korrespondenzlimits im PKT – ein Brief in zwei Monaten, obendrein noch durch die Zensur. Ferner schrieb ich zu Tanjas und meinem Vergnügen einen scherzhaften «Kulinarischen Leitfaden» – in unserer Lage ein höchst aktuelles Thema. «Die Autorin vorliegenden Werkes hat niemals einen regulären Haushalt geführt und somit auch niemals eine geziemende Menge Leute mit geziemenden Speisen versorgt. Ihre Bekanntschaft mit gehobener Eßkultur verdankt die Autorin hauptsächlich dem Medium der schöngeistigen Literatur. Gedankentiefe und Sensibilität beim Herangehen an das Thema schmackhafter und gesunder Nahrung kann daher bei der Autorin vorausgesetzt werden. Ihr Wissen auf diesem Gebiet ist phänomenal und umfassend ...» Im Anschluß folgte jede Menge ausgelassener Blödsinn – ein ganzes Schulheft voll.

Gleichzeitig durchliefen wir einen Kursus in Gefangenenkniffen: Wie ist eine Nachricht aus einer Zelle in eine andere zu übermitteln? Die Techniken waren phantastisch. In Gebrauch waren Papierröhrchen, Garnfäden, Schlüpfergummi, Seifenstückchen und so weiter. Der Leser wird mir verzeihen, wenn ich hier vorerst nicht ins Detail gehe. Ich verspreche es nachzuholen, sobald der letzte Karzer in meinem Land aufgelöst ist.

Unsere Zellennachbarinnen, die mit dem Leben im Heil- und Arbeitslager für Alkoholiker und im Kriminellenlager für Männer vertraut waren, erzählten uns haarsträubende Einzelheiten. Manche Geschichten hätte ich nicht geglaubt, wenn von der Bewachung freigestellte Häftlinge, sogenannte Freigänger, Igor bei seinen Besuchen in Mordwinien nicht dasselbe erzählt hätten. Besonders erschüttert hat mich die Schilderung,, auf welche Weise verbotener Alkohol in die Zone gebracht wird. Freigänger, kriminelle Häftlinge, die als besonders zuverlässig gelten, werden zur Arbeit außerhalb des Lagers abgestellt; zur Steigerung der vaterländischen landwirtschaftlichen Produktion, zum Holzhacken oder Geschirrspülen bei der Obrigkeit. Zum Schlafen kehren sie in die Zone zurück. Dabei bringen sie es manchmal fertig, bis zu drei Litern Spiritus durch die Kontrolle zu schmuggeln. Und zwar nach einer detailliert ausgearbeiteten Technologie. Verwendet wird dazu ein Präservativ, das hermetisch mit einem dünnen Kambrikschlauch verbunden wird. Dieser Apparat wird von dem Freigänger heruntergeschluckt und mit dem äußeren Zipfelchen zwischen den Zahnlücken befestigt: kaum ein Häftling hat noch alle zweiunddreißig Zähne im Mund. Durch den Kambrik werden dann mit Hilfe einer Injektionskanüle die drei Liter Sprit eingefüllt. Wenn die Verbindung zwischen Präservativ und Kambrik nicht einwandfrei sitzt oder das Präservativ plötzlich im Magen platzt, hat das den sicheren Tod des Häftlings zur Folge. Trotzdem riskieren sie es immer wieder: Schließlich ergeben drei Liter Spiritus sieben Liter Wodka. Sobald der Held wohlbehalten in der Zone angelangt ist, beginnen seine Freunde, die ihn schon ungeduldig erwartet haben, die

Prozedur des Auspumpens. Der Schmuggler wird in der Baracke mit den Beinen nach oben an einen Balken gehängt, dann ziehen sie das Ende vom Schlauch heraus und lassen alles in ein daruntergestelltes Gefäß laufen. Anschließend ziehen sie das leere Präservativ heraus, das nun ausgedient hat. Und dann kann das Gelage losgehen.

Manchmal schien mir, als hätte die normale menschliche Welt aufgehört zu existieren, als befände ich mich in einem großen Irrenhaus. Dann ergingen Tanja und ich uns in endlosen Streitgesprächen über das Phänomen Mensch und versuchten zu definieren, was das ist. Natürlich gelang uns das nicht, aber die Gespräche taten uns gut.

## 37

Bei unserer Rückkehr in die Zone, Ende August, erlebten wir eine angenehme Überraschung: Unser ehemals verhunztes Grundstück hatte sich in ein blühendes, duftendes Paradies verwandelt. Die noch mit uns begonnenen Wegebefestigungsarbeiten waren nach allen Regeln der Kunst abgeschlossen: 30 Zentimeter Schotteruntergrund, obendrauf Sand. Vermutlich die einzigen Wege im Lager, die sich bei Regen nicht in Morast verwandeln würden. Auch der Gartenkamin und der Keller waren fertig. Selbst der kompakte Zaun hatte sein Gutes: Man konnte sich jetzt hinter dem Haus sonnen, ohne gesehen zu werden. Jedes Häufchen Erde war aufgelockert, gedüngt und gegossen. Am Zaun entlang rankten sich Bohnen: Die Leute von der Wachmannschaft wußten nicht, was das ist, und rissen sie nicht ab. Verdeckt zwischen den Blumen wuchsen Schnittlauch und Dill. Auch der Klee stand gut, konnte schon für Salate verwendet werden. Das einzige, was uns jetzt noch fehlt, ist ein Swimming-pool, flachsten wir herum. Am stolzesten schienen die Aufseherinnen auf die Errungenschaften unserer Zone zu sein. Schon auf der Wache sangen sie Tanja und mir ein Loblied: Wir würden das Grundstück nicht wiedererkennen, meinten sie. Und nachdem sie uns durchs Tor gelassen hatten, liefen sie voraus, um sich nur ja nicht unseren Gesichtsausdruck entgehen zu lassen. Ich hoffe, sie sind zufrieden gewesen. Die schöpferischen Fähigkeiten der «Politdämchen» wurden für sie zur Legende und, so befürchte ich, zu einem Argument, um die Kriminellen herunterzuputzen: «Die in der Politzone halten alles in Schwung, aber ihr Nichtsnutze bringt gar nichts zuwege, bei euch laufen nur Ratten rum!»

Schalin und Co. waren anfangs um gute Beziehungen zur Zone bemüht, keine von uns bekam Einkaufsverbot, und unsere Panis gingen am selben Tag und zur selben Stunde zu ihrem langen Wiedersehen mit ihren Angehörigen. Da wir über eine üppige Blumenpracht verfügten, schnitten wir für jede einen großen Strauß. Auf Tanja und mich wartete ein unwahrscheinlicher Reichtum an Nahrungsmitteln: Unsere Kameradinnen hatten in den zweieinhalb Monaten alles zurückgelegt, was nur irgendwie haltbar war – für die ausgehungerten SCHISO-Häftlinge.

Es gab auch unangenehme Nachrichten: Pani Lidas «Nähladen» war dicht gemacht worden. Die Wladimirowa hatte den KGB-Leuten in Saransk ausgeplaudert, daß die Aufseherinnen sich bei ihr alle möglichen Kleinigkeiten nähen und ändern ließen. Als Beweis hatte sie von der Nähmaschine gestohlene Uniformstoffreste mit nach Saransk genommen. Weshalb hatte sie das getan? Nutzen brachte ihr das nicht im geringsten. Aber wer versteht schon, was in einer Denunziantin vorgeht? Die Aufseherinnen bekamen einen Verweis und wurden gewarnt, die Wladimirowa wegen ihrer Denunziation zu belangen. Verdrossen erzählten sie uns die Geschichte wieder, aber wir hatten ohnehin keine Illusionen hinsichtlich unseres «Vögelchens». Man hatte sie im KGB-Gefängnis unter Drogen gesetzt: Olja und Raja, die mit ihr zusammen in einer Zelle saßen, berichteten, sie habe sich, wenn sie von einer der üblichen «Besprechungen» kam, kaum noch auf den Beinen halten und ins Bett finden können – diffuser Blick, geweitete Pupillen ... Was sollte man mit ihr schon anfangen? Wir gaben ihr ein eigenes Beet, damit wir uns nicht in die Quere kamen, und versuchten, so weit wie möglich getrennt voneinander zu leben. Ihrer ständigen Bespitzelung entgingen wir weitgehend, indem wir sie durch Nachtarbeit zermürbten, ihren Anteil an den Streifbandsendungen gaben wir ihr nach wie vor. Sie belästigte uns wie eh und je, mal mit ihrem aufdringlichen Geschwätz, mal mit ihren hysterischen Anfällen. Schalin hörte sich unbewegt und kalt ihr zotiges Gefluche an und ihre ewigen Drohungen, uns «um die Ecke zu bringen», dachte aber nicht daran, dagegen einzuschreiten: Offensichtlich gehörte das alles zum Programm.

Mit unserer Rückkehr in die Zone wurden Razzien zu einer fast täglichen Erscheinung. Sie hoben den Fußboden an, krochen in die Kanalisation, wühlten in unseren Papieren. Nie fanden sie, wonach sie suchten, dennoch wurden die Durchsuchungen fortgesetzt, mit einer Beharrlichkeit, die eines besseren Ziels würdig gewesen wäre. Wir hatten indessen über alles, was in der Zone vor sich ging, Informationen nach draußen gegeben, unter anderem Kopien unserer Erklärungen und meine Gedichte. Und so mochten unsere armen Lagerwärter nicht nur an den angeblich vorhandenen Radiosender, sondern auch an Telepathie glauben. Den Rest gab ihnen unser Glückwunschschreiben an Präsident Reagan anläßlich seiner zweiten Wiederwahl. Unsere Logik war einfach: Wenn die sowjetische Regierung dem neugewählten Präsidenten im Namen des ganzen Volkes – somit wohl doch auch in unserem Namen – gratulierte, warum sollten wir dies dann nicht selbständig tun? Weshalb Tschernenko damit beauftragen? Nun, wir verfaßten einen diplomatischen, wohlwollenden Text, setzten unsere Unterschriften darunter, und schon zwei Tage nach seiner Wiederwahl war Reagan im Besitz des kleinen Fetzen Papiers. Die Tatsache, daß Tanja und ich, die Hauptverdächtigen in Sachen Briefwechsel mit der Außenwelt, im betreffenden Zeitraum im SCHISO saßen und die übrigen aus der Zone schon seit etwa drei Monaten keinen Besuch gehabt hatten, stellte das KGB vor ein unlösbares Rätsel. Da sie ihrem Ärger darüber uns gegenüber Luft machten, erfuhren wir überhaupt erst, daß unser Glückwunschschreiben angekommen war. Was für ein Spaß: KGB-Leute sicherten uns die Rückverbindung, indem sie uns gewissenhaft und empört von unseren Erfolgen berichteten. So teilten sie mir seinerzeit auch mit, daß meine Gedichte im Westen veröffentlicht wurden: «Reden Sie mit uns, Irina Borissowna, und wir zeigen Ihnen Ihre Büchlein...» Um diesen Preis ließ ich mich auf keinerlei Gespräche mit ihnen ein, schließlich kannte ich ja meine Gedichte. Doch besten Dank für die Information: eine Lappalie, aber angenehm.

Das Leben ging weiter, und solange die starken Herbstwinde noch nicht einsetzten, gab es keine besonderen Unannehmlichkeiten. Was kümmerte der Wind Menschen, die in einem neuen Gebäude lebten? Nun, hin und wieder zerstörte der Wind die elektrischen Leitungen, und dann gab es im Lager keinen Strom. Das bedeutete, wir hatten, bis alles repariert worden war, für längere Zeit kein Licht. Gleichzeitig fiel die Heizung aus, weil das heiße Wasser dafür von einem Elektromotor aus dem Krankenhaus zu uns herübergepumpt wurde. Was haben wir unserem alten Ofen in der früheren Zone nachgetrauert! Obwohl er eine auseinanderfallende Ruine war, hatte er noch immer seinen Zweck erfüllt. Hier befanden wir uns in totaler Abhängigkeit von den betriebswirtschaftlichen Fähigkeiten unserer Verwaltung, und die waren leider gleich Null. Selbst wenn Strom vorhanden war, wurde die Heizung nie richtig warm: wegen permanenten Kohlenmangels. In diesem Fall brachte uns Arapow ein elektrisches Heizgerät, und wir retteten uns vor dem endgültigen Erfrieren, indem wir es mal in den einen, mal in den anderen Schlafraum stellten.

Wir begannen mit der Herstellung von Kerzen in eigener Produktion: Galja hatte der Sanitätsabteilung Paraffin für heiße Kompressen zur Behandlung ihrer rheumakranken Gelenke abgeluchst. Wir drehten Dochte aus Zwirn, zogen sie durch die Plastikhülsen abgespulter Nähgarnrollen (ein Abfallprodukt unserer Nähwerkstatt) und füllten die Hülsen mit Paraffin auf. Beim Licht dieser Kerzen lasen wir, schrieben wir Briefe, bewegten wir uns durch die dunkle Zone.

«Wenigstens ein Vorteil, den meine Krankheit hat!» meinte Galja lachend.

Wenn ich soeben vom Fehlen besonderer Unannehmlichkeiten sprach, so ist für das übliche Leben unserer Zone dies bezeichnend: Monatelang hintereinander konfiszierte Briefe, die ständige Sorge um die Angehörigen und der sich Tag für Tag wiederholende Kraftakt, nicht in den grauen, endlosen Abgrund zu stürzen, der da heißt – Schwermut. Tanja erhielt während ihrer ganzen Haftzeit nur zwei Briefe von ihrem Mann, aus dem Permer Lager. Galja erhielt mehr Konfiszierungsschreiben als Briefe: «Dem Inhalt nach verdächtiger Brief», hieß es da lakonisch. Galja versuchte Einspruch zu erheben: Schließlich war der Brief ihres Mannes schon durch die Permer Lagerzensur gegangen. Hatte denn jeder Zensor andere Vorschriften? Vorschriften für die Zensur gab es überhaupt nicht: Allein das KGB entschied, ob ein Brief durchging oder nicht, und zur Angabe von Gründen uns gegenüber war es nicht verpflichtet. Du schreibst einen zwanzig Seiten langen Brief, und nach ein paar Tagen erhältst du die schriftliche Benachrichtigung: «Brief konfisziert aufgrund verdächtiger Formulierungen».

«Da sind keinerlei verdächtige Formulierungen drin!»

«Wir haben aber welche gefunden.»

«Zeigen Sie mir, welche Zeilen Ihnen nicht gefallen, ich streiche sie.»

«Die müssen Sie schon selber rausfinden.»

Aber im Grunde geht es nur darum, daß das KGB Psychoterror veranstaltet, und zu ihrem Plan gehört es, daß Igor jetzt von mir nicht einen einzigen Brief erhalten darf. Dann, nach einigen Monaten, wenn ihn die Ungewißheit schon völlig zermürbt hat, kommt es zu dem fälligen Gespräch: Man müsse etwas unternehmen, um mich zu retten. Er wisse doch selber, wie es um mich stünde und was ich für Chancen hätte, die sieben Jahre zu überstehen. Aber wenn er sich ihnen gegenüber zugänglich und offen zeige, ließe sich eventuell etwas für mich tun... Igor war offen: Er sagte ihnen ins Gesicht, was er von ihnen hielt. Doch in solchen Fällen spielten sie nicht die Gekränkten – sie hatten viel Zeit. Schlug er jetzt noch um sich, in einem Jahr würde er schon klein beigeben. Immerhin, so ein Briefwechsel ist nicht ohne gegenseitigen Einfluß, reduzieren wir ihn also auf ein Minimum. Jährlich 24 Briefe von der Ehefrau – das ist doch zu üppig!

Manchmal beschlagnahmten sie Briefe einfach auf Verdacht, und dann ließ sich der Zensor zu einer Erklärung herab. So hatte ich zum Beispiel Igor einmal wegen seines Vollbarts aufgezogen und boshaft-spitze Bemerkungen gemacht. Der arme Zensor dachte nun, es handele sich um Anspielungen auf den Bart des berühmten Klassikers des Marxismus-Leninismus! In seiner Erklärung hieß es: «Der Brief wurde konfisziert, weil Sie darin Karl Marx verspotten.»

Welch unfaßbare Gedankengänge eines Zensors: Daß außer ihren geschätzten Ideologen noch jemand einen Vollbart tragen könnte, ist für sie undenkbar. Das Mißverständnis ließ sich verhältnismäßig leicht aufklären. Ich legte ihr (unser Zensor war eine Frau) ein Photo von Igor vor, und sie schlug sich verblüfft gegen die Stirn: «Aber natürlich, Ihr Mann trägt einen Bart! Ich habe Ihnen dieses Photo ja selbst gebracht! Wie konnte ich das nur vergessen?!»

Daraufhin ging der Brief durch.

Die Häftlinge aus dem Baltikum hatten zusätzliche Schwierigkeiten. Sie hatten das Recht, in ihrer Muttersprache zu schreiben, was jedoch bedeutete, daß die KGBler diese Briefe nicht lesen konnten – wie sollten sie das verkraften, die Ärmsten?

«Schreiben Sie russisch!» verlangten sie von unseren Kameradinnen.

«Nach welchem Paragraphen bin ich verpflichtet, meinem Sohn in einer fremden Sprache zu schreiben?»

«Damit es der Zensor versteht!»

«Mein Brief ist nicht für den Zensor bestimmt. Beschaffen Sie sich einen Übersetzer.»

Sie drohten, nicht russisch geschriebene Briefe nicht durchzulassen. Aber da zeigte die ganze Zone die Krallen: Dies würde unweigerlich zu einem ernsten Konflikt führen. Entweder würden wir alle zusammen vom Briefwechsel Abstand nehmen oder wir würden streiken. Die Zensurbehörde machte einen Rückzieher. Jetzt schickten sie die Briefe zur Übersetzung, und erst dann zensierten sie sie. Das Ergebnis war, daß ein Brief Pani Jadwigas durchschnittlich drei Monate unterwegs war, einer hatte sogar über vier Monate gebraucht, ehe er zu Hause eintraf. Mit den Gesprächen bei den Besuchen war es dasselbe Theater: «Entweder Sie unterhalten sich auf russisch oder überhaupt nicht! Wir haben keine Dolmetscher.»

«Gut, dann schweige ich, russisch jedenfalls spreche ich nicht mit meinen Angehörigen», antwortete Pani Jadwiga. «Aber ich werde mich beschweren, daß Sie mir verbieten, in meiner Muttersprache zu sprechen, und aus Protest bei allen künftigen Treffen schweigen.»

Da dies einer politischen Demonstration gleichkam, die weite Resonanz in Litauen finden würde, winkten sie resignierend ab: «Reden Sie, wie Sie wollen!»

Aber Besuche waren eine so rare Sache, daß wir uns diesen Herbst und Winter gar keine Illusionen machten. Mir stand Anfang November ein Wiedersehen mit Igor zu, aber allen war klar, daß sie es mir streichen würden: Am 30. Oktober war der Tag der politischen Häftlinge, das bedeutete – Hungerstreik, und dies wiederum bedeutete, daß ich meinen Besuch gegen den SCHISO eintauschen würde. Genauso kam es auch. Ich war darüber nicht einmal besonders betrübt. Ich wußte vom letzten Mal sehr gut, wie gefährlich es war, sich unter Lagerbedingungen auf etwas ganz Bestimmtes zu versteifen, man verlor dann sehr leicht die Kontrolle über sich. Lagle formulierte ihren Standpunkt so: «Du mußt leben, als würde es überhaupt keine Besuchserlaubnisse geben. Sind sie so gnädig, dir einen Besuch zu gestatten – gut, wenn nicht, werden wir auch damit fertig. Am allerwenigsten hängt das von unserer guten Führung ab – wozu sich also deswegen abstrampeln?»

Eine völlig richtige Ansicht, sie wurde zur Philosophie der Zone. Jeder beliebigen Streichung begegneten wir mit Witzen und Scherzen. Und die entsprechenden Verfügungen, die Schalin uns schickte, hießen bei uns «Pfefferkuchen».

Unseren Protest meldeten wir natürlich an, aber unseren Seelen ersparten wir die Unruhe. Mit einem Lächeln erklärten wir den Hungerstreik oder den Arbeitsstreik. Mit einem Lächeln gingen wir in die Karzer.

## 38

Am Abend vor dem 30. Oktober mußten Tanja und ich unerwartet auf Transport gehen. Wohin es ging, wurde uns nicht gesagt. Nicht in den SCHISO, versicherten sie nur. Wir wußten nicht, was wir davon halten sollten. Pani Jadwiga meinte in einem Anfall von Optimismus, man werde uns vielleicht über die Grenze bringen – im Austausch gegen Spione oder irgendeinen Luis Corvalán. Aber das schien doch ein wenig zu hoch gegriffen zu sein, und außerdem verspürten wir beide keine Lust, gegen Spione ausgetauscht zu werden. Indem wir im Lager saßen, erbrachten wir immerhin Nutzen, und sei es dadurch, daß wir experimentell bewiesen, daß es absolut möglich ist, alles auszuhalten, ohne seine Positionen aufzugeben. Auch für Frauen. Und wenn es Frauen können, sollten sich jene Männer da nicht schämen, die feige sind? Wenn die Männer unseres Landes sich entschließen, nicht mehr feige zu sein, wird sich unser Leben in einer Weise verändern, wie wir es uns nie haben träumen lassen. Allein, wir wissen, daß niemand gefragt wird, ob er Austauschobjekt sein will oder nicht... In unserem Fall vermuteten wir eher, daß es wieder einmal zur «Umerziehung» ging. Schlecht: Vierundzwanzig Stunden hungern auf dem Transport, das war für uns eine ernste physische Belastung. Die Unseren steckten uns Bouillonwürfelchen ins Gepäck, wir bekreuzigten uns – auf katholische und auf orthodoxe Weise. Auf der Wache wurden wir nur oberflächlich durchsucht: ein Wunder!

Wir wußten nicht, wohin wir gebracht wurden, bis man uns im Potmaer Durchgangsgefängnis auslud. Sie stopften uns in eine «Zelle für freizulassende Staatsverbrecher» – so jedenfalls steht es auf dem Türschildchen. Dort lassen sie uns sitzen, ohne uns aufzuklären, was mit uns geschehen soll. Die Zelle ist winzig. Zwei eiserne Kojen übereinander, die Latrine und ein Nachtschränkchen, alles eng zusammengepreßt, daß es nicht verrückt werden kann. Immerhin, wir haben ein Bett und sogar eine Decke. Hurra, wir leben! Doch warum, zum Teufel, hat man uns hierher gebracht? Und wohin würde es weitergehen (dies ist ja nur ein Durchgangsgefängnis)? Abwarten, sich erst einmal hinhauen und ausruhen, wir sind hundemüde.

Am anderen Morgen schreiben wir, wie es sich gehört, unsere Erklärung zu unserem eintägigen Hungerstreik (mit kurzem Exkurs über die Bedeutung des Tages der politischen Gefangenen) und geben unser Frühstück zurück. Eine Stunde später erscheint ein junger Offizier.

«Was haben Sie davon, wenn Sie hungern? Geht es Ihnen hier schlecht?»

Wir nennen ihm unsere Gründe, erzählen ihm von den Traditionen der Gefangenen aus Gewissensgründen, erklären ihm den Standpunkt unserer Zone.

«Und Sie glauben, damit etwas ändern zu können? Schon wahr, es tut sich allerhand, mir ist das direkt auf den Magen geschlagen. Alle wissen, was los ist, aber was kann man machen?»

Schön, handeln wir auch dieses Thema ab. Der Bursche zeigt Verständnis: «Wenn Sie Ihre Erklärung zu Ihrem Hungerstreik unbedingt schreiben müssen – bitte. Ich halte es für sinnlos, es erfährt ja doch keiner ... Ich habe Ihnen Zucker, Büchsenfleisch und Weißbrot mitgebracht ...»

Uns wiederum in gewissenhaften Erklärungen ergehend, lehnen wir diese Köstlichkeiten ab. Ach, wie viele solche Erklärungen mußten wir in diesen Jahren abgeben! Der Offizier geht. Nach ein paar Stunden kommt er mit einem jungen Gefangenen zurück.

«Ich habe Ihnen jemand mitgebracht. Wenn Sie wollen, kann er für ein paar Stündchen bleiben. Machen Sie es sich gemütlich. Was zu essen ist ja auch da, damit's lustiger wird.»

Sie haben richtig verstanden, lieber Leser, ein unzweideutiges Angebot. Es klingt verrückt, weiß ich selber, und ich hätte nie gewagt darüber zu schreiben, weil es so unwahrscheinlich ist, aber ich habe eine Zeugin – Tanja Ossipowa, die jetzt in New York lebt, damals aber neben mir auf der Koje saß, den Mund wie ich vor Staunen offen.

Taktvoll lehnen wir ab.

«Wenn Ihnen der Junge nicht gefällt, kann ich einen anderen holen.»

An dem Jungen liege es nicht, erklären wir höflich, der sei auffallend hübsch (weshalb so einen jungen Menschen vor den Kopf stoßen?), aber wir hätten unsere Prinzipien. Und wieder kommt dieselbe Frage: «Sind Sie gläubig?»

«So ist es.»

Tanja ist es zwar nicht, aber lange Diskussionen sind hier unangebracht. Kaum sind unsere Besucher abgezogen, wälzen wir uns in einem Lachanfall auf der Koje. Auf Ideen kommen die! Wie stellen sie sich das praktisch vor? Als wir uns wieder beruhigt haben, merken wir, daß es in der Zelle spürbar kalt geworden ist. Ob Zufall oder Absicht – auf jeden Fall funktionierte an dem Tag die Heizung nicht. Dabei rieselte der erste Schnee. Tanja und ich sind uns bis heute nicht einig, ob jener Offizier uns mit seinem wohltätigen Angebot verlocken wollte, unseren Hungerstreik aufzugeben, oder ob er uns in ehrlicher Absicht, so wie er es verstand, was Gutes antun wollte. Schleierhaft ...

Jener eintägige Hungerstreik im Potmaer Durchgangsgefängnis war für mich der schwerste überhaupt. Ich hatte ständig das Gefühl, gleich setze mein Herz aus. Still wie ein Mäuschen lag ich auf der Koje und rang nach Luft. Tanja war mobiler, aber sie war meinetwegen gehörig erschrocken: Wir hatten schon soviel gehungert und viel öfter länger als einen Tag, aber noch nie war es mir so schlecht gegangen. Wir brachten die Nacht irgendwie hin und waren am Morgen bis auf die Knochen durchgefroren. In einem Becher mit heißem Wasser lösten wir einen Bouillonwürfel auf und kauten ein Stück Brotrinde. Anschließend wurden wir in die Zelle für freizulassende Kriminelle geführt, wo wir uns vor der Abfahrt waschen sollten. Wohin es ging, sagten sie uns nicht.

Ein leerer Raum mit ungefähr zwanzig bis fünfundzwanzig Kojen. Einer Zelle gar nicht sehr ähnlich. An der Tür natürlich ein Schloß, Gitter am Fenster, doch an der Wand ein eingemauerter großer Spiegel, ein Bügelbrett mit Bügeleisen. Eine Toilette, ein Waschbecken... Ungewöhnlich sauber für ein Gefängnis. Weshalb war es trotzdem der bedrückendste Ort, den ich je sah? Weil hier Tausende von Frauen durchgegangen waren, deren Frist abgelaufen war? Man brachte sie aus allen Lagern hierher nach Potma, behielt sie hier bis zum juristisch festgesetzten letzten Tag und entließ sie dann morgens um sechs Uhr mit der Entlassungsbescheinigung in Richtung Heimat. Was dachten sie in ihrer letzten Gefängnisnacht? Wer von ihnen wußte, wohin sie fahren sollte und ob sie von jemand erwartet wurde? Mir war bekannt, daß an Entlassungstagen einheimische Babkas mit Selbstgebranntem vor dem Gefängnis standen, den sie zu überhöhten Preisen an die Freigelassenen verkauften, damit sie gleich was zum Feiern hatten. Viele betranken sich auf der Stelle, kamen gar nicht erst aus Potma weg, sondern wurden von der Miliz aufgelesen. Andere klauten gleich auf dem ersten Bahnhof, was sich ihnen bot – Macht des Reflexes –, und handelten sich eine neue Strafe ein. Wieder andere, die kein Zuhause hatten, brachen auf zu den Werken und Großbaustellen unseres unermeßlichen Landes, wo sie zu zehn bis fünfzehn Personen pro Zimmer in

Arbeiterwohnheimen hausen mußten, ohne je die Aussicht zu haben, einmal allein zu sein, abzuschalten und zu sich selbst zu kommen, geschweige denn eine Familie zu gründen. Lange hielten sie dieses Leben nicht aus, und auf der Suche nach einem schöneren fuhren sie bald wieder über Potma in ein neues Lager ... Und die Glücklichen, die daheim von ihrer Familie erwartet wurden – wie erging es ihnen im praktischen Leben? Konnten sie – müde, verbittert, psychisch geschädigt, mit dem Stigma des Lagerhäftlings – wieder Fuß fassen?

Wie viele Frauen hatten vor uns in diesen Spiegel geblickt? Wie viele über Jahre in Depots gelegene Kleider hatte dieses Bügeleisen geglättet? Wie viele Träume hatten diese abgenutzten Kissen in sich aufgenommen, wie viele Tränen? Manch einer mag eine weinende Frau getröstet haben: «Was hast du denn, du Dummchen, nun hast du doch alles hinter dir!»

Gerade darum weint sie ja – weil sie alles hinter sich hat. Und nun bricht es aus ihr heraus – das ganze Entsetzen, die ganze Müdigkeit. Laß sie sich ruhig ausweinen, davon wird ihr leichter.

Nein, nicht von Freude war die Luft dieses Raumes durchtränkt, und wir wandten uns rasch von diesem Spiegel ab.

Sie verluden uns in einen Stolypin-Wagen, und ab ging die Fahrt. Wohin sie ging – darüber konnten wir nur Vermutungen anstellen. Und wie lachten wir, als wir uns nach ein paar Stunden in Baraschewo wiedersahen! Die ganze Komödie hatte also nur dazu gedient, uns am Tag des Hungerstreiks von den anderen fernzuhalten. Das KGB sah in uns «Rädelsführer» und hatte gehofft, die anderen würden ohne uns nicht hungern. Aber sie hatten natürlich doch gehungert, und nun empfingen sie uns lachend und teilten uns ihre Eindrücke mit. Gestern hatte man ihnen weiszumachen versucht, Tanja und ich dächten nicht im entferntesten an Hungerstreik, und uns ihnen als Beispiel hingestellt. Ach, was für billige Tricks!

Abends wusch ich mir, da Strom vorhanden war, gerade die Haare, als die Aufseherinnen angestürmt kamen: «Ratuschinskaja, wo stecken Sie? Fünfzehn Tage SCHISO wegen Hungerstreiks! Abmarsch in fünfzehn Minuten!»

Ich schaffte es noch, mir wenigstens die Seife aus dem Haar zu spülen, und bestieg mit nassem Kopf den eiskalten Wagen. Tanja hatte ebenfalls fünfzehn Tage bekommen, die anderen ließ man vorerst in der Zone. Einer strichen sie den Laden, einer anderen den Besuch. Allerdings drohten sie uns an, uns allesamt in den SCHISO zu stecken, wenn wir es wagen sollten, am 10. Dezember wieder zu hungern.

Unsere alte, vertraute Zelle. Maschka, das Mäuschen, steckt ihr spitzes Näschen aus dem Loch in der Scheuerleiste. Die Nachbarinnen klopfen zur Begrüßung ans Rohr. Wir haben nichts auf dem Leib als das großzügig dekolletierte weite Sackkleid. Ich fühle mich schlecht. Habe mich wahrscheinlich erkältet. Ich lege mich ans Heizungsrohr, aber zwecklos: Die verdammten Rohre sind wieder kalt. Später bekomme ich hohes Fieber, und in meinem Fieberwahn krümme ich mich zu einem formlosen Fleck an der Wand, festgeklammert am Heizungsrohr. Ein oder zwei Tage lang – ich erinnere mich nicht – schlug Tanja Krach und verlangte nach einem Arzt. Sie kamen, maßen die Temperatur, bewilligten mir eine Wattejacke. Von allem, was sich in den ersten zehn Tagen zutrug, erinnere ich mich nur an Tanja, wie sie am Fenstergitter hing und mit feuchtem Rationsbrot die Ritzen zustopfte. Kälte war für uns gefährlicher als Hunger. Mit dieser Arbeit befaßte sich Tanja zwei Tage lang, und unsere ganze Zweitagesration Brot ging dafür drauf. Woher sie die Kraft nahm, weiß ich nicht. Ein Jahr später verrichtete ich im PKT dieselbe Arbeit (allerdings hatten wir dafür von der Verwaltung Fensterkitt lockergemacht), und erst da konnte ich einschätzen, was es heißt, nur an einer Hand festgekrallt zu hängen und sich mit der anderen von Quadrat zu Quadrat zu recken und die Ritzen abzudichten. Manchmal blieb man mit der Hand stecken und mußte sie hin und her drehen, ehe man sie herausziehen konnte. Hinterher hatte ich am Handgelenk blaue Flecken und Hautabschürfungen. Keine Ahnung, was ohne Tanja aus mir geworden wäre. Nach einer Woche reparierten sie die Heizung: Es war nur Luft in den Rohren gewesen, wie sich herausstellte. Für den Schlosser eine Sache von fünfzehn Minuten: Er drehte einen Hahn auf und zusammen mit einem Eimer voll Schmutzwasser entwich die eingeschlossene Luft. Aber ehe man sich hatte entschließen können, den Schlosser in die Zelle besonders gefährlicher Verbrecherinnen zu lassen, war eine Woche mit Anfragen um Genehmigung beim KGB verstrichen. Den Rest unserer Frist verbrachten wir nun an verhältnismäßig warmen Rohren. Ich schluckte gewissenhaft die mir verordneten Tabletten und kam endlich zu mir. Klar, daß sie mir die Wattejacke sofort wieder wegnahmen, und als sie mich – es muß am letzten Tag gewesen sein – zum «Gespräch» mit KGB-Mann Tjurin führten, bot ich sicher keinen alltäglichen Anblick. Der unsäglich weitgeschnittene Fetzen, in den sie mich gesteckt hatten, war zu allem Überfluß auch noch auf der Brust eingerissen, so daß mir der Lappen bei jedem Schritt mal von der linken, mal von der rechten Schulter rutschte. Sicherheitsnadeln, Nähnadeln, Garn gab es im SCHISO nicht – wie sich also behelfen? Die Aufseherin, die mich aus der Zelle holte, schüttelte nur den Kopf: «Da schau her, Soja Kosmodemjanskaja!»[12]

Ob mein Anblick den KGB-Heini in Verlegenheit brachte, war mir herzlich egal. Und wenn er meinte, mir wäre die Sache peinlich, dann irrte er sich: Ich war vorbereitet, nicht nur darauf. Dank Solshenizyns «Archipel GULAG». Ich schwieg mich aus, während er den üblichen Seim abließ: Das KGB wolle doch nur mein Bestes, und ich solle nicht so starrköpfig sein ... Bald war ich wieder bei Tanja, die man diesmal in Ruhe ließ. Vielleicht hatten sie angenommen, ich sei durch die Krankheit geschwächt und dadurch angreifbar.

Den Besuch strichen sie mir, weil ich mich an dem und dem Tag zu der und der Zeit übers Rohr mit der Nachbarzelle unterhalten hatte. Natürlich standen wir mit unseren Nachbarinnen im Dauerkontakt, der Witz war aber der, daß ich zur angegebenen Zeit den ganzen Tag bewußtlos war und nicht einmal fähig, mit Tanja zu sprechen. Aber das war eine Bagatelle, und die Staatsanwaltschaft machte sich nicht die Mühe, es zu überprüfen. Es kam schließlich nicht darauf an, wofür etwas gestrichen, sondern daß gestrichen wurde. Als sie Tanjas Mann eine zweite fünfzehntägige SCHISO-Frist anhängen wollten, begründeten sie dies damit, daß er sich nach dem Signal zur Nachtruhe zwei Minuten mit seinem Zellenkameraden unterhalten hatte. Und der Zellenkamerad bekam dieselbe Frist – aus Gründen der «Gerechtigkeit». Warum auch nicht?

Diesmal erzählten uns die Kriminellen eine vergnügliche Geschichte. Sie alle haßten die Regimechefin Ryshowa wie die Pest, und das mit Recht. Abgesehen davon, daß sie Schmiergelder erpreßte, hatte sie noch andere nette Eigenschaften, so zum Beispiel die unbegreifliche Leidenschaft für Frauenunterhosen. Ob im SCHISO oder in der Zone – sie hob einer Gefangenen mir nichts dir nichts den Rock hoch, um nachzugucken, ob diese etwa, um sich vor Kälte zu schützen, eine unerlaubte zweite Unterhose übergezogen hatte. Und wenn, riß sie ihr diese wollüstig herunter. Zähneknirschend ertrugen die Frauen dies bis zum Ende der Haftzeit. Doch am Abend vor der Entlassung aus dem Lager machten sie ihrem Herzen Luft und beschimpften die Ryshowa vor versammelter Mannschaft in ordinärster Weise. Was konnte ihnen jetzt noch geschehen? SCHISO war nicht mehr drin: Am andern Tag ging es nach Potma. Doch die Verwaltung übte Prophylaxe: Sie steckte die Frauen, um der skandalösen Situation zu entgehen, unter einem Vorwand zwei Wochen vor ihrer Entlassung in den SCHISO. Nun gut, da sie ohnehin eingesperrt wurden, zogen sie jetzt eben zwei Wochen früher gegen die Ryshowa vom Leder und saßen dafür. Gegenüber in Zelle acht saßen gerade zwei solche Kandidatinnen – Ljuba und Katja, sie waren es auch, die uns von dieser Tradition oder, sagen wir besser, diesem eigenartigen Sport erzählten.

Wir kehrten in die Zone zurück und lebten unser gewöhnliches Leben. Jede von uns hatte sich auf etwas spezialisiert: Pani Jadwiga war Fachfrau für Heilkräuter und medizinische Ratschläge, Rajetschka war zuständig für unsere Beete, Natascha für diverse Reparaturarbeiten, sei es am Bügeleisen oder am Heizgerät, Pani Lida oblag die Näherei, Tanja kannte sich in juristischen Fragen aus, Olja und Galja besorgten die Wäsche (wir hatten der Verwaltung eine ausrangierte Waschmaschine abgeluchst, die schwer zu bedienen war), Lagle war verantwortlich für Fragen der Gestaltung und «Bauarbeiten», und ich kümmerte mich um die Stickerei und die Frisuren. Die Näharbeit fiel oft aus – immer wieder wegen Strommangels. Im Gegensatz zu den Barbaren in Zone 2 verlangte Wassili Petrowitsch von uns nicht, daß wir die Räder mit der Hand drehten. Allein die Idee, Elektromaschinen mit der Hand zu bedienen, war für ihn eine Beleidigung.

Da ich fast alle Hoffnung auf einen regelmäßigen Briefwechsel aufgegeben hatte, startete ich ein Experiment: Ich grub aus der Zeitschrift «Ausländische Literatur» den letzten aus dem Konzentrationslager geschriebenen Brief des französischen Dichters Robert Desnos[13] aus. Dieser an seine Frau gerichtete Brief war immerhin durch die Zensur der Nazis gegangen. Nun wollte ich mal sehen, ob er durch unsere gelangen würde. Damit das KGB etwas zum Grübeln hätte, schrieb ich nicht den ganzen Brief ab, sondern nach der Anrede nur den letzten Satz – «ich küsse Dich so viele Male, wie der Zensor erlaubt, der diesen Brief lesen wird» – und schickte ihn an Igor. Natürlich wurde er beschlagnahmt, obwohl er nur aus drei Zeilen bestand. Wir fanden das zum Lachen.

Sie machten ihre Drohung wahr und schickten uns am 10. Dezember alle, einschließlich unserer Panis, in den Karzer. Alle – bis auf Olja. Ihr sperrte man nur den Laden. Warum? Reine Intrige: Wir sollten Olja verdächtigen, sie habe sich um das KGB «verdient gemacht». Edita und die Wladimirowa hatten am Hungerstreik nicht teilgenommen, Raja hungerte inoffiziell – bei ihnen war die Sache klar. Aber zwischen uns und Olja einen Keil zu treiben, war für unsere «Erzieher» sehr verführerisch. Wenn mehrere Menschen mit unterschiedlichen Charakteren eng zusammenleben, entstehen, aus welchen Gründen auch immer, von

Zeit zu Zeit Spannungen. Und da dachten diese Idioten nun, sie könnten uns durch solche intriganten Mätzchen in einen ernsthaften Konflikt bringen. Wir durchschauten ihr Spielchen und beruhigten Olja, die unter dieser Situation am schwersten litt. Sie wollte die Gemeinheit unter keinen Umständen auf sich sitzen lassen und erklärte noch am selben Tag einen Hungerstreik, verbunden mit der Forderung, sie mit allen zusammen in den Karzer zu schicken oder zumindest unsere Pensionärinnen herauszulassen. Am nächsten Tag strichen sie ihr die Besuchserlaubnis. Vier Tage später brachten sie sie zu uns in den SCHISO. Im Endeffekt traf es sie am härtesten: Wir hatten das Einkaufsrecht und die Besuchserlaubnis nicht eingebüßt. Aber da wir alles miteinander teilten und Olja sowieso keinen Besuch bekam – ihr Mann saß, ihre Eltern waren krank –, lachte sie nur darüber. Und mit ihrem Hungerstreik hatte sie dem KGB ein für allemal die Lust zu ähnlichen Ränkespielen genommen.

Der Clou des diesmaligen SCHISO-Programms war der Kampf der Verwaltung gegen das Singen religiöser Lieder. Galja und Pani Lida hatten es sich schon seit langem angewöhnt, zweistimmig Psalmen und Hymnen zu singen. Sie waren sehr gut aufeinander eingespielt, und was kann man in einer Karzerzelle Besseres tun, als den Herrn zu preisen. Aber die Regimewächter, die nichts gegen die Liedchen der Kriminellen, einschließlich deren unzensierten Spottlieder, hatten, schnaubten diesmal vor Wut: «Sofort aufhören!»

Es hagelte nur so Drohungen und Verbote. Aber da waren sie an die Falschen geraten: Pani Lida und Galja hatten nichts dagegen, für das Singen von Psalmen zu leiden. Wir, die Unmusikalischen, ließen uns in die Diskussion ein: «Was gefällt Ihnen eigentlich nicht – das Singen an sich oder der religiöse Inhalt der Lieder?»

Offensichtlich letztgenanntes: Sängen unsere Frauen irgendwelche volkstümlichen Schnulzen, niemand hätte etwas dagegen. Aber den Politischen gegenüber offen zuzugeben, daß religiöse Lieder verboten sind – nein, dann würden womöglich eine

Woche später ausländische Rundfunkanstalten darüber berichten! Sie redeten sich damit heraus, daß Gefangenen Singen nur im Rahmen künstlerischer Selbstbetätigung gestattet sei.

«Gut, organisieren wir ein Ensemble für religiöses Liedersingen. Nehmen Sie an, es existiert von diesem Augenblick an.»

«Selbstbetätigung kann nur durch die Leitung des Lagers organisiert werden.»

«Und wieso nennt sich das dann Selbstbetätigung?»

«Sie reden zuviel, Frauen!»

Ein unwiderlegbares Argument. Wahrhaftig, wozu mit ihnen reden, singen ist besser. Aber wehe, wenn sie unsere Sängerinnen in irgendeiner Weise schikanieren! Dann singen wir alle, trotz fehlender musikalischer Fähigkeiten – Ehrenwort! Es blieb jedoch bei der Androhung von Repressalien. Und so klangen die Hymnen durch den hallenden Korridor. Die Kriminellen schnappten die ungewohnten Worte rasch auf und stimmten in den Gesang ein.

Lagle, Tanja und ich kehrten am Heiligabend in die Zone zurück, Galja, beide Panis und Natascha waren schon da – ihre Frist war kürzer gewesen. Nur Olja mußte bleiben. Wir ließen ihr alle entbehrlichen Kleidungsstücke da, Strumpfhosen und Turnhemden, und umwickelten sie mit Handtüchern. Sie konnte sich kaum bewegen, aber äußerlich merkte man nichts: Auf ihren Rippen konnte man Klavier spielen. Wir küßten uns zum Abschied, und kurz darauf rollte der Wagen durch den weihnachtlichen Schnee. Eine Panne hielt uns auf, und in der Stunde, die die Bewacher brauchten, um die Kiste unter Fluchen wieder flottzumachen, klapperten wir, frierend, mit den Zähnen. Wir kamen dann doch noch wohlbehalten zu Hause an, und sie hatten mit dem Abendbrot auf uns gewartet.

Das Vaterunser erklang auf litauisch, lettisch, russisch und ukrainisch, obwohl das orthodoxe Weihnachtsfest uns noch bevorstand, Pani Jadwiga brach eine in Litauen geweihte Oblate, und jeder bekam ein Stückchen. Diese feinen, papierdünnen Scheibchen hatten ihre Verwandten in einem Briefumschlag geschickt. Die Madame von der Zensur hatte sie durchgehen lassen: Entweder wußte sie nicht, was es ist, oder sie wollte nicht ohne direkten Befehl handeln. Galja und Pani Lida sangen «Stille Nacht, heilige Nacht» in zwei Sprachen. Und niemand von uns, gleich welchen Glaubens sie war, zweifelte daran, daß Gott uns in diesem Augenblick sah. Wir beteten für Olja: Damit sie es leichter hatte – so allein. Damit sie nicht fror und nicht traurig war.

Das Abendessen, das unsere Hausfrauen gezaubert hatten, war umwerfend. Wir konnten bloß anerkennend stöhnen – wir wußten, daß es fast aus dem Nichts gemacht war. Zum Jahreswechsel aber veranstalteten wir ein Neujahrssingen (worin Olja Spezialistin war) und stimmten nach slawischem Brauch an: «Blühe und gedeihe, Roggen und Weizen, viel Glück und Gesundheit zum neuen Jahr...»

Statt Getreidekörnern hatten wir nur Brotkrümchen zur imaginären Aussaat. Unsere Weihnachtstanne war zwar klein, aber echt: Unser Meister hatte sie uns mit einer Fuhre Handschuhrohlingen gebracht, und wir hatten sie geschmückt, so gut wir es eben konnten.

## 39

Im Januar setzten die starken Fröste ein. Tanja, Olja und ich beschlossen, das Dreikönigsfest nach alter Sitte zu begehen. Seit alters her war es in Rußland wie in der Ukraine üblich, sich an diesem Feiertag draußen im Freien mit Wasser zu übergießen oder in ein Eisloch zu tauchen. Nach alter Überlieferung diente das Übergießen an diesem Tag der Gesundheit, vor einer Erkältung brauchte man sich daher nicht zu fürchten. Unsere älteren Kameradinnen schüttelten nur den Kopf, als sie hörten, was wir vorhatten, versuchten aber nicht ernsthaft, es uns auszureden: Wenn uns danach verlangte – wozu mit uns streiten? Eine kurze

Freude bewirkte manchmal mehr Gutes als alle medizinischen Rückversicherungen. Tatjana Michailowna, die unsere Mutter hätte sein können, hatte sich zum Dreikönigsfest ebenfalls mit Wasser aus dem Brunnen unserer alten Zone begossen, und nichts war passiert. Wir hatten sowieso einen Dauerschnupfen, da wir ständig im Karzer saßen.

Einen Brunnen hatten wir in der neuen Zone nicht, aber das war nicht weiter schlimm. Zu nachtschlafender Zeit schleppten wir einen Eimer und einen Trog voll Wasser nach draußen und stellten beides zwischen zwei hohen Schneebergen ab. Der Frost hatte es in sich, aber die Sterne funkelten so klar, daß wir in Hochstimmung kamen. Das kleine Thermometer, das Igor mir listigerweise hatte zukommen lassen, zeigte minus 25 Grad an. Oho, verteufelt kalt! Aber wir Tollköpfe sind trunken vor Übermut: Nichts, gar nichts kann uns in dieser Nacht geschehen. Und dank des dichten Zauns sieht uns auch niemand. Unsere Idee ist diese: Wir werden uns splitternackt ausziehen, durch den Schnee zum Trog laufen, uns ein paar Eimer Wasser übergießen, und dann – husch, zurück ins Haus, abrubbeln und aufwärmen. Tanja läuft als erste los. Pudelnaß und vor Lachen prustend, kommt sie zurück. Heiliger Strohsack, sogar die Haare hat sie sich naßgemacht!

Jetzt laufe ich. Der Schnee versengt die bloßen Füße, lächelnd schauen die Sterne auf meinen mageren Körper herab, ich aber bin närrisch vor Freude. Da ist der Eimer. Das Wasser kommt mir ganz warm vor. Damit ich es nicht auf den Weg schütte (ich bin morgen mit Eishacken dran), springe ich in die Schneewehe und übergieße mich dort. Ein kurzes Brennen, dann ist mir nicht mehr kalt. Ausgelassen lege ich ein Stück des Weges im flotten Walzerschritt zurück. Tanja legt mir ein Handtuch um die Schultern. In dieser Nacht lachen wir herzlich und viel, einfach so.

Olja läuft los und bleibt lange verschwunden. Plötzlich klopft etwas Weißes, Dünnes ans dunkle Küchenfenster – Olja, sie kann das Wasser nicht finden (den Trog hatten Tanja und ich rausgestellt). Durch die Lüftungsklappe erklärt ihr Tanja den Weg. Eine Minute später ist Olja naß und (wir trauen unseren Augen nicht) mit geröteten Wangen wieder da. Trockengerieben und in frischen sauberen Sachen, setzen wir Teewasser auf. Das barmherzige Aschenbrödel bewilligt uns Teesud für die Nacht: «Zum Aufwärmen, ihr Verrückten!»

Was wir uns alles erzählt, worüber wir gelacht haben – ich weiß es nicht mehr. Dann fiel uns ein, daß zum Dreikönigsfest auch das Wahrsagen gehört: Spiegel gegeneinander schieben, Wachsgießen, Papier anzünden und schauen, womit der Schatten Ähnlichkeit hat...

Zum Dreikönigsfest die Fraun
Wollten in die Zukunft schaun.
Zogen einen Holzschuh aus
Warfen ihn zum Tor hinaus.

Wir, solide verheiratete Damen, hatten statt Holzschuhe Soldatenstiefel aus Segeltuch. Aber glauben Sie mir, lieber Leser, der Brauch war uns kaum eingefallen, da flogen auch schon die Stiefel von uns dreien die Vortreppe hinunter. Rasch den alten Atlas her, um wenigstens ungefähr festzustellen, wohin die Nasen unserer «Holzschuhe» zeigten. Oljas Stiefel zeigte in Richtung Ukraine, Tanjas irgendwohin nach Osten (vielleicht auf den Verbannungsort? Ihre Frist lief in diesem Frühjahr ab), meiner – eindeutig auf die Siedlung Jawas, wo sich Zone 2 mit dem SCHISO und dem PKT befand. Die Stimmung ließen wir uns dadurch nicht verderben. Dann schoben wir im Dunkeln bei zwei brennenden Kerzen, wie es vorgeschrieben ist, einen halbblinden Spiegel gegen den anderen und schauten in den sich im Kerzenlicht bildenden trüben Korridor:

«Bist mir vom Schicksal auserwählt,
komm heim,
sei mein!»

Sah ich da am Ende des Korridors nicht einen hellen Schimmer – oder täuschte ich mich?

Nein, nein, wir waren in jener Dreikönigsnacht nicht verrückt, nur jung... Und wie gesagt, alles lief glatt, nicht mal einen Schnupfen holten wir uns. Die Weissagungen unserer Stiefel jedoch waren leider allzu wahr: Olja fuhr im darauffolgenden Herbst wirklich in die Ukraine – KGB-Spezialtransport hin und zurück. Ihr Vater war gestorben, und sie erlaubten ihr, sein Grab zu besuchen und ihre von Gram gebeugte Mutter zu sehen. Tanja bekam nach Ablauf ihrer fünf Jahre eine Strafverlängerung um zwei Jahre – wegen der Hungerstreiks (der Paragraph 188-3 tat seine Wirkung). Sie brachten sie nach Osten, in das Kriminellenlager Ischimbai. Mir standen in diesem Jahr drei Gastspiele im SCHISO bevor, und das neue Jahr, 1986, begrüßte ich allein im PKT. Mein «vom Schicksal Auserwählter» bereitete indessen meine Gedichte für den Samisdat vor, sorgte dafür, daß «Die Chronik der Kleinen Zone» in den Westen gelangte, und schrieb Aufrufe an die Parlamente der europäischen Länder. Außerdem prügelte er sich auf der Straße mit Leuten vom KGB: In der Ukraine war es üblich, Dissidenten durch Prügel «umzuerziehen». Er brachte die drei Schläger zur Strecke – Karate sollte man können. Unter der Kleidung verborgen hatte er ein Exemplar meiner Gedichte, das er gerade erhalten hatte – das einzige übrigens. Wenn sie ihn gefilzt hätten, wäre es verloren gewesen. Er wußte also, wofür er sich schlug. Und wir wußten, wofür wir hungerten und im Karzer saßen. Jahre später fragte man mich und Igor in einem englischen Haus: «Worauf sind Sie eingeschworen?»

«Auf das Menschenrecht», antworteten wir.

## 40

Wieder wehte Schnee unsere Zone zu, wieder erreichten uns keine Briefe. Doch wir wußten, daß wir nicht vergessen waren – nicht in unserem Land und nicht draußen in der Welt. An uns zu denken, war für sowjetische Staatsangehörige gefährlich, noch weit gefährlicher aber war es, uns zu helfen.

Ein paar Wochen nach meiner Verhaftung kam Elena Sannikowa nach Kiew. Selbst Lyrikerin, las sie meine Gedichte damals zum erstenmal. Wir gehörten derselben Generation an und verstanden die Traditionen der russischen Literatur in gleicher Weise. Diese Traditionen verpflichteten zu einer bestimmten Verhaltenslinie – zu unserem Leidwesen und zu unserem Glück. Obwohl Elena zu einem Jahr Lager und fünf Jahren Verbannung verurteilt wurde, bedauerte sie nicht, daß sie eine Erklärung zu meiner Verteidigung unterschrieben, mit Auslandskorrespondenten über meine Gedichte gesprochen und diese Gedichte mit meiner Biographie in jenem Samisdat-Sammelband veröffentlicht hatte, der ihr dann in ihrem Prozeß zur Last gelegt wurde.

Untersuchungshaft und Verhandlung zogen sich über zehn Monate hin. Dem Urteil nach hätte Elena in unsere Zone gehört. Hier bei uns hätte sie ihr Jahr absitzen und dann, mit Informationen über unsere Lebensumstände versehen, in die Verbannung abreisen müssen. Das jedoch konnte das KGB nicht zulassen. Daher mußte sie die verbliebene Zeit getrennt von uns verbringen. Aber lassen wir sie selbst zu Wort kommen. Ich zitiere aus einem Brief von ihr:

*«Nach der Gerichtsverhandlung wartete ich mit Spannung auf meine Abreise in die Zone und lebte ständig in der Befürchtung, es könnte etwas schiefgehen und ich käme nicht zu Ihnen. Man log mir vor, es könne von Tag zu Tag losgehen, aber bald wurde klar, daß sie die Abreise bewußt hinauszögerten. Zuerst dauerte es eine quälend lange Zeit, ehe das Urteil Rechtskraft erlangte. Den schriftlichen Bescheid darüber bekam ich nach über einem Monat. Dann die endlose Warterei. Zum erstenmal fühlte ich mich wirklich unfrei, glaubte schon, die Gabe der inneren Freiheit ganz und gar vergeudet zu haben. Erst als ich pro Tag zwei Beschwerdeschreiben losließ, ging es endlich auf Transport. Zehn Tage*

*wurde ich im Potmaer Durchgangsgefängnis festgehalten. Und als ich dann in Baraschewo auf der Wache saß, konnte ich es kaum fassen, daß ich nun in der Zone war. Wie groß aber war mein Schock, als sie mich in den Krankenhaustrakt brachten und dort allein in eine Zelle sperrten. Ich hatte völlig vergessen, daß man erst in Quarantäne kam.»*

Der Leser wird erraten, daß diese Quarantäne speziell für Elena erfunden wurde. Niemand von uns mußte, ehe er in die Zone kam, in Quarantäne sitzen, obwohl eine solche Vorschrift existieren mag. Aber zurück zu Elenas Brief:

*«Als sie mich am neunten oder zehnten Tag aus der winzigen Box herausholten und ich (erstmals nach elf Monaten) endlich mehr räumliche Freiheit hatte als in der Zelle, ging ich Stunde um Stunde vor dem Gebäudeblock auf und ab, stand in der Dämmerung auf der Vortreppe und schaute, ohne den Blick zu wenden, hinüber zur Kleinen Zone, auf die zwei Zäune und den Maschendraht. Ich sah, wie die Lichter in Ihren Fenstern angingen, und ich konnte mich von dem Bild nicht losreißen. Wenn Sie gewußt hätten, wie sehr ich mich in diesem Augenblick danach sehnte, dort zu sein, bei Ihnen. Viel hätte ich darum gegeben.*

*Am schwersten zu ertragen war für mich in diesem Jahr Kerkerhaft die völlige Isolation von lebendigen, normalen Menschen und der erzwungene Umgang mit Personen, die mir nicht nur in allem fremd, sondern auch noch bis ins Mark verdorben waren. In Lefortowo dieses ekelerregende korrupte Gesindel und diese menschenähnlichen Monster, hier im Lager die Kriminellen (mit ihnen hat man es zwar leichter als mit dem Pack in Lefortowo, trotzdem ist es kein Pappenstiel). Schlimm, daß man sich so schwer daran gewöhnt, sich alles so zu Herzen nimmt. Manchmal, in Zeiten absoluter Erschöpfung, fragte ich mich, ob ich je wieder einen Menschen sehen würde, der nicht verdorben, nicht seelisch verkrüppelt ist, bei dem Begriffsvermögen, Gedankengänge, Handlungen nicht auf den Kopf gestellt sind.*

*Schalin hat mich von Anfang an belogen, als er mir sagte, daß ich umgehend in die Kleine Zone überführt werden würde. Aber da ich mir das so sehr wünschte, glaubte ich ihm, ich Idiotin. Nach der dritten Woche erfaßte mich dann aber doch Panik, von hier wegzukommen, ohne von Ihnen Informationen über das Geschehen in der Zone erhalten zu haben.*

*Die Situation war so, daß einem graue Haare wuchsen. Erstens, die Ungewißheit: Würden sie mich zu Ihnen in die Zone bringen oder nicht, und das Warten darauf. Zweitens – Schalins Lügen in allem, was ich ihn fragte. So fragte ich ihn, ob ich korrespondieren und Besuch empfangen dürfe, worauf er sagte, die Möglichkeit dazu erhielte ich in ein paar Tagen, wenn man mich in die Zone bringe. Nach zehn Tagen vergeblichen Wartens meinte er, als sei nichts gewesen, ich brauchte deswegen nicht auf meine Einweisung in die Zone zu warten, abends käme der Zensor zu mir und hole meinen Brief. Wer nicht kam, war der Zensor, weder abends, noch am andern Tag, noch am Tag danach. Da riß mir die Geduld, und ich ging, ohne mich um das Geschimpfe der Aufpasser zu kümmern, gleich früh zum Briefkasten vor dem Eßraum und wartete auf den Zensor. Nach über einer Stunde kam die Frau und sagte erstaunt zu mir, sie wisse von nichts, höre zum erstenmal von meiner Existenz. Ich gab ihr den Brief, meine Mutter hat ihn nie bekommen (obwohl Schalin mir sein Wort gegeben hatte, daß sie ihn abschicken würden).*

*So war es mit allem.*

*Noch etwas ganz Schlimmes. Nach der ersten Woche steckten sie mir eine gewisse Tichomirowa, mit Spitznamen Tischka, aus Zone 2 in die Zelle – ein völlig gebrochenes, krankes, entnervtes Wesen mit einem bestimmten pathologischen Hang. Erschrocken fragte ich mich, was sie wohl damit bezwecken wollten. Ihre ständige Anwesenheit war eine fürchterliche Belastung. Ständig faselte sie von ihrer Sympathie für Politische, bot an, mir in jeder Beziehung zu helfen (wobei und wie war unklar). Auch behauptete sie, Sie und Tanja zu kennen, sie habe in der Zelle neben Ihnen im SCHISO gesessen, und wartete sogar mit Einzelheiten auf – daß Tanja zwangsernährt worden sei, daß sie sich geweigert habe, das im SCHISO vorgeschriebene Sackkleid anzuziehen usw. Alles sehr glaubwürdig. Aber andere versicherten mir, sie sei nur zu mir in die Zelle gesteckt worden, um mich zu bespitzeln. Ob das stimmte, ist schwer zu sagen, im Krankenrevier war sie jedenfalls nicht, weil sie krank war, und wie ich später im SCHISO erfuhr, hat man sie, kaum daß ich aus Zone 3 weg war, in Zone 2 zurückgebracht. Immer wieder hatte sie mir ihre Hilfe aufgedrängt, mir geschworen, Lebensmittel zu Ihnen in die Zone zu schaffen, und so ließ ich alles, was ich geschickt bekommen hatte, da, obwohl ich wenig Hoffnung hatte, daß sie ihr Versprechen halten würde.*

*Psychisch unheimlich belastend waren die gegenseitigen Verdächtigungen, jeder verdächtigte jeden. Tischka, wurde mir von allen Seiten zugeflüstert, ist ein Spitzel, und Tischka wiederum beschuldigte die anderen: Die Kosterizkaja arbeitet für die Sonderabteilung und denunziert Sie, redete sie mir hysterisch ein, und kaum war ich mit der Kosterizkaja allein, bezichtigte diese Tischka. Beide aber waren sie sich darin einig, daß die Basttschenko für die Operativabteilung Spitzeldienste leistete. Unerträglich war das!»*

Oh, wie vertraut mir das alles war – Schalin, der das Rotwerden abgelegt hatte, und Tischka, unsere alte Bekannte aus dem SCHISO (die man wahrhaftig nicht ohne Grund in Elenas Zelle gelegt hatte), und das, was Elena taktvoll als «bestimmten pathologischen Hang» bezeichnete – das lesbische Werben, und überhaupt das ganze Tun und Treiben im Krankenrevier. Um den anfänglichen, nur zu verständlichen Ekel zu überwinden und Mitleid und Verständnis aufzubringen, braucht man Zeit. Elena hatte sie nicht, und doch ließ sich schon so etwas wie Mitgefühl aus ihrem Brief herauslesen, was mich freute. Und daß unser kleines Haus mit den erleuchteten Fensterchen sie ein unerreichbares Glück dünkte, kann ich nur allzu gut verstehen; auch ich hatte es als großes Glück empfunden, nach der Untersuchungshaft und dem Transport endlich in der Zone angelangt zu sein. So schwer auch alles sein mochte – Hauptsache, man war unter seinen Leuten.

Elena war dies nicht vergönnt. Doch hatte sie den heldenhaften Versuch unternommen, mit uns durch das Fenster des Baderaums Kontakt aufzunehmen, als wir zum Baden dort waren. Sie werde gegen Abend zu der und der Zeit zu uns an den Zaun kommen, flüsterte sie uns zu, wir sollten unbedingt dort sein. Ein solches Treffen fand statt, und Tanja berichtete ihr von den Ereignissen der letzten Zeit. In aller Eile und Kürze, versteht sich. Für die nächste Begegnung notierten wir weitere Informationen auf einem winzigen Blatt Papier, doch Elena kam nicht mehr zum Zaun. Man hatte sie erwischt. Wo sie den Rest ihres Lagerjahres absaß, kann man sich denken: im SCHISO – «wegen versuchter Kontaktaufnahme mit der Kleinen Zone» –, wo sie eigentlich seit einem Monat längst hingehörte. Im Karzer holte sie sich eine Rippenfellentzündung, mit der sie auf Transport geschickt wurde – in die Verbannung nach Sibirien.

Nach meiner Befreiung sprach ich mit ihr am Telephon. Mir zerriß es das Herz: ich war zu Hause, ich war frei, weil die ganze Welt sich für mich eingesetzt hatte, und sie saß in der Verbannung, weil sie zu denen gehörte, die mich herausgeholt hatten. Natürlich hat sie die Strafe nicht nur dafür bekommen, sondern auch für die im Untergrund herausgegebene «Chronik laufender Ereignisse» und für ihre Tätigkeit in der Menschenrechtsbewegung. Und doch spielte die Geschichte mit mir eine Rolle: Wohin sollte das führen, wenn russische Dichter sich herausnahmen, füreinander einzutreten?

Naiv fragten die Amerikaner Mitglieder des sowjetischen Schriftstellerverbandes: «Warum schweigt ihr, wenn eure Kollegen im Lager sitzen?»

Eben weil sie wissen, was sie erwartet: Dasselbe, was Elena widerfuhr. Sie haben nicht soviel Mut wie sie: Offiziell anerkannte Schriftsteller führen ein sorgenfreies Leben, sie haben etwas zu verlieren. Und außerdem – was sind wir in ihren Augen schon für Kollegen? Wir haben uns nie am sowjetischen Propagandarummel beteiligt, der für Mitglieder Pflicht ist, darum sind wir ja auch keine Mitglieder. Denn: «Ihr könnt nicht Gott dienen und dem Mammon». Ihr müßt wählen. So wählten wir das eine, sie das andere. Wir bedauern es nicht. Sie, denke ich, auch nicht. Jedem sein Schicksal...

Immerhin, einige Informationen über die Zone hatte Elena mitgenommen: daß Invaliden in den Karzer geworfen, Hungerstreiks mit Repressalien geahndet werden, und wie wir sie dennoch durchhalten. Ich habe Elena niemals in die Augen blicken können. Ihre Stimme über das Telephon, Photos, Gedichte, das war alles...

Ein Kornblumenmuster am Roggenfeldrand,
Als spülte die Welle vom Meer auf das Land.
Ach, Kuckuck, ach, Kuckuck, so sage mir doch:
Wie lange erleb ich die Freiheit wohl noch?

Wie lange noch gilt wohl der Lüge mein Kampf?
Und bringt noch das Leben Erfolg und Gesang?
Ach, Kuckuck, so sag doch, ach, Kuckuck, hör zu...
Du seltsamer Vogel, was schweigest denn du?

Wieder ein lieber, vertrauter Mensch mehr für mich auf dieser Welt. Ihr lieben, vertrauten Menschen alle, wie viele ihr seid! Wie glücklich können wir sein, daß ihr so viele seid.

## 41

Es geht auf den Frühling zu. Ich sticke an einer «Entlassungsbluse» für Tanja. Kleine Sachen wie Brillenetuis, Beutelchen, Lesezeichen mache ich öfter – Sticken ist eine angenehme Beschäftigung, und die Unseren freuen sich über jedes neue Stück. Aber wer vor der Entlassung steht, muß schon ein kapitales Geschenk bekommen, und darum haben Pani Lida und ich ein Komplott geschmiedet: Sie näht und ich sticke, und im Sommer wird Tanja phantastisch ausstaffiert in ihrem Verbannungsort promenieren. Tanja darf die Bluse vor ihrem Geburtstag natürlich nicht sehen. Erhebt sich die Frage: Wie messen und anprobieren, ohne daß sie was mitkriegt? Kein Problem! Wir verbinden Tanja die Augen, Lagle und Natascha kontrollieren, daß sie auch ja nichts sieht, doch Tanja behauptet aus Schabernack: «Ich sehe was, ich sehe was! Etwas Blaues und Grünes!»

Die Zuschauer kugeln sich vor Lachen auf den Betten: Die Stickerei ist rot und gelb. Pani Lida, die Gelassenheit in Person, kennzeichnet mit Sicherheitsnadeln die Stellen, wo abgenäht, wo ausgelassen werden muß. Nicht mehr lange, und wir werden Tanja zum Tor begleiten – in die Verbannung. Die Frist ihres Mannes Iwan läuft in anderthalb Jahren ab, dann werden sie in ihrer Region des ewigen Eises wenigstens beieinander sein – hoffentlich, denn fest steht das noch nicht – wer wohin geschickt wird, entscheidet der Staat. Wenn sie Pech haben, bedeutet das weitere fünf Jahre Trennung. Um sich zu vergewissern, wie mit Verheirateten verfahren wird, richtet Tanja eine Anfrage an die Lagerzentralverwaltung in Moskau. Die Antwort: Es sei nicht gesetzlich vorgeschrieben, daß Eheleute in denselben Verbannungsort kämen, die Entscheidung liege bei der jeweiligen örtlichen Lagerverwaltung. Keine schöne Nachricht. Diesen Schweinehunden ist durchaus zuzutrauen, daß sie die beiden an verschiedene Enden der Welt werfen. Trotzdem versuchen wir Tanja zu beruhigen: Sie werden es nicht wagen, sie haben viel zu große Angst vor einem Skandal. Und doch brütet unsere Administration gemeinsam mit dem KGB schon über den Papieren des Paragraphen 188-3. Ihr Plan: Tanja soll bis zum letzten Moment ahnungslos sein. Wer eine zweite Frist bekommt, verkraftet das viel schwerer als beim erstenmal, daher rechnen sie – die großen Psychologen – darauf, Tanja zu brechen. Schwachköpfe. Sie sollten endlich begreifen, mit wem sie es zu tun haben.

Zum Abschied überschütten wir Tanja mit einem Berg guter

Wünsche: Geheilt sollte sie werden, einen Haufen Kinder mit Wanja zeugen, alle so reizend wie die Mama! Und viele, viele Freunde sollten sie besuchen kommen ... Igor war ja auch zu Tatjana Michailowna in die Verbannung gereist und hatte uns ein Photo geschickt, das sie gemeinsam vor der Kulisse der kasachischen Berge zeigt. Wir waren gespannt, worauf Tanja reiten würde – auf Rentieren oder Kamelen?

Weder noch: Sie schickten unsere Tanja in das Kriminellenlager Ischimbai, strenges Regime. Außer unserer Zone gibt es im Lande nur noch drei Frauenlager mit strengem Regime: Orjol, Beresnjaki und Ischimbai. Für das schrecklichste wird das in Ischimbai gehalten. Frauen, die dort hinkommen sollten, heulten vor Entsetzen. Im Gefängnis von Rusajewskaja hatte Tanja gehört, wie sie zu einer Frau, die nach Beresnjaki unterwegs war, sagten: «Warum flennst du, wir schicken dich doch nicht nach Ischimbai!»

Doch Tanja, die Unverbesserliche, fährt dorthin mit dem Eifer einer Naturforscherin: Politische Häftlinge sind bis jetzt noch nicht in diesen Lagern gewesen, daher sind sie fast noch unbeschrieben. In Lager mit strengem Regime werden rückfällige Verbrecherinnen geschickt. Drei Wochen sitzt man dort in Quarantäne, und man sitzt sie nicht irgendwo ab, sondern im SCHISO. Kein Platz, wozu Umstände machen! Tanja, juristisch beschlagen, will sich für diese Zeit ein Bett ergattern, das generell für überflüssigen Luxus gehalten wird. Wenn schon im SCHISO – dann gefälligst auch unter entsprechenden Bedingungen. Nicht mal im PKT reichen die Matratzen.

Im Lager, für 300 Menschen gebaut, befinden sich 800. Der Buchstabe des Gesetzes – 2 Quadratmeter Raum pro Häftling – kann hier nicht erfüllt werden. Hier kommt nicht mal 1 Quadratmeter auf eine Gefangene. Wie soll das gehen? Ganz einfach: Es schlafen zwei auf einer Pritsche. Außerdem können sich die Frauen abwechseln, da in drei Schichten gearbeitet wird. Solange die eine arbeitet, schläft die andere. Eine Auslastung der Pritschen in drei Schichten ist logisch – wozu Mobiliar vergeuden?

Und der Fußboden ist ja auch noch da – hier ist schließlich kein Sanatorium. Und dieses Leben geht über Jahre ...

Und sonst? Bitte schön: Dort ist ein Waschraum. Warmes Wasser gibt es zwar nicht, aber wer hindert euch daran, nach der Arbeit Wasser warmzumachen und es im Bottich in den Waschraum zu schleppen? Bloß, es gibt nur einen Bottich für fünfzig Menschen, und nach der Lagerordnung steht einer Gefangenen am Tag nur eine Stunde Freizeit zu. Der Waschraum ist bis sieben Uhr geöffnet. Zwischen sechs und sieben Uhr wird das Abendbrot eingenommen, und davor ist politische Schulung, obligatorisch für alle. Jeden Tag, den Gott werden läßt, muß man sich eine Stunde lang anhören, mit welchen Siebenmeilenschritten wir dem Kommunismus entgegeneilen. Aber nicht etwa auf die Idee kommen, nicht hinzugehen! Also, wie eine Gefangene es schafft, sich nach der Arbeit den Bottich zu schnappen, Wasser warmzumachen und sich zu waschen – das ist ihre Sache. Die Verwaltung besteht nicht auf Körperhygiene: Waschen hat nichts mit Ideologie zu tun. Die alten Frauen, die wegen Arbeitsunfähigkeit in einer gesonderten Abteilung leben, waschen sich mitunter monatelang nicht: Sie haben nicht die Kraft, den Bottich in den Waschraum zu tragen, nicht mal zu zweit. Ganz selten nur hilft ihnen jemand aus Barmherzigkeit. Und manchmal erkaufen sie sich diese Hilfe gegen ihre Monatsration Tee. In der Regel jedoch verfaulen sie bei lebendigem Leibe: Wenn so eine Altenabteilung vorübergeht, verschlägt es einem vor Gestank den Atem.

Es gibt auch eine Wäscherei – sieben Tröge für 800 Menschen. Nur zu, wasche deine Wäsche! Ebenfalls in dieser einen Stunde Freizeit. Und trocknen muß sie natürlich auch. Trockenräume gibt es nicht, nur ein paar Meter Leine. Platz auf der Leine ist rar, da geht es streng nach der Reihe. Und wenn der Plunder hängt, bloß nicht weggehen von der Leine: Diebstahlgefahr. Ungeachtet aller Verehrung für die Politische klauten sie Tanjas Uniformkleid: Sie hatte es gerade aufgehängt, als sie zur Operativabteilung gerufen wurde. Freizeit haben bedeutet nicht, daß sie nicht das Recht hätten, dich zu behelligen. Als sie wiederkam, war das

Kleid weg. Die Verwaltung gab ihr ein neues – gegen Bezahlung, versteht sich. Wenn es schneit und regnet, darfst du nicht waschen, die Wäsche trocknet nicht. Und überhaupt – Vorsicht beim Waschen: Einer Gefangenen stehen ein Sommer- und ein Winterkleid zu. Ist das Sommerkleid in der Wäsche, darfst du nicht etwa solange das Winterkleid anziehen: Das ist ein Verstoß gegen das Regime und wird bestraft, während das Kleid gewaschen und getrocknet wird, bist du also vogelfrei. Schaffst du es zu waschen und zu trocknen, ohne einer Vorgesetzten unter die Augen zu kommen – dein Glück. Wenn nicht – zieh das nasse Kleid an. Dagegen hat die Verwaltung nichts einzuwenden ...

Tanja wurde einer privilegierten Abteilung zugeteilt: der Zuschneiderei. Dort versuchte die Verwaltung, bessere Bedingungen zu schaffen, da mit Messern gearbeitet wurde. Wer weiß, wie sie zustechen könnten, wenn die Aufseherinnen zu weit gingen? Man zog es daher vor, diese Abteilung nicht zu reizen. Die Frauen hier konnten sich glücklich schätzen: zwei Wasserbottiche für 50 Leute. Und Tanja hatte eine Pritsche für sich allein: So eine Politische ist ja gebildet, womöglich beklagt sie sich bei irgendwelchen Instanzen.

Um Tanja zu zeigen, wo es langging, bekam sie außer «Quarantäne» 45 Tage offiziellen SCHISO. Das führte dazu, daß Kriminelle es riskierten, bei der Lagerkommandantin für sie Fürsprache einzulegen. Ungeheurer Mut war dazu nötig: Mit einer Forderung an die Lagerleitung heranzutreten, war das schwerste Verbrechen, und es wurde am grausamsten bestraft. Grausamer noch als die Nichterfüllung der Arbeitsnorm. Tanja hatte zu diesen «unverbesserlichen Verbrecherinnen» gute Beziehungen. Sie wurde von ihnen geachtet und in Konfliktsituationen gebeten, eine gerechte Lösung zu finden. Sie waren auch begeistert von Tanjas Erzählkunst; alles, was Tanja gelesen hatte, konnte sie wunderbar wiedererzählen, und es gab kein dankbareres Publikum als in Ischimbai. Doch Tanjas kostbarste Eigenschaft war die Fähigkeit, zuzuhören und mitzufühlen – die Frauen kamen zu ihr und schütteten ihr ihr Herz aus. Nach Tanjas

Statistik saßen 79 Prozent von ihnen wegen Diebstahls. Viele hatten mit dem Stehlen schon in der Kindheit angefangen und waren, nachdem sie durch die Lager für minderjährige Verbrecher gegangen waren, zu professionellen Diebinnen geworden. Stecke ein normales Kind in solch ein Lager und du kannst sicher sein, daß es nach ein paar Jahren das Stehlen, Fluchen, Prügeln und Lügen virtuos beherrscht. Und eventuelle, schon im Ansatz vorhandene psychische Schäden werden sich vertiefen. Zu nichts anderem sind die Lager ja da: zur Prägung der menschlichen Persönlichkeit und zu deren Vernichtung. Nichts außer der Mentalität des Sklaven (mit der ganzen bunten Palette sklavischer Eigenschaften) wird im Lager geduldet. Wer versucht, seine menschliche Würde zu bewahren, gerät unweigerlich zwischen die Räder der administrativen Bestrafungsmaschinerie. Wir haben das am eigenen Leibe erfahren.

Mit dem Stehlen beginnt es bei vielen schon im Kinderheim. Armut und dürftige Einheitskleidung schüren Neid gegenüber Kindern, die von ihren Eltern gut ausgestattet werden. Miserabler Verdienst beim Eintritt ins Arbeitsleben. Was ist das denn für die Mädchen, deren Vorstellungen vom «richtigen» Leben vom Kino geprägt werden? Guck mal, was für schöne Frisuren und Kleider diese Schauspielerinnen haben! Mensch, neulich hab ich eine Frau mit einem tollen Pelzmantel gesehen! Im Schuhgeschäft gibt's Importstiefel – todschick! –, das Paar 300 Rubel! Sie aber kriegt nur 80 im Monat, und davon gehen auch noch die Kosten fürs Arbeiterwohnheim ab. Manche stehlen aus Liebe. In Tanjas Abteilung war eine Frau, die alle das «Entlein» nannten. Zu dem Spitznamen war sie gekommen, weil sie ihre gesamte Freizeit im Wasser planschte – entweder sie wusch oder sie badete. Wenn man bedenkt, mit welchen Kraftanstrengungen diese Beschäftigungen in Ischimbai verbunden sind, dann war es nur allzu verständlich, daß dieser Reinlichkeitsfimmel Heiterkeit auslöste. Das «Entlein» war eine gutmütige und recht gebildete Frau. Aber sie war ihrem Mann hörig, und der brauchte ständig Geld zum Saufen.

«Beschaffe mir welches, oder ich haue ab!»

Nun, das Entlein stieg durch die Belüftungsklappe im Fenster zu braven Leuten in die Wohnung und stahl 300 Rubel. Damit fing es an.

Und wer es einmal getan hat, kommt nur schwer davon los. Der Nervenkitzel und die Möglichkeit leichter Beute steigen zu Kopf wie Alkohol. Bald wird aus Gewohnheit gestohlen, nicht aus Not. Galja Chramowa war keine halbe Stunde in Freiheit gewesen, als Ischimbai sie wiederhatte. Sie hatte ihre vorangegangene Strafe abgesessen und es in all den Jahren trotz des für Häftlinge äußerst niedrigen Lohnsatzes fertiggebracht, 2000 Rubel zusammenzubringen. Mit dieser Riesensumme in der Tasche begab sie sich zum Bahnhof, um nach Hause zu fahren. Da sieht sie plötzlich auf einer Bank einen eingeschlafenen Betrunkenen und an seiner Hand einen goldenen Siegelring. Und sie läßt sich verlocken, obwohl sie Geld hat wie nie zuvor im Leben. Der Betrunkene ist aber gar kein Betrunkener: Im Gebüsch sitzen Milizionäre, und dieser Hinterhalt ist speziell organisiert, weil die Milizabteilung die Regierungsdirektive zur Verstärkung des Kampfes gegen Diebstahl erfüllen muß. Und wie erreicht man diese Verstärkung? Indem man mehr Diebe fängt. Und so führen sie in Versuchung, und Galja Chramowa ließ sich verführen und bekam die nächsten fünf Jahre.

Nach der ersten Haftstrafe werden viele oft aus Verzweiflung wieder zum Dieb. Wer einmal im Gefängnis saß, muß dafür oft sein Leben lang bezahlen. Der Stempel im Ausweis ist ein ewiger Schandfleck – du bekommst keine anständige Arbeit, keine anständige Wohnung. Da kannst du hundert Jahre leben, das hängt dir immer an: «Eine Verbrecherin ist sie! Gesessen hat sie!»

Vor Dieben brauchst du dich nicht zu schämen, und du kannst was verdienen. So wurde auch Ljuda, eine ehemalige Kindergartenleiterin, zur Wiederholungstäterin. Die junge Frau hatte von ihrer Vorgängerin materielle Werte übernommen und das Übergabeprotokoll ohne Nachprüfung unterschrieben. Eine reine Formalität, hatte ihr die Vorgängerin versichert. Nachdem Ljuda sieben Monate in der neuen Stellung gearbeitet hatte, kam überraschend eine Inspektion, die einen Fehlbetrag von vielen tausend Rubel aufdeckte. Vergeblich versuchte Ljuda zu beweisen, daß es rein physisch unmöglich für sie gewesen sei, in diesen sieben Monaten Sachen in Höhe einer solchen Summe aus dem Kindergarten zu stehlen, vergeblich bezeugten Kinderfrauen und Erzieherinnen, daß Ljuda ehrlich gearbeitet habe. Der Fehlbetrag war da, folglich mußte es einen Schuldigen geben. Ljuda wurde verurteilt, ihr Vermögen wurde konfisziert, außerdem mußte sie Schadenersatz leisten: Zahle so, wie du kannst. Sie saß ihre Strafe ab und zahlte und zahlte und zahlte. Um das Geld zu beschaffen, begann sie zu stehlen und gewöhnte sich daran.

Die Mehrheit der Häftlinge sieht ihre Schuld ein und erkennt an, daß sie zu Recht sitzt. Als ungerecht aber empfinden sie in der Regel die unangemessen hohen Strafen und die viehischen Bedingungen im Lager. Aber wenn ihr Leben durch einen Justizirrtum kaputtgemacht wurde, dann versengt diese Ungerechtigkeit ihnen die Seele, und sie können nicht darüber hinwegkommen. So erzählte Sweta Griwnina Tanja, daß sie die ersten zwei Strafen wegen echten Diebstahls zu Recht abgesessen habe, danach aber gewillt gewesen sei, ein neues Leben anzufangen. Es war ihr gelungen, eine Stelle als Krankenschwester zu finden, sie hatte einen guten Mann geheiratet und ein Kind zur Welt gebracht. Eines Tages kam eine Frau zu ihr, um sich eine Schnittwunde an der Hand verbinden zu lassen. Sweta legte den Verband an, die Frau ging weg, und Sweta sah auf der Bank ein Bündel Geldscheine liegen. 400 Rubel. Da alle Patienten einer Poliklinik registriert werden, war es leicht, Adresse und Telephonnummer der Frau herauszufinden. Sweta rief sie an, beruhigte sie, daß das Geld gefunden worden sei, und versprach, es am Abend vorbeizubringen: Die Frau hatte sie, sich auf ihre Krankheit berufend, darum gebeten. Sweta ging hin, gab ihr das Geld – und da plötzlich stürmten Milizionäre in die Wohnung. Und die Frau, die die Miliz genau zu dem Zeitpunkt bestellt hatte, schrie, Sweta habe sie bestehlen wollen und gerade eben gedroht, sie umzubringen.

Im Laufe der Untersuchung stellte sich heraus, daß die Frau nicht normal war: Einen Monat zuvor erst war sie aus der Psychiatrie entlassen und bei Untersuchungsbeginn wieder dort eingeliefert worden. Nun hätte man das Verfahren ja einstellen können: Eine Verrückte konnte sonst was erzählen. Man zeigte sich Sweta gegenüber auch mitfühlend – eine dumme Geschichte, in die sie da hineingeraten sei. Aber dann kam heraus, daß sie zweimal wegen Diebstahls gesessen hatte, und sofort schlug der Untersuchungsrichter einen anderen Ton an. Diebstahl? Hatte die Verrückte sie nicht des versuchten Diebstahls beschuldigt?! Und so sehr Sweta auch weinte und sich verteidigte und schwor, daß sie schon viele Jahre ehrlich lebte – nichts half: Laut Anklageschrift war sie eine Wiederholungstäterin. In ihrer Verzweiflung – sie war zu allem Unglück auch noch schwanger – versuchte sie ihrem Leben ein Ende zu machen, indem sie an sich herumstocherte und eine Fehlgeburt herbeiführte. Später, in Ischimbai, konnte sie nicht begreifen, daß sie sich zu einer solchen Tat hatte hinreißen lassen, sie mußte den Verstand verloren haben. Von ihren ersten zwei Strafen konnte sie ruhig sprechen, da hatte sie Schuld auf sich geladen. Aber bei der dritten ging es nicht ohne Tränen ab: «Wenn ich wirklich was gestohlen hätte, wär's leichter.»

Und während Tanja, deren Gesundheit schon in unserer Zone ruiniert worden war, nun in diesem Lager lebte, in den Karzern hungerte und die übrige Zeit bei Gestank und Geschimpfe in einer Kriminellenbaracke zubrachte, erschienen, übers ganze Gesicht strahlend, KGB-Leute bei uns und sagten: «Der Ossipowa haben wir eine Strafverlängerung verpaßt, und mit Ihnen passiert dasselbe, wenn Sie sich während der ersten nicht grundsätzlich ändern!»

Schalin versuchte, uns das Märchen aufzubinden, daß Tanja umgeschwenkt und jetzt mit dem KGB ein Herz und eine Seele sei. Natürlich glaubten wir ihm diese Lügen nicht und versprachen ihm für den Fall, daß er uns noch einmal solche Märchen auftischte, ihn wegen Verleumdung vor Gericht zu bringen. Das saß, und er kam nie wieder auf dieses Thema zu sprechen: Nicht, weil wir bei Gericht mit unserer Klage durchgekommen wären, sondern weil er wußte, daß wir an die Öffentlichkeit gehen würden, und darauf legte er nun wohl doch keinen Wert.

Ein halbes Jahr vor Ablauf der Frist kam Tanja frei. Sie war nicht einen Schritt von ihren moralischen Prinzipien abgewichen, hatte sich nicht von ihren Idealen losgesagt und hatte nicht um Gnade gebeten. Die Zeiten hatten sich einfach geändert: Gorbatschow ließ die bekanntesten politischen Häftlinge aus den Lagern heraus. Tanja und ich gehörten dazu. Andere sitzen noch heute und werden vermutlich ebenso belogen wie wir.

## 42

WIEDER einmal geht es zur «Umerziehung» nach Saransk. Diesmal sind Lagle und ich dran. Wieder dieselben langweiligen Monologe: Irgendwie werden wir schon eine empfindliche Stelle treffen, irgendwie kriegen wir Sie schon zum Reden. Das Hauptargument: Sie wollen doch nach Hause, zu Ihrem Mann, nicht? Schreiben Sie eine Erklärung, schreiben Sie, daß Sie bereuen. Und damit wir wissen, wie es gemacht wird, stecken sie uns eine Zeitung mit der Erklärung des ehemaligen Mitglieds der Ukrainischen Helsinki-Gruppe Oles Berdnik zu, in der dieser Selbstkritik übt. Er sagt sich darin von seinen Ansichten los – jawohl, er sei überheblich gewesen, habe aber jetzt eingesehen, daß man nicht den Klugen spielen, sondern der Regierung vertrauen müsse, und er läßt sich über die Kriegsgefahr aus, eine Bedrohung, angesichts derer keine Zeit sei für innerstaatliche Meinungsverschiedenheiten, und er fleht um Verzeihung, und er bedankt sich für die Nachsicht, die man ihm gegenüber gezeigt habe, und er verleumdet seine einstigen Freunde und verleiht seiner aufrichtigen Hoffnung Ausdruck, daß auch sie «den Weg des Umdenkens» gehen mögen ...

Die Seele dreht sich einem um, wenn man das liest. Aber Gnadengesuch ist nicht gleich Gnadengesuch. Es kann durchaus vorkommen, daß ein Mensch keine Kraft mehr hat, Widerstand zu leisten, all diese Verhöhnungen zu ertragen und sich um den Preis der Selbstbezichtigung aus der Kerkerhaft rettet. Doch warum und wozu andere verleumden? Nur weil sie sich moralisch stärker erwiesen haben als man selbst? Wahrlich, ein guter Grund, sich zu den «Umerziehern» zu gesellen! Berdnik hatte, wie ich später erfuhr, Geschmack an dieser Rolle gefunden. Nicht ohne Grund versuchten mich die KGBler dann im Sommer 1986 mit solcher Beharrlichkeit zu überzeugen, mich mit ihm zu unterhalten. Meinen Mann durfte ich nicht sehen, Berdnik hingegen – bitte schön! Sie hätten nur zu pfeifen brauchen, und er wäre im KGB-Gefängnis erschienen, um mich zu überreden, seinem Beispiel zu folgen. Mit den KGB-Leuten aber hatte ich in jenen letzten Monaten etwas zu bereden: Ich forderte die bedingungslose Freilassung aller in unserer Zone. Ihnen war damals schon klar, daß sie mich herauslassen mußten. Mir noch nicht, obwohl ich die Möglichkeit nicht ausschloß. Doch damit sie sich keinerlei Illusionen hingaben, versicherte ich ihnen, keine Ruhe zu geben, bis alle meine Kameradinnen frei sein würden. Eine Begegnung mit Berdnik lehnte ich jedoch ab. Ich hätte in diesem Gebäude schon genug mit Lumpen zu tun, erklärte ich. Das war ziemlich grob, aber es traf den Nagel auf den Kopf, und ich sah nicht ein, weshalb ich jetzt noch ein Blatt vor den Mund nehmen sollte.

Aber damals, im Frühjahr 1985, konnten die KGBler nichts Besseres tun, als uns Berdniks blumig-krauses Reuebekenntnis zum Lesen zu geben. Wären wir je in Versuchung gekommen, uns durch ein vollbeschriebenes Blatt Papier die Freiheit zu erkaufen, dann hätte die physische Übelkeit, die diese Erklärung hervorrief, sie wie Staub hinweggefegt. Nachdem sie sich gebührend lange erfolglos mit uns abgeplagt hatten, schickten sie uns in die Zone zurück. Ein Gutes hatte diese Reise allerdings doch: Im KGB-Gefängnis konnte man pro Monat für zehn Rubel Lebensmittel kaufen, und auch wir kamen in den Genuß dieses Privilegs. Das Gefängnispersonal war recht umgänglich, so daß wir uns wunderten, daß sie die blauen KGB-Schulterstücke an ihrer Uniform trugen. Korrekt kauften sie für uns ein, was wir bestellten – Milch, Eier, Gemüse. Ein sagenhafter Luxus. So konnten wir den Unseren wenigstens etwas mitbringen und auch das Osterfest, das wir hier im Gefängnis verbrachten, angemessen begehen. Sogar die Gefängniswärter ließen den Ostersonntag nicht sang- und klanglos vergehen: Als wir zum Spaziergang auf den Hof geführt wurden, steckten uns unsere bärtigen Aufseher gefärbte Ostereier zu. Wir gaben ihnen unsere, die wir am Abend vorher grün angemalt hatten.

Lagles Geburtstag feierten wir im Potmaer Durchgangsgefängnis. Wie es sich gehört, breiteten wir auf der kahlen Pritsche ein besticktes Tischtuch aus und schmausten ebenso fröhlich wie an jedem anderen Ort. Ich erinnerte mich, wie ich vor zwei Jahren, auf dem Weg ins Lager, in derselben Zelle übernachtet hatte. Seitdem hatte ich an Lebensfreude gewonnen. Das unbekümmerte Haftlingsschlagwort «Das hast du alles umsonst» bewirkte, daß die Widrigkeiten des Gefängnisalltags uns nicht zu sehr unter die Haut gingen. Und als am Abend die Regimenter der berühmten Potmaer Wanzen zum Angriff gegen uns vorrückten, kehrten wir die Sache in eine Komödie um. Angesichts der zahlenmäßigen Überlegenheit des Gegners verteidigten wir uns die ganze Nacht mit wechselndem Erfolg. Das Licht in der Zelle störte diese Geschöpfe nicht im geringsten; sie waren daran gewöhnt. Daher beschlossen wir, die Sache vor die Medizinische Verwaltung zu bringen. Wanzen in Gefängnissen auszurotten, ist natürlich ein aussichtsloses Unterfangen, aber warum sollen sie nur das Blut von Häftlingen saugen? Folgendes interessierte uns: Wie wohl würden die verschiedenen Instanzen das unbestreitbare Vorhandensein von Wanzen leugnen? Gemäß den besten Traditionen des marxistisch-leninistischen Materialismus nahmen wir uns vor, ihnen diesmal die Wanzen in körperlicher Gestalt vor Augen zu führen. Das erste herbeigerufene Opfer war der Gefängnisdirektor. Da wir seine stereotype Antwort: «Hier im Gefängnis gibt's kein Ungeziefer, das bilden Sie sich bloß ein!» vorausgesehen hatten, zeigten wir ihm ein leeres Validolfläschchen, in das wir ein paar ausgesucht muntere Exemplare gesammelt hatten. Uns leitete nichts als pure Forscherneugier: Würde er behaupten, das Fläschchen sei leer, oder würde er schwören, nie im Leben Wanzen gesehen zu haben und sie deswegen nicht identifizieren zu können? Weder, noch. Der schlagfertige Gefängnismann wartete mit der Behauptung auf, wir hätten die Wanzen eingeschleppt. Das fanden wir nun doch beleidigend für das KGB: Sie anzuschwärzen, konnten wir nicht zulassen, hatten sie doch schon genug negative Gefühle durch die Wahrheit. Das Saransker KGB-Gefängnis war nun wirklich sehr sauber, dort wurden wir nicht nur einmal pro Woche ins Bad geführt, nein, dort ging es viel liberaler zu: Man konnte seine Badewünsche anmelden. Verblüfft ob dieser unerwarteten Verteidigung, nahm der Gefängnisdirektor das Fläschchen mit den Wanzen und murmelte im Weggehen, man habe uns schlecht durchsucht, Glasgegenstände gehörten weggenommen. Dieser Naivling! Der glaubte doch wahrhaftig, er hätte uns das Beweisstück entwendet... Dabei wimmelte und kribbelte es von diesen Beweisstücken nur so auf den hölzernen Pritschen, und es kostete uns nichts, sie scharenweise einzusammeln. Sie kamen ja von selbst angekrabbelt: Gefangenschaft oder Sieg – ihnen war das gleich, Hauptsache rauf auf die Menschen! Wir versuchten, ihre Wanzeneitelkeit nach Kräften zu befriedigen: Eine wurde von uns akkurat in ein Plastiktütchen eingeschweißt und mit einem entsprechenden Begleitdokument versehen zur Medizinischen Verwaltung geschickt. Eine andere sorgte bei der Staatsanwaltschaft der RSFSR für die Bekanntmachung des Potmaer Wanzenstandes, und eine dritte, die solideste, besorgte dies bei der Staatsanwaltschaft der UdSSR. Selbstverständlich schickten wir diese Kuverts nicht von Potma ab (dann wären sie nie angekommen), sondern von unserer Zone. Da keinerlei Klagen über unsere Verwaltung in den Beschwerdeschreiben enthalten waren, wurden sie an ihren Bestimmungsort weitergeleitet, und Schalin brachte uns, fröhlich grinsend, die Postquittungen.

Nach ein paar Monaten trafen die Antworten ein: Im Potmaer Durchgangsgefängnis gebe es keine Wanzen, unsere Beschwerden seien daher als gegenstandslos zu betrachten. Nun verstehe einer diese Materialisten!

Lange vor Eintreffen dieser Antworten bekamen Lagle und Olja zehn Tage SCHISO «für die Zubereitung von Tschifir im Durchgangsgefängnis». So stand es in der Verfügung, doch wer nie im Gefängnis war – weder vor noch hinter dem Gitter –, der kann mit dieser Formulierung nichts anfangen. Darum eine kurze Erklärung.

Der Tschifir ist eine Gefangenenerfindung. Ein 50-Gramm-Päckchen Tee wird in eine Kanne geschüttet, mit etwas Wasser aufgefüllt und gekocht. Flüssigkeit bleibt am Ende sehr wenig übrig, da die Teeblätter enorm aufquellen. Dafür ist das Gebräu höllisch stark und führt zu einem betäubenden Rausch. Kriminelle bereiten Tschifir daher bei der ersten Möglichkeit zu, und Tee ist Spekulationsobjekt Nummer eins. In allen Lagern wird das Trinken von Tschifir erbarmungslos bestraft, und doch wird er überall getrunken. Wer nicht schwarz an Tee herankommt, kann ihn, nach einer einfachen Rechnung, nicht brauen: Mehr als 50 Gramm Tee kann der Gefangene monatlich nicht kaufen, und das auch nur, wenn er kein Einkaufsverbot hat. Zur Tagesration gehört 1 Gramm Tee, aber das kriegen Kriminelle in der Regel nicht zu Gesicht; ihnen setzt man eine gelbliche Brühe, die die Bezeichnung Tee nicht verdient, in der Eßbaracke vor. Den gestohlenen Tee trinkt das Wirtschaftspersonal.

Da wir in der Kleinen Zone mit Tee keinen Schwarzhandel trieben und kaum zum normalen Teetrinken genug hatten, brauten wir keinen Tschifir, was Wachmannschaft wie Verwaltung sehr genau wußten. Und doch nahmen sie es als Vorwand für Bestrafungen. Nun beweise mal das Gegenteil – wer wird für deine Beweise schon offene Ohren haben?

Olja und Lagle wurden bei schönem Maiwetter in den Karzer gebracht, so daß wir annehmen konnten, sie würden nicht allzusehr frieren. Doch schon nach ein paar Tagen setzten Fröste und Schneefall ein. Das mordwinische Klima... Im Mai durfte nicht mehr geheizt werden. Lagle kam mit einem taubgewordenen linken Arm zurück: Sie hatte einen angeborenen Herzfehler, und die Zeit im SCHISO war für sie eine zu starke Belastung. Zehn Tage später mußten Galja und ich unsere Karzerstrafe absitzen – für den Hungerstreik zu Oljas und Lagles Verteidigung. Diesmal kamen wir in Zone 6, und hier begriffen wir, daß die Verpflegung in der «Zweiten» noch human war: Hier drehte sich uns beiden schon nach einer Woche der Kopf vor Hunger. Kaum zu glauben, daß man eine ohnehin «gekürzte Norm» noch weiter kürzen konnte. Aber wir hatten schon in der Schule gelernt, daß für Sowjetmenschen nichts unmöglich ist.

Es gab weitere Unterschiede gegenüber den uns vertrauten Bedingungen in der «Zwei»: fließendes Wasser und Kanalisation. Anfangs freuten wir uns darüber – endlich konnten wir uns nach Herzenslust waschen, brauchten den Kübel nicht hinauszuschleppen, mußten nicht unter seinem Gestank leiden. Aber bald merkten wir, daß die Wasserleitung ständig lief und unter den Dielenbrettern das Wasser gluckste. Das war nun ganz besonders schädlich für Galjas kranke Gelenke. Schon am dritten Tag bekam sie außerdem eine Angina, und wir hatten fünfzehn Tage vor uns. Von der Feuchtigkeit und dem Licht angezogen, drangen die Mücken, lustvoll sirrend, nur so durchs Fenster. Wir schlugen sie, wenn sie sich irgendwo niederließen, mit den Hausschuhen tot – ein ungleicher Kampf. Wir hatten angefangen zu zählen, um festzustellen, wie viele wir bis zum Mittagessen erledigten, kamen bis 300 und gaben auf, weil wir mit dem Zählen nicht nachkamen. Um die Lampe schwirrend, kicherten sie schadenfroh über uns. Manchmal schien uns, daß sämtliche Beißfreudigkeit der mordwinischen Wachhunde auf die Mücken übergegangen sei. Das erklärte, warum die Hunde, die uns auf allen Fahrten durch Mordwinien begleiteten, so träge und apathisch, zuweilen sogar außerordentlich freundlich waren, nicht zu vergleichen mit den Kiewer Bestien, die sich wie toll gebärdeten, als ich in den Stolypin-Wagen verladen wurde.

Genauso schlimm wie die Mücken wüteten die Regimeüberwacher: Hier war buchstäblich alles verboten. Ein Mädchen in der Nachbarzelle war mit fünfzehn Tagen SCHISO bestraft worden, weil sie bei der Arbeit das Lied «Der Harlekin» gesungen hatte. Alla Pugatschowa, die berühmte sowjetische Popsängerin, die dieses Lied seit Jahren in der ganzen Welt singt, wird wohl kaum vermuten, daß man sich wegen Singens am Arbeitsplatz Karzer einhandeln kann. Kaum hatte das Mädchen die erste Strafe abgesessen, bekam sie nochmal fünfzehn Tage für dasselbe «Vergehen». Wir hörten mit eigenen Ohren, wie ihr das Schriftstück vorgelesen wurde. Offensichtlich gab es irgendein Durcheinander in den Papieren, und die Verfügung kreiste zum zweitenmal. Sie versuchte nachzuweisen, daß sie für dieses vermeintliche Verbrechen schon einmal gesessen hatte, aber darüber, lieber Leser, werden Sie jetzt sicher resignierend lächeln.

Verboten war auch das Kreuz, das ich an einem Bändchen um den Hals trug. Für mich war es doppelt kostbar, denn Igor hatte es mit eigenen Händen gemacht. In unserer Zone und in der «Zweiten» hatte man es bei Durchsuchungen bewußt übersehen – es gab keinen KGB-Befehl zur Konfiszierung. Hier hakten sie sofort ein: «Was haben Sie da am Halsband?»

«Ein Kreuz.»

«Sofort abnehmen!»

«Ich denke nicht daran.»

«Wir werden die Wachen rufen und es Ihnen mit Gewalt abnehmen!»

«Das würde ich Ihnen nicht raten. Halten Sie besser Rücksprache mit Ihrem Vorgesetzten.»

Das Argument tat seine Wirkung: Wer hatte schon Lust, sich mit Politischen anzulegen und dann persönlich für die Folgen geradezustehen? Der Regimechef Suikow erschien. Ein forscher, kühner Soldat, der selbständige Entschlüsse auf sich nahm.

«Amulette, Kreuze, Talismane dürfen Gefangene nicht tragen.»

«Es gibt kein Gesetz, das den Menschen verbietet, ein Kreuz zu tragen.»

«Es gibt eine Anweisung.»

«Leben wir nach dem Gesetz oder nach Anweisungen?»

«Denken Sie ja nicht, Ratuschinskaja, Sie wären die erste Politische, mit der ich zu tun habe. Ich bin schon mit ganz anderen fertig geworden. Wissen Sie, wieviel Jahre ich in der Verwaltung gearbeitet habe?»

«Fragt sich, wann?»

«Da waren Sie noch nicht hier. Seit neunundsiebzig. Ich erinnere mich noch an Ihre ‹Großmütter› und an die Welikanowa.»

«Na und – haben Sie auch ihnen die Kreuze weggenommen?»

«Wüßte nicht, daß es da Probleme gab.»

«Hätten Sie es getan, wüßten Sie es. Erinnern Sie sich an Tanja Ossipowa?»

Seinem Gesicht war abzulesen, wie es in seinem Kopf zu arbeiten begann: An Tanja und ihren «trockenen» Hungerstreik wegen der Bibel erinnerte er sich sehr genau. Vier Tage und Nächte ohne einen Tropfen Wasser – das hatte damals alle in ihrer Verwaltung in Aufruhr versetzt. Und auch daran, daß sie nachgeben mußten, erinnerte er sich. Eine feine Sache, das menschliche Gedächtnis.

«Bei Ihnen ist das ...»

«Wozu lange reden, lassen wir es darauf ankommen, was passiert, wenn Sie mir mein Kreuz abreißen!»

Suikow sah mir lange in die Augen. Er hielt meinem Blick länger als andere stand. Schließlich wandte er sich ab, brummte: «Wenn man wenigstens das Band nicht sehen würde ...»

Dagegen aber konnte ich nichts tun, die Karzerkostüme mit dem großzügigen Dekolleté waren nicht mein Entwurf. So bewahrte mich Tanjas heldenhafter Hungerstreik vor der Notwendigkeit einer Wiederholung. Ich habe nicht ein einziges Mal «trocken» hungern müssen, daher weiß ich nicht, wie das bei mir ausgegangen wäre. Aber wer weiß, wozu ich fähig gewesen wäre? Tanja aber hatte, ans Bett gebunden, Tropfnadeln in den Beinen, unsere Bibel zurückerobert und gleichzeitig für mein Kreuz und für die Psalmen, die Galja und Pani Lida in den Karzern sangen, eine Schlacht geschlagen. Tanja, die sich selbst nicht für gläubig hielt.

Alles auf der Welt nimmt einmal ein Ende, und so waren wir bald alle wieder in der Zone – außer Tanja. Sie war auf Transport nach Ischimbai, und Njurka, die mich am Tor begrüßte, miaute fragend: Wo war ihre Lieblingshausfrau? Sonst kamen wir doch immer zusammen zurück... Ich nahm Njurka auf den Arm, und am Zaun, dort, wo die Melde am höchsten stand, preßte ich mein Gesicht an ihr bärtiges Schnäuzchen. Eine Weile saßen wir so beisammen, voller Sehnsucht, dann gingen wir ins Haus.

## 43

Lagles Mutter war gestorben. Als das Telegramm eintraf, lag sie schon unter der Erde. Am Tag nach Erhalt des Telegramms strichen sie ihr das Wiedersehen mit ihrer Schwester und ihrem Mann. Es war der lange Besuch, von ein bis drei Tagen, der jährlich nur einmal zustand. Wie konnten wir ihr in ihrem Kummer helfen? Sie hielt sich tapfer, doch so sehr wir ihren Schmerz auch teilten, leichter wurde es für sie dadurch kaum.

Wir traten in einen eintägigen Hungerstreik, und Lagle legte außerdem für fünfzehn Tage die Arbeit nieder. Diesmal nahmen sie von Strafen Abstand: Sie hatten Furcht, den Bogen zu überspannen. Und sie taten recht daran. Wir waren damals zu allem bereit. Es gibt Momente, wo man sich mit einem Menschen besser nicht anlegen soll. Dies traf diesmal auf die Kleine Zone zu – einen vielschichtig zusammengesetzten Organismus, der in

Augenblicken tiefsten Leids und höchster Freude jedoch wie ein Monolith stand.

Durchsuchungen fanden immer öfter statt, und dabei nahmen sie uns immer mehr weg. Als sie wieder einmal hereinstürmten, war ich völlig überrascht und schluckte vor ihren Augen ein Blatt Papier mit Informationen und neuesten Gedichten von mir herunter. Daß sie mir eine Woche SCHISO gaben, war nicht weiter verwunderlich, nur daß es zum erstenmal so wenig Tage waren. Aber warum gaben sie gleichzeitig auch Olja, Galja und Natascha eine Woche? Dies klärte sich bald auf: Wir waren kaum eine halbe Stunde weg, da rückten sie mit einer ganzen Horde an: «Sie werden in Ihre alte Zone zurückverlegt!»

Sie hatten uns also wieder nur fortgeschafft, um weniger Leute dabei zu haben. Im Vergleich zur Razzia, die sie diesmal veranstalteten, war die erste harmlos gewesen. Alle Briefe, alle Papiere wurden zur x-ten Überprüfung einkassiert. Sie nahmen einfach alles weg, angefangen von Rajas Turnzeug bis zu meinen Stickereien. Unbegreiflich, warum sie Galjas Bibel mitnahmen und die anderen zwei daließen. Pani Jadwigas Oblaten zertrampelten sie mit den Stiefeln, den Rosenkranz mit Kreuz nahmen sie ihr weg. Sogar Ansichtskarten mit Reproduktionen der Ikonen von Dionissi und Rubljow[14], über Katalog auf dem Postweg bestellt, beschlagnahmten sie als Gegenstände religiöser Art. Sie verbrannten Nataschas Zeichnungen und alle Gedichte, die Mama und Igor mir in Briefen geschickt hatten. Da half auch nichts, daß diese Gedichte aus sowjetischen Ausgaben abgeschrieben waren mit Angabe des Verlages, des Jahres, der Seite. Wieder einmal krümmten sich Verse von Puschkin, Tjutschew, Fet in den Flammen. Sie konnten sich nicht daran gewöhnen. Ins Feuer kamen auch Zeitschriften, die wir seit Jahren für unsere Häftlingsgroschen bezogen. Bücher und Kleidung wurden in die Kleiderkammer eingeschlossen: Jetzt konnten wir nur in Anwesenheit von Schalin und Arapow an unsere Sachen. Die Fenster der Kammer hatten sie sicherheitshalber mit Eisenplatten verbarrikadiert, und natürlich funktionierte das Licht dort nicht. Als wir nach einer Woche aus dem Karzer kamen, stellte sich heraus, daß sie auch unsere Laken und unsere Wäsche eingeschlossen hatten, und von Schalin war weit und breit keine Spur. So konnten wir uns nicht umziehen, was besonders unerfreulich war, weil ich mich diesmal mit Krätze angesteckt hatte: Sie hatten mir ein ungewaschenes Sackkleid übergestülpt.

Aber noch ist es nicht soweit, noch gondeln wir in der «Zwei» herum, wo sie uns nicht aufnehmen wollen, worauf es schließlich nach Baraschewo zurückgeht. Man kann die Verwaltung der «Zwei» verstehen: Wir gehören nicht in ihren Zuständigkeitsbereich und bereiten ihnen nur Scherereien. Uns dürfen sie nicht schlagen, nicht beschimpfen, und obendrein schreiben wir diese endlosen Beschwerdebriefe wegen der Kälte in der Zelle und wegen des Schmutzes. Jedesmal schwören sie, uns nicht mehr in ihren SCHISO zu lassen, aber was kann man gegen den Befehl des KGB schon groß tun? Diesmal aber gingen sie auf die Barrikaden. In Baraschewo dürfen wir nicht aus dem Wagen steigen. Schalin, rot, mit wutsprühenden Augen (wir haben ihn noch nie so gesehen), befiehlt mit einer Stimme, die nichts Menschliches mehr hat: «Alle Sachen her, die Sie bei sich haben!»

Im Handumdrehen klettern einige Soldaten in den Wagen und bemächtigen sich unserer Gepäcksäcke. Ohne Zahnbürste, ohne Kamm, ohne alles geht es wieder in die «Zwei», die inzwischen per Telephonanruf gezähmt worden ist. Um das Unglück dieses verrückten Tages voll zu machen, kracht der Wagen derartig durch die Schlaglöcher, daß die Zähne nur so aufeinanderschlagen und ich gleich beim ersten gewaltigen Stoß das Bewußtsein verliere.

Ich habe keine Erinnerungen daran, wie mich Olja und Natascha aus dem Wagen ziehen, mich links und rechts stützen und in den SCHISO führen. Dann ist da das Zimmer, wo sie uns ausziehen und in die Sackkleider stecken. Ich hocke auf dem Boden, und Olja verlangt nach einem Arzt und fleht sie an, mich solange nicht anzurühren. Die von mir schon in Versen besungene Aufseherin Akimkina ist jedoch dafür, mich zuerst einmal aus den Sachen zu pellen, wobei ich erneut ohnmächtig werde. Auf dem Fußboden der bekannten Zelle komme ich wieder zu mir und höre von Olja und Natascha, daß man erst sie beide in die Zelle gejagt und dann mich hergetragen und auf den Boden geworfen hat, daß dann der Arzt kam, Gehirnerschütterung diagnostizierte und Dimedrol verschrieb. So viele Ereignisse, und ich habe nichts davon mitbekommen. Immerhin, das vorschriftsmäßige Sackkleid bedeckt leidlich meine Blöße (wobei ich noch nicht weiß, daß es verkrätzt ist), die Füße sind nackt. Alles ist so, wie es das Regime verlangt. Mir ist speiübel, und mir platzt der Kopf. Behutsam gibt Tanja mir aus einem Becher abgestandenes Wasser zu trinken und sagt, ich soll mich nicht bewegen. Nur zu gern gehorche ich, denn jede Bewegung bereitet mir Schmerzen. Am folgenden Morgen bin ich in Panik, in ständiger Furcht, einen Teil meines Gedächtnisses eingebüßt zu haben. Und ich strapaziere mein Erinnerungsvermögen, repetiere alle wichtigen Ereignisse. Zuerst die Chronik der Zone: wer wann im Karzer war und wieviel Tage, dann alle Hungerstreiks und Arbeitsstreiks, wer woran erkrankte und wofür die Besuchserlaubnis gestrichen wurde. Wunderbar, es funktioniert! Nun weiter: «Das Recht, unabhängig von Staatsgrenzen Information zu beziehen und zu verbreiten», aha, ist das nicht aus einem Artikel eines internationalen Abkommens? Und «das Recht eines jeden Menschen, sein Land zu verlassen und wieder dorthin zurückkehren zu dürfen...» Ausgezeichnet, ich kann mich an alles erinnern. Das beruhigt mich ein wenig.

Dann auf einmal kommt mir die Erinnerung, sehr grell in den Farben und den Gerüchen, wie wir in diesem Sommer den Jan-Tag feierten, das baltische Gegenstück zum slawischen Tag des Iwan Kupala[15]. Wir hatten ein Feuer in unserem selbstgebauten Kamin auf dem Hof hinter dem Haus gemacht, Blumenkränze geflochten... Pani Lida hatte Kwaß aus Schwarzbrot hergestellt, und Schwarzbrot rösteten wir auch an kleinen Stöcken über dem Feuer. Es fiel Tau, wir saßen auf unseren ausgebreiteten Wattejacken. Pani Lida sang alte lettische, Olja ukrainische Lieder.

Flammen ziehen magisch den Blick an, und so starrten wir unentwegt ins Feuer. Die Aufseherin Tonja machte ihren nächtlichen Rundgang und setzte sich ein Weilchen zu uns, probierte vom Kwaß und ging dann wieder. Nachdem das Feuer verlöscht war, betrachteten wir noch lange die Sterne...

Plötzlich überläuft es mich siedendheiß: die Gedichte! Wenn ich sie nun vergessen habe? Schriftliches wage ich schon lange nicht mehr aufzubewahren: An sicheren Plätzen versteckt halte ich nur winzige Listchen mit Titeln, anhand derer ich sie im Geiste rekapituliere. Nicht alle auf einmal natürlich, immer nur an die zwanzig bis dreißig. Und wenn ich am Ende angelangt bin, beginne ich von neuem. Und nun? Wo ist die Titelliste, ein Exemplar habe ich doch immer bei mir? Gott sei Dank, sie haben sie nicht entdeckt! Aber sie jetzt herauszuholen und aufzuwickeln ist gefährlich: Sie schauen hin und wieder durch das Guckloch in der Zellentür. Eine Politische mit Gehirnerschütterung ist für sie auch nicht gerade ein Geschenk. Schön, bemühe ich also mein Gedächtnis. Welches war das allerletzte Gedicht?

Wer sich kämmt, hinterläßt eine Spur auf dem Weg
Von vergessenen Haaren.
Vom Gefängnis zum nächsten, nur Gott im Gepäck,
Sind auch wir so gefahren.
Ein Motiv, das aus Birken und Zäunen besteht,
Zeigt die Ritze der Stangen.
Schreibt in Briefen uns, daß ihr verzeiht und versteht –
Unsre Antwort braucht lange.
Wenn das Auto uns rüttelt und Schotter aufprallt,
Überqueren wir Gleise
Und die Schönheit der Landschaft läßt längst schon uns kalt
Und die Ritze wird leise...
Und in welchen Gefilden wohl wirbeln wir jetzt
Den Staub? Was sind für Zeiten?
Jede Unebenheit dieser Erdkugel setzt
Sich uns fort in den Seiten.
Es kann sein, daß wir heimkommen, unbekannt wann –
Wenn das Jetzt schon gewesen.

Schreibt uns Briefe!
Vielleicht kommt nicht jeder hier an.
Doch wir werden sie lesen.

Scheint alles zu stimmen. Sind diese Verse es wert, sie zu verstecken, sie bei plötzlicher Durchsuchung zu verschlucken, sie sich einzupauken und sie unter Gefahr für mich selbst und für einen Menschen, dessen Namen zu nennen ich nicht das Recht habe, dessen ich mich aber vor Gott erinnern werde, in die Freiheit zu bringen? Ich weiß es nicht. Mir steht kein Urteil zu. Ich mußte damals einfach so handeln.

Wir werden in demselben Wagen zurückgefahren. Verdreckt wie nie zuvor: eine Woche lang keine Seife zum Waschen, keinen Kamm. Noch wissen wir nicht, was uns in der Zone erwartet. Mein Kopf liegt auf Oljas Schoß, sie hält mich fest, damit ich mich nicht wieder stoße. Durchs Krankenrevier führt sie mich am Arm, meine Beine gehorchen mir nur schlecht. Entweder Nachwirkungen der Gehirnerschütterung oder des Dimedrols, das ich eine Woche lang schluckte. Lagle ist die erste, die ich sehe: Sie schaut mir entgegen, und ihre Gesichtszüge verändern sich. Keine Sorge, ich bin in Ordnung, meine Lieben, völlig in Ordnung!

## 44

Pani Jadwiga glaubt, eine schwere Sünde auf sich geladen zu haben, da sie – krank und schwach – die in Litauen geheiligten Oblaten nicht vor der Schändung hatte bewahren können. Unsere Trostworte bleiben wirkungslos: Von der Sünde freisprechen kann sie nur ein Geistlicher, aber Geistliche läßt man hier nicht her. In der Männerzone gibt es einen polnischen katholischen Priester, doch zu den Männern haben wir augenblicklich keine Verbindung. So beschließt Pani Jadwiga denn, Buße zu tun, indem sie das feierliche Gelöbnis ablegt, ein Jahr lang nicht zu sprechen. Alle Versuche, sie davon abzuhalten, sind sinnlos, und irgendwie verstehen wir sie. Das einzige Zugeständnis, das wir unserer unbeugsamen Pani abringen können, ist, daß sie sich das Recht vorbehält, im Notfall schriftlich mit uns zu verkehren. Das ist auch eine Erleichterung für die Familie: So erhalten sie zu Hause wenigstens hin und wieder eine kleine Nachricht, und wir erfahren von ihr, wann es ihr gesundheitlich schlecht geht. Viel teilt man sich schriftlich ohnehin nicht mit. Da wir uns gelegentlich schriftlich verständigen, weil wir abgehört werden, wissen wir, wie schwierig und umständlich das ist. Zumal für Pani Jadwiga, die sich auf russisch nur schwer ausdrücken kann. Schon aus diesem Grund wird sich der Schriftverkehr auf ein Minimum beschränken. Trotzdem kostete es einige Tage und viel Überredungskunst, ehe sie zu diesem Zugeständnis bereit war, und wer weiß, wie es ausgegangen wäre, ohne das schlagende Argument: «Ihre Familie kann doch nichts dafür! Sie haben es so schon schwer genug, und wenn sie ein Jahr lang keine Briefe bekommen, werden sie verrückt vor Sorge.»

Schön, Pani Jadwiga wird schreiben, aber den Mund aufmachen wird sie nicht. Selbst das Wiedersehen mit dem Sohn wird, getreu ihrem Gelöbnis, schweigend verlaufen. Vom 19. August 1985 bis zum 19. August 1986 sprach Pani Jadwiga kein einziges Wort. Nachts im Schlaf stöhnte sie manchmal (ebenfalls wortlos), und da merkten wir, wie sich durch das Schweigen ihre Stimme allmählich veränderte: sie wurde dumpf und heiser.

Wider Erwarten brachte Pani Jadwigas Schweigen das KGB und die Lagerverwaltung in rasende Wut. Sie beteiligte sich in dem Jahr weder an Hungerstreiks noch an Protesterklärungen, sie beschränkte sich darauf zu schweigen und ihre kirchlichen Fasten zu halten. Das hätte die Herrschaften doch wohl kaum stören dürfen. Aber gerade das ging ihnen ärger gegen den Strich als alle Hungerstreiks. Weil es eine «religiöse Aktion» war, wie sie es nannten? Weil Pani Jadwiga vorher klargestellt hatte, daß sie von Hungerstreiks und Erklärungen zwar Abstand nehme, da ihre Kraft nicht für alles reiche, daß sie aber mit ganzem Herzen auf unserer Seite stehen und für uns beten werde? Oder da es eine ungewöhnliche Tat war und sie einfach nicht wußten, wie sie sich verhalten sollten? Wie dem auch sei, sie taten alles, um sie zum Reden zu bringen. Einmal im Jahr durften wir Kleidungsstücke aus dem Depot kaufen: Wattejacken, Stiefel, Kleiderstoff und Hemden. Natürlich alles in begrenztem Umfang, aber ohne diese Möglichkeiten wären wir fast nackt herumgelaufen. Wie jedes Jahr schreiben wir auch diesmal auf, was wir brauchen. Pani Jadwiga ebenfalls. Aber da geht das Theater los: «Schalin hat angeordnet, von Ihnen, Beliauskene, nur eine mündliche Bestellung anzunehmen. Also sagen Sie, was Sie brauchen, sonst kriegen Sie gar nichts!»

Pani Jadwiga lächelt nur, läßt die Bestellung auf dem Tisch liegen und geht hinaus. Geschwind mischen wir ihre Bestellung unter unsere Aufträge – und dem Buchhalter bleibt nichts anderes übrig, als uns herauszugeben, was Pani Jadwiga notiert hat. Unsere Solidarität mit der Pani reizt sie zu noch größerer Wut: Wir unterlaufen die gegen die widerspenstige Pani gerichteten Erziehungsmaßnahmen. Ein paarmal versuchen sie denselben Trick mit dem Laden, doch da sie auch hier auf die solidarische Gegenwehr der Zone stoßen, geben sie auf und beliefern Pani Jadwiga nach der Bestelliste. Ihr einen Verstoß gegen das Regime anzuhängen ist unmöglich: In welchem Gesetz steht, daß ein Häftling sprechen muß? Die Aufseherinnen geben sich nicht dazu her, sie wegen ihres Schweigens zu verspotten, im Gegenteil: Diese Charakterstärke weckt bei ihnen nur Bewunderung. Und kopfschüttelnd ächzen sie: «Oje, wie will sie das nur ein ganzes Jahr durchhalten? Ich würde das keinen Tag schaffen! Hungern – das ginge vielleicht noch eher.»

Weibliche Logik: In keiner Situation ein Wort sagen – ausgeschlossen!

Eine zweite Folge der Razzia: Wir mußten Galjas Bibel zurückbekommen. Wir schrieben das entsprechende Gesuch und warteten. Falls man unsere Forderung nicht erfüllte, wollten Galja, Lagle, Pani Lida und ich in den Hungerstreik treten. Pani

Lida, die sonst Hungerstreiks nicht mehr mitmachte, hatte sich zu dieser Ausnahme entschlossen, weil es um die Bibel ging.

Doch schon eine Woche nach unserer Rückkehr aus dem SCHISO ging es wieder dorthin zurück: Olja und ich bekamen je fünf Monate PKT, Natascha zwei Monate. Wieder in derselben Zelle, nur daß sie uns – im Unterschied zum Regime im SCHISO – zur Nacht ein Bett gaben, daß wir lesen und unsere eigenen Kleider anbehalten durften (allerdings nichts Warmes), und daß wir uns nicht über der Latrine waschen und Zähne putzen mußten, sondern morgens in einen Waschraum mit fließend Wasser geführt wurden. In Anbetracht der langen Zeit waren unsere Aussichten dennoch nicht gerade rosig, aber Schwermut und Verzagtheit halfen auch nicht weiter. Zu dritt würden wir es schon durchstehen.

Der Tag des Hungerstreikbeginns war abgesprochen, ich würde in der Zelle hungern. Für den Fall, daß sie Galja die Bibel zurückgeben würden, hatten wir vereinbart, daß Lagle mir meine blauen Socken in den PKT bringen lassen sollte – ich hatte sie absichtlich vergessen, sie waren im PKT aber nicht verboten.

Schalin höchstpersönlich brachte mir meine blauen Socken. Ahnungslos, welche Nachricht er mir damit übermittelte, beteuerte er mir mit großem Eifer, er selbst habe Galja die Bibel zurückgegeben, sozusagen von Hand zu Hand. Offensichtlich wußten sie von unserer Bereitschaft zu hungern. Lächelnd und das kreuz und quer gestopfte vereinbarte Zeichen in den Händen knetend, bezweifelte ich diesmal nicht, daß er die Wahrheit sagte.

Die Tage im PKT zogen sich endlos hin. Olja und Natascha sollten im Frühjahr freigelassen werden, und warum man sie hierhergebracht hatte, war klar: Man konnte ihnen nach Paragraph 188-3 eine Strafverlängerung aufbrummen oder sie auch nur erpressen – in beiden Fällen hoffte das KGB auf einen Erfolg, Nachteile hatte es kaum zu erwarten. Warum sie jedoch auch mich eingesperrt hatten, war nicht zu verstehen: Meine Strafe hatte ich erst in mehr als vier Jahren abgesessen. Andererseits –

warum erst auf den letzten Drücker mit der Umerziehung beginnen? Sie hatten mir angedroht, ich würde aus den Karzern nicht herauskommen, und nun machten sie ihre Drohung wahr. Nicht einmal meine Krätze hatte ich in der Zone zum Abheilen bringen können – nun ja, Schwefelsalbe verweigerten sie uns nicht: Die Hälfte der Insassen hier war verkrätzt.

Olja und ich diskutierten die Situation immer wieder durch und waren uns dennoch unschlüssig, ob Natascha und sie nach Hause entlassen werden würden oder eine Strafverlängerung bekämen, das würde das KGB, je nach dem internationalen politischen Klima, erst im letzten Moment entscheiden. Besonders grausam gegen uns vorgehen würden sie jetzt aber vermutlich nicht, denn sollten die beiden doch regulär herausgelassen werden, würden sie alles berichten. Auch ich würde davon profitieren: In Anwesenheit zweier solcher Zeugen konnten sie mich nicht allzusehr drangsalieren. Nun, Natascha würde zwar früher rauskommen, aber Olja und ich blieben gleich lange im PKT. Woher sollten wir damals wissen, daß sie Olja zwei Monate später nach Kiew bringen und ich allein bleiben würde? Einen Vorgeschmack auf das, was dann auf mich zukommen sollte, bekamen wir schon in der ersten Woche.

Eines Abends, als wir unsere schäbigen Matratzen auseinanderrollten (die gaben sie uns nur zur Nacht, um sechs Uhr morgens wurden sie wieder eingezogen), fanden wir einen merkwürdigen Zettel, geschrieben in unbekannter Handschrift im Namen von Gefangenen aus einer Zelle am anderen Ende des Korridors. Sie ersuchten uns, sozusagen im Rahmen aufklärerischer Arbeit, schriftlich unsere politischen Ansichten und den Grund unserer Divergenzen mit dem Staat darzulegen. Die Antwort sollten wir morgens, wenn wir unsere Betten abgaben, in eine Matratze der Nachbarzelle stecken. Der Brief machte uns stutzig, nicht nur, weil er in einem für Kriminelle ungewöhnlichen Stil geschrieben war, sondern auch durch die ausgesprochen dumme Art der Übergabe: Die Aufseherinnen waren verpflichtet, das Bettzeug bei der Ausgabe und bei der Abnahme gründlich zu durchsuchen. Daß sie den Zettel dabei «übersehen» haben sollten, fanden wir ebenfalls merkwürdig. Das roch eher nach Provokation: Dem KGB mangelte es offenbar an Material gegen Olja und Natascha. Und als uns dann Fragen laut über den Korridor zugerufen wurden, warnte man uns aus den Nachbarzellen: «Antwortet den zweien bloß nicht, die arbeiten für den Operativnik!»

Klar, daß wir den Brief unbeantwortet ließen, aber eine Woche später fanden wir ein neues Schreiben – von derselben Hand und in sehr beleidigter Tonart. So in etwa: Was sei unsere Tätigkeit in der Menschenrechtsbewegung eigentlich wert, wenn wir Leuten, die danach dürsteten, etwas darüber zu erfahren, die Antwort verweigerten? Dann noch der Hinweis, daß wir den nächsten Brief unter dem Feuerlöscher im Waschraum finden würden, wo wir auch unsere Antwort ablegen sollten. Ferner wollten sie Adressen von Leuten in der Freiheit haben, mit denen man sich über die Dissidententhematik unterhalten könnte.

Am andern Morgen ließ Natascha – ganz zufällig, versteht sich – ihre Zahnbürste im Waschraum liegen, ging noch einmal zurück und überraschte zwei Aufseherinnen dabei, wie sie unter dem Feuerlöscher herumtasteten. Als sie Natascha sahen, brüllten sie sie an, wer ihr erlaubt habe zurückzukommen. Die dritte Aufseherin, die das verpatzt hatte, bekam einen Verweis. Wir aber wußten Bescheid: Das ging eindeutig gegen Natascha und Olja. Zum Glück waren wir nicht in die Falle getappt.

Anfang September holte sich Natascha eine Erkältung, und wir wickelten ihr alles, was wir aus unserem Gepäck lockermachen konnten, unter die Oberkleidung auf den Leib. Herbst und Frühling sind die widerwärtigsten Jahreszeiten: Es ist kalt, aber es darf nicht geheizt werden. Die Zellen sind so feucht, daß alle Sachen, die man auf dem Körper hat, klamm werden. Unser Glück sind die Zeitungen (im PKT sind sie erlaubt), sie isolieren wunderbar gegen Kälte, und wir breiten sie tagsüber unter uns aus. Wie konnten wir sie nur unterschätzen, die sowjetische Presse...

Die Mäuse in unserer Zelle werden wieder mobil. Für sie fallen Krümel von unserer Ration ab, die im PKT zwar gekürzt ist, aber es gibt täglich ein Stück Brot und Balanda. Es scheint eine ganze Mäusefamilie zu sein: Papa, Mama und die Kinderchen. Der Versuch, sie zu vertreiben, ist sinnlos. Sie verschwinden in ihrem Bau, und nach einer Weile kriechen sie wieder hervor. Manchmal müssen wir sie sogar aus dem Bett schütteln, und einmal, als Olja gerade Körperübungen machte, sprang ihr ein Mäuschen, in der eindeutigen Absicht, ihr in den Mund zu schlüpfen, mitten ins Gesicht. Persönlichkeiten ohne Bewußtsein, Schwamm drüber. Bloß gut, daß sie uns mehr belustigten als verärgerten.

Natascha bekam der Karzer schlecht. Sie war physisch schwächer als wir und nahm sich auch die Boshaftigkeiten der Aufseherinnen mehr zu Herzen. Am meisten aber belastete sie die bange Frage: Würden sie sie im Frühjahr entlassen oder ihr eine Strafverlängerung verpassen? Olja verhielt sich den Alltagsquerelen gegenüber verächtlich, aber schon bald wurde ihr brieflich mitgeteilt, daß ihr Vater schwer erkrankt sei. Wenn Verwandte so etwas ins Lager schreiben, steht es wirklich schlimm. Olja bemühte sich darum, daß man sie nach Kiew brachte und ihr ein Treffen mit den Eltern erlaubte, die PKT-Tage wollte sie im Sommer nachsitzen. Doch dann traf ein Telegramm ein – der Vater war gestorben. Olja litt wie ein Hund. Die erste Nacht redeten wir ununterbrochen mit ihr. Einerlei, worüber – sie hätte sowieso nicht einschlafen können. Das war gegen Ende unseres zweiten Karzermonats. Zu dem Zeitpunkt begannen neue Nörgeleien: Warum tragen Sie im PKT die Erkennungsmarken nicht? Warum machen Sie nicht Meldung, wie es sich gehört?

Unter Meldung machen oder rapportieren ist folgendes zu verstehen: Wenn sie in die Zelle kommen, um sie zu durchsuchen, was in der Regel mindestens zweimal am Tag geschieht, dann hat die Diensthabende der Zelle (ein solches Amt gibt es tatsächlich) stehend zu melden: «Bürgerin Vorgesetzte, in der

Zelle befinden sich soundsoviel Personen, es sind keinerlei Verstöße gegen das Regime vorgekommen.» (Wenn doch, sind diese zu melden.)

Wir hatten weder Lust, sie Vorgesetzte zu nennen, noch ihnen beim Zählen bis drei zu helfen: Mindestens ein Jahr Schule hatten sie doch, oder? Ihr Gehalt können sie auch nachzählen, und da sind die Zahlen höher. Deshalb ignorierten wir die Rapportpflicht und gaben ihnen, wenn sie uns fragten: Wer ist die Diensthabende? zur Antwort: Wir halten unsere Zelle gemeinsam sauber. Und die Erkennungsmarken waren für uns auch kein Diskussionsthema mehr. Folgerichtig drohten sie uns deswegen mit SCHISO. Am Abend vor Nataschas Abfahrt erschien Artjomjew und führte eine Unterhaltung mit Olja. Er versprach ihr, sie nach Kiew zu bringen, und hinsichtlich neuer SCHISO-Strafen versicherte er, das sei ein Mißverständnis, es werde niemand wegen derlei Dinge bestraft. Dieses Gespräch trug nicht dazu bei, uns zu beruhigen, im Gegenteil. Aber Natascha kam doch wohlbehalten weg. Wir sahen sie an unserem Fenster vorbeigehen, und sie winkte uns zu: Alles in Ordnung! Blieb nur zu hoffen, daß Olja wirklich bald ihre Mutter sehen durfte. Vorerst aber machte sie sich um mich Sorgen: Wie würde es mir ergehen, wenn ich allein in der Zelle blieb? Was soll schon sein, beruhigte ich sie, so gut ich konnte, es ist doch nicht das erste Mal, daß ich allein bin. Mich zu prügeln, werden sie sich wohl kaum erlauben, und ob sie mich in den SCHISO setzen, ist auch noch nicht sicher. Meine Gehirnerschütterung habe ich überwunden, und die Krätze ist abgeheilt. Vielleicht werden sie kommen und mich bearbeiten, daß ich ein Gnadengesuch schreibe – aber das sind wir doch gewöhnt, oder? Ich hatte Olja gegenüber eher Schuldgefühle, denn ich konnte mich glücklich schätzen: meine Eltern lebten, und ich hatte Igor, der auf mich wartete, und ich bekam haufenweise Post (im PKT klappte es damit besser als in unserer Zone). Was brauchte ich mehr? An Olja dagegen hatte in diesen Tagen der Kummer gezehrt – Augen, so groß wie Wagenräder. Es schmerzte, sie anzusehen.

Ende Oktober brachten sie sie weg. Am 30. Oktober, dem Tag der politischen Gefangenen, trat ich meinen traditionellen eintägigen Hungerstreik an, und in der folgenden Nacht, nach dem Signal zur Nachtruhe, rissen sie mir die Kleider herunter und setzten mich auf SCHISO-Regime. Nichts als das Sackkleid auf dem nackten Körper, auf dem Fensterbrett – Schnee, und der frohgemute KGB-Mann Jerschow: «Nanu, Irina Borissowna, übergewechselt? Sie begreifen doch hoffentlich, daß aus Ihrer Haft ein Lebenslänglich werden kann?»

Und wieder dieselbe Leier: Strafverlängerung, Dauer-SCHISO, Gnadengesuch... Ich glaube ihm aufs Wort: Sie werden mich fertigmachen, soviel ist klar. Ganz allmählich, ohne Eile, durch Kälte und Hunger. Auf Prügel können sie verzichten, das führt zu nichts. Einfach nur Tag für Tag mich immer wieder aufs neue nackt ausziehen und mich mit ihren ekligen Pfoten begrapschen, ob ich außer Sackkleid und Unterhose etwa noch was anderes anhabe. Selbst die Unterhosen werden noch kontrolliert – ich könnte ja zwei übereinander angezogen haben. Und mir immer wieder ihre Gemeinheiten anhören und einen Tag um den anderen die stinkende Balanda löffeln. Ganz allmählich werden meine Kräfte nachlassen, ich werde ihren gemeinen Schikanen immer weniger Widerstand entgegensetzen können, und sie werden immer neue und neue erfinden.

So nicht, meine Herrschaften! Ich habe euren Karzer und eure Pfoten satt. Den Rest wollt ihr mir geben? Nur zu, je rascher, desto besser. Ich entschwinde aus euren Mauern – in die Freiheit. Denkt ihr, ich hänge an diesem Leben, das ihr zur Folter gemacht habt?

Ich schicke ihnen ihre Balanda zurück, und postwendend kommen sie angerannt: «Hungerstreik? Wo ist die Erklärung?»

«Davon habe ich Hunderte geschrieben, einschließlich wegen Hungerstreiks. Ich habe Ihnen nichts mehr zu sagen.»

«Aber Sie müssen essen!»

«Gar nichts muß ich!»

«Sie werden sterben!»

«Genau das haben mir die KGBler versprochen. Warum dieses Vergnügen hinauszögern? Um die Qualen zu verlängern? Sehen Sie, wie der Atem in der Kälte der Zelle aus dem Mund dampft? Wie lange kann ich das Ende Ihrer Meinung nach noch aufschieben, selbst wenn ich die eklige Brühe runterschlinge?»

«Und wer soll Ihren Tod verantworten?»

«Daran hätten Sie früher denken müssen. Das wär's. Die Audienz ist beendet.»

Artjomjew läßt mich zu sich kommen: «Was für Ideen haben Sie nur, Irina Borissowna? Ich werde Ihnen den Arzt schicken, man wird Ihnen eine Jacke geben, wenn es so kalt ist. Jerschow ist jung, ein Hitzkopf, so was hätte er nicht zu Ihnen sagen dürfen.»

Woher weißt du, was er mir gesagt hat, mein Täubchen? Von mir hast du es ja nicht gehört. Und warum guckst du so erschrokken? Hast du jetzt begriffen, was es heißt – «Märchen werden wahr»? Das ist etwas anderes, als namenlose Häftlinge zu Tode schinden. Fürchtest du einen Skandal? Mit Recht: Denn den wird es geben, und was für einen! Danach wird das KGB es sich dreimal überlegen, ob es Leute in den Karzer steckt oder besser die Finger davon läßt. Eine Jacke willst du mir jetzt andienen? Als ob ich nicht wüßte, daß sie mir nach dem ersten Happen, den ich esse, gleich wieder weggerissen wird und die Tortur von vorn beginnt... Nein, ich habe ein für allemal genug von euch Faschisten!

Natürlich spreche ich all das nicht aus, ich denke es nur. Die Aufseherin führt mich zurück in die Zelle und seufzt: «Du wirst doch nicht wirklich sterben wollen, Irina?»

«Das liegt in Gottes Hand. Aber foltern werden sie niemanden mehr. Hast ja gesehen, wie sie uns durch den SCHISO schleifen, sogar die Alten. Damit ist jetzt Schluß. Diesmal werden sie straucheln. Ich werde die Letzte sein.»

«Sie sagen, daß im Radio über dich gesprochen wurde. Eine Sendung aus England oder aus Amerika. Sie versuchen dich rauszuholen, nicht?»

«Höchste Zeit, daß etwas unternommen wird, und nicht nur

meinetwegen. Siehst ja, wie sie uns bearbeiten, Gnadengesuche zu schreiben. Schlimmer als unter Andropow.»

«Aber Gorbatschow tut angeblich alles, um euch freizubekommen.»

«Deshalb nehmen sie uns ja in die Mangel. Er hat doch gesagt, es gibt in der UdSSR keine politischen Gefangenen. Bleiben also nur zwei Möglichkeiten: Entweder sie bringen uns um oder sie lassen uns raus.»

«Na ja, mach's gut. Ich hab jetzt Schichtwechsel. Und bleib stehen, ich muß deine Jackentaschen noch kontrollieren ...»

Fünfter Tag. Sechster Tag. Eine Woche. Ein angenehmes Gefühl zu spüren, wie Schmerz und Qual vergehen. Mir wird so leicht, so leicht zumute. Kein Verlangen nach Essen, auch die Kälte fühle ich nicht mehr. Nur schwach sickert graues Tageslicht durch das Fenstergitter. Werde ich dieses Licht auch in ein oder zwei Wochen noch wahrnehmen? Meine Seele ist ruhig und still, und dieses Grau stört mich in keiner Weise, gar nichts stört mich: nicht der Zaun, nicht der mordwinische Herbst, auch nicht mein zerlumptes Sackkleid, nicht einmal die Uniformmäntel der Aufseherinnen.

In den Mauern aber das gewohnte Leben mit seinen Tragödien.

«Heraustreten zur Arbeit! Warum liegt die noch? Name?»

«Sie ist krank, kann nicht aufstehen.»

«Wenn wir ihr weitere fünfzehn Tage geben, wird sie schon munter werden.»

«Ich kann wirklich nicht, Vorgesetzte. Schicken Sie mir den Arzt.»

«Schluß. Deine fünfzehn Tage sind dir sicher – wegen Arbeitsverweigerung. Den Arzt, diese Simulantin! Bleib du nur liegen, mach dich auf den SCHISO gefaßt!»

Die Zellenschlösser rasseln. Schlurfende Schritte zur Arbeitsstätte. Eine bleibt zurück. Ich kenne sie nicht, habe sie nie gesehen. Sie haben sie erst kürzlich gebracht. Galja heißt sie. Einige Stunden später (ich habe sie im Dämmerzustand verbracht) klirren wieder Schlüssel: «Mittagessen, ihr Schmarotzer!»

Die Frauen kommen von der Schicht zurück – Balanda essen.

«Oje, Vorgesetzte, hier ist alles voll Blut!»

«Wieso Blut? Weg da von der Tür!»

«Sie hat sich die Pulsadern geöffnet!»

«Nicht geöffnet – mit den Zähnen durchgebissen! Wie furchtbar! Sie atmet nicht mehr!»

«Marsch, marsch, zurück! Ihr seid hier überflüssig. Und haltet die Klappe, kein Wort mehr darüber!»

Ich recke mich mühsam zum Fenster hoch und sehe im Eiltempo Sanitäter mit einer Trage anrücken. Dann kommen sie wieder zurück. Auf der Trage ein formloses, mit einem Lumpen zugedecktes Bündel. Bis zum Abend höre ich sie hinter der Wand scharren – sie reinigen den Fußboden. Es muß viel Blut geflossen sein. Für diesen Tod wird niemand zur Verantwortung gezogen werden, über ihn wird die Weltpresse nicht in Schlagzeilen berichten: Ein stiller Tod, von dem niemand erfährt. Die Tote wird mit überzeugender Todesursache abgebucht, die Buchhaltung wird in Ordnung sein, und in Mordwinien wird es ein namenloses numeriertes Grab mehr geben, auf das aus grauem Himmel grauer Schnee fällt. Und nach ein paar Jahren wird ein Bulldozer Platz für die nächsten schaffen.

## 45

Am elften Tag verlassen die Mäuse meine Zelle. Im Gänsemarsch kriechen sie durch den Spalt unter der Tür – gerade ist der letzte graue Schwanz im Korridor verschwunden. Ich beobachte es, am Boden liegend, ohne besondere Emotionen. Die Hand unter meinem Kopf ist längst taub geworden, und ich fühle nicht die braunen Dielenbretter, noch den Windzug vom Fenster her. Meine Schulden sind getilgt, alle Rechnungen beglichen. Eine eigenartige Wärme durchströmt meinen Körper, oder das, was von ihm übriggeblieben ist, und wiegt mich in den Schlaf.

> Denn nur die Wiege meiner Kindheit
> Umhüllte mich so sanft und zart.

Wo habe ich dieses Lied schon einmal gehört? Ach ja, Tatjana Michailowna, ihre Hand auf meinem Kopf... Igor mit vor Schlaflosigkeit übermüdeten Augen... Tanja Ossipowa mit Gepäcksack und stolz erhobenem Kinn... Mama, beim ersten und letzten Wiedersehen, gegen die Tränen ankämpfend... Jener Taxifahrer, den ich gebeten hatte: Häng ihn ab! (wir wurden ganz eindeutig von einem Wagen verfolgt), und er hat ihn abgehängt... Der junge Begleitsoldat, verstohlen nach dem rasch zugeklebten Umschlag greifend... Der unbekannte Chemiker aus Amerika, der Igor einen Brief mit Grüßen an mich schickte...

Natürlich weiß ich nicht, daß ausgerechnet an diesem Tag in einer englischen Stadt ein Fürbittgottesdienst für mich abgehalten wird, daß man in aller Welt Druck auf sowjetische Diplomaten ausübt, daß morgen der neue Lagerkommandant kommen wird (der alte wurde rasch in Pension geschickt) und daß es Suikow sein wird, der es nicht wagte, mir mein Kreuz herunterzureißen.

Suikow, der mit menschlicher Stimme greint: «Warum machen Sie mich für die Torheiten meiner Vorgänger verantwortlich, wenn Sie sterben? Ich habe Sie nicht in den SCHISO gesetzt.»

«Weil Sie den Befehl ebenso leichtfertig unterschrieben hätten.»

«Nein! Glauben Sie mir! Keinen SCHISO! Ich als Chef des Lagers werde so etwas nicht unterschreiben. Halten Sie mich, wofür Sie wollen, wenn ich Sie täuschen sollte!»

Ich glaube ihm: Seine Augen sagen mir, daß er nicht unterschreiben wird. Warum also ausgerechnet ihn gefährden? Warten wir ab, bis sie jemand von uns aus der lieben alten «Drei» zum nächsten SCHISO verurteilen, dann aber werde ich mich zum letzten Hungerstreik aufraffen und ein kleines Plakat malen mit der Losung: «Schluß mit der Folterung politischer Gefangener!» Auch wenn sie es mir sofort wegreißen, werden meine Leute doch wissen, mit welcher Forderung ich aufs Ganze gehe. Suikow und ich sehen uns forschend an ... Schön, du soldatische Seele, hast auf deine Art recht. Wenn du nur wüßtest, wie widerwillig, wie ungern ich aus meinem glückseligen Zustand zurückkehre – nur um beim ersten Anlaß alles wieder von vorn zu beginnen. Und wenn du wüßtest, wie weh es tut, den ersten Happen nach dem Hungern zu essen! Der Gaumen krampft sich zusammen wie eine Brandwunde.

«Gut, setzen Sie mich auf PKT-Regime, ich werde essen.»

«Ja, fangen Sie noch heute an. Die Ärzte machen sich Sorgen ...»

«Ihre Ärzte werden es erwarten können. Im PKT haben sie Zeit, mich zu behandeln.»

Suikow hielt Wort: Meine SCHISO-Strafen waren damit zu Ende, und für die restliche Zeit im PKT tat er sein Bestes, um mir den Aufenthalt dort zu erleichtern. Parallel mit mir saß Galja fünf Tage ab (wovon ich nichts wußte), aber sie war die Letzte aus unserer Zone, und mein Plakat – beizeiten mit Grün geschrieben – lag ungebraucht bis zu meiner Abreise nach Kiew unter unseren Jacken. Eines Morgens bemerkten wir, daß die Jacken und das Plakat anders dalagen: Sie hatten also nachts kontrolliert. Auch gut: War das KGB wenigstens von unserer Kampfbereitschaft informiert.

Im Frühjahr 1986 fingen sie an, uns menschenwürdig zu ernähren und uns Freilassung ohne Reuebezeigungen zu versprechen. Seltsam war nur, daß die völlig irrsinnig gewordene Edita sich gerade zu der Zeit der Wladimirowa anschloß und viel weiterging als diese: Sie wurde handgreiflich. Ich traute meinen Ohren nicht, als ich aus dem PKT zurückkam und hörte, daß sie ständig darauf aus war, Schlägereien anzuzetteln. Im Mai dann eröffneten sie gegen Pani Jadwiga und mich ein Strafverfahren wegen «Verprügelung der Gefangenen Abrutene», obwohl jedem klar war, daß es sich um eine ausgemachte Provokation handelte. Diese Närrin hätte weiß Gott eine Tracht Prügel verdient, und mir juckte es tüchtig in den Fingern, aber ich hielt mich zurück. Was Pani Jadwiga anging, die Edita verprügelt haben sollte, so grenzte diese Behauptung ans Groteske: Die Pani war fast doppelt so alt und viermal so schwach.

Das Verfahren wurde genauso leicht niedergeschlagen, wie es eröffnet worden war: Erpressung durch Kriminalisierung – das konnte nicht gutgehen und war nur der letzte Versuch, uns einzuschüchtern und vielleicht doch noch dazu zu bringen, Gnadengesuche zu schreiben. Wozu sich also weiterbemühen nach diesem Fehlschlag? Strafverlängerungen lagen auch nicht in ihrem Sinne – sie wollten uns loswerden, und zwar möglichst schnell. Da Terror gegen uns keine Wirkungen zeigte, pfiffen sie Edita und die Wladimirowa zurück, die, wie von Zauberhand, mucksmäuschenstill wurden.

Und dann brachten sie mich nach Kiew – zur «Freilassung». Drei Monate lang Erpressung, Einschüchterung, Erpressung. In der Kleinen Zone sei niemand mehr, schworen sie mir, aber zu dem Zeitpunkt war das eine Lüge. Ohne mir das gewünschte Gnadengesuch abgerungen zu haben, entließen sie mich auf einen von Gromyko unterschriebenen Geheimbefehl – zwei Tage vor Beginn des Treffens der Staatsoberhäupter in Reykjavik. Ausgehändigt wurde mir dieser Befehl nicht, aber sie erklärten, warum er geheim sei: «Sie haben nicht um Begnadigung gebeten, daher hat das Präsidium des Obersten Sowjets der UdSSR formal nicht das Recht, Sie zu begnadigen.»

«Ich will nicht begnadigt, sondern rehabilitiert werden.»

«Alles auf einmal ist unmöglich, Irina Borissowna. Später vielleicht, aufgrund des Befehls sind wir nicht berechtigt, Sie hier länger festzuhalten. Packen Sie Ihre Sachen, wir fahren Sie nach Hause.»

Ich packe, kann es nicht fassen: Lügen sie, oder ist es die Wahrheit?

Und dann steige ich in einen schwarzen Wolga ...

# Epilog

Wir schreiben September 1987. In der Kleinen Zone ist jetzt wirklich niemand mehr. Sie hat aufgehört zu existieren. Lagle lebt in Estland, Pani Lida in Lettland, Pani Jadwiga in Litauen, Natascha und Galja in Rußland, Raja und Olja in der Ukraine, Tanja in Amerika. Tatjana Michailowna Welikanowa und Elena Sannikowa aber befinden sich noch in der Verbannung. Hunderte politische Gefangene sitzen noch in anderen Lagern, in Gefängnissen, in der Verbannung und in psychiatrischen Anstalten. Und das Heer der Sklaven, die wegen krimineller Vergehen eingesperrt sind, obwohl sie nicht alle wirkliche Verbrechen begangen haben, zählt Millionen.

Anatoli Martschenko starb hinter Gittern. Tag für Tag stirbt jemand, das wird morgen und das wird übermorgen so sein. Ich aber lebe, und das ist ungerecht. Ich bewahre hier eine alte, ausgediente Häftlingsuniform auf, die Pani Lida nähte. Manchmal presse ich meine Wange an diese gute alte Haut, die soviel mitgemacht hat: Grau, du meine Farbe! Farbe der Hoffnung! Wie lange noch wird es diese Lager in meinem Land geben? Wie darf ich es wagen, heute einzuschlafen, solange sie noch stehen?

Grau war die Uniform in unserer Zone. Bei den meisten Gefangenen ist sie schwarz. Worauf gründet sich ihre Hoffnung? Allein auf uns.

# Anmerkungen

1 Stolypin-Wagen: P.A. Stolypin (1863–1911), russischer Staatsmann, ordnete den Bau verbesserter Eisenbahnwagen für den Gefangenentransport an.

2 Schwarzer Rabe: Gefangenentransportwagen der Polizei.

3 Balanda: wäßrige Suppe mit Kohl-, Kartoffel- oder Fischstückchen.

4 Katorga: die alte russische Bezeichnung für die Deportation zur Zwangsarbeit in entlegene Landesteile.

5 Baba: umgangssprachliche Anrede für «Frau».

6 ITK: Arbeitserziehungskolonie.

7 Pjatidesjatniki (die Fünfziger): Sekte evangelischer Christen, deren Glaube auf dem Mythos von der Ausgießung des heiligen Geistes auf die Apostel am fünfzigsten Tag nach Christi Auferstehung beruht; entstanden zu Beginn des 20. Jahrhunderts in den USA.

8 Swerjewa: abgeleitet von dem russischen Wort «swerj» (Tier).

9 Subbotniks (russ. zu subbota, «Sonnabend»): freiwillige, unentgeltliche kollektive Arbeit sowjetischer Werktätiger an arbeitsfreien Tagen (Sonnabend) oder in Überstundenarbeit. Die Subbotniks fanden während des Bürgerkriegs und der ausländischen militärischen Intervention in Sowjetrußland weite Verbreitung. Lenin maß dieser Bewegung beim Aufbau des Sozialismus in seinem Werk «Die große Initiative» größte Bedeutung bei und nahm am ersten Subbotnik am 10. 5. 1919 teil.

10 «Freier» (das Wort stammt aus dem Jiddischen und bedeutet soviel wie Freiwild für Diebe) sind alle Häftlinge mit bürgerlichen Delikten: Dienstvergehen, Unterschlagung, Wirtschaftsvergehen, Arbeitsbummelei, Gelegenheitsdiebstahl, Rowdytum und andere mehr. Auch die «Politischen», die ehemaligen Kriegsgefangenen und die «Religiösen» gehören dazu.

11 Sowdepija: abgeleitet von «Sowjetdeputierter», umgangssprachliches Synonym für «Sowjetmacht».

12 Kosmodemjanskaja, S. A. (1923–1941): sowjetische Partisanin, die bei der Ausführung eines Kampfauftrags von den faschistischen Okkupanten gefangengenommen, grausam gefoltert und gehenkt wurde; Held der Sowjetunion (posthum).

13 Desnos, Robert (1900–1945): französischer Lyriker, Anhänger des Surrealismus, starb an den Folgen seiner Haft im KZ Theresienstadt.

[14] Dionissi (1440–1502): nach A. Rubljow (1360/70–1430?) der bedeutendste Vertreter der Moskauer Ikonenmalerei.

[15] Kupala, Janka, eigtl. Iwan Dominikanowitsch Luzewitsch (1882 bis 1942): bjelorussisch-sowjetischer Dichter.

## Bildnachweis

Irina Ratuschinskaja und Igor Geraschtschenko vor Irinas Inhaftierung:© Boekovski Foundation; Eckwachtturm und Lagerstraße: © Cronid Lubarsky; Natascha Lasarewa: © Keston College; Raja Rudenko: © Aid to Russian Christians; Elena Sannikowa: © Aid to Russian Christians; Jadvyga Bieliauskiene: © Lithuanian Information Center, New York; Galja Baraz: © Keston College; Lagle Parek: © Aid to Russian Christians; Tatjana Welikanowa: © Aid to Russian Christians; Tanja Ossipowa: © Aid to Russian Christians; Olja Matussewitsch: © amnesty international; Lidia Doronina-Lasmane: © Free World of Latvians; Irina und Igor, Heathrow Airport: © dpa.